THÉORIE DE L'ACTION

 *PHILOSOPHIE ET LANGAGE*

Théorie de l'action

Textes majeurs de la philosophie analytique de l'action

Introduction et traduction
de Marc Neuberg

MARDAGA

Je remercie le FONDS CULTUREL NATIONAL du Grand-Duché de Luxembourg pour la subvention qui m'a été accordée en vue de la réalisation de cet ouvrage.

Michou Malagoli m'a assisté tout au long de la conception de ce livre. Je lui exprime ma profonde gratitude.

© Pierre Mardaga Éditeur
Rue Saint-Vincent 12 - 4020 Liège
D. 1991-0024-22

INTRODUCTION

La théorie de l'action

Marc NEUBERG

En philosophie, au cours des trois dernières décennies, s'est constitué un nouveau champ de recherches, au départ du mouvement analytique : la théorie de l'action.

Cette théorie n'émanait pas de l'intention déclarée d'un penseur ou d'un groupe de penseurs mais s'est développée, plus ou moins incidemment, à partir d'une problématique particulière, relative au type d'explication (causal ou intentionnel) adéquat à l'action, et rappelant à certains égards la controverse *Erklären/Verstehen* — concernant la question de savoir s'il y a ou non une coupure épistémologique entre l'«explication» des phénomènes naturels par les sciences de la nature et la «compréhension» du monde social et historique dans les sciences de l'homme — entamée à la fin du siècle dernier par Dilthey (1883) et ravivée dans les années soixante, en philosophie continentale, par la Nouvelle Ecole de Francfort notamment [1].

Les analystes n'ont pas, pour la plupart, envisagé cette question comme un pur problème de méthodologie des sciences, mais l'ont insérée, dès le départ, dans une analyse de la structure de l'agir, du langage de l'action, de la nature du mental et de sa relation avec le physique, analyse accompagnée d'un effort de clarification des notions d'intention, de capacité, de disposition, de préférence, de choix, de décision, etc. A l'heure actuelle, le débat sur la nature de l'explication de l'action a perdu de sa virulence initiale, grâce à un rapprochement des antagonistes sur certains points essentiels, mais aussi parce que ce n'est plus qu'un aspect parmi d'autres d'une théorie compréhensive de l'action.

Les objectifs de la théorie de l'action sont au nombre de trois. En premier lieu, il faut élaborer un système conceptuel permettant de décrire de façon adéquate la ou les structures de la motivation et de l'action. C'est une œuvre de longue haleine qui demande, d'une part, l'identification et la description des différents types d'actions, normales ou déviantes (l'acte contraint, l'action non intentionnelle, etc.), et des différents types de déterminants de l'action (l'émotion, les attitudes intentionnelles, les événements neurophysiologiques, les normes et règles sociales, etc.), ainsi que l'analyse détaillée de la «machinerie interne» de l'action (la structure de l'intention, des désirs et des préférences, le processus de décision, etc.), et qui exige, d'autre part, la clarification et, éventuellement, la formalisation du langage de l'action. Le second objectif consiste à mettre en évidence la structure, les présupposés et la portée respective des explications de l'action (l'explication commune et les différents types d'explications scientifiques). En troisième lieu, et en liaison avec les deux premiers objectifs, il s'agit de clarifier la signification des notions normatives (ou partiellement normatives) qui se rapportent à l'action, comme celles de responsabilité, de rationalité, ou les différentes notions de liberté (liberté de l'action, liberté de la volonté, liberté de la personne).

Certains de ces thèmes appartiennent au répertoire classique de la philosophie pratique. Il est évident que l'on n'aurait pas pu formuler de théorie éthique sans avoir une idée, par exemple, de la structure motivationnelle de l'action. Ainsi, lorsque Aristote analyse, dans l'*Ethique à Nicomaque*, les notions de décision, de délibération, de souhait et de contrainte, il fait œuvre de théoricien de l'action. Cependant, traditionnellement, ces thèmes ont été étudiés dans le cadre de systèmes éthiques et en fonction de leurs liens avec des questions éthiques. Cette subordination aux intérêts de la philosophie morale a hypothéqué l'étude de l'action sous deux rapports. D'une part, l'attention s'est concentrée sur quelques aspects ayant un rapport immédiat avec les thèmes éthiques de la responsabilité, de la liberté, du bien et du mal. Cette limitation de l'intérêt de recherche a empêché l'élaboration d'une théorie compréhensive de l'action, ce qui, par un effet de retour, a faussé les analyses menées à propos de ces aspects particuliers. La théorie aristotélicienne de la contrainte est un exemple de cette approche fragmentaire (voir *infra*, pp. 26-27). D'autre part, les considérations morales ont régulièrement interféré avec les analyses de la structure de l'action, de sorte que la théorie classique de l'action est surtout une théorie de l'action *morale*, ce qui a donné lieu à des assimilations trompeuses. Il en est ainsi, par exemple, du problème de l'incontinence (de la faiblesse de la volonté), c'est-à-dire du cas où on agit intentionnellement à l'encontre de son meilleur jugement. Davidson note à ce propos : «Je ne connais pas de cas net où un philosophe ait reconnu que l'incontinence n'est pas essentiellement un problème de philosophie morale, mais un problème de philosophie de l'action»[2]. La discussion de ce problème dans un contexte exclusivement éthique a favorisé «la confusion grotesque entre la faiblesse de la volonté et la faiblesse morale»[3] et, comme l'écrit encore Davidson, a fait succomber les penseurs à la tentation «de réduire l'incontinence à des cas aussi spécifiques que ceux où nous sommes vaincus par la bête qui est en nous, ou encore où nous restons sourds à l'appel du devoir, ou encore où nous succombons à la tentation»[4].

La philosophie analytique de l'action a libéré l'étude de l'action de cette dépendance de la philosophie morale. Ayant pris son essor au départ d'une problématique appartenant à la philosophie de l'esprit et à la philosophie des sciences, elle s'est développée grâce à la contribution de chercheurs venant d'horizons les plus divers : philosophie du langage et philosophie de l'esprit (D. Davidson, R.M. Chisholm, P. Churchland, J.R. Searle), philosophie sociale (P. Winch, Ch. Taylor, R. Nozick), théorie du droit (H.L.A. Hart, J. Feinberg), etc. Elle a pu poser ainsi, pour la première fois, le problème de l'action dans toute son étendue et mettre à profit des résultats acquis dans d'autres domaines de recherche. Plutôt que d'être une annexe de la philosophie morale, la théorie de l'action, telle qu'élaborée par la philosophie analytique, occupe la place d'une métathéorie commune aux théories empiriques de l'action, à l'éthique et à la philosophie sociale, à la théorie de la décision, et, de façon générale, à toutes les branches du savoir où se fait sentir, comme en théorie du droit ou en théorie économique, la nécessité d'un système conceptuel permettant de décrire de façon adéquate la structure de l'action et de la motivation. La philosophie analytique de l'action s'impose aujourd'hui en tant que contribution importante à la philosophie contemporaine, et il paraît difficile de discuter sérieusement des problèmes relatifs à l'action sans tenir compte de ses apports et des perspectives qu'elle a ouvertes.

Si la philosophie analytique de l'action a thématisé de nouveaux problèmes et reformulé de façon plus complète et plus précise des problèmes connus, elle n'a évidemment pas épuisé tous les aspects de l'action. Il ne faut pas non plus s'attendre à des solutions entièrement satisfaisantes des problèmes étudiés en profondeur. Ainsi, il est certain que les analystes, en étudiant la structure motivationnelle de l'agir, ont longtemps fait usage d'un modèle trop simple où l'agent n'est que le dépositaire de désirs, d'intentions et de croyances, et qui ne tient pas compte des différentes modalités et degrés d'intégration de ces attitudes cognitives et volitives à la personne, ainsi que du pouvoir de celle-ci d'évaluer, d'assimiler ou de rejeter ces attitudes. Cependant, la philosophie analytique de l'action fait preuve d'une remarquable capacité d'autocritique et d'innovation, due probablement au fait que ses différents protagonistes se rattachent à des tendances philosophiques fort diverses. On y rencontre, travaillant sur les mêmes sujets, des auteurs s'inspirant de la seconde philosophie de Wittgenstein (Melden, Winch ou Anscombe), d'autres qui se rattachent plutôt au courant carnapien ou quinien (Churchland, Davidson), d'autres encore qui défendent des positions proches du courant herméneutique continental (G.H. von Wright) ou qui s'inspirent partiellement des positions de Brentano ou de Husserl (Chisholm, Føllesdal). Ce qui unit ces auteurs (et qui nous a autorisé à rassembler leurs textes sous un même titre) est, premièrement, qu'ils parlent et s'efforcent de parler un même langage (essentiellement le langage commun, enrichi de termes scientifiques et techniques explicitement définis); deuxièmement, qu'il existe entre eux un consensus sur la rigueur, la précision et l'exactitude à imposer à l'argumentation et à la critique; et troisièmement, qu'ils accordent la primauté au problème, au détriment du système. Ces trois caractéristiques garantissent l'absence de problèmes de communication entre les penseurs de tendances différentes, la possibilité d'une critique directe et interne, chacun pouvant se placer facilement sur le terrain de l'adversaire, et une disponibilité à modifier ou à laisser tomber des thèses qui, dans le débat, se sont révélées insuffisantes ou intenables. Dans ces conditions, la diversité des approches, au lieu d'aboutir à des oppositions stériles, devient un facteur d'enrichissement des débats.

Ce sont ce caractère de débat permanent et la diversité des approches et des sujets traités qui représentent l'obstacle majeur pour celui qui veut s'initier à la philosophie analytique de l'action. Il se trouve face à un foisonnement de publications, en majeure partie des articles d'une écriture dense et présupposant connus les discussions en cours. Notre intention, en constituant ce recueil, est justement de donner un aperçu général des thèmes principaux et des tendances de la philosophie analytique de l'action. Nous n'avons pas retenu des thèses influentes à un moment donné et abandonnées depuis, comme la thèse de l'ascriptivisme de H.L.A. Hart[5] ou la thèse, défendue par von Wright, du caractère logiquement concluant du syllogisme pratique[6]. Le nombre impressionnant de publications nous empêche d'être complet; il aurait été souhaitable d'intégrer, par exemple, l'approche fonctionnaliste des explications psychologiques, ou d'illustrer plus complètement la prise en compte de l'irrationalité par les analystes. Mais le choix de textes présent nous paraît suffisamment diversifié pour servir de base à l'exploration du domaine d'investigation ouvert par la philosophie analytique de l'action.

Les textes sont répartis selon les deux premiers objectifs évoqués ci-dessus, à savoir l'explication de l'action et la structure de l'agir. Le troisième objectif — l'analyse de notions normatives ou partiellement normatives se rattachant à l'action — n'est pas pour autant négligé : on s'apercevra que les notions de liberté et de responsabilité sont abordées dans les textes de Melden, Frankfurt, Davidson («Les événements mentaux»), Chisholm et Nozick, et la notion de rationalité (dans sa fonction normative) par Føllesdal.

Dans la suite de cette introduction, nous nous limiterons à situer les différents textes dans leur cadre et à donner les informations nécessaires pour faciliter leur approche. Nous avons rassemblé, dans la bibliographie, les publications permettant au lecteur d'approfondir les sujets abordés.

L'EXPLICATION DE L'ACTION

A l'origine de la philosophie analytique de l'action, se trouve un mouvement de contestation dirigé contre la thèse, défendue par l'empirisme logique, de l'unicité de la science et donc de la continuité épistémologique entre les sciences de la nature et les sciences de l'homme[7]. Cette thèse implique :

1) que les attitudes cognitives et volitives — les désirs, intérêts, croyances, choix, décisions, etc. — auxquelles se réfèrent, et l'explication commune de l'action et les explications données dans les sciences de l'homme, sont des antécédents causaux du comportement ;

2) que l'explication de l'action présuppose des lois de couverture empiriques énonçant que des attitudes d'un certain type sont toujours suivies de comportements d'un certain type.

En s'appuyant sur la critique wittgensteinienne et rylienne des causes mentales de l'action[8], Melden développe, dans «L'action libre», une panoplie d'arguments à l'encontre du premier de ces présupposés. Parmi ces arguments, retenons en premier lieu celui qui a reçu l'appellation d'«*argument de la connexion logique*», dont Melden donne deux versions :

a) La notion de relation causale exige que la cause supposée puisse être identifiée et décrite indépendamment de l'effet supposé. Or, il n'y a pas moyen d'identifier les soi-disant causes mentales de l'action, tels les volitions, désirs, motifs etc., sans se référer à leur objet : un désir ne peut être individué que comme le désir de faire A et deux désirs différents ne peuvent être distingués que comme le désir de faire A par opposition au désir de faire B. On ne peut donc affirmer une relation causale entre désir et action, étant donné qu'ils sont liés par un lien intrinsèque (voir *infra*, p. 41).

b) Dans une explication causale, la cause explique comment un certain événement s'est produit, mais n'intervient pas dans la description et dans l'identification de cet événement. Or, l'explication d'une action A par un motif revient justement à donner une description plus complète de cette action, à l'identifier comme étant, en fait, l'action B. En disant par exemple qu'un cycliste approchant d'un carrefour lève le bras gauche parce qu'il veut signaler qu'il va tourner, on ne fait rien d'autre que donner une description plus complète de l'action de lever le bras, faisant comprendre en quoi elle consiste. Le pouvoir explicatif des motifs par rapport à l'action est donc incompatible avec celui des antécédents causaux par rapport à leur effet (voir *infra*, p. 44).

Le deuxième argument majeur avancé par Melden a pour pierre angulaire la «*thèse des deux langages*». Admettons, dit Melden, qu'il existe des événements mentaux logiquement indépendants de ce qu'ils sont supposés causer. Dans ce cas, l'effet doit être un autre événement, à savoir un mouvement corporel, par exemple un mouvement du bras. Or, en expliquant un comportement par un motif ou une raison d'agir, on explique, non pas des mouvements corporels, mais des actions : on explique l'action du cycliste de lever le bras par son intention de signaler qu'il va tourner au carrefour. Pour que le motif explique causalement l'action (lever le bras), il faudrait donc ajouter un énoncé reliant le mouvement corporel (le mouvement du bras) à l'action. Or, cette relation n'est pas causale : il serait absurde de dire que le mouvement du bras cause l'action de lever le bras. Par ailleurs, le mouvement corporel ne contient en lui-même aucun élément permettant de l'identifier comme action[9]. Un ensemble de mouvements corporels n'est reconnu comme action que pour autant qu'il est appréhendé comme pourvu de sens à l'intérieur de son contexte. En appréhendant une action, on se place d'emblée dans un jeu de langage — le langage de l'action — différent de celui qui s'applique aux événements, et incompatible avec lui. Tandis que le premier utilise les notions de personne, de raison d'agir, d'intentionnalité, de sens, de responsabilité, etc., le second parle d'objets, de causes, de lois de la nature, etc.[10].

Melden n'ignore évidemment pas que l'on qualifie couramment les émotions ou les désirs de causes de l'action (on dit par exemple que la peur est la cause de la fuite); de plus, on peut construire — de même que dans les sciences naturelles — des conditionnelles contrefactuelles («En l'absence de ce désir, il n'aurait pas fait A»), ou prédire des actions. Cela ne signifie-t-il pas que la structure de l'agir est, en réalité, de nature causale? C'est le «dualisme des jeux de langage»[11] qui permet à Melden de contrer ce genre d'objection (cf. *infra*, pp. 46-51). Les expressions comme «causer» ou «prédire» sont systématiquement ambiguës, dans la mesure où elles figurent aussi bien dans le langage des événements que dans le langage de l'action. Ce qu'il faut voir, c'est que leur fonction diffère d'un jeu de langage à l'autre : la prédiction d'un événement naturel, par exemple, présuppose la connaissance d'événements antécédents et de lois empiriques, alors que la prédiction d'un comportement est fondée sur la connaissance de l'agent et du contexte de l'action.

C'est encore à ce dualisme des jeux de langage que recourt Melden pour soutenir que la possibilité de principe d'une explication neurophysiologique intégrale du comportement est compatible avec une explication intentionnaliste. L'explication neurophysiologique ne pourra jamais expliquer plus que des mouvements corporels; elle laisse intact le niveau de l'action où continueront à s'appliquer les notions d'intention, de sens, etc. Selon cette *«thèse de la compatibilité»*, une explication mécaniste intégrale du comportement n'aura pas non plus d'incidence sur les notions de liberté et de responsabilité, étant donné qu'elles appartiennent au langage de l'action, imperméable au langage de l'événement (voir *infra*, pp. 51-55).

Le second présupposé de l'explication causale de l'action humaine — la subsomption des attitudes cognitives et volitives et du comportement sous des lois empiriques reliant des types d'attitudes à des types de comportements — a été contesté notamment par P. Winch (1958) et W. Dray (1957). Winch a cherché à tirer les conséquences, pour les sciences sociales, des notions wittgensteiniennes de 'jeu de langage', de 'forme de vie' et de 'suivre une règle'[12], tandis que Dray s'inspire plutôt de la philosophie de l'histoire de Collingwood (1946). Pour Dray, les explications causales ne sauraient capter le trait spécifique des explications du comportement humain. En effet, lorsqu'on explique une action A, on cherche à identifier les attitudes et croyances de l'agent qui furent pour lui de bonnes raisons d'accomplir A; on essaie de discerner un équilibre logique où s'accordent action et motivation et à la lumière duquel l'action paraît *rationnelle*. Or, selon Dray, cela ne peut manifestement pas se faire par une explication au moyen de lois de couverture : dans ce cas, on explique le comportement en montrant qu'il appartient à un type d'actions accomplies généralement ou toujours par des agents ayant tel et tel type d'attitudes et de croyances. Certes, l'explication rationnelle fait usage de certains «principes de l'agir» disant que, dans une situation *S*, *A* est une chose rationnelle à faire pour tout agent ayant une raison d'agir *r*. Mais ces principes ne sont pas des lois empiriques du comportement. S'ils l'étaient, ils énonceraient que dans telles et telles circonstances, les êtres humains se comportent toujours de telle et telle façon. Ils seraient donc infirmés par le cas d'un individu qui ne ferait pas preuve de ce comportement dans ces circonstances. Or, un principe de l'agir n'est pas infirmé si un individu, ayant de bonnes raisons de faire *A* dans une situation *S*, ne fait pas *A*. Cela montrerait tout au plus que, dans ce cas précis, le principe de l'agir ne s'applique pas à *A*, ce qui n'empêche nullement qu'il puisse s'appliquer à d'autres individus ou à d'autres actions du même individu[13].

Au début des années soixante, les thèses intentionnalistes dominaient le débat philosophique. C'est la publication de «Actions, raisons d'agir et causes» de D. Davidson qui annonça la reconquête du terrain par les causalistes. Davidson fit suivre cet article d'une série d'autres textes (sur la structure de l'agir, l'ontologie des événements, la notion d'intention, les événements mentaux, le problème du réductionnisme, etc.), élargissant progressivement le domaine des problèmes traités. Les thèses de Davidson sont loin de faire l'unanimité, mais, originales et soutenues par une argumentation puissante, elles ont largement marqué les débats par la suite.

L'objection principale que Davidson formule, dans «Actions, raisons d'agir et causes», à l'encontre de la conception intentionnaliste, est que cette dernière présente, à titre d'explication de l'action, ce qui n'est tout au plus qu'une description de la manière dont on identifie des raisons d'agir possibles. En plaçant l'action dans son contexte, on peut certes dégager une ou des raisons d'agir de l'agent, mais rien ne dit que l'agent a effectivement agi pour ces raisons (il peut avoir agi pour une autre raison ou avoir eu un comportement non intentionnel). En d'autres mots, les intentionnalistes ne sont pas en mesure de distinguer le cas où un agent possède une certaine raison d'agir mais n'agit pas pour cette raison, de celui où il agit effectivement pour cette raison. Or, lorsqu'on exige ou que l'on donne une explication d'action, c'est à ce dernier cas que l'on se réfère. Mais comment le distinguer du premier, sinon en faisant intervenir la notion de cause, en disant que l'attitude et la croyance de l'agent qui expliquent son action sont celles qu'il avait au moment d'agir et qui ont aussi causé son comportement (voir *infra*, pp. 67-69).

L'argument de la connexion logique n'est pas un obstacle à l'explication causale de l'action. En effet, la relation causale tient entre des événements et non entre des descriptions d'événements. Le fait que la description d'un événement mental ne soit pas logiquement indépendante de la description de son effet, n'implique donc pas que l'apparition de cet événement mental ne soit pas distincte ou indépendante de l'apparition de son effet (voir *infra*, p. 71). D'autre part, une explication causale peut parfaitement redécrire l'événement expliqué sans cesser pour autant d'être causale (lorsqu'on dit que quelqu'un a été brûlé, on donne de sa blessure une description en termes de ce qui l'a causée, mais cela n'implique pas qu'il n'y ait pas de relation causale entre la brûlure et la blessure) (voir *infra*, p. 68).

Quant à l'argument de Melden que l'explication causale n'atteint que le niveau des événements (en l'occurrence les mouvements corporels) et non pas le niveau de l'action, Davidson répond que l'action correspond justement à un événement causé par certains événements mentaux. L'explication de l'action doit être causale, précisément parce que la structure de l'action est de nature causale : l'action est un mouvement corporel causé par les attitudes qui le rationalisent (qui le présentent comme une chose rationnelle à accomplir étant donné les raisons et croyances de l'agent)[14].

Il semble que l'explication causale du comportement présuppose, à l'instar des explications des sciences naturelles, des lois de couverture reliant des types d'attitudes volitives et cognitives à des types d'actions. Or — et c'est là un fait que les anti-causalistes ne se sont pas privés d'avancer — ni l'explication commune de l'action ni les explications dans les sciences de l'homme ne font usage d'énoncés explicatifs satisfaisant les critères d'une loi empirique. Sur ce point, les causalistes n'ont pu que renvoyer au progrès de la science devant permettre un jour de formuler ces lois, actuellement implicites dans nos pratiques explicatives. Davidson a fait évoluer la discussion grâce à sa thèse que l'explication causale de l'action ne présuppose pas de lois de couverture. Pour l'établir, il recourt à nouveau à la distinction entre événement et description d'un événement. La relation causale tient entre deux événements. Mais une loi causale tient entre des événements décrits de telle et telle façon. Pour pouvoir affirmer qu'un premier événement, décrit comme l'événement *x*, est la cause d'un second événement, décrit comme l'événement

y, il n'est pas nécessaire qu'il y ait une loi causale reliant des types d'événements décrits comme événements de type x à des types d'événements décrits comme événements de type y; il suffit que ces événements exemplifient une loi sous *une* description — et pas forcément la description x ou y. En particulier, on peut dire qu'un événement décrit comme raison d'agir (d'un certain type) est la cause d'un événement décrit comme action (d'un certain type), même s'il n'y a pas de loi reliant ces types de raisons d'agir à ces types d'actions; il suffit qu'il existe une description de ces événements qui exemplifie une loi. Or, tel est bien le cas, étant donné, d'une part, que les raisons d'agir peuvent être décrites comme des événements neurologiques, et, d'autre part, qu'il existe ou qu'il est possible de formuler des lois reliant des descriptions d'événements neurologiques à des descriptions de mouvements corporels. En d'autres mots, les raisons d'agir et les actions, lorsqu'elles sont décrites dans un vocabulaire physicaliste, exemplifient des lois empiriques et cela suffit à étayer les énoncés causaux reliant des attitudes à des actions (voir *infra*, p. 75).

Si Davidson contre l'objection des anti-causalistes — qu'il n'existe pas de lois empiriques de l'action — en montrant que la possibilité d'une explication causale ne dépend pas de cette question, Churchland estime avoir trouvé le moyen de prouver l'existence de telles lois, lois qui préservent en outre la notion de rationalité qui, selon Dray, est le propre de l'explication «rationnelle» et soi-disant non causale. L'argumentation, fort ingénieuse, de Churchland part du fait que nos explications communes de l'action peuvent être contestées de plusieurs façons. En inventoriant ces différents types d'objections, on devrait aboutir, dit Churchland, aux conditions nécessaires (et conjointement suffisantes) d'une explication d'action. Les six conditions qu'il identifie sont les suivantes :

1) X désire Ø;

2) X croit que faire A lui permettra de réaliser Ø;

3) X ne croit pas qu'il ait à sa disposition un meilleur moyen pour réaliser Ø;

4) X n'a pas d'autre désir qui l'emporte sur son désir de faire Ø;

5) X sait comment faire A;

6) X est capable de faire A.

Comment expliquer, demande Churchland, qu'on accepte ou rejette l'explication d'une action selon que l'on croit satisfaites ou non ces conditions, si ce n'est parce ce qu'à chaque fois que ces conditions sont données, X fait A et que si l'une d'entre elles n'est pas satisfaite, X ne fait pas A ? En d'autres mots, nous admettons, dans notre pratique explicative, la validité d'une conditionnelle universelle reliant les conditions (1) à (6) à l'assertion que X fait A. De plus, cette loi d'action tient parfaitement compte de la relation de «raisonnable vu les croyances et désirs de l'agent». En effet, les conditions (1) à (4) équivalent aux prémisses d'un syllogisme pratique. L'explication causale d'une action ne revient donc pas seulement à dire que A est une action accomplie généralement dans tel et tel type de situation, mais à dire aussi que X a fait A parce que, dans des situations de ce type, il est rationnel d'accomplir ce genre d'action (étant sous-entendu que X est capable de faire A et sait comment faire A). Il n'est donc nullement nécessaire de postuler, comme le fait Dray, l'existence d'un type d'explication spécifique, soi-disant différent de l'explication causale de l'action.

Les intentionnalistes, et notamment G.H. von Wright, ont répondu à l'offensive des causalistes par une version plus puissante de l'argument de la connexion logique, portant non plus sur l'interdépendance logique des descriptions d'événements mentaux et des descriptions d'actions, mais sur l'impossibilité de *vérifier* les énoncés décrivant des états mentaux autrement qu'en se référant à des énoncés décrivant les actions supposées être les effets de ces états mentaux. Lorsqu'on cherche à expliquer un comportement, on est confronté au départ à un ensemble de mouvements corporels incolores. Afin d'identifier les raisons d'agir et croyances de l'agent, il faut d'abord comprendre à quelle *action* correspondent ces mouvements corporels, par exemple, si c'est à l'action de tourner la poignée d'une fenêtre (pour vérifier si elle fonctionne), à celle d'ouvrir la fenêtre (pour regarder au dehors) ou à celle d'aérer la pièce. Ce n'est qu'alors que l'on peut tenter une explication. Or, pour identifier un comportement donné comme étant une action A, on doit rapporter, au moins de façon implicite, ce comportement à l'intention et à l'attitude cognitive de l'agent. Cela ne veut pas dire que l'on doit se référer à quelque état ou événement mental. On ne saisit pas l'intention de l'agent en faisant des conjectures sur ce qui se passe «dans sa tête». Rapporter le comportement à l'intention et à la croyance, c'est le rapporter à ce que von Wright appelle une «histoire de l'agent», à un contexte plus large, englobant les circonstances dans lesquelles le comportement s'est produit, les déclarations de l'agent, son comportement antérieur et ultérieur, etc. La compréhension correcte est celle qui présentera cet ensemble comme pourvu de sens.

Il suit de ce qui précède que toute compréhension de l'action est une explication en puissance, dans la mesure où elle s'établit en fonction des éléments — l'intention et la croyance — évoqués par l'explication. L'explication d'une action n'est en fait rien d'autre qu'une *compréhension explicitée*, la mise en forme de ce qui se passe lorsqu'on comprend un comportement comme étant une action A. Ceci exclut évidemment la possibilité d'une explication causale, étant donné que l'identification du soi-disant effet (l'action) implique nécessairement une référence à ses soi-disant causes (les attitudes volitives et cognitives).

A l'objection de Davidson, que la conception intentionnaliste ne permet pas de distinguer la raison efficiente des raisons simplement présentes, von Wright répond que nous acceptons comme raison efficiente celle à la lumière de laquelle nous comprenons effectivement l'action. Certes, il arrive qu'une première explication soit rejetée au profit d'une autre, apparemment plus satisfaisante, mais ce n'est pas parce que l'on croit que cette dernière exprime, à la différence de la première, une relation causale entre raisons d'agir et action. Il n'y a pas, dit von Wright, d'autre relation entre raisons d'agir et action que celle créée par l'acte de la compréhension. On adopte une nouvelle explication lorsque, ayant eu connaissance d'éléments nouveaux ou ayant élargi le contexte, on doit donner une nouvelle interprétation du comportement et de son contexte, en termes de cohérence et de rationalité. Il est clair que, dans cette conception, la compréhension et l'explication de l'action ne sont jamais définitives, notamment parce que chaque nouvelle action de l'agent et chaque réaction d'autrui à celle-ci élargissent le contexte de l'action antérieure, et que s'ajoutent donc constamment des éléments susceptibles de suggérer une réinterprétation.

Sur le problème de l'identification et de la description des événements mentaux, et donc des attitudes et croyances expliquant l'action, Davidson arrive, dans «Les événements mentaux», à des conclusions très proches de celles de von Wright. C'est la nature essentiellement «ouverte» de l'identification des attitudes cognitives et volitives, ainsi que la dépendance réciproque entre l'attribution, à un agent, de telles attitudes et l'imputation, à cet agent, d'une action, qui l'amènent à rejeter la possibilité d'établir des lois psychologiques strictes. Etant donné que l'attribution des événements mentaux et l'imputation de l'action se font à l'intérieur d'un système conceptuel manifestement structuré autrement que celui qui s'applique aux événements naturels, Davidson récuse également la possibilité de lois psychophysiques. Cependant, il maintient que cette «anomie du mental» n'est pas un obstacle à l'explication causale de l'action, vu la possibilité — établie dans «Actions, raisons d'agir et causes» — de construire de manière «oblique» la relation causale entre attitudes cognitives et volitives et l'action [15]. Il entend donc préserver une conception causaliste de l'explication de l'action en dépit de l'impossibilité d'une compréhension non intentionnaliste de l'action et des attitudes cognitives et volitives. Ou, si on envisage les choses dans l'autre sens, il montre que l'explication causale du comportement (en termes neurophysiologiques) laisse intacte la nature intentionnelle de notre appréhension commune de l'action (Davidson évoque à ce propos l'exigence kantienne de concevoir unies dans un même sujet les idées de nécessité causale et de liberté).

La critique majeure adressée à la conception davidsonienne, et qui est développée dans l'article de F. Stoutland[16], est qu'elle a apparemment pour conséquence de vider de sa substance l'explication commune de l'action. En effet, d'une part, ce n'est pas en tant qu'attitude volitive ou cognitive mais seulement en tant qu'événement physique, qu'un événement cause un comportement. Mais, d'autre part, il n'y a pas, selon Davidson, de lois-pont établissant une correspondance systématique entre les descriptions d'attitudes et les descriptions d'événements physiques. Cela signifie que le discours sur les attitudes cognitives et volitives est totalement déconnecté du discours sur les causes (réelles) de l'action et qu'il n'a en fait aucune pertinence à titre d'explication de l'action. Par exemple, que l'on qualifie de fortes ou de faibles des raisons d'agir n'a aucun pouvoir explicatif par rapport au comportement, étant donné qu'un événement ne cause pas le comportement en tant que raison d'agir, forte ou faible. Qui plus est, l'explication commune ne saurait jamais *acquérir* une force explicative, puisque l'impossibilité de lois psychophysiologiques empêche de la réduire à des explications en termes physiques. Selon Stoutland, la théorie de Davidson représente ainsi le cas étrange d'une «théorie causale de l'action estimant qu'il n'y a pas et qu'il ne peut y avoir d'explication causale de ce qu'un agent intentionnel ait agi intentionnellement dans une situation donnée» (*infra*, p. 150).

Certains auteurs, et notamment des continentaux, ont essayé de surmonter l'opposition entre les conceptions causaliste et intentionnaliste de l'action. Tandis que K.-O. Apel et P. Ricœur[17] tentent de faire une place à la notion de cause ou d'explication causale dans une théorie des sciences de l'homme essentiellement herméneutique, D. Føllesdal estime, au contraire, que les traits spécifiques de la compréhension et de l'explication de l'action, avancés par les intentionnalistes, ne justifient pas un dualisme méthodologique. Cette thèse s'insère dans la conception générale défendue par Føllesdal, selon laquelle les prétendus traits distinctifs de l'approche herméneutique, soit ne sont pas de véritables traits distinctifs puisqu'ils se retrouvent également dans la méthode hypothético-déductive des sciences de la nature (comme le «cercle herméneutique» notamment), soit n'introduisent pas de coupure épistémologique entre sciences de l'homme et sciences de la nature [18]. La méthode hypothético-déductive, méthode unique de la connaissance, est «la mise en œuvre de deux opérations : former des hypothèses et en déduire des conséquences en vue d'arriver à des croyances qui, bien qu'hypothétiques, sont bien-fondées, quand leurs conséquences déductives s'accordent avec nos expériences et avec nos autres croyances bien-fondées» (Føllesdal, 1979a, p. 321). La méthode herméneutique n'est rien d'autre que «la méthode hypothético-déductive appliquée à un matériel signifiant (c'est-à-dire des textes, des œuvres d'art, des actions, etc.)» (*ibid*, p. 320).

En ce qui concerne plus particulièrement les sciences de l'action, la continuité méthodologique avec les sciences de la nature ne signifie pas, comme on l'a parfois affirmé, que l'explication de l'action se réduit à subsumer le comportement sous une loi causale isolée. Tout comme dans les sciences de la nature, les explications de l'agir font appel à une théorie complexe, «une théorie psychophysique mixte où, dans la matrice de l'explication, nous joignons et comparons des facteurs mentaux et physiques» (Føllesdal, 1985, p. 321). Cette théorie, qui reste partiellement à construire, devra notamment comporter une théorie de la décision descriptive (qui est à la théorie de la décision normative ce que la description psychologique des modes d'argumentation effectivement utilisés est à la logique (Føllesdal, 1979b, p. 440), et pourra faire appel, comme la théorie physique contemporaine, aux notions de disposition, de tendance et de pouvoir (Føllesdal, 1985, p. 318).

Ce qui *est* spécifique aux sciences de l'homme, est qu'elles doivent recourir, dans l'interprétation des désirs, des croyances, des choix et des actions de l'être humain, à un «principe de rationalité». Mais, précise Føllesdal, cette interprétation procède elle-même de manière hypothético-déductive (Føllesdal 1981, p. 157). Dans l'article repris dans ce recueil, Føllesdal cherche à déterminer le contenu exact de ce principe de rationalité et sa fonction, à la fois descriptive et normative, à l'intérieur de la théorie de l'action.

Dans les débats sur l'explication de l'action, la question de la relation entre l'explication commune de l'action en termes d'attitudes volitives et cognitives et l'explication neurophysiologique, occupe une place importante. La réflexion philosophique à ce propos porte essentiellement sur la possibilité ou l'impossibilité du mécanisme et sur les conséquences de cette constatation de possibilité ou d'impossibilité pour l'explication commune de l'action. L'article «Comment concevoir le mécanisme?» de Ch. Taylor est une étude magistrale de cette problématique. Il fait écho à un texte de N. Malcolm (1968), qui entend établir que l'affirmation du mécanisme implique une contradiction. Malcolm montre d'abord que, contrairement à ce que pensent les partisans de la thèse de la compatibilité, l'explication neurophysiologique du comportement est incompatible avec l'explication intentionnelle. Certes, l'explication neurophysiologique ne saurait infirmer les principes de l'explication intentionnelle, pour la bonne raison que ceux-ci sont analytiques[19]. Cependant, une explication neurophysiologique intégrale du comportement humain signifierait que ces principes ne *s'appliquent pas* à ce comportement, en ce sens qu'il ne devrait plus être conçu comme régi par des désirs et des intentions (Malcolm, 1968, pp. 51-52 et 70). Un mécaniste conséquent avec lui-même devrait donc cesser de parler d'actions, de croyances, de désirs, etc., et se limiter à un discours purement neurophysiologique. Or, dit Malcolm, cela l'enferme dans un «paradoxe pragmatique». En effet, le comportement linguistique, et en particulier le fait d'énoncer que telle ou telle chose est vraie, est pour l'essentiel un comportement intentionnel. Mais dans l'hypothèse du mécanisme, dire qu'une personne énonce ou affirme quelque chose, et plus particulièrement, qu'elle affirme ou énonce que le mécanisme est vrai, n'a plus de sens. Le fait de poser cette assertion implique la fausseté du mécanisme (*ibid*, p. 67).

Taylor est d'accord avec Malcolm pour dire que l'hypothèse d'une théorie neurophysiologique rejetant comme faux ou dépourvu de sens l'ensemble de notre discours intentionnel de l'action, de l'émotion et de la pensée, est inacceptable. Mais il ne pense pas, contrairement à Malcolm, qu'une explication neurophysiologique intégrale sera forcément incompatible avec le discours intentionnel de l'action. Elle ne le sera pas, s'il s'avère possible d'établir des corrélations systématiques entre le niveau de l'explication neurophysiologique et le niveau de l'explication intentionnelle, de façon à préserver dans ses grandes lignes la logique du discours intentionnel de l'action, de l'émotion et de la pensée. La théorie neurophysiologique serait alors, par rapport à l'explication intentionnelle, dans la position d'une explication plus fondamentale par rapport à une explication moins fondamentale. Cependant, poursuit Taylor, si une explication neurophysiologique intégrale du comportement est concevable, cette possibilité de principe ne signifie pas — comme on l'admet souvent — que l'explication neurophysiologique future sera de type mécaniste (en ce sens qu'elle exclura toute notion téléologique et intentionnelle). En effet, vu que cette explication doit préserver la logique de notre discours intentionnel de l'action, de l'émotion et de la pensée, on ne peut exclure qu'elle doive, pour remplir cette tâche, intégrer des concepts intentionnels et téléologiques. En d'autres mots, celui qui tire argument de la possibilité de principe d'une explication neurophysiologique du comportement humain, pour prétendre que la conception scientifique (neurophysiologique) du comportement sera mécaniste, présuppose que le mécanisme est le seul paradigme possible de la scientificité. Or, c'est là une prétention dont l'histoire des sciences nous donne de bonnes raisons de nous méfier[20].

LA STRUCTURE DE L'AGIR

Au départ de toute action, on a un mouvement corporel ou un ensemble de mouvements corporels. Ces mouvements corporels peuvent amener des conséquences causales (par exemple, lorsqu'on pousse sur un bouton pour faire démarrer une machine); s'ils satisfont certaines règles, ils sont chargés d'une signification communiquée à autrui (par exemple, lorsque l'arbitre d'un match de football siffle un hors-jeu). L'analyse de la structure de l'agir doit répondre notamment aux questions suivantes.

1. Quelles sont les conditions qui doivent être données pour que l'on puisse décrire un ensemble de mouvements corporels comme (telle et telle) action?

2. Y a-t-il un transfert de l'agir de l'action de départ aux conséquences qu'elle cause, et, dans l'affirmative, quelle est la relation entre l'action de départ et l'action composée de celle-ci et d'une ou plusieurs de ses conséquences? Par ailleurs, y a-t-il transfert de l'agir à toutes les conséquences, même aux contre-effets, aux effets secondaires et aux effets lointains, et, dans la négative, comment fixer les limites de l'agir?

3. Lorsqu'une action de départ acquiert une signification parce qu'elle est accomplie conformément à certaines règles, est-on en présence d'un acte distinct? Quelle est la nature exacte de ces règles (l'action d'un avant-centre dont le tir fulgurant n'a pu être neutralisé par le gardien adverse, possède la signification «footballistique» de «marquer un but»; s'agit-il pour autant d'une nouvelle action — à côté de celle d'envoyer le ballon dans les buts de l'équipe adverse — dont il faudrait gratifier l'avant-centre, comme l'action de l'arbitre de signaler un hors-jeu par un coup de sifflet semble distincte de celle de donner ce coup de sifflet)?

A ceci se rattache toute une série de questions concernant des types particuliers d'actions, telles les abstentions et les omissions[21], ou les actions solidaires[22]. Enfin, l'analyse de la structure de l'agir doit rendre compte des cas «anormaux», comme l'action non intentionnelle, ou bien ceux où la personne, victime d'une contrainte, manipulée ou aliénée, accomplit des actes qui ne sont pas vraiment siens.

En ce qui concerne les critères de l'individuation d'un ensemble de mouvements corporels comme telle et telle action, les causalistes et les intentionnalistes partent du présupposé que les mouvements corporels, considérés en eux-mêmes, sont incolores (voir *supra*, note 9). L'action doit donc se définir par une relation entre ces mouvements incolores et un élément extérieur : les attitudes et croyances de l'agent. Les deux théories divergent seulement quant à la question de savoir quelle est la nature — causale ou conceptuelle — de cette relation.

H. Frankfurt («Le problème de l'action») est un des rares analystes à contester ce lien entre les notions d'action et d'intention. Pour Frankfurt, il existe bien des traits intrinsèques aux mouvements corporels lorsque ceux-ci correspondent à une action. Pour s'en apercevoir, il faut considérer les mouvements corporels, non pas après qu'ils se soient produits, mais au moment où ils sont accomplis. Ce qui distingue des réflexes les mouvements qui sont des actions, est qu'ils sont accomplis sous la direction et le contrôle de l'agent. Ce contrôle et cette direction ne se font pas au moyen d'autres actions (comme dans le cas d'un automobiliste conduisant sa voiture) et ne présupposent des attitudes cognitives et volitives. L'accomplissement d'une action n'est rien d'autre que la production, «par les systèmes que nous sommes» (*infra*, p. 246), d'un ensemble de mouvements coordonnés entre eux et adaptés à la situation.

La dissociation des notions d'action et d'intention a l'avantage d'éviter certains problèmes posés par les actions non intentionnelles et par les cas où l'agent n'adhère pas à ses motifs et raisons d'agir[23], et elle permet d'introduire, dans l'analyse des notions de liberté et de responsabilité, des aspects qu'une conception liant action et intention ne parvient pas à intégrer. En effet, si on estime que les attitudes cognitives et volitives sont une condition nécessaire de l'action, on ne peut concevoir qu'une personne soit responsable d'un comportement dû à des facteurs extérieurs à sa volonté : ce comportement, puisqu'il n'est pas dû aux attitudes volitives et cognitives de l'agent, n'est pas une action, et *a fortiori* n'est pas une action libre et responsable. Or, Frankfurt montre qu'il existe bel et bien des cas où l'agent est moralement responsable d'un comportement déterminé par des facteurs externes (voir *infra*, pp. 247-250), et ces cas ne peuvent être traités qu'en abandonnant au préalable la thèse que l'action se définit par l'intention.

L'article de Frankfurt n'aborde cependant pas un aspect important de la structure de l'agir, qui est la relation entre l'accomplissement de mouvements corporels et les conséquences de ces mouvements. C'est à ce problème que s'attaque Davidson dans «L'agir». Son analyse s'appuie sur une propriété du langage de l'action que J.L. Austin avait formulée comme suit : «Le fait que nous pouvons importer dans la description de l'action une séquence de la série de ses conséquences — séquence que nous pouvons choisir plus ou moins longue — est, ou du moins devrait être, un lieu commun fondamental de la théorie de notre langage concernant l'"action" en général. Ainsi, si on nous demande 'Qu'a-t-il fait?', nous pouvons répondre : 'Il a tué l'âne' ou 'Il a tiré un coup de fusil' ou 'Il a appuyé sur la détente' ou 'Il a bougé l'index', et toutes ces réponses peuvent être correctes» (Austin, 1975, pp. 107-108).

Cette propriété du langage de l'action — appelée «effet accordéon» — implique qu'une action A ne forme pas, avec une de ses conséquences, une action différente, B : les conséquences d'une action ne donnent lieu qu'à des descriptions différentes de A, et non à des actions différentes de A. Quelle est alors la seule et même action à laquelle se réfèrent ces multiples descriptions? C'est, dit Davidson, celle qui, d'une part, est accomplie directement, c'est-à-dire qui ne peut être analysée en termes de relations causales avec une autre action de l'agent et qui, d'autre part, est à l'origine du processus causal au cours duquel apparaissent les différentes conséquences donnant lieu à autant de descriptions différentes de l'action de départ. Pour Davidson, ce sont les mouvements corporels accomplis directement par l'agent — les «actions primitives» — qui remplissent ces deux conditions. Il peut donc conclure que l'agir se limite, en fait, à l'accomplissement de mouvements corporels. Les énoncés qui, à première vue, semblent décrire des actions incluant, à côté des mouvements corporels, certaines de leurs conséquences, ne sont en réalité que des redescriptions des actions primitives [24].

Cette conception implique qu'une même action peut être intentionnelle ou non intentionnelle : tout dépend de la description à laquelle on se réfère. Ce qui distingue un mouvement corporel qui est une action d'un mouvement réflexe, est qu'il en existe au moins une description sous laquelle il est intentionnel. Si Davidson maintient donc l'intentionnalité comme critère de l'agir, il parvient aussi à donner une formulation purement extensionnelle de l'expression de l'agir comme rapport causal entre un événement (un mouvement corporel) et ses différents effets. Cependant, alors que la notion de causalité peut expliquer l'attribution à un agent des conséquences d'une action primitive, elle ne permet plus d'éclaircir le rapport entre l'agent et son action primitive. Il n'est pas possible de dire que l'agent cause ses actions primitives, car cela mènerait au dilemme suivant : ou bien ces actions ont pour antécédents d'autres événements (du genre : «actes de volonté»), ce qui entraîne une régression à l'infini; ou bien, il n'y a pas d'autres événements, et alors on ne voit plus très bien à quoi peut correspondre l'affirmation qu'il y a causation.

Si, pour Davidson, l'attribution d'une action (primitive) à un agent marque la limite du discours causal, selon Chisholm, on passe à un type de causalité différent. Chisholm pense que la notion de pouvoir d'agir *doit* être analysée en termes de causalité, si on veut donner un sens à la notion de responsabilité. Plus précisément, le concept de responsabilité présuppose et exclut à la fois la notion de causalité. Il l'exclut en ce sens que la détermination causale de l'action dépossède la personne de cette action : ce n'est pas elle qui *agit*. Mais la responsabilité présuppose la causalité, dans la mesure où une action non causée ne saurait pas non plus être imputée à un agent. Il faut donc admettre, dit Chisholm, l'idée d'une «causalité par agent», différente de la causalité entre événements[25] : l'action consiste en une série d'événements, dont le premier — probablement un événement cérébral — est causé par l'agent et non par d'autres événements. Cette causalité est une causalité par liberté, car dire que l'*agent* a causé cet événement, c'est dire qu'il n'était pas nécessité à le causer. Il aurait donc pu ne pas le causer, c'est-à-dire, il aurait pu ne pas déclencher la série causale d'événements en laquelle consiste l'action. La notion de causalité par agent réunit donc les deux idées présupposées par le concept de responsabilité : la liberté et la détermination causale.

Pour être satisfaisante, une analyse de l'agir doit tenir compte des cas où le mécanisme de l'action normale est perturbé ou détourné : lorsqu'on agit à contre-cœur, malgré soi, contre son meilleur jugement, lorsqu'on ne se sent pas entièrement maître de son action et qu'on ne la considère pas vraiment comme sienne. Il est évident que, pour expliquer ce genre de cas, il ne suffit pas de relier l'action à des attitudes cognitives et volitives. En effet, sous ce rapport, une action contrainte ou accomplie à contre-cœur ne se distingue pas des actions normales : de même que celles-ci, elle est (le plus souvent) voulue, décidée et planifiée. On ne doit donc pas se borner — comme l'a fait la philosophie analytique de l'action à ses débuts — à voir la personne en simple dépositaire d'attitudes cognitives et volitives, et ses actions en instruments d'exécution de ces attitudes, mais on doit prendre en considération le pouvoir évaluatif et interprétatif de la personne face à sa propre structure motivationnelle, ainsi que l'effet en retour, voulu ou non par la personne, de l'action sur ses valeurs et préférences (qu'il contribue à leur formation, à leur intégration plus profonde ou bien à leur effacement). La difficulté, en ce domaine, est de sortir du langage métaphorique de la «force» des désirs, de la «profondeur» des convictions, ou des concepts trop vagues comme celui d'«assimilation» de valeurs, pour élaborer une structure conceptuelle diversifiée, précise et bien définie. C'est la tâche que s'est fixée Frankfurt dans «La liberté de la volonté et la notion de personne», où il propose une analyse, au moyen de la notion de «désirs de second niveau», de l'engagement de la personne face à sa structure motivationnelle, et où il développe les implications de cette notion pour l'analyse de la responsabilité et de la liberté[26].

Le cas de l'action contrainte, dont traite le texte de R. Nozick, est sans doute, parmi les cas d'actions «anormales», le plus important par le rôle qu'il occupe en éthique, en théorie du droit, en philosophie sociale et en théorie économique. La réflexion philosophique sur le phénomène de la contrainte est restée longtemps sous l'influence de l'analyse donnée par Aristote (et sur laquelle s'est appuyé Thomas d'Aquin)[27]. Rappelons succinctement les points majeurs de cette analyse, pour mieux faire ressortir l'originalité de l'approche de Nozick. L'analyse aristotélicienne procède en deux étapes. Dans une première étape, elle définit comme actes malgré soi les mouvements corporels ou les déplacements du corps dont le principe est extérieur à la personne et auxquels elle ne concourt en rien, même pas en y consentant intérieurement. Il s'agit donc de mouvements corporels qu'une puissance supérieure en force fait subir à une personne contre sa résistance physique (par exemple, quand un homme est traîné de force ou quand autrui saisit son bras et le soulève). Dans un second temps, l'analyse classique aborde le cas de la contrainte par menace et chantage. Ce cas est analysé sur base de l'exemple d'un équipage de vaisseau qui, pris dans une tempête violente, jette par-dessus bord la cargaison afin d'alléger le navire et d'éviter qu'il ne coule. Selon Aristote, l'action des marins est accomplie de plein gré. Il est vrai qu'ils n'auraient pas accompli cet acte s'il n'y avait pas eu de tempête. Cependant, dans la situation donnée (et tout acte est accompli dans une situation donnée), leur action est accomplie en vue d'une fin, à savoir éviter un mal plus grand (que le navire ne coule). Elle est donc décidée et choisie par les agents, et c'est cela qui permet de dire qu'elle est accomplie de plein gré.

Cette analyse comporte deux défauts graves. Dans sa première phase, elle définit comme actes contraints des événements qui ne sont pas des actes, et qui *a fortiori* ne sont pas des actes contraints (il serait absurde de parler d'acte, par exemple, dans le cas de l'homme traîné de force).

Cette définition énonce tout simplement la différence entre un mouvement corporel subi et un mouvement corporel accompli par la personne.

Dans sa seconde phase, la conception classique développe l'analyse de la contrainte sur base d'un exemple non approprié. Le cas des marins ne serait un cas de contrainte que dans l'hypothèse où l'équipage serait composé d'animistes, attribuant une volonté à la mer et à la tempête et croyant qu'elle s'est déchaînée afin de les forcer à jeter la cargaison par-dessus bord. Cependant, dans cette hypothèse, les marins animistes ne seraient certainement pas d'accord avec Aristote pour dire qu'ils ont agi de plein gré. L'analyse classique manque de prendre en compte un élément essentiel aux situations de contrainte, à savoir que le sujet est exposé à la menace ou au chantage d'*autrui*, qui veut l'amener, en le menaçant d'un mal plus grand, à accomplir un acte qu'il n'accomplirait pas de lui-même. Elle passe ainsi à côté d'un trait essentiel à l'acte contraint, à savoir qu'il équivaut à une soumission à la volonté d'autrui.

Un effet négatif majeur de cette analyse est qu'elle met finalement sur le même pied, par exemple, l'action d'un résistant qui trahit ses compagnons parce qu'on le menace de tortures, et celle de son camarade qui, pour éviter d'en arriver là, se suicide dans sa cellule, entre la servitude volontaire d'un flatteur et la servitude d'ouvriers qui acceptent des conditions salariales désavantageuses parce que le patron menace de fermer l'usine, etc.[28]. Dans l'analyse classique, tous ces actes, étant choisis et décidés, sont invariablement volontaires; elle ne permet pas de différencier les actes contraints de ceux qui ne le sont pas, et de distinguer les cas de contrainte des autres formes d'aliénation et de soumission. Une analyse approfondie de ces formes de l'involontaire doit pouvoir répondre de façon différenciée à des questions précises, par exemple : en augmentant ses prix en période de pénurie, un commerçant contraint-il ses clients; un chef d'entreprise menace-t-il son personnel en annonçant qu'en cas de grève, il fermera l'usine; si A est en train de se noyer et que B lui dit qu'il le sauvera en échange de la promesse d'une grosse somme d'argent, cherche-t-il à contraindre A (si A et B appartiennent à des armées ennemies, B ne fait-il pas une offre à A, et si c'est le cas, A agit-il contre son gré en acceptant cette offre); peut-on préférer la contrainte à l'absence de contrainte (dans la situation qu'on vient de décrire, A ne préfère-t-il pas être contraint par B plutôt que de le voir totalement indifférent à sa situation)?

C'est à ce genre de questions que Nozick s'efforce de donner une réponse claire et différenciée. Ce texte, très dense et d'une richesse d'analyse tout à fait exceptionnelle, est un excellent point de départ pour toute réflexion sur la non-liberté et, par là, sur la liberté[29] car, ainsi que l'a dit J.L. Austin, il se peut qu'en ayant déterminé toutes les façons dont une action peut ne pas être libre, on aura réglé le problème de la liberté (Austin, 1970, p. 180).

NOTES

¹ Voir ADORNO (e.a.) (1979), HABERMAS (1987a) et APEL (1965), (1968) et (1979). Ces auteurs, tout comme P. Ricœur, en France [RICŒUR (1971a), (1971b) et 1977)], se sont référé d'ailleurs à certains éléments du débat commencé à l'intérieur de la philosophie analytique. Ainsi que l'écrit Apel, cette dernière a dégagé «une technique d'argumentation hautement sophistiquée, paraissant mieux adaptée aux problèmes de la philosophie moderne des sciences que les anciens modes d'argumentation utilisés par Dilthey et ses successeurs continentaux. C'est notamment l'analyse soigneuse des jeux de langage et des structures conceptuelles de l'argumentation scientifique et métascientifique qui a fourni de nouvelles normes et de nouveaux critères pour traiter les questions anciennes» APEL (1976b, p. 161).
² DAVIDSON (1984b, p. 32 note 14).
³ AUSTIN (1970, p. 198 note 1).
⁴ DAVIDSON D., *op. cit.*, p. 32.
⁵ HART (1948/1949), PITCHER (1960), GEACH (1960), HART (1968, p. V).
⁶ von WRIGHT (1971), (1972) et (1976b, pp. 41-42). Pour le problème du syllogisme pratique, on peut consulter le recueil de textes de RAZ (1978).
⁷ ABEL (1953) et HEMPEL (1965) et (1974).
⁸ WITTGENSTEIN (1958, 44 sq et §§ 11-14) et (1953, §§ 611-632); RYLE (1978, chap. III et V).
⁹ Melden, comme pratiquement tous les théoriciens de l'action, admet à titre d'évidence que les mouvements corporels sont neutres quant à leur description en tant qu'actions ou simples événements naturels. Autrement dit, les mouvements corporels, même accomplis intentionnellement, ne comportent aucune trace de cette intentionnalité : il n'existe pas de traits observables dont la présence, dans un ensemble donné de mouvements corporels, permet de dire qu'il s'agit d'une action, ou dont l'absence ferait dire qu'il s'agit de simples événements naturels, par exemple des mouvements réflexes échappant au contrôle de l'agent. Cette thèse des «*mouvements corporels incolores*» (nous empruntons cette expression au behavioriste C.L. HULL (1943, p. 25) implique que l'identification d'une action ne peut se faire sur base de la seule observation des mouvements corporels mais exige qu'on les rapporte aux attitudes volitives et cognitives de l'agent. La différence entre causalistes et intentionnalistes [pour ce terme, cf. von WRIGHT (1976a, pp. 373-374)] est que les premiers envisagent le rapport entre l'intention et les mouvements corporels comme un rapport causal, alors que les seconds estiment que c'est un lien créé au moyen d'une interprétation des mouvements corporels dans leur contexte.
¹⁰ Waismann exprime clairement cette idée dans «Language Strata» : «On croit généralement qu'une action est déterminée à la fois par des causes et des motifs. Or, si elle est déterminée par des causes, il n'y a pas de place pour des motifs, et vice versa. Ou bien le système des causes est complet, et il n'est pas possible d'y insérer un motif; ou bien le système des motifs est complet, et il n'est pas possible d'y insérer une cause. 'Est-ce à dire que vous pensez accomplir deux choses différentes en écrivant une lettre?'. Non, je

veux dire qu'il y a deux possibilités d'envisager la chose, de même qu'il y a deux façons différentes d'envisager une phrase : comme une suite de sons émis par un individu ou comme un véhicule de la pensée. Pour une suite de sons, il peut y avoir des causes, mais pas des raisons, et pour une suite de mots exprimant une pensée, il peut y avoir des raisons mais non des causes. Il est important de comprendre que le mot 'action' est systématiquement ambigu» (WAISMANN, 1961, p. 31).

[11] LANDESMANN (1965).

[12] L'action humaine, dit Winch, est, à l'instar du langage, un comportement pourvu de sens parce qu'il suit des règles. Ces règles sont celles de la communauté à laquelle appartient l'agent. En effet, cela n'a pas de sens de parler d'un comportement qui suit des règles, si ces règles ne peuvent pas être vérifiées par autrui (sans quoi, tout comportement, aussi absurde qu'il soit, pourrait être interprété comme ayant un sens; il suffirait de lui faire correspondre une «règle» suffisamment compliquée). Expliquer l'action humaine consiste à en comprendre le sens en fonction des règles, vérifiables de manière intersubjective, qui le déterminent. Cela implique — ici, Winch s'oppose à la conception weberienne du sens d'une action comme «*subjektiv gemeinter Sinn*» [WEBER (1976, pp. 1-2)] — que même les comportements entièrement privés ne peuvent être compris que dans le cadre d'un contexte social. L'explication de l'action humaine est donc tout autre chose que la recherche de régularités empiriques en vue d'une explication causale.

[13] Pour l'ensemble de ce développement voir DRAY (1957, chap. V).

[14] Par la suite, Davidson devra défendre cette conception contre deux types de contre-exemples. Le premier est celui de l'*akrasia* (de la faiblesse de la volonté). Si les raisons d'agir sont des causes, on s'attend à ce que l'action se produise quand l'agent désire accomplir A et juge que l'accomplir est, toutes choses bien considérées, meilleur que s'en abstenir ou accomplir une autre action B. En d'autres mots, on s'attend à ce que la raison d'agir la plus forte l'emporte sur les raisons plus faibles. Or, il semble y avoir des cas où on agit ou s'abstient d'agir contre son meilleur jugement (DAVIDSON, 1984b).
Le second type de contre-exemples est celui des «chaînes causales déviantes». Selon l'analyse causale de l'action, un comportement est une action intentionnelle, s'il est causé par une raison d'agir et une croyance qui le rationalisent. Qu'en est-il alors des cas où cette raison et cette croyance sont à l'origine d'un état émotif qui, lui, cause un comportement non intentionnel (DAVIDSON, 1980, p. 79)?

[15] L'impossibilité de lois psychophysiques signifie que le mental ne peut être réduit au physique, puisqu'une telle réduction présuppose des lois reliant des types d'attitudes à des types d'événements neurologiques. Davidson soutient cependant que des événements mentaux particuliers sont identiques à des événements neurologiques particuliers. Il caractérise la relation entre le mental et le physique par la notion de «survenance» : le mental «survient» au physique, ce qui signifie qu'il est impossible que deux objets soient physiquement identiques tout en étant différents sous leur aspect mental [pour la notion de survenance, voir KIM (1984)]. Les implications de ce «monisme anomal» et de l'anomie du mental, sur la méthodologie des sciences de l'homme ainsi que sur des notions de la philosophie pratique, sont évidentes et font l'objet de débats passionnés à l'intérieur de la philosophie anglo-américaine (les recueils de VERMAZEN et HINTIKKA (1985) et de LEPORE et MCLAUGHLIN (1985) en donnent un bon aperçu).

[16] Pour des critiques similaires à celle de Stoutland, voir notamment HONDERICH (1982) et FØLLESDAL (1985).

[17] Voir les ouvrages cités dans la note 1, ainsi que APEL (1976a) et RICŒUR (1990).

[18] Pour une démonstration de cette thèse sur des exemples précis, voir FØLLESDAL (1979a) et STEGMÜLLER (1979).

[19] En effet, le principe disant que, si X désire A et croit que faire B est nécessaire pour réaliser A, alors (en l'absence de facteurs contraires) il fera B, ne peut être réfuté par

l'expérience, puisqu'il n'exprime que la relation entre, d'une part, la signification de «désirer A» et de «croire que faire B est nécessaire pour réaliser A», et, d'autre part,«faire B». Dans une situation où on a supposé vraies les conditions énumérées par l'antécédent de la conditionnelle et où X n'accomplit *pas* B, on dira que ce n'était pas vrai (contrairement à ce que l'on pensait) qu'il désirait A ou croyait que faire B est nécessaire pour réaliser A.

[20] Nous n'avons pas pu intégrer dans ce recueil la théorie fonctionnaliste des explications psychologiques [voir les écrits de DENNETT (1985), (1986) et (1987), FODOR (1976) et (1981), LEWIS (1966), et PUTNAM (1975)]. Selon cette conception, les états mentaux sont aux états neurophysiologiques ce que les états logiques d'une machine sont à ses états physiques. De même qu'un état logique peut être matérialisé par des états physiques différents, un état mental peut correspondre à différents états neurophysiologiques. Les états mentaux ne sont donc pas en général identiques à des états neurophysiologiques particuliers : un état mental donné est identique à tous les états neurophysiologiques ayant les caractéristiques fonctionnelles de cet état mental. Le fonctionnalisme reconnaît l'indépendance des discours explicatifs se référant, respectivement, au niveau neurophysiologique et au niveau mental, ces discours remplissant des fonctions différentes et complémentaires. Pour une critique du fonctionnalisme, voir notamment Ch. TAYLOR (1985, pp. 187-212).

[21] Les abstentions et omissions sont-elles des actions? Certes, aucun mouvement corporel n'est produit, mais il n'empêche qu'elles permettent d'obtenir des effets dans le monde...

[22] Le résultat de l'action solidaire d'un équipage d'aviron (rameurs et timonier) doit-il être imputé de façon distributive à chaque co-agent ou à chaque agent séparément ou encore à l'équipage considéré comme un seul agent?

[23] Si l'on conçoit l'intention comme condition nécessaire de l'action, on doit ou bien nier que ce qu'on désigne couramment comme actions non intentionnelles ou involontaires soient des actions, ce qui est contraire à l'évidence, ou bien trouver un moyen d'interpréter ces actions comme «apparentées» aux actions intentionnelles ou volontaires, ce qui pose des problèmes redoutables [voir notamment SEARLE (1980)].

[24] On peut se demander si Davidson n'a pas conclu trop hâtivement au «repliement» de toute action en des actions primitives. L'action de signaler un hors-jeu, par exemple, peut-elle être traitée à la manière davidsonienne (le fait qu'on hors-jeu ait été signalé est-il une conséquence *causale* de l'action de donner un coup de sifflet)? Un problème analogue se pose à propos des actions complexes, dont la réalisation requiert une série d'accomplissements. S'il fallait suivre Davidson dans l'interprétation de ces cas (cf. *infra*, p. 221), on devrait concevoir l'action de garer sa voiture comme se réduisant au dernier coup d'accélérateur qui fait entrer la voiture dans l'espace prévu, les manipulations antécédentes étant des actions primitives préparant cette action ultime. Une telle conception «atomiste» des actions complexes paraît peu plausible. On trouvera une étude critique de l'«effet accordéon» dans NEUBERG (1985). Pour des approches différentes du problème de l'individuation de l'action, on peut consulter GOLDMAN (1970), (1971) et (1979) et THALBERG (1977). PFEIFER (1989) défend l'approche «unificatrice» de Davidson contre la conception «prolifique» de Goldman.

[25] Chisholm se réfère, pour cette notion de causalité par agent, à Aristote, Physique, VIII, 5, 256a.

[26] Le pouvoir auto-évaluatif de la personne occupe une place centrale dans les écrits de Ch. Taylor sur l'action [Ch. TAYLOR (1964), (1979) et 1985)]. Pour une analyse de différentes formes d'irrationalité, voir les recueils de WOLLHEIM et HOPKINS (1982) et de MORTIMORE (1971) ainsi que les études de PEARS (1984), MELE (1987), et CHARLTON (1988).
Voir aussi les recherches de J. Elster sur la «rationalité imparfaite», où l'auteur entend

corriger l'orientation instrumentaliste de la théorie classique de la rationalité [ELSTER (1979), (1983) et (1989)].

[27] Ethique à Nicomaque, 1109 b30 - 1111 b3; Somme Théologique I^a II^{ae}, quest. 6, art. 4-6.

[28] Une autre conséquence négative de l'analyse classique concerne le problème de la responsabilité. En ne reconnaissant comme actes contraints que les mouvements subis, cette théorie exclut que la contrainte puisse être invoquée comme élément de disculpation dans les cas d'actes accomplis sous la menace (vu que ces actes sont choisis et voulus par l'agent). Evidemment, il est difficile de tenir cette position jusqu'au bout. Aussi, Aristote admet-il que l'agent peut être disculpé, lorsque la contrainte à laquelle il a été soumis dépasse la nature humaine et que nul ne la supporterait. De façon plus précise, la stratégie généralement mise en œuvre pour exclure la responsabilité dans certains cas de contrainte, consiste à dire que l'acte illicite en question n'a pas été «vraiment» décidé et choisi par l'agent, ce dernier étant victime de la souffrance, d'un paroxysme émotif, d'une paralysie de son pouvoir de décision, etc. Cependant, il est évident qu'il y a des cas où la responsabilité de l'agent n'est pas engagée alors qu'il *a* décidé et choisi en toute lucidité de céder à la contrainte, et qu'il y en a d'autres où sa responsabilité est engagée alors qu'il a effectivement été victime d'un paroxysme émotif (par exemple, un pilote d'avion cède à la panique devant une situation imprévue).

[29] Les études suivantes de la contrainte comportent une analyse critique du texte de Nozick: FRANKFURT (1973), GORR (1986) et (1989), et NEUBERG («La contrainte», à paraître dans *Dialogue*).

L'EXPLICATION DE L'ACTION ET LA QUESTION DE LA REDUCTIBILITE DES EXPLICATIONS PSYCHOLOGIQUES A DES EXPLICATIONS NEUROPHYSIOLOGIQUES

L'action libre

A.I. MELDEN

C'EST EN VOULANT..., QU'ON FAIT...

Considérons le raisonnement suivant. Quand je lève le bras (délibérément par exemple), certains mouvements musculaires ont lieu et c'est grâce à moi qu'ils se produisent. Je lève donc le bras en mouvant (en contractant et en relâchant) ces muscles et c'est ainsi qu'il faut s'y prendre pour lever le bras.

Ce raisonnement est mauvais. On ne peut pas identifier ce qu'un sujet accomplit et ce qu'il provoque seulement. Quand on contracte le biceps, on provoque un tas d'événements : des impulsions nerveuses sont transmises vers les muscles, des circuits neurologiques du cerveau sont activés ou désactivés, des molécules de protéine sont mises en mouvement, et beaucoup d'autres choses encore se passent qu'on ignore complètement. Mais prenons la conclusion du raisonnement en elle-même. Il est évident qu'on peut contracter certains muscles à volonté. Lorsqu'autrui, désignant mon biceps, me demande de le contracter, je sais le faire sans problème. C'est pourquoi il est tentant de dire qu'on lève le bras en mouvant certains muscles, comme on donne un signal en levant le bras.

Extraits de A.I. MELDEN, *Free Action*, Routledge & Kegan Paul, Londres, 1961 (pp. 43-53, 83-91 et 201-224). Avec l'aimable autorisation de l'auteur et de *Routledge & Kegan Paul*.

Comment s'y prend-on pour mouvoir certains muscles? Il y a une différence entre le fait que mon biceps se contracte et le fait que *je* le contracte, de même qu'il y a une différence entre le fait que mon bras s'élève et le fait que *je* le lève. Le biceps peut se contracter sans que j'y sois pour quelque chose (par exemple, si autrui lève mon bras et, ce faisant, cause la contraction du biceps), de même que le mouvement de mon bras peut être dû, non pas à mon intervention mais à autrui qui le soulève. Comment énoncer cette différence entre, d'une part, un mouvement affectant un muscle de mon bras et, d'autre part, le fait que je meus ce muscle, sinon en disant que dans ce dernier cas, je déclenche le mouvement musculaire au moyen d'une chose que j'accomplis? Bref, s'il est raisonnable d'affirmer qu'on lève le bras en mouvant certains muscles, il est également raisonnable de dire qu'on meut ces muscles en faisant une chose qui déclenche ces mouvements musculaires. A quoi pourrait bien correspondre cette action ayant comme effet ces mouvements musculaires?

Supposons qu'autrui, indiquant mon biceps, m'ordonne de le contracter. Que dois-je faire pour lui obéir? Dois-je me dire «Contracte-toi, muscle, contracte-toi!»? Si je faisais cela, rien ne se passerait. Serait-ce parce que je ne *pense* pas vraiment ce que je dis? Comment faut-il s'y prendre alors pour le *penser* vraiment? «Penser ce que l'on dit», est-ce là une chose qu'on accomplit en disant quelque chose? Est-il vrai que ce n'est que lorsque je *désire* que le muscle bouge que je pense vraiment ce que je dis? Mais j'ai beau désirer cela, il ne se passera de nouveau rien. Je dois apparemment aller au-delà de mon désir, à savoir réaliser ce que je désire. Faut-il donc — pour employer le terme de Prichard — que je me mette à mouvoir le biceps?[1]. Que signifie l'expression «s'y mettre»? Supposons qu'elle signifie «se préparer à»; or, j'ai beau me préparer à bouger le muscle, il ne bougera pas pour autant. Cette expression aurait-elle le sens d'essayer de faire une chose ou de s'efforcer à la faire? Il est évident que pour lever le bras, il n'est pas nécessaire d'essayer de le lever (à moins que quelqu'un ne le retienne) : on le lève tout simplement. De même, on n'essaie pas de contracter le biceps, à moins qu'il n'y ait une résistance à vaincre ou un risque d'échouer.

En quoi réside donc finalement la différence entre le fait que mes muscles se contractent et le fait que je les contracte? Selon une doctrine bien connue, cette différence tiendrait à ce que, dans le dernier cas, je *veux* que les muscles se contractent, tandis que dans le premier cas la contraction serait due à d'autres causes. Ainsi donc, je contracterais mes muscles en accomplissant d'abord un acte de volonté qui, lui, causerait le mouvement musculaire.

Admettons un instant l'hypothèse qu'un événement appelé «acte de volonté» produise un mouvement musculaire. Il y a certainement une différence entre le fait qu'un acte de volonté se produise et le fait que je l'accomplisse. Nous avons vu qu'il faut distinguer le cas où un mouvement musculaire se produit, de celui où je contracte le muscle. C'est justement pour expliquer cette différence qu'on introduit les actes de volonté. Or, il faut également distinguer le cas où un acte de volonté se produit, de celui où je l'accomplis; on ne peut pas exclure que des volitions se produisent sans l'intervention du sujet et donc en l'absence de processus mentaux se passant dans les profondeurs du moi. Dès lors, il ne suffit pas de vouloir le mouvement musculaire; on doit aussi vouloir ce vouloir, et ainsi de suite, à l'infini. Un lecteur impatient me rétorquera peut-être : «Quand je veux un mouvement musculaire, je le veux, un point c'est tout. Cet acte de volonté n'est pas produit au moyen d'une autre action. On veut tout simplement que le muscle se contracte». Cette objection, à supposer qu'elle soit correcte, n'explique pas la différence entre une action et un simple événement. Expliquant l'«action» de lever le bras par un acte de volonté, elle ne fait au mieux que transposer le problème. Elle mène à la thèse défendue par Prichard, selon laquelle, à strictement parler et contrairement à l'idée implicite dans notre discours commun, on ne lève jamais le bras : tout ce que l'on fait et qu'on est capable de faire, c'est de *vouloir* et c'est par *cette* action qu'on produit certains effets, comme le mouvement du bras. Si on accepte une telle thèse — à savoir que vouloir est un genre d'action qu'on n'accomplit pas au moyen d'une autre action (on veut, et c'est tout) —, pourquoi ne pas accepter alors une thèse analogue à propos du mouvement musculaire : on contracte le biceps et cette contraction n'est pas produite par une autre action?

L'hypothèse des actes de volonté engendre encore d'autres problèmes, beaucoup plus graves. En dépit de sa notoriété, cette théorie n'est qu'un enchevêtrement de confusions. Comment décrire le soi-disant acte de volonté? Sa description ne doit certainement pas inclure la conséquence supposée, c'est-à-dire le mouvement musculaire. Supposons qu'un acte de volonté A cause un mouvement musculaire B. En général, quand un événement A cause un événement B, on doit pouvoir donner une description de A qui ne fasse pas référence à ce que A possède la propriété causale de produire B. Autrement, l'énoncé «A cause B» se réduirait à «La chose qui cause B cause B». Que peut-on proposer comme description de l'acte de volonté? Lorsqu'un événement fait que je sursaute de peur, ou que j'accomplis un mouvement subit du bras ou de la tête, la question «Qu'est-ce qui a fait que vous...?» est intelligible et on peut y répondre. Mais il ne serait pas acceptable de répondre «Ce qui me l'a fait faire». Ce n'est pas là une réponse, mais une impolitesse ou une tentative maladroite de faire de l'humour. Dès lors, que reste-t-il comme possibilité pour décrire l'acte de volonté?

On peut être tenté d'avoir recours à des indéfinissables[2] : le vouloir serait indéfinissable *sui generis*; il s'agirait d'un effort mental, d'une activité impossible à décrire plus avant et différente des autres activités mentales comme s'étonner, penser, supposer, s'attendre à, imaginer, etc. Ce recours à des indéfinissables est une solution de désespoir. Certes, on se met à l'abri de la critique, mais ce faisant on sacrifie toute prétention à l'intelligibilité. C'est dans ce contexte que les objections de Wittgenstein à l'encontre de la théorie des sensations kinesthésiques s'appliquent admirablement bien. Si tout ce que l'on peut dire des soi-disant actes de volonté, auxquels seraient dus les mouvements musculaires, est qu'il s'agit du genre de choses qui produisent des mouvements musculaires, il est plus que probable que personne n'ait jamais compris ce que veut dire l'expression «acte de volonté». Celui qui tenterait de sauver cette théorie en prétendant que les actes de volonté nous sont étroitement familiers et que nous les identifions sans peine, se verrait confronté à la question : «Qu'est-ce qu'on identifie en identifiant des actes de volonté?» A moins que l'on sache identifier ces actes parce qu'on dispose d'une description qui s'applique à eux et à eux seuls, l'affirmation que chacun comprend en réalité ce de quoi on parle est au mieux une pétition de principe; en fait, il s'agit d'une accusation implicite de malhonnêteté à l'adresse de ceux qui refusent de donner leur assentiment. Or, qu'on arrive, en philosophie, à un point où les bonnes manières seules empêchent de porter ouvertement des accusations de ce genre, est un signe d'une défaillance grave de la pensée.

A défaut d'une théorie générale des actes de volonté, l'expression «acte de volonté» ne saurait jouer un rôle utile dans notre discours. Ce n'est pourtant pas le seul problème sérieux qui affecte cette notion. Supposons qu'il existe effectivement une activité mentale spécifique correspondant au vouloir et causant la contraction de certains muscles et le relâchement d'autres lorsqu'on accomplit des mouvements corporels. Comment expliquer alors qu'on apprend ces mouvements corporels? Il est certain que l'acte de volonté impliqué dans la production d'un premier mouvement musculaire doit être différent de celui impliqué dans la production d'un second mouvement musculaire. On aura donc différents actes de volonté, v_1, v_2, v_3, etc., qui font se contracter ou se relâcher, respectivement, les muscles m_1, m_2, m_3, etc. Du moment que $v_1 \rightarrow m_1$, $v_2 \rightarrow m_2$, $v_3 \rightarrow m_3$, etc. correspondent à des relations causales, v_1, v_2, v_3, etc., doivent être distincts, tout comme le sont m_1, m_2, m_3, etc. Si on doit apprendre comment produire m_1 au moyen de l'acte de volonté v_1, on doit non seulement connaître la différence entre v_1 et d'autres actes de volonté donnant lieu à des effets différents, mais également la relation causale entre v_1 et m_1. Cela implique, semble-t-il, au moins deux choses : 1) on doit pouvoir indiquer, pour chaque acte de volonté, un ensemble de traits distinctifs, comme on peut le faire pour les mouvements musculaires m_1, m_2, m_3, m_4, etc. ; 2) ce n'est que par l'expérience qu'on peut apprendre que m_1 est produit par v_1, m_2 par v_2, m_3 par v_3, etc. Il s'ensuit, à moins de supposer que l'être humain soit doué d'une prescience surhumaine, qu'on a dû être surpris ou étonné de voir, la première fois qu'on accomplissait l'acte de volonté v_1, que le mouvement musculaire m_1 s'ensuivait, et qu'avant de faire cette constatation, on n'avait pas de raison valable d'exclure que m_2 s'ensuivrait (d'exclure, par exemple, que la jambe droite s'élèverait suite à l'acte de volonté qui donnait lieu en fait à la contraction du biceps).

Considérons la première conséquence. On peut distinguer les mouvements musculaires m_1 et m_2, par exemple le mouvement du biceps du bras droit et celui du biceps du bras gauche. Mais comment distinguer les actes de volonté v_1 et v_2 par lesquels ces mouvements musculaires sont produits ? On doit avoir appris à produire ces mouvements au moyen d'actes de volonté ; ce doit être une capacité acquise. Si on peut apprendre cela, on devrait être en mesure de distinguer la volition v_1 de la volition v_2 et de décrire cette différence ; si on n'y arrive pas, c'est faux qu'on apprend à réaliser m_1 en produisant v_1 et m_2 en produisant v_2. Comment faut-il donc exprimer la différence entre v_1 et v_2 ? Faut-il admettre que non seulement les volitions mais également les différences entre elles ne peuvent être définies ? Il n'empêche que ces différences doivent être au moins reconnaissables. Notre langage serait-il inadéquat ? Pourquoi ne pas introduire alors des termes permettant de décrire ces différences, et expliquer comment les employer ? Peut-être faut-il définir ces éléments par *ostension*, en disant que v_1 est cette chose-*ci*, celle dont il se fait qu'on l'accomplit quand on réalise m_1, et que v_2 est cette chose-*là*, celle dont il se fait qu'on l'accomplit quand on réalise m_2 ? Ce serait une solution si l'on savait déjà vers quel genre de chose diriger l'attention, et s'il était possible par ailleurs de décrire la différence entre v_1 et v_2 sans se référer au fait que v_1 produit m_1 et que v_2 produit m_2. On peut arriver à expliquer la signification d'un terme ou d'une expression par ostension lorsqu'il s'agit de combler une lacune ou d'apporter les chaînons manquants dans une compréhension de base de ce terme ou de cette expression. Mais dans le cas présent, on ne sait pas où et quoi chercher; on ne dispose pas d'une telle compréhension de base. On nous dit qu'il existe certaines choses, appelées «actes de volonté», que ces choses ne peuvent pas être définies, et qu'il est également impossible d'expliquer comment employer cette expression. Si c'est *cela* notre base, comment veut-on expliquer par ostension la différence entre l'acte de volonté 1 (appelons-le l'acte musculaire-mental 1) et l'acte de volonté 2 (l'acte musculaire-mental 2)? Si l'on prétendait que cette différence est elle-même indéfinissable, on dépasserait certainement les limites de l'acceptable.

Pour autant que je sache, les philosophes n'aiment pas multiplier exagérément les indéfinissables. Prichard par exemple, malgré son recours caractéristique à des indéfinissables, fait preuve d'une subtilité admirable (tout aussi caractéristique) l'amenant à rejeter des solutions aussi simplistes, même si cela l'oblige, comme il le reconnaît lui-même, à endosser une conclusion sujette à des objections auxquelles il est incapable de répondre. Considérons à présent la seconde conséquence de la théorie des actes de volonté. Si c'est un fait causal que v_1 produit m_1 et non m_2, aucune raison ne justifie mon attente, lorsque j'accomplis v_1 pour la première fois, de voir m_1 plutôt que m_2 s'ensuivre; en effet, dans cette hypothèse, l'énoncé disant qu'en accomplissant l'acte de volonté v_1, on meut par exemple le biceps crural de la jambe droite ou le biceps du bras droit mais pas celui du bras gauche, n'est fondé qu'inductivement. Prichard affirme que l'acte de volonté implique un désir de vouloir la chose que l'on veut et donc une représentation de l'effet probable de la volition. Cela signifie que la première fois qu'on accomplit v_1 et où on produit donc m_1, v_1 présuppose l'idée qu'on fait une chose qui produira m_1. Or, par hypothèse, il n'y a pas de raison d'attendre que v_1 produise telle et telle chose particulière ou même produise quelque chose. C'est pourquoi Prichard doit conclure que «l'acte de volonté présuppose l'idée d'une chose que nous sommes susceptibles de causer en accomplissant cet acte». C'est là une conclusion — ou plutôt un problème — qu'il ne sait pas éviter[3].

Le dilemme de Prichard tient à un problème d'une importance capitale qui peut s'énoncer indépendamment de sa thèse que pour accomplir un acte de volonté, on doit être mû par un désir de l'accomplir. La question centrale est de savoir si oui ou non on peut décrire intelligemment un acte de volonté sans faire référence à l'événement corporel qui y correspond. Supposons que l'acte de volonté donne lieu à un mouvement corporel. Dans ce cas, comme Prichard le reconnaît d'ailleurs, cet acte consiste à vouloir ce mouvement musculaire; autrement, on n'aurait que des raisons tirées de l'induction pour supposer qu'il donnera lieu à ce mouvement musculaire particulier. On est alors confronté au dilemme suivant. Si on doit nécessairement se représenter v_1 (un acte de volonté particulier) comme l'acte de vouloir m_1 (un mouvement musculaire particulier), l'événement mental ou physiologique v_1 ne peut être en relation causale avec m_1, puisque la notion même de relation causale implique logiquement que la compréhension de la cause et de l'effet ne fasse pas référence à une relation logique interne entre les deux. D'un autre côté, si on se représente v_1 et m_1 comme causalement liés à l'instar des mouvements musculaires et du mouvement du bras, on doit conclure que lorsqu'on accomplit v_1 pour la première fois, rien ne permet de prévoir que m_1 se produise. Si, afin d'éviter cette conséquence, on dit que la représentation du mouvement musculaire fait partie de la nature de l'acte de volonté (comme le dit Prichard : «la *pensée* fait partie de la nature du *vouloir*» [*ibid.*, p. 38]), la description de l'acte de volonté implique nécessairement une description du mouvement musculaire et en conséquence, on est forcé de laisser tomber l'idée que l'acte de volonté v_1 est la cause du mouvement musculaire m_1. Le problème de Prichard est que sa conclusion que «l'acte de volonté présuppose l'idée d'une chose que nous sommes susceptibles de causer en accomplissant cet acte», est tout simplement contradictoire.

L'incohérence logique dont souffre la théorie des actes de volonté est donc la suivante. On suppose que les actes de volonté sont des causes directes de certains phénomènes corporels (que ces derniers correspondent à des événements cérébraux, comme le pense Prichard, ou bien à des mouvements musculaires, comme nous l'avons supposé pour les besoins de l'argumentation, n'a aucune espèce d'importance), de même que ces derniers causent par exemple un mouvement du bras : on suppose qu'on meut les muscles en voulant qu'ils se meuvent, de même qu'on meut le bras au moyen des muscles. Mais il n'y a pas moyen de donner une description intelligible des soi-disant actes de volonté, qui ne fasse pas référence aux phénomènes corporels pertinents. *Aucune* cause interne, mentale ou physiologique, n'a la caractéristique logique qu'on recherche. L'événement intérieur qu'on appelle «acte de volonté», peu importe qu'il soit mental ou physique, doit être logiquement distinct de l'effet supposé (comme Hume l'a établi dans son analyse de la causalité); or, aucun événement interne ne peut être un acte de volonté sans être logiquement lié à ce qui est voulu, l'acte de volonté n'étant intelligible que comme l'acte de vouloir la chose voulue. Bref, il ne peut y avoir d'acte de volonté, puisque (et on pense ici à la remarque fameuse de Wittgenstein à propos de la signification) rien de la sorte ne saurait avoir les conséquences logiques requises [...].

MOTIFS ET EXPLICATIONS

Selon une conception familière, suggérée par l'étymologie du terme, le motif est le mobile de l'action. Le motif meut; les motifs d'une personne la motivent, la font agir, fournissent les impulsions internes conduisant à l'action. La séquence motif-action apparaît ainsi comme une relation mécanique spéciale reliant le mental au physique. Ce n'est cependant pas cette étymologie qui explique le pouvoir suggestif de cette manière de se représenter les choses. Ne dit-on pas, après tout, que tel et tel comportement aurait été différent si la personne *n'avait pas eu* tels et tels motifs, *sans* ces motifs ou *en l'absence* de ces motifs (on peut encore penser à d'autres expressions familières). De plus, lorsqu'on veut savoir, par exemple, si c'était bien Pierre Dupont qui a sauvagement attaqué Paul Durand, la question des motifs a sûrement son importance. Pierre Dupont *n'aurait pas* commis ce crime s'il n'avait pas été mû par... (on complète l'explication en indiquant un motif pertinent pour l'action en question). Des considérations de ce genre, et pas seulement des raisons étymologiques, donnent une force presque irrésistible à l'idée que les motifs sont des causes quasi-mécaniques de ce qu'on appelle le «comportement manifeste», et qu'ils expliquent l'action d'une personne comme les événements naturels sont expliqués par leurs causes.

Cependant, cette conception est de toute évidence déficiente. Supposons que le motif soit une cause au sens humien de ce terme : un événement mental interne. Alors, l'effet est un autre événement. Imaginons qu'une personne lève le bras pour donner un signal. Une chose qui se passe (et qui est *effectivement* conforme au modèle humien de l'effet) est que son bras s'élève. La séquence causale est donc apparemment la suivante : motif → mouvement corporel. Mais cela ne suffit pas. Par hypothèse, le motif explique une action («Sans ce motif, il *n'aurait pas agi* de telle et telle façon»). En identifiant une séquence causale allant du motif au mouvement corporel, on n'explique donc pas l'action. Il faudrait en plus identifier le mouvement corporel en question comme celui qui se produit quand cette action est accomplie. On devrait donc, pour expliquer l'action de lever le bras par le motif (compris comme une cause humienne du mouvement corporel), compléter l'énoncé de la relation causale (motif → mouvement corporel) par un autre énoncé reliant le mouvement corporel à l'action. Mais ce dernier énoncé, disant que le mouvement du bras se produit quand on lève le bras, ne décrit pas une causation. Les mouvements corporels ne *produisent* pas les actions dans lesquelles ils interviennent et ne sont pas produits par elles. En effet, ce que l'on décrit, d'une part, comme l'action de lever le bras, et, d'autre part, comme le mouvement du bras, est la même chose. Ce ne sont pas non plus des descriptions alternatives des mêmes événements ('le fait que mon bras s'élève' et 'le fait que je lève le bras'), ou deux façons de dire la même chose. S'agirait-il alors de descriptions alternatives du même événement dans le sens où 'le fait que mon bras s'élève' et 'les doigts de ma main s'ouvrent' se réfèrent au même mouvement corporel ? Là encore la réponse est non ! Il n'y a pas de description supplémentaire des propriétés du mouvement corporel qui soit susceptible de révéler ce trait additionnel qui en fait une action. Ainsi donc, si on part du motif comme événement interne causant un mouvement corporel, l'explication de l'action en termes de causalité humienne s'avère impossible.

Mettons pour le moment entre parenthèses le problème du lien entre mouvements corporels et actions et admettons le motif comme un événement causant l'action. Sommes-nous alors en présence du sens dans lequel le motif explique l'action ? Les expressions «en l'absence de» «s'il n'avait pas eu», etc., ont-elles la même signification, appliquées à l'action, que dans des énoncés comme «S'il n'y avait pas eu (en l'absence de) cette forte concentration de vapeur d'essence dans l'air, l'explosion ne se serait pas produite» ?

Considérons le cas d'un conducteur qui, approchant d'un carrefour, lève le bras. Normalement, on ne se demande pas pourquoi il le fait, non pas parce que cette question est dépourvue de sens mais parce qu'elle est inutile : on sait très bien ce qui se passe et on connaît donc la réponse. Si quelqu'un qui n'est pas familier de ce genre de situation nous posait la question, on lui répondrait que le conducteur a levé le bras pour signaler qu'il va tourner. On se réfère donc à un motif, à savoir la raison pour laquelle le conducteur a agi d'une certaine façon. L'hypothèse que ce motif est un événement mental pouvant se trouver dans une relation causale humienne avec un autre événement — en l'occurrence l'action de lever le bras — est sujette à la simple objection empirique suivante : quel est donc l'événement mental qui s'est produit lorsque le conducteur a levé le bras ? Imaginons qu'au moment d'agir, tout ce qui lui traversait l'esprit était : «Encore un virage dangereux sur cette mauvaise route !». Serait-ce là un contre-exemple à la réponse qu'on a donnée ? On est peut-être tenté de dire qu'il doit y avoir quelque chose dans l'esprit de l'agent qui puisse être identifié comme motif de l'action. Mais pourquoi *devrait*-il y avoir ce quelque chose ? C'est ici que l'exhortation familière de Wittgenstein est à sa place : «Ne pensez pas, regardez». Il est certain que le motif de l'agent était tel et tel et qu'une pensée traversait son esprit. Si le conducteur est incapable d'identifier lui-même l'événement mental correspondant au motif, pourquoi supposer qu'il s'agit de quelque chose de difficilement saisissable, d'une chose qui lui échappe[4]? Il avait l'intention de tourner et c'est pourquoi il a levé le bras; il l'a levé pour indiquer qu'il allait tourner. Pourquoi supposer que l'expression «afin d'indiquer que...» désigne un événement mental? D'un autre côté, il est vrai que le conducteur a indiqué son intention de tourner, ce qui est différent de lever simplement le bras. Pour expliquer cette différence, ne faut-il pas supposer l'existence, à ce moment-là, d'un événement qui était le motif du conducteur? Supposons que *quelque chose* se passait, un événement commun à tous les cas de ce genre et particulier à eux. Supposons en outre que cet élément si difficile à saisir ait été le motif du conducteur, la cause de ce qu'il ait levé le bras (et négligeons toujours pour le moment le problème que cette cause semble avoir pour effet le mouvement corporel plutôt que l'action de lever le bras). Je vais montrer que cette supposition est logiquement contradictoire.

Dans les explications causales simples d'un événement par un autre, on ne s'interroge pas sur l'identité ou la nature de l'effet, mais sur les conditions dans lesquelles il s'est produit; on explique comment il s'est produit. Avant même de donner l'explication, on sait très bien quel événement on va expliquer. En d'autres mots, l'explication causale ne fournit pas une caractérisation supplémentaire de l'événement expliqué (sauf, évidemment, dans le sens banal où elle le décrit comme un événement ayant une certaine cause) mais explique pourquoi un événement dont la nature est déjà connue s'est produit. Dans notre hypothèse, le motif de l'action de lever le bras correspond à l'événement causant cette action. Or, ce motif est aussi le motif de l'agent pour accomplir l'action. Le motif de l'action est donc la cause de l'action, ce qui est contradictoire. En effet, si le motif est la cause de l'action, il ne peut pas en donner une caractérisation supplémentaire, alors qu'il doit le faire en tant que motif en indiquant ce que la personne faisait en réalité, à savoir que l'action du conducteur de lever le bras était en fait l'action d'informer autrui qu'il allait tourner. Ce faisant, le motif donne une description plus complète de l'action et une meilleure compréhension de ce que le conducteur faisait (ceci ne dépend pas du fait que donner un signal est une action obéissant à des conventions). Une cause humienne ne saurait jamais réaliser cela; la cause de l'action de lever le bras expliquerait seulement comment cette action s'est produite (dans ce cas, la différence entre le fait que le bras s'élève et l'action de lever le bras s'efface). L'affirmation du conducteur qu'il a levé le bras afin d'avertir autrui, entraîne logiquement qu'il donnait ou essayait de donner un signal. Si le motif était un événement se produisant avant ou en même temps que l'action de lever le bras, il faudrait donc supposer une connexion logique nécessaire entre ces deux événements, le supposé motif et l'action, quelle que soit la façon de décrire cette dernière. Or, cela est impossible si la relation motif-action est de nature causale. C'est également impossible si le motif est un événement mental distinct de l'événement qu'est l'action de lever le bras. Par conséquent, l'explication d'une action par un motif n'est pas et ne saurait être une explication du même type que celles s'appliquant aux phénomènes naturels, qu'il s'agisse d'excitations musculaires, de mouvements des membres, de l'explosion de vapeurs d'essence ou du comportement des corps en chute libre.

Ce résultat n'est guère surprenant. Souvenons-nous de notre analyse précédente des difficultés rencontrées par Prichard à propos de la notion d'acte de volonté. Selon Prichard, ces actes sont les causes des actions correspondantes, mais ils ne peuvent être décrits que par référence à ces actes. Nous avons montré que ces deux exigences sont contradictoires. Le dilemme de Prichard est précisément qu'il doit accepter ces deux traits logiquement incompatibles. Cependant, bien que cette conclusion représente une voie sans issue, Prichard avait quand même une intuition valable en insistant sur le fait qu'un acte de volonté doit être décrit en se référant à l'action correspondante, cela non seulement parce qu'il voyait que la solution alternative mène à une multiplication inacceptable d'indéfinissables, mais, de façon plus significative, parce ce qu'il appréhendait correctement, quoique de façon confuse et obscure, le concept pertinent de l'explication commune du comportement humain. Si on veut expliquer une action comme lever le bras par un acte de volonté et dans le sens où on l'explique par un motif (il signale qu'il va tourner), la description du soi-disant acte de volonté doit clairement indiquer *quelle* est l'action accomplie. En d'autres mots, l'acte de volonté doit être décrit de façon à ce qu'il découle logiquement de cette description et de l'énoncé constatant que l'action de lever le bras se produit, que la personne donne un signal. C'est ainsi que le motif précise la nature de l'action. La contradiction dont souffre la doctrine des actes de volonté, naît d'une confusion entre deux sens fort différents du terme «explication» : l'explication causale et l'explication commune du comportement par des motifs. Dans la mesure où l'on avance des causes humiennes d'événements qui se produisent quand la personne agit, on n'explique pas l'action dans ce sens commun et important. Inversement, les explications de ce dernier type n'évoquent pas des événements mentaux internes. Puisque le motif, dans une explication d'action, précise de quelle action il s'agit, toute description ou explication se réfère nécessairement à une action en train d'être accomplie, et plus particulièrement à l'action spécifiée dans l'explication. C'est la raison pour laquelle, dans notre exemple, l'énoncé indiquant le motif de l'agent ne se réfère pas à des pensées traversant l'esprit de l'agent au moment d'agir ou à quelque autre événement interne, mais à une chose réalisée publiquement. Lorsque, à la question «Pourquoi avez-vous levé le bras?», on répond «Pour signaler que j'allais tourner», on n'attire pas l'attention sur un événement mental, mais sur l'action qu'on vient d'accomplir et sur les circonstances dans lesquelles on vient de la faire, à savoir que l'on était en train de conduire, qu'on allait tourner et qu'il fallait en avertir autrui. Ce sont là des choses qui se passent sur la scène publique de l'action humaine et non dans les coins reculés et cachés de l'esprit [...].

LES DECISIONS, LES CHOIX, LES PREDICTIONS ET L'ACTION VOLONTAIRE

Le rejet du modèle causal signifie-t-il que les actions ne sont pas causées, que la notion de liberté doit être préservée au prix d'un indéterminisme capricieux, ou d'une théorie du libre arbitre présentant l'action responsable comme résultat d'un effort héroïque pour faire échec, d'une façon ou d'une autre, à l'ordre causal? Le contraire est vrai. Nous voulons mettre en évidence l'incohérence logique impliquée dans la supposition qu'actions, désirs, intentions, etc., sont dans une relation causale, soit au sens humien, soit dans n'importe laquelle des acceptions du terme «causal» dans les sciences naturelles. Si notre argumentation est correcte, le déterminisme, lorsqu'il utilise cette notion de cause, n'est pas faux mais radicalement confus, tout comme la position indéterministe et la théorie du libre arbitre. En effet, ces conceptions accordent au déterminisme qu'il est sensé d'utiliser le modèle causal, et cherchent uniquement à éviter la conséquence que l'être humain est la victime impuissante des événements. Pour ce faire, l'indéterminisme représente les actions comme des événements causalement non déterminés, tandis que la théorie du libre arbitre considère les actions responsables comme des événements dus à quelque effort extraordinaire et mystérieux du sujet. Dans les deux cas, on admet que le modèle causal peut en principe s'appliquer. Une fois commise cette erreur fatale, l'action se réduit à de simples événements corporels : seul leur mode de production est conçu différemment. Cette erreur conceptuelle ouvre la voie à une conception radicalement erronée des désirs, intentions, décisions, etc. : ce sont des événements internes faisant partie d'une espèce de mécanique de l'esprit.

Malheureusement, on présente fréquemment, dans ce contexte, la décision ou le choix comme dotés d'un pouvoir causal, comme s'il s'agissait d'une espèce d'étincelle intérieure faisant démarrer quelque chose (quoi au juste : une action ou un mouvement corporel ?). Il serait absurde d'essayer de distinguer l'action du mouvement corporel au moyen de la décision ou du choix. L'agent ne décide ou ne choisit pas toujours son action. Lorsque je vais chez l'épicier du coin pour acheter une douzaine d'œufs, il est probable que je l'aie décidé. Mais quand je prends les œufs un à un, ai-je pris une seule ou douze décision (une pour chaque œuf) ; si je prends deux œufs à la fois, a-t-on affaire à une seule ou à deux décisions ; ne suffit-il pas qu'on ait décidé d'aller chez l'épicier pour acheter des œufs, cette décision rendant superflues d'autres décisions à ce sujet ; d'un autre côté, n'arrive-t-il pas fréquemment qu'on aille tout simplement chez l'épicier et qu'on prenne des œufs, sans y réfléchir plus avant ? De même, quand on se gratte le crâne ou qu'on se mouche, est-ce qu'on l'a *décidé* ? Des questions analogues peuvent être posées à propos du choix. L'action est-elle nécessairement le résultat d'un choix ? Peut-être ai-je choisi d'acheter des œufs plutôt que de la viande. Mais est-ce que je choisis cet œuf-ci plutôt que celui-là ? C'est peut-être le cas lorsqu'on choisit les œufs en fonction de leur grosseur ; mais souvent on les prend les uns après les autres comme ils se présentent. Lorsque je donne mon porte-monnaie à un individu qui me menace d'un revolver, est-ce que je *dois* l'avoir décidé ou choisi ? Prétendre qu'un choix ou une décision doit avoir précédé mon acte, même quand je suis terrorisé (comme ce serait assurément le cas dans une telle situation) serait de l'apriorisme de la pire espèce.

La décision ne saurait être une cause huméenne interne de l'agir, pour des raisons analogues à celles données dans le cas du désir (et la même chose vaut pour le choix). Lorsqu'on on décidé de faire X, cette décision n'est intelligible que comme décision de *faire X*. La référence à l'action est essentielle à l'idée même de décision. Il en va de même pour le choix entre deux objets A et B. La décision et le choix ne sont intelligibles que sur la scène de l'action ; pour les comprendre, il n'est pas nécessaire d'aller voir dans les coulisses pour y identifier des événements qui, d'une façon ou d'une autre, produiraient l'action. On ne décrit pas, au moyen des notions de décision et de choix, des mouvements corporels comme des actions (car en demandant pourquoi une personne a décidé ou choisi d'agir d'une certaine manière, on sait déjà qu'il s'agit d'actions), mais on décrit des actions comme étant décidées ou choisies par l'agent, pour lesquelles il est donc possible de donner des raisons. C'est pourquoi l'existence d'agents, d'actions et de raisons d'agir est essentielle à la décision et au choix ; ce n'est pas en l'occurrence une simple coïncidence.

Ceci dit, on parle de causes d'une action et on peut prédire le comportement d'une personne. Or, le fait que l'on puisse formuler des prédictions précises et exactes ne signifie-t-il pas qu'il existe des causes de l'action qui rendent vraies ces prédictions? D'autre part, on fait la distinction entre actions volontaires et involontaires et on affirme qu'une personne aurait pu ou n'aurait pas pu agir autrement; on admet que certains individus ont beaucoup de force de volonté et d'autres non, que certaines actions sont accomplies librement et d'autres non. Dès lors, comment éviter la conclusion que, sous plusieurs rapports, des conditions causales valent pour le comportement humain?

Il est vrai qu'on emploie le terme «cause» en parlant des actions, mais on ne peut pas conclure, sur base de ce trait linguistique, que les actions sont des effets humiens d'événements, pas plus qu'on ne peut tirer cette inférence à partir de l'étymologie du terme «motif». En analysant précédemment l'inadéquation, en général, de l'hypothèse qu'un motif est une cause humienne, je n'ai examiné en détail que le cas de l'intention. Mais le terme «motif» peut également désigner la colère, la jalousie, le désir de vengeance, etc. Considérons l'élément ayant le plus de chances d'être une cause humienne, à savoir l'accès de colère subit qui amène un homme à gifler son enfant. Même dans ce cas, le modèle humien ne s'applique pas de la même façon que dans le cas d'un coup sur la rotule causant un mouvement de la jambe : la personne, ses pensées, ses intérêts, ses raisons, etc., n'ont aucun rapport avec cet événement. Le coup sur la rotule ne fait pas que la *personne* bouge la jambe, il ne cause pas une action de la personne, mais un événement, le mouvement de la jambe. Dans le cas de la personne qui se fâche, c'est la colère qui *la* fait agir. En effet, la colère n'est pas une simple impression humienne de réflexion, car il lui est essentiel de se rapporter à un objet. De même qu'on ne peut avoir un désir qui ne soit pas un désir de quelque chose, on ne peut se fâcher à propos de rien. A la différence de la personne qui explique le mouvement de sa jambe en disant qu'elle a été frappée sur la rotule, l'individu qui explique qu'il a giflé son enfant parce qu'il était fâché, ne recourt pas à un savoir causal. En invoquant la colère, on explique l'action comme l'acte d'un homme en colère; cela permet de décrire *ce* qu'il a fait. Les différences ne s'arrêtent pas là : la colère peut être légitime ou non et la personne qui y cède peut être blâmée, alors que rien de tel ne vaut pour le mouvement réflexe de la jambe, qui n'est pas l'action d'un agent mais un mouvement affectant la jambe.

Le terme «cause», on s'en rend compte, est un mot-piège, aussi bien dans le discours commun que dans le discours philosophique, et on doit le manier avec circonspection. En effet, même dans le cas des réactions instinctives où il n'y a ni calcul ni présence d'un des autres indices du comportement réfléchi et intentionnel (lorsqu'on sursaute à l'explosion soudaine d'un pétard, lorsqu'on crie de terreur à la vue d'une ombre dans l'escalier, ou lorsqu'on retire subitement la main d'un objet brûlant), la question à poser n'est pas «Quelle est la cause de l'action?», mais «Qu'est-ce qui a fait que cette personne a sursauté, crié, retiré la main?». Dans ces cas, la référence à l'agent est essentielle dans le même sens où elle ne l'est pas lors du mouvement réflexe de la jambe, d'un spasme musculaire ou du mouvement des intestins. Ce sont des situations extrêmes et à mesure qu'on s'en éloigne, on s'approche imperceptiblement (étant donné l'éventail large et varié des exemples auxquels s'applique la question «Qu'est ce qui a fait que cette personne...?») du comportement calculé et raisonné où l'agent satisfait un désir fondé sur des raisons bonnes et suffisantes. Il ne faut pas s'arrêter au fait que le terme «cause» peut être utilisé dans tous ces cas, mais il faut identifier la façon dont il est employé au juste dans des situations allant des réactions instinctives aux interactions réfléchies et rationnelles. Quelle que soit la variété de ces cas, il n'y en a pas un seul où la notion de causalité s'applique à l'action comme à des événements physiques. Une analyse détaillée de ces emplois du terme «cause» n'est cependant pas possible dans les limites de cette étude.

Le terme «prédiction» est également traître. Prédire signifie indiquer ce qui se passera, mais qu'est-ce que cela veut dire *au juste*? On prédit ce qui arrivera en promettant de faire telle et telle chose; on fait une prédiction correcte lorsqu'on déclare qu'on touchera la cible et qu'on la touche; lorsqu'on s'oppose à l'intention d'autrui, disant par exemple «Je ne vous laisserai pas faire du mal à cet enfant!», et qu'on y réussit; lorsqu'on dit que la pièce de monnaie tombera sur face et que cela se produit effectivement; lorsqu'on prévoit correctement l'acte crapuleux de quelqu'un dont on connaît le caractère ignoble ou encore lorsqu'on calcule la trajectoire d'une comète à partir de sa vitesse, de sa direction, etc. On dira peut-être qu'en dépit de leurs différences, tous ces exemples doivent partager un élément commun, correspondant justement au fait de dire ce qui arrivera. Certes, toutes les prédictions énoncent quelque chose à propos du futur. Mais cela ne signifie pas qu'il y ait un ingrédient commun faisant que l'acte de promettre, par exemple, se composerait d'un énoncé sur ce qui va se passer et d'un autre élément qui ferait de cet énoncé une promesse et non pas, par exemple, l'expression d'une résolution. Comme je l'ai montré ailleurs[5], dire, dans certaines circonstances, qu'une chose se passera, n'est pas une partie de l'acte de promettre mais est cet acte (ce qui se passe dans l'esprit du locuteur n'ayant aucune espèce d'importance). La formule «dire ce qui se passera» n'est donc d'aucune aide pour identifier le soi-disant élément commun. Elle est aussi peu informative que l'affirmation que tous les cas où on utilise le terme «cause» — qu'il s'agisse des causes de la contraction musculaire ou des causes du comportement des agents (ce qui les fait accomplir telles et telles choses) — ont quelque chose en commun auquel ce terme se réfère. Le point important est de savoir de quoi on parle et quel sens du terme «cause» on a en vue. Lorsqu'on prédit qu'un individu dont on connaît bien la personnalité, le caractère, les désirs et les intérêts, agira de telle et telle façon dans telles et telles circonstances, ce n'est pas la même chose que de prédire la trajectoire d'une planète et la prédiction dans le premier exemple ne repose pas sur des éléments causaux et cachés dont l'intervention rendrait vraie la prédiction. La valeur de cette prédiction dépend plutôt de la connaissance qu'on a de la personne — on peut lire en lui comme dans un livre ouvert — et non de facteurs causaux humiens et cachés à propos desquels, à supposer qu'ils aient quelque pertinence, on peut tout au plus émettre des hypothèses. Dans le cas présent, rien n'est caché : c'est parce qu'on connaît la personne, et non parce qu'on connaît des événements se passant dans un soi-disant mécanisme de l'esprit ou du corps, qu'on peut prévoir ce qu'elle va faire.

Parfois, ces prédictions ne se confirment pas. Supposons cependant qu'il soit possible, en principe, de faire des prédictions d'une fiabilité parfaite. Pourrait-on soutenir, dans cette hypothèse, que l'agent est capable d'agir autrement qu'il ne le fait, que son comportement n'est pas soumis à des facteurs causaux, comme y sont soumis les mouvements d'un corps céleste, et que l'être humain n'est pas la victime impuissante d'événements internes ou externes? Cette hypothèse nous confronte à une image de l'être humain comme réagissant à des stimuli externes en fonction de sa constitution — la structure de son système nerveux — tel un système mécanique ou électronique très sophistiqué, dont la seule différence avec certains mécanismes auto-régulateurs accomplissant parfaitement leurs opérations prévisibles dès qu'ils ont été programmées de manière appropriée, ne serait qu'une différence de degré de complexité, et non une différence de principe.

Il s'agit là d'une image tronquée de l'agent et de l'agir. Dans cette hypothèse, les prédictions porteraient-elles sur des actions ou sur des mouvements corporels? Il est certain qu'en connaissant l'état du système nerveux et musculaire, on pourrait prédire, par exemple, qu'en présence de tel et tel stimulus le bras s'élèvera. Mais ce qui nous intéresse, ce n'est pas que le bras s'élève, mais que la personne lève le bras et qu'elle le fait pour donner un signal ou pour saisir un objet. Supposons que le système nerveux d'un individu qui a appris à conduire et à signaler qu'il va tourner, soit «conditionné» de manière appropriée, que des structures cérébrales caractéristiques soient présentes quand il lève le bras pour donner un signal, et seulement dans ce cas. Il n'en reste pas moins vrai que des conditions supplémentaires sont requises pour expliquer son action. Il ne peut s'agir en l'occurrence des stimuli visuels et auditifs appropriés, des excitations nerveuses des organes récepteurs de l'œil ou de l'oreille, car tout ce que ces stimulations du mécanisme corporel (conditionné de façon appropriée) peuvent produire, est le mouvement du bras. Pour pouvoir prédire que la personne lèvera le bras afin de donner un signal, on doit non seulement connaître le système nerveux central et les stimulations appropriées des organes récepteurs, mais également les circonstances dans lesquelles est placé la *personne* (et non le mécanisme corporel) et on doit savoir ce qu'elle est susceptible de faire dans ces circonstances. Bref, on doit savoir qu'on est en présence d'un agent, d'un automobiliste dont l'action doit être comprise suivant la règle de circulation pertinente, comme l'action de signaler qu'il va tourner au carrefour. On ne se réfère donc plus à des événements hypothétiques du système nerveux, mais à des éléments appartenant au contexte de l'action humaine. Les circonstances à prendre en considération afin de prédire que l'agent lèvera le bras pour signaler, ne sont pas des conditions causales humiennes de son action, mais des circonstances par rapport auxquelles on *comprend* le mouvement corporel comme telle et telle action, quelle que soit la façon dont il s'est produit.

Le terme «condition» est responsable de beaucoup de confusions dans la littérature philosophique. Il peut désigner une exigence ou une stipulation légale; un événement lié par une relation causale ou par une loi de la nature à celui dont il est la condition; une action (par exemple dans «Je ferai telle chose à condition que vous fassiez telle autre»); ou encore les circonstances dans lesquelles un fait devient une raison d'agir (mon désir de manger est la condition pour que l'existence d'un restaurant de l'autre côté de la rue devienne une raison de m'y rendre), etc. Dans notre exemple, les conditions ou circonstances dans lesquelles le mouvement corporel se produit — la présence d'un chauffeur approchant d'un carrefour et qui réalise son intention en suivant les règles de la circulation et un ensemble d'autres considérations — *constituent* ou *définissent* le mouvement corporel comme telle et telle action.

On peut imaginer l'objection suivante. Il est vrai qu'il n'y a pas d'expérience centrale constituant l'intention ou le désir d'un agent, sa décision ou son choix. Néanmoins, ces éléments introduisent une différence quant à la nature des pensées et des sentiments d'un individu, c'est-à-dire quant à son état mental. Si cela est vrai, des événements neurologiques, même très complexes, doivent correspondre à chacun de ces cas. La même chose vaut pour les circonstances de l'action auxquelles l'automobiliste prête attention. Du moment qu'il y prête attention, qu'il a appris à conduire et qu'il exécute convenablement les gestes appropriés, il doit y avoir des états spécifiques du système nerveux et des stimuli déclencheurs spécifiques. Dès lors, à supposer qu'on connaisse suffisamment le système nerveux, ne pourrait-on pas «interpréter» ou «décoder» ces états et stimuli comme ceux d'un agent accomplissant telle chose dans tel genre de circonstance. Connaissant les stimuli futurs, «décodés» de façon analogue, ne pourrait-on pas infailliblement prédire tels et tels mouvements corporels, déchiffrés pareillement comme étant ceux produits par tel type d'agent accomplissant telle chose? Ce pouvoir de prédiction dépendrait sans aucun doute de notre nature d'agents capables, premièrement, d'interpréter des cas de mouvements corporels comme correspondant à des actions et, deuxièmement, d'identifier ces actions comme appartenant, dans les circonstances données, à un type donné; grâce à cette compréhension, nous pourrions interpréter de façon appropriée des données neurologiques et prédire l'action de n'importe quelle personne. Pourrait-on encore soutenir, dans cette hypothèse, que l'agent aurait pu agir autrement, même s'il était attentif à ce qu'il faisait et si son comportement était parfaitement calculé et délibéré? Puisque cet agent disposerait lui aussi de cette capacité et pourrait donc, à son tour, découvrir, prédire et interpréter les données neurologiques de *notre* système nerveux, ne faudrait-il pas en conclure que tout le monde est également impuissant dans tout ce qu'il fait, même nous qui discutons de ce sujet? Cette conclusion ne nous amènerait-elle pas aux limites de l'absurdité? Ce serait comme si des ordinateurs étaient programmés et les résultats de leur fonctionnement interprétés uniquement par d'autres machines du même genre, comme si du travail était accompli sans que personne ne l'accomplisse.

Nous ne savons que fort peu de chose du système nerveux et de son fonctionnement lorsqu'on pense, sent et agit. Mais nous n'avons pas besoin d'insister sur cette ignorance pour répondre à l'argumentation qui précède. Il est souhaitable qu'on parvienne un jour à comprendre suffisamment bien les mécanismes physiologiques pour pouvoir guérir les désordres mentaux par des interventions, éventuellement chirurgicales, dans le système nerveux central. Il est également probable que le développement du système nerveux central va de pair avec le développement, chez l'être humain, des différentes capacités dont il fait preuve dans sa pensée et dans son action réfléchie et responsable, ces choses dépendant donc d'une certaine façon de la première. Cela n'entraîne pas pour autant l'image repoussante dressée par l'épiphénoménisme, où le statut de la personne se réduit aux effets dérivés évanescents de processus physiologiques. En effet, même si on pouvait réaliser le décodage en question, on serait toujours en présence du système nerveux d'une personne qui raisonne, justifie, décide, fait des choix, poursuit des fins, désire et interagit avec autrui. Cette hypothèse implique l'existence d'états du système nerveux correspondant aux pensées et aux actions de la personne, mais cela, loin de réduire la personne à un simple mécanisme, ne fait qu'exprimer plus radicalement la conception familière que la personne n'est pas un esprit désincarné mais une être qui peut être vu, touché, blessé, qui bouge les bras et les jambes pour agir, ayant besoin pour cela que certaines conditions générales et certains états spécifiques du système nerveux soient réalisés. La thèse que nous ne sommes que les victimes impuissantes de processus nerveux, repose sur une erreur logique grossière. Les expressions «il aurait pu faire» et «il n'aurait pas pu faire», «impuissant», etc., ne peuvent s'appliquer ni à des processus physiologiques ni à des événements mentaux (considérés ou non comme des effets dérivés de processus corporels, des effets humiens d'événements neurologiques), mais à des *personnes*; on ne dit pas qu'une démangeaison ou un tiraillement, une pensée ou un désir (quelle que soit la façon dont on les comprend) sont impuissants, et on ne le dit pas non plus du corps comme on le dit d'une personne. C'est la *personne* qui est capable d'agir ou de s'abstenir d'agir, de penser ou de s'abstenir de penser, etc. C'est donc elle qui agit, pense, éprouve des sentiments dans son interaction avec les choses et avec autrui, et qui est le point de départ nécessaire à toute élucidation d'expressions de ce genre. C'est dans ce jeu de langage que les expressions «il aurait pu», «il n'aurait pas pu», «impuissant», etc. sont utilisées dans un sens pertinent pour la question de la liberté de l'action humaine. Les conséquences à première vue désastreuses de l'hypothèse que nous avons envisagée, reposent en fait sur la supposition erronée que ces expressions peuvent être employées, sans distorsions ou modifications radicales, dans la description d'événements physiologiques ou de leurs effets humiens.

Dans l'hypothèse du décodage, il serait certainement possible, non seulement de prédire le comportement des êtres humains, mais aussi de les contrôler à leur insu en agissant sur les conditions neurologiques. Les méthodes couramment employées par des politiciens et d'autres personnes cherchant à manipuler l'être humain sont fort heureusement assez grossières et fréquemment inefficaces, mais elles n'accusent qu'une différence de degré de réussite par rapport au cas où l'on parviendrait, en introduisant par exemple une électrode dans le cerveau d'un individu, à lui faire croire qu'il est Napoléon. Ce ne serait pas une croyance rationnelle et cette personne ne serait pas responsable de ce qu'elle ferait sur base de cette croyance, aussi ferme que soit sa conviction quant au bien-fondé de ses actions. Une théorie philosophique sérieuse ne peut nier la possibilité que les êtres humains soient manipulés, rendus incapables, fous ou irresponsables. Cependant, comme c'était le cas précédemment, on ne saurait comprendre des expressions comme «compétence», «contrôle», «responsable» qu'en ayant clairement présent à l'esprit le contexte où elles s'appliquent de façon pertinente, à savoir celui où des êtres humains interagissent rationnellement et de façon réfléchie avec autrui et les choses qui les entourent.

Nos croyances communes à propos de la liberté de l'action resteraient donc intactes même dans l'hypothèse qu'on vient d'envisager. Ce genre de connaissance peut être dangereux parce qu'il permet des abus dans le gouvernement des êtres humains; mais, même si on disposait un jour d'un tel savoir, on continuerait d'employer le discours familier pour décrire les personnes et leur comportement. Non seulement la possibilité d'une telle connaissance n'implique pas que l'être humain soit impuissant dans sa pensée et dans son action, mais, à supposer qu'elle se trouvât réalisée, elle permettrait de comprendre, en un double sens, pourquoi les êtres humains pensent, désirent, font des choix, prennent des décisions et agissent. On connaîtrait, d'une part, les conditions neurologiques en présence desquelles ces événements humains se produisent, et, d'autre part, puisque les états et événements neurologiques seraient «décodés», ils seraient compris dans des termes dépassant l'horizon du physiologue. La connaissance de ces états et événements nous apporterait une compréhension plus approfondie des actions de la personne responsable et donc une meilleure base pour la prédiction, dans la mesure où elle révélerait de façon plus complète le caractère, les intérêts, les désirs, espoirs, rôles sociaux et moraux, choix, intentions, etc., de la personne, c'est-à-dire précisément les éléments à l'aide desquels on explique et prédit déjà actuellement l'action des êtres humains. On serait alors en mesure, d'une part, de comprendre, d'expliquer et de prédire les actions rationnelles et responsables des agents libres et, d'autre part, de comprendre et de prédire que ces agents, pour telle et telle raison, décideront de s'abstenir d'une certaine action qu'ils auraient pu accomplir.

Un point sur lequel on ne peut pas trop insister est que des expressions comme «aurait pu faire» et «n'aurait pas pu faire» ne s'appliquent correctement que dans des contextes *spécifiques*. Dans son article justement célèbre «Ifs and Cans», J.L. Austin a mis en lumière quelques confusions affectant ces expressions et d'autres, confusions dues à la non-reconnaissance des éléments pertinents des contextes dans lesquels elles sont communément employées [6]. Je dois me borner à répéter que ces expressions ne peuvent être employées de manière intelligible que dans le contexte de l'action humaine; c'est ce jeu de langage qui leur est propre et non pas le contexte des processus neurologiques ou des mouvements corporels causés par ces derniers.

Qu'en est-il de la distinction entre le volontaire et l'involontaire? N'est-ce pas là un point capital nécessitant des commentaires et des explications (même dans le cadre d'une étude préliminaire comme la nôtre), un sujet fondamental pour la notion d'action libre et responsable, un sujet à traiter en priorité? Je pense au contraire que cette distinction, certainement importante, est un des *derniers* points à aborder. Parmi les expressions du vocabulaire philosophique, ce couple de termes est l'un de ceux qui a été le plus radicalement mal interprété.

Habituellement, on conçoit cette distinction comme étant fonction de la nature des causes de l'action: l'action volontaire serait produite par des actes de volonté, tandis que l'action involontaire serait due à d'autres événements. Cette conception a été à tel point prédominante et suggestive qu'elle s'est infiltrée dans des définitions lexicologiques de ces termes. Cependant, si par «volonté» il faut comprendre une puissance causale se manifestant par des actes de volonté, on doit conclure, comme je l'ai montré au chapitre V [voir *supra*, pp. 35-41], qu'il n'y a et ne saurait pas y avoir de volonté, puisque la conception d'actes de volonté ou de volitions au moyen desquelles les actions seraient accomplies, est contradictoire. Mais il existe un usage non problématique du terme «volonté», à savoir lorsqu'on parle de la volonté d'une personne dans telle et telle affaire, de sa bonne volonté ou de sa volonté de fer, ou encore lorsqu'on dit qu'elle agit ou s'abstient d'agir volontairement, etc. La même chose vaut pour l'expression «volition», lorsqu'elle ne se réfère pas à des soi-disant actes intérieurs, cachés dans les replis de l'esprit et supposés être des agents efficients dans la production de l'action, mais à des éléments tout à fait familiers de la vie des êtres humains. La volonté d'un individu dans telle et telle entreprise peut correspondre simplement à ce qu'il désire ou souhaite; une personne de bonne volonté est un agent moralement estimable qui se soucie, dans sa pensée et dans son action, du bien-être d'autrui et qui est conscient de ses obligations envers lui; avoir une volonté de fer, c'est être exceptionnellement persévérant dans la réalisation de ses intentions, sans se laisser influencer par des considérations qui détournent la plupart des gens de la réalisation de leurs fins ou qui les empêchent de les poursuivre. Pour comprendre la notion d'action volontaire, on doit se tourner vers les cas centraux et complets où l'agent rationnel, voire moral, fait un choix et décide d'agir pour des raisons qu'il estime bonnes et appropriées. Cela ne signifie pas que toute action volontaire est choisie et décidée, ou accomplie pour une raison morale, mais que l'expression «volonté libre» est attribuée à l'agent moral capable de choix rationnels et de décisions. De même qu'il est logiquement impossible de vouloir sans avoir jamais une raison de vouloir, il est logiquement impossible d'agir toujours volontairement sans faire des choix ou prendre des décisions rationnelles et morales. C'est uniquement par rapport aux personnes agissant suite à des décisions et des choix rationnels, voire moraux, et suivant des raisons qu'elles estiment bonnes et suffisantes, que la notion de volonté libre peut être pleinement élucidée.

Une fois que l'on a vu la diversité des éléments que comporte la notion de volonté — raisons, désirs, décisions, choix, intentions, etc., expliquant chacun le comportement d'un agent dans le sens qui lui est propre — on comprend, sans en être surpris, les caractéristiques de certains emplois des termes «volontaire» et «involontaire». En premier lieu, ces termes ne sont pas exhaustifs; autrement dit, une action n'est pas nécessairement volontaire ou involontaire. Par exemple, on ne se frotte pas le nez parce qu'on avait l'intention de le faire, ou parce qu'on l'avait décidé ou choisi; on le frotte, un point c'est tout. Dans ce cas, la réponse correcte à la question «Volontaire ou involontaire?» est «Ni l'un ni l'autre, ne posez donc pas de questions absurdes!». L'absurdité de la question, contrairement à ce que certains ont suggéré, ne vient pas de ce que les termes «volontaire» et «involontaire» ne s'appliqueraient qu'à des situations peu claires, réfractaires ou inhabituelles. La question est absurde parce qu'il est évident que l'agent n'agit pas suite à une intention, à un désir ou à une raison donnant à cet acte une signification particulière à l'intérieur de son comportement; aucun des éléments compris dans la notion de volonté n'intervient dans l'explication de l'acte; on l'accomplit et c'est tout. En second lieu, les termes «volontaire» et «involontaire» ne sont pas mutuellement exclusifs. Prenons l'exemple d'un jeune homme qui a commis un crime et qui, sans avoir été suspecté, se livre à la police. Du point de vue de l'inspecteur de police, cette action est certainement volontaire : le jeune homme n'a pas été arrêté mais se livre pour des raisons qui n'ont rien à voir avec l'enquête policière. Supposons qu'il n'ait pas librement choisi de se livrer mais qu'il le fasse parce que son père menace de le déshériter; en outre, il s'agit d'un crime mineur mais entraînant une peine désagréable. Le jeune homme se rend contre son gré et uniquement pour éviter d'être déshérité, éventualité qu'il estime plus désagréable que la peine. On voit la différence entre cette action involontaire et l'action volontaire de celui qui, ayant commis un crime, se livre à la police parce qu'il a choisi de se soumettre à la peine qu'il estime mériter.

On peut facilement comprendre comment la même action — se présenter au poste de police pour se se rendre — peut être qualifiée de volontaire par l'inspecteur de police et d'involontaire par l'agent et par ceux qui connaissent les circonstances précises que l'inspecteur ignore. Placée dans un contexte plus large, l'action de se rendre est aussi celle de se soumettre aux pressions du père. La même action — entrer au poste de police et dire qu'on a commis tel crime — est donc volontaire lorsqu'on la comprend d'une première façon et involontaire lorsqu'on la comprend d'une autre façon : tout dépend de *ce* qu'est l'action d'entrer au poste de police, et ce qu'elle est dépend de l'intention de l'agent, de ses raisons et de ses désirs, bref, des éléments compris dans la notion générale de volonté.

Ces considérations établissent-elles que les termes «volontaire» et «involontaire» ne s'excluent pas mutuellement? N'a-t-on pas simplement montré que l'action d'entrer au poste de police peut être comprise dans deux sens fort différents, le sens de se soumettre à l'autorité de la police et celui de se soumettre à la menace du père? Or, une fois l'action comprise *de façon adéquate*, n'est-elle pas soit volontaire, soit involontaire?

Il faut tenir compte ici du rôle des termes «volontaire» et «involontaire» et de la manière dont ils reflètent l'intérêt que l'on porte au comportement. En tant qu'agents moraux, nous sommes probablement intéressés par le caractère moral du jeune homme et de sa façon d'agir; nous voulons donc savoir s'il s'est rendu et a accepté les conséquences légales de son crime pour se soumettre aux exigences de la loi et de la morale, ou pour sauver son précieux héritage. En effet, se demander si une action est volontaire, c'est se demander si des questions supplémentaires à propos des intentions, désirs et raisons de l'agent sont pertinentes. Cette question n'est jamais posée à brûle-pourpoint, mais uniquement dans des contextes où l'on s'intéresse à l'action sous un aspect bien particulier. Etant concernés, en tant qu'agents moraux, par l'évaluation de l'action comme méritant blâme ou éloge, nous devons, afin de nous former une opinion, aller au-delà de la surface des choses, en nous enquérant plus avant des intentions de l'agent, de ses raisons, etc. Cependant, l'intérêt que l'on porte à un comportement n'est pas toujours d'ordre moral. L'intérêt de l'inspecteur de police à l'égard de l'action d'un criminel peut se limiter aux nécessités de sa fonction. Il lui importe peu que notre jeune homme se présente au poste pour une raison moralement recommandable; tout ce qui l'intéresse est qu'il se soit livré sans que les opérations habituelles de recherche et de poursuite aient été déclenchées. De son point de vue, se livrer, c'est se soumettre à l'autorité de la police; que le jeune homme le fasse pour des raisons morales ou pour sauver son héritage n'intéresse pas l'inspecteur (s'il se limite aux exigences de sa fonction); de son point de vue, l'action du jeune homme, quelles qu'en soient les raisons, est volontaire. Il peut ne pas avoir *complètement* compris l'action du fait qu'il ignore que le jeune homme se rend pour éviter d'être déshérité, qu'il se soumet aux pressions de son père afin de préserver son avenir. Néanmoins, il a très probablement compris l'action *de façon adéquate*. En effet, il faut distinguer ce cas de celui d'un criminel qui, voulant encaisser un chèque, entre par distraction ou inadvertance dans un poste de police; dans ce cas, la supposition qu'il s'est livré à la police ne correspondrait ni à une compréhension complète ni à une compréhension adéquate de la situation, même si le criminel en question se retrouve effectivement dans une cellule. Dans notre exemple, se rendre, *c'est* se soumettre à l'autorité de la police et *cette* action, ainsi décrite, peut être qualifiée de volontaire ou d'involontaire, selon l'intérêt que l'on y porte, et donc selon les intérêts de l'agent, ses désirs, raisons, etc., qui entrent en ligne de compte pour comprendre l'action en question. Qu'une même action, comprise de façon adéquate, puisse être correctement décrite comme volontaire ou involontaire s'explique donc par le fait qu'aux intérêts portés à l'action correspondent des traits différents de la volonté de l'agent.

Il est généralement impossible, dans l'abstrait et sans se rapporter aux traits de l'action qui correspondent à l'intérêt particulier qu'on y porte, de déterminer si une action est volontaire ou involontaire. En fait, cette question n'est jamais posée à brûle-pourpoint, mais toujours dans le contexte d'une approche particulière. Il y a bien sûr des cas limite. On parle notamment des mouvements volontaires ou involontaires des parties du corps (par exemple, des mouvements du bras ou du cœur), mais uniquement parce que ces mouvements peuvent figurer dans des actions accomplies par l'agent et ayant un intérêt pour lui ou pour autrui dans le contexte ordinaire des événements humains. Mais les emplois centraux et significatifs des termes «volontaire» et «involontaire» concernent le comportement social et moral, les actions affectant la vie et l'action d'autrui. Quand des intérêts divergents ou opposés sont en jeu, il n'est pas étonnant qu'une même action soit décrite comme volontaire par une première personne et comme involontaire par une autre. Pour prendre un exemple, on peut difficilement décider si l'action d'un soldat, obéissant sans hésitation et même avec une certaine satisfaction à l'ordre de fusiller une douzaine d'habitants choisis au hasard d'un village ennemi, est volontaire ou non! Doit-on, pour arriver à un jugement, prendre uniquement en compte l'opportunité militaire de l'acte ou encore la nécessité d'obéir aux ordres? En envisageant le cas d'un point de vue moral, la satisfaction bestiale ressentie par le soldat trahit-elle le caractère volontaire de l'action? Peut-on admettre qu'elle soit involontaire, même si cela dégage le soldat de toute responsabilité morale? Faut-il dire qu'elle est volontaire, qu'il en tire ou non de la satisfaction? Peut-on exiger d'un soldat qu'il refuse d'obéir, même s'il risque la cour martiale et l'exécution? Le problème est extrêmement complexe. L'évaluation de l'action comme volontaire ou involontaire est étroitement liée à des questions importantes et difficiles, reflétant non seulement des intérêts multiples et divergents, mais aussi des problèmes complexes de morale, de droit et de philosophie politique et sociale.

NOTES

[1] Voir son article «Duty and Ignorance of Fact», in *Moral Obligation*, Oxford, 1949.
[2] C'est le parti pris par Prichard dans son essai «Acting, Willing, Desiring», écrit en 1945 (publication posthume dans *Moral Obligation*). Cet essai vaut la peine d'être lu attentivement. Prichard y abandonne son interprétation de «vouloir» comme «s'y mettre».
[3] *Op. cit.*, pp. 196-197. Voir aussi p.38 ses réflexions à propos de son concept de «s'y mettre», apparu dans les notes de son article précédent «Duty and Ignorance of Fact».
[4] «On a toutes chances ici de se fourvoyer dans cette impasse philosophique où l'on croit que la difficulté de la tâche viendrait de ce que nous aurions à décrire des phénomènes malaisément saisissables, l'expérience actuellement vécue qui se dérobe à l'instant même, ou autres choses de ce genre» (L. WITTGENSTEIN, *Investigations Philosophiques*, § 436, trad. fr. de P. Klossowski, Paris, Gallimard, 1961).
[5] «On Promising», *Mind*, 1956.
[6] J.L. AUSTIN, «Ifs and Cans», in *Philosophical Papers, Second Edition*, Oxford University Press, 1970.

Actions, raisons d'agir et causes

Donald DAVIDSON

Quelle est la relation entre une action et une raison quand cette dernière explique la première en tant que raison pour laquelle l'agent a agi ? Appelons ces explications des *rationalisations* et disons que la raison *rationalise* l'action.

Dans cet article, je défends la position classique — qui est aussi celle du sens commun — que les rationalisations sont une sous-espèce des explications causales ordinaires. Je serai sans doute conduit à la réorganiser quelque peu, mais il n'est nullement nécessaire, contrairement à ce qu'ont prétendu récemment beaucoup d'auteurs[1], de l'abandonner plus ou moins complètement.

D. DAVIDSON, «Actions, Reasons, and Causes», *The Journal of Philosophy* 60 (1963), pp. 685-700. Avec l'aimable autorisation de l'auteur et du *Journal of Philosophy*.
La réimpression de cet article dans D. DAVIDSON, *Essays on Actions and Events*, Oxford University Press, 1980, comporte quelques modifications que nous signalerons au lecteur (*N.d.T.*).

I

Pour qu'une raison rationalise une action, il faut qu'elle nous permette d'appréhender une chose que l'agent voyait, ou croyait voir, dans son action — un de ses traits caractéristiques, une de ses conséquences ou un de ses aspects qu'il souhaitait, ou désirait, auquel il accordait du prix, ou qu'il chérissait, qu'il croyait bénéfique, obligatoire ou agréable, ou qu'il estimait correspondre à un devoir. Il ne suffit pas de dire, pour expliquer l'action d'une personne, qu'elle lui convenait; il faut indiquer ce qui lui convenait dans cette action. Lorsqu'une personne agit pour une raison, on peut donc dire (*a*) qu'elle a une certaine pro-attitude à l'égard d'actions d'un certain type, et (*b*) qu'elle croit (sait, voit, remarque, se rappelle) que son action appartient à ce type. La notion de pro-attitude comprend, dans la mesure où ils peuvent être interprétés comme attitudes d'un agent orientées vers des actions d'un certain type, des désirs, des souhaits, des impulsions, des inspirations, une large éventail de convictions morales, de principes esthétiques, de prévisions économiques, de conventions sociales, ainsi que des fins et des valeurs publiques ou privées. Ici, le mot «attitude» rend de précieux services, car il désigne non seulement des traits de caractère constants au cours de toute une vie, comme l'amour des enfants ou un goût prononcé pour la compagnie bruyante, mais aussi les caprices les plus éphémères, comme le désir soudain de toucher le coude d'une femme. En général, il faut se garder d'interpréter les pro-attitudes comme des convictions, même temporaires, que toute action d'un certain type doit être accomplie ou vaut la peine d'être accomplie, ou est, tout bien considéré, désirable. En effet, il se peut fort bien qu'un individu éprouve constamment un désir ardent de boire un pot de peinture, sans croire un seul instant, même pas au moment où il cède à ce désir, que cela vaut la peine de l'exaucer.

Donner la raison pour laquelle un agent a agi, revient souvent à nommer la pro-attitude (*a*) ou la croyance (*b*) qui s'y rapporte, ou les deux; appelons ce couple la *raison primaire* pour laquelle l'agent a agi. Nous pouvons à présent reformuler la thèse que les rationalisations sont des explications causales, et structurer notre argumentation au moyen des énoncés suivants concernant les raisons primaires :

1. Pour comprendre comment une raison de n'importe quel type rationalise une action, il est nécessaire et suffisant de voir, du moins dans les traits essentiels, comment construire une raison primaire.

2. La raison primaire d'une action est sa cause.
Je défendrai successivement ces deux points.

II

Je tourne l'interrupteur, j'allume la lumière et j'éclaire la pièce. A mon insu, j'avertis aussi un rôdeur que je suis rentré. Je n'ai pas accompli quatre choses, mais une seule, décrite de quatre façons différentes [2]. J'ai tourné l'interrupteur parce que je voulais allumer la lumière et en disant que je voulais allumer la lumière, j'explique (je rationalise, je donne ma raison d'avoir accompli) l'action de tourner l'interrupteur. Mais ce faisant, je ne rationalise pas le fait d'avoir averti le rôdeur ou d'avoir éclairé la pièce. Etant donné qu'une raison peut rationaliser une action décrite d'une première façon et ne pas le rationaliser lorsqu'elle est décrite d'une autre façon, on ne peut pas considérer sans plus ce qui a été accompli comme un terme dans des phrases comme «Ma raison de tourner l'interrupteur était que je voulais allumer la lumière»; sans quoi, il faudrait conclure, du fait que tourner l'interrupteur est identique à avertir le rôdeur, qu'en voulant allumer la lumière je voulais avertir le rôdeur. Mettons en évidence ce caractère quasi-intensionnel [3], dans le contexte des rationalisations, des descriptions d'actions, en énonçant de façon plus précise une condition nécessaire des raisons primaires :

(C_1) *R* n'est une raison primaire pour laquelle un agent a accompli l'action *A* sous la description *d*, que si *R* se compose d'une pro-attitude de l'agent à l'égard d'actions ayant une certaine propriété et d'une croyance de l'agent que *A*, sous la description *d*, possède cette propriété.

Le désir d'allumer la lumière peut-il être une raison primaire (ou faire partie d'une raison primaire), puisque l'élément de généralité requis lui fait apparemment défaut? Il ne faut pas être dupe du parallélisme verbal entre «J'ai allumé la lumière» et «J'ai voulu allumer la lumière» : le premier énoncé se rapportant clairement à un événement particulier, on est amené à penser que le second a ce même événement pour objet. Mais il est évident que les deux énoncés ne peuvent pas se référer de la même façon à l'événement d'allumer la lumière, puisque l'existence de cet événement est requise pour que «J'ai allumé la lumière» soit vrai et non pour que «J'ai voulu allumer la lumière» soit vrai. Si la référence était identique dans les deux cas, le premier énoncé découlerait du second, alors qu'en réalité, ils sont logiquement indépendants. Ce qui est moins évident, du moins à première vue, est que l'événement rendant vrai «J'ai allumé la lumière» ne peut pas être l'objet, même intensionnel, de «J'ai voulu allumer la lumière». Quand j'ai allumé la lumière, je l'ai fait à un moment précis, d'une façon bien déterminée — chaque détail est fixé. Mais cela n'a pas de sens d'exiger que mon désir soit orienté vers une action devant être accomplie à un moment précis et d'une manière déterminée. N'importe quelle action d'un ensemble indéfiniment vaste satisferait ce désir et peut être considérée comme son objet. Il est vrai que souvent les souhaits et les désirs sont orientés vers des objets physiques. Cependant, l'énoncé «Je veux cette montre en or qui se trouve dans la vitrine» ne donne une raison primaire et n'explique pourquoi je suis entré dans le magasin que pour autant qu'elle suggère une raison primaire — par exemple, mon désir d'acheter la montre.

Puisque les énoncés «J'ai voulu allumer la lumière» et «J'ai allumé la lumière» sont logiquement indépendants, le premier peut donner une raison pour laquelle le second est vrai. Cette raison donne une information minimale : elle implique que l'action était intentionnelle et, en invoquant le désir, elle tend à écarter certaines autres pro-attitudes comme le sens du devoir ou d'une obligation. Cependant, cela dépend largement de l'action et du contexte de l'explication. Désirer paraît faible à côté de convoiter, mais il serait absurde de nier que quelqu'un qui convoite une femme, ou une tasse de café, la désire. Il paraît naturel de considérer le désir comme un genre dont les autres pro-attitudes sont les espèces. Dans cette hypothèse, du moment que l'on sait qu'une action est intentionnelle, il est superflu d'ajouter que l'agent désirait l'accomplir. Par ailleurs, il est tout à fait possible de répondre à la question «Pourquoi avez-vous fait cela?» par «Pour aucune raison»; on ne veut pas dire par là qu'on n'avait pas de raison, mais qu'il n'y en avait pas d'*autres* que celle pouvant être inférée du fait que l'action a été accomplie intentionnellement, ou, en d'autres mots, qu'il n'y avait pas de raison autre que le désir de l'accomplir. Ce dernier point n'est pas essentiel à notre argumentation, mais il est intéressant parce qu'il permet de définir l'action intentionnelle comme action accomplie pour une raison.

Une raison primaire consiste en une croyance et en une attitude, mais généralement il est superflu de mentionner les deux. Si quelqu'un me dit qu'il donne du jeu au foc parce qu'il croit par là éviter à la grand-voile d'être coiffée, il ne doit pas ajouter qu'il veut empêcher la grand-voile d'être coiffée; et si quelqu'un me nargue parce qu'il veut m'insulter, il est superflu d'ajouter qu'il croit qu'en me narguant, il m'insultera. De façon analogue, beaucoup d'explications d'actions par des raisons non primaires ne requièrent pas la mention de la raison primaire. Lorsque je dis que j'enlève des mauvaises herbes parce que je veux que mon gazon soit beau, il serait fastidieux d'ajouter «C'est pourquoi toute action visant à embellir mon gazon ou susceptible de le faire, est désirable pour moi». Pourquoi supposer qu'il y ait un *pas*, logique ou psychologique, à franchir lorsqu'un désir dirigé vers une fin qui n'est pas une action est transféré vers les actions conçues comme moyens? Il suffit de dire que la fin désirée n'explique l'action que si l'agent désire ce qu'il croit être les moyens pour réaliser cette fin.

Fort heureusement, il n'est pas nécessaire de classer et d'analyser la grande variété d'émotions, de sentiments, d'humeurs, de motifs, de passions et d'envies pouvant être invoqués pour répondre à la question «Pourquoi avez-vous fait cela?», afin de comprendre qu'une raison primaire est impliquée quand un de ces éléments rationalise une action. En invoquant la claustrophobie, on donne la raison pour laquelle une personne quitte une réception, car on sait que certaines personnes veulent éviter, fuir, se prémunir de, s'éloigner de ce dont ils ont peur. La jalousie peut être le motif d'un meurtre par empoisonnement parce l'empoisonneur croit, entre autres, que son action lésera le rival, qu'elle éliminera la cause de son désespoir ou redressera une injustice, et c'est là le genre de chose qu'un homme jaloux désire faire. Lorsqu'on apprend qu'un homme a dupé son fils par avarice, on ne connaît pas nécessairement sa raison primaire, mais on sait qu'il y en a une et de quelle genre elle est. Ryle a interprété l'énoncé «Il se vante parce qu'il est vaniteux» comme «En rencontrant cet inconnu, il s'est vanté et, ce faisant, s'est conformé à la proposition-loi selon laquelle chaque fois qu'il en a la possibilité, il fait tout ce qu'il peut pour provoquer l'admiration et l'envie d'autrui»*. Cette analyse a souvent été critiquée, peut être à raison, parce qu'il est possible qu'un homme ne se vante qu'une seule fois par vanité. Néanmoins, si le prétentieux de Ryle a agi par vanité, l'analyse rylienne implique une chose vraie : le vaniteux voulait provoquer l'admiration et l'envie d'autrui et croyait que son action les engendrerait; qu'elle soit correcte ou non, l'analyse de Ryle n'évite pas les raisons primaires mais en dépend.

Lorsqu'on connaît la raison primaire pour laquelle une personne a agi, on connaît l'intention avec laquelle l'action a été accomplie. Si, au carrefour, je prends à gauche parce que je veux me rendre à Katmandou, mon intention, en prenant à gauche, est d'aller à Katmandou. Mais, connaissant l'intention, on ne connaît pas nécessairement tous les détails de la raison primaire. Si Jean va à la messe pour faire plaisir à sa mère, il a une pro-attitude à l'égard de l'action de faire plaisir à sa mère, mais on a besoin de plus d'informations pour savoir s'il aime faire plaisir à sa mère ou s'il pense que c'est là une chose juste, un devoir ou une obligation. L'expression «l'intention avec laquelle Jean allait à la messe» a

---

* G. RYLE, *The Concept of Mind*, Londres, Hutchinson, 1949, p. 89 [trad fr. de S. Stern-Gillet, *La notion d'esprit*, Paris, Payot, p. 87].

l'apparence d'une description, mais est en fait syncatégorématique et ne peut être interprétée comme se référant à une entité, un état, une disposition ou un événement. Sa fonction, dans chaque contexte, est d'engendrer de nouvelles descriptions d'actions en termes de leurs raisons; ainsi, «Jean allait à la messe avec l'intention de faire plaisir à sa mère» est une nouvelle description, plus riche, de l'action décrite initialement par «Jean allait à la messe». En gros, la situation est comparable à ce qui se passe lorsqu'on répond à la question «Pourquoi vous démenez-vous de cette façon?» par «Je tricote, je tisse, je prends de l'exercice, je rame, je me mets à l'aise, je chasse des poux».

Souvent on explique mieux l'action en décrivant directement la fin poursuivie plutôt qu'en disant qu'on recherche ou désire cette fin. La phrase «Cela vous calmera» explique tout aussi bien pourquoi je sers un verre à quelqu'un que si je lui disais «Je veux faire quelque chose pour vous calmer», étant donné que la première phrase, dans le contexte de l'explication, implique la seconde; mais la première possède l'avantage de citer les éléments qui, dans la mesure où elle est confirmée par les faits, justifient le choix de mon action. C'est parce la justification et l'explication d'une action vont souvent de pair, qu'on indique fréquemment la raison primaire au moyen d'un énoncé qui, s'il est confirmé par les faits, vérifie, confirme ou corrobore également la croyance ou l'attitude pertinente de l'agent. Des phrases comme «Je savais que je devais le rendre», «Le journal disait qu'il allait neiger», «Vous m'avez marché sur le pied» remplissent toutes, dans des contextes explicatifs, cette double fonction familière.

Dans cette interprétation, la fonction de justification d'une raison d'agir dépend de son rôle explicatif, mais l'inverse n'est pas vrai. Le fait que quelqu'un ait marché sur mon pied n'explique et ne justifie que je marche sur le sien que pour autant que je croie qu'il ait marché sur le mien. Mais cette croyance seule, qu'elle soit vraie ou non, explique mon action.

III

La raison primaire présente l'action comme s'accordant avec certains traits, constants ou non, caractéristiques ou non, de l'agent, et ce dernier est saisi dans son rôle d'animal rationnel. En faisant preuve d'un peu d'ingéniosité, il y a toujours moyen de faire correspondre à la croyance et à l'attitude d'une raison primaire les prémisses d'un syllogisme pratique permettant d'inférer que l'action possède certaines «caractéristiques de désirabilité» (selon l'expression d'Anscombe)[4]. Il existe donc un sens irréductible — quoique quelque peu anémique — dans lequel toute rationalisation justifie : en effet, du point de vue de l'agent et au moment d'agir, quelque chose parlait en faveur de l'action.

Certains philosophes, notant que les explications causales non téléologiques ne renferment pas l'élément de justification associé aux raisons d'agir, en ont inféré que la notion de cause, telle qu'utilisée dans d'autres domaines, ne saurait s'appliquer à la relation raisons d'agir-actions, et que, dans ce cas, c'est le modèle de la justification qui fournit l'explication requise. Admettons que seules les raisons d'agir justifient l'action en l'expliquant ; il ne s'ensuit pas pour autant que l'explication ne soit pas aussi — et nécessairement — causale. En effet, notre première condition pour les raisons primaires (C_1) doit nous aider à distinguer les rationalisations des autres types d'explications. Si les rationalisations sont, comme j'entends le montrer, une sous-espèce des explications causales, la justification, dans le sens donné par (C_1), en est alors un premier trait distinctif. Qu'en est-il de l'autre assertion : que la justification est un type d'explication à part, ne nécessitant pas l'introduction de la notion ordinaire de cause? Il faudrait se mettre d'accord sur ce qu'on entend par justification. S'agit-il seulement de ce qui est énoncé par (C_1) : que l'agent possède certaines croyances et certaines attitudes présentant l'action comme raisonnable? Dans ce cas, il est certain qu'on n'a pas pris en compte un élément essentiel : une personne peut avoir une raison d'accomplir une action et pourtant ne pas l'accomplir pour cette raison. L'idée que l'agent a accompli une action *parce qu'il* avait une certaine raison est essentielle à la relation entre l'action et la raison qui l'explique. Evidemment, on peut inclure cette idée également dans la notion de justification, mais cela la rendrait aussi obscure que la notion de raison d'agir, aussi longtemps qu'on n'a pas expliqué l'impact de ce «parce que».

Lorsqu'on demande pourquoi une personne a agi d'une certaine manière, on attend une interprétation. Le comportement de la personne paraît étrange, bizarre, outré, absurde, inattendu, sans queue ni tête ; peut-être n'arrive-t-on même pas à y voir une action. Apprenant alors la raison d'agir de la personne, on dispose d'une interprétation de ce qu'elle a fait, d'une nouvelle description intégrant son comportement dans une image familière. Cette image contient certainement des croyances et attitudes et éventuellement des buts, des fins, des principes, des traits généraux de caractère, des vertus ou des vices. De plus, la redescription de l'action par la raison d'agir l'intègre éventuellement dans un contexte social, économique, linguistique ou évaluatif plus large. En apprenant, par l'intermédiaire de la raison d'agir, que l'agent a conçu son action comme un mensonge, le paiement d'une dette, une insulte, l'accomplissement d'une obligation avunculaire ou comme un gambit de cavalier, on en saisit la signification par rapport au contexte de règles, de pratiques, de conventions et d'attentes dans lequel elle s'insère.

Des réflexions de ce genre, inspirées par la seconde philosophie de Wittgenstein, ont été développées avec subtilité et pénétration par un certain nombre d'auteurs. Il est incontestable qu'en expliquant une action par sa raison, on la redécrit, qu'en la redécrivant, on l'intègre dans une structure, et que de cette manière on l'explique. Il est tentant, à ce point, de tirer deux conclusions qui en réalité ne s'ensuivent pas. En premier lieu, on ne peut pas conclure du fait qu'en donnant des raisons d'agir, on redécrit simplement l'action, et du fait que les causes sont différentes des effets, que les raisons ne sont pas des causes. En effet, les raisons d'agir, étant des croyances et des attitudes, ne sont certainement pas identiques à des actions ; de plus, et de façon plus significative, il est courant de redécrire des événements en termes de leurs causes (par exemple, quelqu'un a été blessé : on peut alors redécrire cet événement «en termes de sa cause» en disant que la personne a été brûlée). En second lieu, lorsqu'on constate qu'une action est expliquée en la plaçant dans une structure plus large, on ne comprend pas déjà le genre d'explication utilisé. En parlant de structures et de contextes, on ne répond pas à la question de savoir comment les raisons d'agir expliquent les actions, car les structure ou les contextes pertinents comportent à la fois la raison d'agir et l'action. On peut très bien dire qu'on explique un événement en le plaçant dans le contexte de sa cause, la cause et l'effet formant le genre de structure qui explique l'effet (dans un sens d'«expliquer» aussi intelligible qu'un autre). Celui qui prétend que la raison et l'action illustrent une structure explicative différente, doit l'identifier.

Je voudrais développer ce point en prenant un exemple de Melden. Un conducteur étend le bras pour signaler qu'il va tourner. Son intention de donner un signal explique son action d'étendre le bras, en la redécrivant comme l'action de signaler. La structure explicative de l'action est-elle la structure familière d'un acte accompli pour une raison ? Dans ce cas, l'action est effectivement expliquée, mais uniquement parce que cette structure présuppose la relation raison d'agir-action que est à analyser. Ou bien s'agit-il de la structure suivante : la personne est en train de conduire, elle s'approche d'un carrefour, elle sait qu'elle doit signaler son changement de direction, elle sait comment s'y prendre (qu'il faut étendre le bras), et, dans ce contexte, elle étend le bras ? Peut-être est-il vrai, comme Melden le suggère, que si tout cela se passe, la personne indique qu'elle va tourner. L'explication consisterait alors à dire que si une personne étend le bras dans ces circonstances, elle indique qu'elle va changer de direction. Le problème est évidemment qu'une telle explication laisse sans réponse la question de savoir pourquoi la personne a étendu le bras. Elle avait une raison de le faire, mais on n'a pas montré qu'il s'agissait de la raison pour laquelle elle a effectivement agi. Si la description «signaler» explique l'action en donnant la raison d'agir, cette action doit avoir été intentionnelle; mais, dans l'explication qu'on vient de détailler, il est possible que cela n'ait pas été le cas.

S'il était vrai, comme le dit Melden, que les explications causales n'ont «aucune pertinence pour notre compréhension» de l'action humaine (p. 184), le «parce que», tel qu'il figure dans des énoncés indiquant une raison d'agir, comme «Il l'a fait parce que...», resterait non analysé. Hampshire dit à propos de la relation raison d'agir-action que «pour un philosophe, cette... connexion paraît tout à fait mystérieuse» (p. 166). Il rejette la tentative aristotélicienne d'éclaircir ce mystère par l'introduction du désir comme facteur causal, parce que la théorie qui en résulte serait trop claire et trop définie pour s'appliquer à tous les cas, et qu'en plus «il n'y a pas de raison contraignante pour dire que le terme 'désirer' *doit* faire partie de tout énoncé complet de raisons d'agir» (p. 168). Je pense aussi que la notion de «désirer» est trop étroite, mais, comme je l'ai déjà exposé, il faut supposer, du moins dans un grand nombre de cas typiques, l'existence d'une pro-attitude, pour qu'un énoncé portant sur les raisons d'agir d'un agent soit intelligible. Hampshire dit ne pas voir comment le schéma aristotélicien pourrait être évalué comme vrai ou faux, «car on ne voit pas ce qui pourrait servir de base à cette évaluation, quel genre de preuve serait décisif» (p. 167). En l'absence d'une solution plus satisfaisante, le meilleur argument en faveur d'un schéma comme celui d'Aristote, est que lui seul promet d'expliquer la «connexion mystérieuse» entre raisons d'agir et actions.

IV

Pour changer le premier «et» en «parce que» dans la phrase «Il a fait des exercices *et* il voulait maigrir et pensait y arriver en faisant des exercices», nous devons, dans un premier temps[5], compléter la condition (C_1) par :
(C_2) Une raison primaire d'une action est sa cause.

J'espère que les éléments parlant en faveur de (C_2) sont devenus entre-temps évidents; par la suite, je défendrai (C_2) contre différentes objections et, ce faisant, je clarifierai la notion d'explication causale qui y est impliquée.

A. La première objection consiste à dire que les raisons primaires ne sauraient être des causes parce qu'il s'agit d'attitudes et de croyances, qui sont des états ou dispositions et non des événements.

Une réponse qui vient immédiatement à l'esprit est qu'on présente couramment des états, dispositions ou conditions comme des causes d'événements : un pont s'est effondré à cause d'un défaut de construction ; un avion s'est écrasé lors du décollage parce que la température de l'air était anormalement élevée ; l'assiette s'est cassée parce qu'elle était fissurée. Cependant, ceci ne répond pas à un point connexe. La condition causale d'un événement ne donne une cause que sur base de la supposition qu'il y avait également un événement antécédent. Quel est l'événement antécédent qui cause une action ?

Souvent, il n'est guère difficile d'identifier des événements étroitement liés à la raison primaire. Les états et les dispositions ne sont certes pas des événements, mais l'activation d'un état ou d'une disposition en est un. Le désir de vexer une autre personne surgit quand elle m'irrite ; on désire manger un melon en en voyant un ; on forme certaines croyances en remarquant, percevant, apprenant ou en se souvenant d'une chose. Ceux qui prétendent qu'il n'y a pas d'événements mentaux susceptibles d'être des causes d'actions passent souvent à côté des évidences, parce qu'ils exigent qu'un événement mental soit observable ou puisse être remarqué (au lieu de l'identifier, par exemple, au fait d'observer ou au fait de remarquer quelque chose), qu'il soit comme une point de côté, un pressentiment, un élancement ou un frisson, un mouvement mystérieux de la conscience ou un acte de volonté. Melden, en analysant le cas du conducteur signalant qu'il va tourner en étendant le bras, met en demeure les partisans d'une explication causale de l'action d'identifier «un événement commun à tous les cas de ce genre et particulier à eux» [*supra*, p. 44], un motif ou une intention, peu importe, pourvu que ce soit «un sentiment ou une expérience particulière» (p. 95). Bien sûr qu'il y a un événement mental : à un certain moment, le conducteur a remarqué (ou croyait remarquer) qu'il arrivait au carrefour, et alors il a signalé qu'il allait tourner. Lors de toute activité continuée, comme conduire, ou lors d'un accomplissement élaboré, comme traverser le Hellespont à la nage, on a des fins plus ou moins stables, des normes, des désirs et des habitudes donnant une orientation et une forme à l'ensemble de l'entreprise, et on reçoit en permanence des informations sur ce qu'on fait et sur les changements affectant l'environnement, informations qui permettent d'adapter et d'ajuster l'action. Il serait sans doute exagéré d'élever au rang d'«expérience» la conscience du conducteur de devoir tourner, et il s'agit encore moins d'un sentiment. Mais que cela mérite ou non une appellation, il s'agit de la raison pour laquelle il a étendu le bras. Dans cet exemple, comme dans d'autres cas typiques, il se peut qu'il n'y ait rien à désigner comme motif; mais si on mentionne une fin aussi générale que celle de vouloir arriver sain et sauf à destination, il est clair que le motif n'est pas un événement. L'intention avec laquelle le conducteur a étendu le bras n'est pas non plus un événement, pour la bonne raison qu'il ne s'agit pas du tout d'une chose : ni d'un événement, ni d'une attitude, ni d'une disposition, ni d'un objet. Melden demande également aux causalistes de trouver un événement qui soit commun et particulier à tous les cas où une personne étend intentionnellement le bras. Cela, il faut bien l'admettre, est impossible, mais on ne peut pas non plus produire une cause commune et particulière à tous les cas d'effondrements de ponts, d'accidents d'avions et de bris d'assiettes.

Le conducteur signalant qu'il va tourner est en mesure de répondre à la question «Pourquoi avez-vous étendu le bras?» et sa réponse nous apprend quel est l'événement qui a causé son action. Cela est-il toujours le cas? Parfois, l'agent mentionne un événement mental qui n'est pas une raison d'agir, comme «Finalement je m'y suis décidé». Il y a apparemment aussi des cas d'actions intentionnelles qu'on n'arrive pas à expliquer. L'explication par les raisons primaires est alors analogue à l'explication de l'effondrement d'un pont suite à un défaut de construction : on ignore l'événement ou la séquence d'événements qui a mené à (qui a causé) l'effondrement, mais on est certain qu'elle a eu lieu.

B. Selon Melden, une cause doit «être logiquement distincte de l'effet supposé» [*supra*, p. 41]; or, les raisons d'agir n'étant pas logiquement distinctes de l'action, elles n'en sauraient être des causes[6].

Nous avons déjà rencontré cet argument sous une autre forme : puisqu'une raison d'agir rend l'action intelligible en la redécrivant, on n'a pas affaire à deux événements, mais à un seul, décrit différemment; or, la relation causale présuppose des événements distincts.

Ce serait certes une erreur de penser que tourner l'interrupteur est la cause de ce que j'ai allumé la lumière (en réalité, c'est la cause de ce que la lumière s'est allumée). Mais il ne s'ensuit pas qu'il est faux d'interpréter «La raison pour laquelle j'ai tourné l'interrupteur était que je voulais allumer la lumière» comme impliquant, en partie, «J'ai tourné l'interrupteur et cette action peut également être décrite comme ayant été causée par mon désir d'allumer la lumière». Décrire un événement en termes de sa cause ne revient pas à l'identifier à cette cause, et l'explication par redescription n'exclut pas l'explication causale.

Cet exemple permet aussi de réfuter la thèse qu'il est impossible de décrire l'action sans utiliser des termes qui la lient à la cause supposée. Dans notre exemple, l'action doit être expliquée sous la description : «le fait que j'ai tourné l'interrupteur», et la cause supposée est «le fait que j'ai voulu allumer la lumière». Où voit-on une relation logique entre ces deux phrases? Il est plus plausible d'affirmer l'existence d'un lien logique entre «le fait que j'ai allumé la lumière» et «le fait que je voulais allumer la lumière», mais même dans ce cas, ce lien s'est révélé, à l'examen, être grammatical plutôt que logique.

De toute façon, l'idée que les relations causales sont empiriques plutôt que logiques est étrange. Qu'est-ce que cela peut vouloir dire? Certainement pas que tout énoncé causal vrai est empirique. En effet, supposons que «A a causé B» soit vrai. Alors la cause de $B = A$, et par substitution on obtient la proposition analytique «La cause de B a causé B». La vérité d'un énoncé causal dépend des *événements* décrits, tandis que sa nature analytique ou synthétique dépend de la façon dont ces événements sont *décrits*.

On pourrait cependant soutenir qu'une raison d'agir ne rationalise une action que lorsque les descriptions sont formulées de façon appropriée, et que ces descriptions appropriées sont logiquement indépendantes. Supposons que l'énoncé disant qu'un individu veut allumer la lumière *signifie* qu'il accomplirait toute action dont il croit qu'elle permettrait de réaliser cette fin. Dans cette hypothèse, l'énoncé de sa raison primaire pour tourner l'interrupteur implique qu'il a tourné l'interrupteur — «aussitôt il agit», comme dit Aristote. Dans ce cas, on aurait certainement une connexion logique entre raison d'agir et action, semblable à celle qu'il y a entre «Cette substance est soluble dans l'eau et a été placée dans l'eau» et «Elle s'est dissoute». Puisque l'implication va de la description de la cause à la description de l'effet, et que l'inverse n'est pas vrai, on donne toujours une information en nommant la cause. De plus, il ne faut pas oublier, comme on le fait souvent, que «Le fait de l'avoir placé dans l'eau a causé sa dissolution» n'implique pas «Cela est soluble dans l'eau»; cette dernière expression possède donc une force explicative additionnelle. Il reste néanmoins que l'explication serait beaucoup plus intéressante si, à la place de la notion de solubilité et de son lien évident, établi par sa définition, avec l'événement à expliquer, on pouvait se référer à une propriété, par exemple une structure cristalline particulière, dont la connexion avec la dissolution dans l'eau aurait été établie par voie d'expérimentation. On voit à présent pourquoi les raisons primaires comme les désirs ou les souhaits n'expliquent pas l'action dans le sens relativement trivial où la solubilité explique la dissolution. On considère la solubilité comme une propriété purement dispositionnelle : elle est définie en termes d'un seul test. Mais les désirs ne peuvent pas être définis par les actions qu'ils rationalisent, même si la relation entre désir et action n'est pas purement empirique; il y a d'autres critères, tout aussi essentiels, pour les désirs, comme le fait qu'ils se manifestent dans les sentiments et dans les actions qu'ils ne rationalisent pas. La personne qui a un désir (ou un souhait ou une croyance) n'a normalement pas besoin de critères : même en l'absence d'indices accessibles à autrui, elle sait ce qu'elle souhaite, désire et croit. Ces traits logiques des raisons primaires montrent que ce n'est pas seulement un manque d'ingéniosité qui nous empêche de les définir comme des dispositions d'agir pour ces raisons.

C. D'après Hume, «on peut définir la cause comme un objet suivi d'un autre, quand tous les objets similaires au premier sont suivis d'objets similaires au second». Hart et Honoré disent par contre que «l'énoncé qu'une personne a agi, par exemple, parce qu'autrui l'a menacée, ne comporte pas d'implication ou d'assertion implicite disant que la même action se reproduira dans des circonstances similaires» (52). Hart et Honoré sont d'accord avec Hume pour dire que les énoncés causaux ordinaires impliquent des généralisations, mais ils estiment aussi que c'est justement pour cette raison qu'il n'aurait pas dû interpréter les motifs et les désirs comme causes ordinaires des actions. Bref, si les explications causales ordinaires sont essentiellement liées à des lois, tel n'est pas le cas des rationalisations.

La réponse habituelle à cette objection consiste à dire qu'on dispose en réalité de lois approximatives reliant les raisons d'agir et les actions et que ces lois peuvent, en principe, être améliorées, qu'il est vrai que les personnes exposées à une menace n'agissent pas toujours de la même façon et qu'il faut établir en conséquence des distinctions entre les menaces, ainsi qu'entre les agents, en termes de leurs croyances et attitudes.

Cependant, cette réponse est trompeuse, car les généralisations reliant des raisons d'agir et des actions ne sont pas des lois permettant des prédictions exactes et fiables, et il n'est pas possible de les préciser en ce sens. Il est facile de comprendre pourquoi, si on réfléchit à la façon dont les raisons d'agir déterminent les choix, les décisions et le comportement. Dans le contexte *ex post facto* de l'explication et de la justification, ce qui apparaît comme la raison d'agir n'était souvent, au moment de l'action, qu'*une* raison, qu'une considération parmi d'autres de l'agent. Toute théorie sérieuse voulant prédire l'action sur base de raisons d'agir doit trouver un moyen d'évaluer la force relative des différents désirs et croyances à l'intérieur de la matrice de la décision; elle ne peut pas prendre comme point de départ un désir isolé pour en extraire des prévisions. Le rôle du syllogisme pratique se limite à montrer que l'action tombe sous une raison d'agir; on ne peut pas le sublimer pour en faire une reconstruction du raisonnement pratique, car cela impliquerait l'évaluation des raisons en compétition. Le syllogisme pratique n'est un modèle ni pour une science prédictive de l'action ni pour l'explication normative d'un raisonnement évaluatif.

Que l'on ne dispose pas de lois prédictives valables ne signifie pas qu'on soit dans l'incapacité de donner des explications causales valides, sinon peu d'explications causales pourraient être données. Je sais qu'une vitre s'est brisée parce qu'une pierre l'a heurtée, j'ai l'ai vu; mais je n'ai pas à ma disposition (et n'est-ce pas le cas pour tout le monde?) des lois me permettant de prédire que tels chocs briseront telles vitres. Une généralisation du genre «Les vitres sont des objets fragiles et, dans certaines conditions, des objets fragiles se brisent facilement sous l'effet d'un choc assez fort» n'est pas une loi prédictive approximative : cette dernière, à supposer que nous en disposions, serait quantitative et utiliserait des concepts très différents. Cette généralisation, tout comme les généralisations sur le comportement, a une fonction différente : elle est un indice de l'existence d'une loi causale s'appliquant au cas en question.

Généralement, on est beaucoup plus certain de l'existence d'une connexion causale singulière qu'on ne l'est d'une loi causale s'appliquant à un cas donné. Est-ce à dire que Hume avait tort d'affirmer que les énoncés causaux singuliers impliquent des lois? Pas nécessairement, car la thèse de Hume, citée plus haut, est ambiguë. Elle peut vouloir dire que «A a causé B» implique une loi particulière dans laquelle figurent les prédicats utilisés dans les descriptions «A» et «B», mais elle peut signifier aussi que «A a causé B» implique l'existence d'une loi causale exemplifiée par une description vraie de A et de B[7]. Il est évident que les deux versions permettent de donner un sens à l'assertion que les énoncés causaux singuliers impliquent des lois, et qu'elles étayent la position que les explications causales «présupposent des lois». La dernière version est cependant beaucoup plus faible, dans la mesure où, selon elle, un énoncé causal singulier n'implique pas une loi particulière et qu'un tel énoncé peut être défendu, si besoin en est, sans qu'on doive défendre une loi. Seule cette dernière version de la doctrine humienne s'applique à la plupart des explications causales, dont les rationalisations.

Même l'explication la plus primitive d'un événement en indique la cause; les explications plus élaborées donnent plus de détails, ou bien elles étayent l'énoncé causal singulier en le rapportant à une loi pertinente ou du moins en donnant des raisons de penser qu'une telle loi existe. Mais ce serait une erreur de croire qu'on n'a pas donné d'explication aussi longtemps que l'on n'a pas produit de loi. Liée à cette erreur est l'idée que les énoncés causaux singuliers imposent, de par les concepts qu'ils utilisent, les concepts figurant dans les lois correspondantes. Supposons que l'ouragan dont parle le *Times* du mardi à la page 5, cause une catastrophe, relatée par le *Tribune* du mercredi à la page 13. Il est vrai que l'événement rapporté à la page 5 du *Times* du mardi a causé l'événement relaté à la page 13 du *Tribune* du mercredi. Doit-on pour autant se mettre à la recherche d'une loi reliant des événements de ce *type-là* ? Il serait à peine moins ridicule de chercher une loi reliant des ouragans et des catastrophes. Les lois dont on a besoin pour prédire la catastrophe avec précision n'utilisent évidemment pas des concepts comme ceux d'ouragan et de catastrophe. Le problème des prévisions météorologiques est justement que les descriptions sous lesquelles les événements nous intéressent — «une journée fraîche et nuageuse avec de la pluie l'après-midi» — n'ont que des rapports lointains avec les concepts utilisés dans les lois connues plus précises.

Si les raisons d'agir sont des causes de l'action, les lois requises n'utilisent certainement pas les concepts que les rationalisations doivent utiliser. Du fait que les causes d'une première classe d'événements (actions) appartiennent à une autre classe (raisons d'agir) et qu'il y a une loi pour étayer chaque énoncé causal singulier, ne s'ensuit pas qu'il existe une loi reliant des événements classés comme raisons d'agir à des événements classés comme actions — les classifications pouvant être d'ordre neurologique, chimique ou physique.

D. On prétend parfois que le genre de connaissance que l'agent possède de ses propres raisons n'est pas compatible avec l'existence d'une relation causale entre raisons d'agir et actions : une personne, lorsqu'elle agit, connaît ses intentions de manière infaillible, sans devoir recourir à l'induction ou à l'observation, tandis que la relation causale ordinaire ne peut pas être connue de cette façon. Il est incontestable que la connaissance qu'on a de ses intentions lorsqu'on agit partage un grand nombre des particularités de la connaissance privée qu'on a de ses croyances, de ses désirs, des douleurs qu'on éprouve, etc. ; la question est de savoir si ces particularités prouvent que les raisons d'agir ne causent pas, dans un sens ordinaire du moins, les actions qu'elles rationalisent.

Une personne peut facilement se tromper sur la vérité d'un énoncé comme : «J'empoisonne Charles parce que je veux lui épargner des souffrances»; elle peut se tromper sur ce qu'elle fait — c'est peut-être elle-même qui boit par erreur la boisson empoisonnée — et apparemment, elle peut aussi se tromper sur ses propres raisons d'agir, notamment lorsqu'il y a deux raisons en présence, la première lui plaisant et l'autre non (par exemple, elle veut épargner de la souffrance à Charles, mais désire aussi être débarrassée de lui). Elle peut donc se tromper sur le mobile de son action.

Cela ne signifie pas que cela ait un sens, dans le cas général, de demander à autrui comment il connaît ses raisons d'agir, ou de lui demander des preuves empiriques. Habituellement on n'a pas de preuves empiriques et on ne recourt pas à l'observation, même si, en de rares occasions, on accepte des preuves publiques ou privées montrant qu'on s'est trompé sur ses raisons d'agir. La connaissance qu'on a de ses propres raisons d'agir n'est donc généralement pas de nature inductive, car l'induction part de preuves empiriques. Mais je ne vois pas en quoi cela prouve que cette connaissance n'est pas causale.

Ce qui différencie les lois causales des généralisations vraies n'ayant pas le statut de lois, est que leurs exemplifications les confirment. L'induction est donc une bonne façon de vérifier une loi, mais il ne s'ensuit pas que ce soit la seule. De toute manière, il n'est pas nécessaire de savoir qu'une loi est vraie pour savoir qu'un énoncé causal singulier est vrai; il suffit qu'on sache qu'il existe une loi s'appliquant à l'événement en question. De plus, il est loin d'être certain que ce soit l'induction et elle seule qui soit à l'origine du savoir qu'une loi causale satisfaisant certaines conditions existe. Autrement dit, un seul cas suffit souvent pour nous persuader qu'une loi existe, comme Hume l'a d'ailleurs admis; cela signifie que nous sommes convaincus, sans preuve inductive directe, de l'existence d'une relation causale.

E. Pour finir, je voudrais dire un mot du malaise ressenti par certains philosophes lorsqu'on parle de causes de l'action. Melden, par exemple, dit que les actions sont souvent identiques à des mouvements corporels et que les mouvements corporels ont des causes, mais malgré cela, il nie que ces causes soient les causes des actions. Il y a là à mon avis une contradiction. Melden est amené à cette position par les considérations suivantes : «Il est futile de vouloir expliquer le comportement au moyen du pouvoir causal du désir; la *seule* chose qui puisse être expliquée, ce sont d'autres événements, et non des actions accomplies par des agents. L'agent qui serait intégré dans une relation causale entre événements serait une victime impuissante de ce qui se passe en lui et de ce qu'il subit» (pp. 128-129). Cette argumentation revient à dire, sauf erreur d'interprétation de ma part, que les actions ne peuvent avoir de causes. Je ne vais pas insister sur les difficultés évidentes qui se présenteraient si on soustrayait entièrement les actions de la sphère de la causalité. Mais cela vaut peut être la peine de remonter à la source du problème. Pourquoi donc croit-on qu'une cause change l'action en un simple événement et fait de la personne une victime impuissante? N'est-ce pas parce qu'on a tendance à croire, du moins dans le domaine de l'action, que la cause présuppose quelqu'un qui cause, que l'agir présuppose un agent, et qu'on se demande en conséquence : «Si mon action est causée, qu'est-ce qui l'a causée? Si c'est moi-même, je suis acculé à l'absurdité d'une régression à l'infini, et si ce n'est pas moi, je suis une victime». Mais c'est évident qu'il y a d'autres possibilités. A certaines causes ne correspondent pas des agents, et les plus significatives d'entre elles sont les états et changements d'états qui, parce qu'ils sont aussi bien raisons d'agir et causes, font que les personnes sont des agents volontaires*.

NOTES

[1] Citons : G.E.M. ANSCOMBE, *Intention*, Oxford, 1959; Stuart HAMPSHIRE, *Thought and Action*, Londres, 1959; H.L.A. HART et A.M. HONORÉ, *Causation in the Law*, Oxford, 1959; William DRAY, *Laws and Explanation in History*, Oxford, 1957; ainsi que la plupart des volumes parus dans la série éditée par R.F. HOLLAND, *Studies in Philosophical Psychology*, notamment Anthony KENNY, *Action, Emotion and Will*, Londres, 1963, et A.I. MELDEN, *Free Action*, Londres, 1961. Toutes les références de pages entre parenthèses se rapportent à ces ouvrages.

[2] On peut ne pas vouloir appeler action le fait que j'ai non intentionnellement averti le rôdeur, mais il ne faut pas en inférer qu'avertir le rôdeur est différent de tourner l'interrupteur, qu'il ne s'agit par exemple que de la conséquence de cette action. Les actions, les accomplissements et les événements n'impliquant pas d'intention ont ceci en commun que souvent on s'y réfère ou on les définit partiellement en termes d'un stade final, d'un résultat ou d'une conséquence.

Le mot «action» n'est pas courant dans le langage ordinaire, et quand il y apparaît, c'est généralement dans des contextes assez solennels. Je me conforme à une pratique philosophique utile en appelant action tout ce qu'un agent fait intentionnellement, y compris ses omissions intentionnelles. On aurait certainement besoin d'un terme générique adéquat permettant de combler la lacune suivante. Supposons que «A» soit une description d'action, que «B» soit la description d'une chose faite volontairement mais non intentionnellement, et que «C» soit la description d'une chose faite involontairement et non intentionnellement, et supposons en outre que $A = B = C$. Dans ce cas, A, B et C désignent la

---

* Dans la réimpression dans *Essays on Actions and Events*, Davidson écrit : «... font de certains événements des actions libres et intentionnelles» [*N.d.T.*].

même chose, mais quoi au juste? Les termes «action», «événement» et «chose accomplie» ont chacun, du moins dans certains contextes, une résonance étrange quand ils sont associés au mauvais type de description. Seule la question «Pourquoi avez-vous (a-t-il) fait *A*?» a vraiment la généralité requise. Le problème se trouve de toute évidence fortement aggravé si on admet, à l'instar de Melden [voir *supra*, pp. 42-43] qu'une action («lever le bras») peut être identique à un mouvement corporel («le bras s'élève»).

[3] «Quasi-intensionnel» parce que, à côté de son aspect intensionnel, la description de l'action doit aussi se référer à des rationalisations; autrement, il serait possible de dire qu'une action a été accomplie pour une certaine raison sans qu'elle ait été accomplie. Comparez «l'auteur de *Waverley*» dans «George VI savait que l'auteur de *Waverley* a écrit *Waverley*».

[4] Anscombe ne pense pas que le syllogisme pratique soit déductif. En effet, elle le conçoit, à l'instar d'Aristote, comme un raisonnement pratique, ce qui l'oblige, suivant là encore Aristote, à en interpréter la conclusion comme un jugement disant, non pas simplement que l'action possède un trait désirable, mais qu'elle est désirable (raisonnable, vaut la peine d'être accomplie, etc.). Pour ma part, je pense que le syllogisme pratique n'est qu'un élément de l'analyse de la notion de raison d'agir.

[5] Je parle d'un premier temps, pour exclure l'idée que les conditions (C_1) et (C_2) sont conjointement suffisantes pour définir la relation entre les raisons et les actions qu'elles expliquent. Je crois qu'on peut renforcer (C_2) pour faire de (C_1) et de (C_2) des conditions suffisantes aussi bien que nécessaires, mais pour le moment je me concentre sur la thèse que les deux conditions, telles qu'elles sont formulées, sont nécessaires. [Cette dernière phrase ne figure plus dans la réimpression dans *Essays on Actions and Events* (*N.d.T.*)].

[6] On trouve cet argument, sous plusieurs formes, chez Kenny, Hampshire et Melden, ainsi que dans P. WINCH, *The Idea of a Social Science*, Londres, 1958, et dans R.S. PETERS, *The Concept of Motivation*, Londres, 1958. Dans une de ses versions, cet argument a bien sûr été inspiré par l'interprétation que Ryle a donnée des motifs dans *La notion d'esprit*.

[7] L'analyse des énoncés causaux singuliers que nous proposons peut être caractérisée approximativement comme suit : «*A* a causé *B*» est vrai si et seulement si il existe une description de *A* et une description de *B*, telles que l'énoncé qu'on obtient en substituant ces descriptions à «*A*» et à «*B*» dans «*A* a causé *B*» suit d'une loi causale vraie. Cette analyse n'est pas triviale, car toutes les généralisations vraies ne sont pas des lois causales; les lois causales se distinguent par le fait qu'elles sont confirmées inductivement par leurs exemplifications et qu'elles soutiennent des énoncés causaux singuliers contrefactuels et irréels (ceci n'étant bien sûr pas une analyse complète).

La structure logique des explications d'actions[1]

Paul M. CHURCHLAND

Les explications communes de l'action humaine en termes de désirs, de croyances, etc. sont-elles des esquisses ou des enthymèmes d'inférences déductives-nomologiques? Beaucoup d'auteurs contemporains pensent que non. Certains prétendent qu'il n'existe pas de lois empiriques gouvernant l'action humaine considérée comme résultat de configurations d'états et/ou d'événements mentaux, d'autres affirment que, même s'il y avait de telles lois, elles seraient de toute façon ignorées par l'homme de la rue, et d'autres encore vont jusqu'à dire qu'il est impossible, pour des raisons logiques, qu'il y ait des lois empiriques reliant des désirs et d'autres attitudes analogues à des actions. Ces critiques du modèle déductif-nomologique proposent des conceptions alternatives de la structure logique des explications d'actions; pour des auteurs comme Charles Taylor[2] et Alan Donagan[3], les explications d'actions sont un cas particulier d'un type général d'explication distinct du modèle déductif-nomologique (ou du moins du modèle causal); d'autres, comme A.I. Melden[4] et William Dray[5], affirment que les explications d'actions représentent un type d'explication unique et distinct. Je ne saurais passer

---

P. CHURCHLAND, «The Logical Character of Action-Explanations», *The Philosophical Review* 79 (1970), pp. 214-236. Avec l'aimable autorisation de l'auteur et de *Philosophical Review*.
Traduction revue par l'auteur.

en revue toutes ces théories alternatives, mais dans la dernière partie de cet article, je soumettrai l'une des plus intéressantes à une analyse critique. Mon but premier est de mettre sur pied une argumentation en faveur de la thèse que les explications d'actions correspondent bien au modèle *D-N* familier. Cette tâche est devenue moins ardue grâce à la critique souveraine développée par Donald Davidson à l'encontre de certains arguments standards s'opposant à la théorie causale des explications d'actions[6]. Il est regrettable cependant que Davidson n'ait dit que peu de choses de la structure de notre pouvoir explicatif en ce domaine; il pense apparemment que ce pouvoir se réduit à une appréhension rudimentaire et fragmentaire de connexions nomologiques possibles et probables. J'essayerai de montrer qu'au contraire nos explications d'actions ordinaires présupposent bel et bien des principes nomologiques ou «lois» *spécifiques* et que toute une série de traits intéressants de ces explications peuvent être clairement compris une fois mise en lumière cette structure fondamentale.

La manière dont on s'y prend ordinairement pour expliquer les actions humaines présuppose ce qui à première vue est une loi générale. On peut le montrer assez facilement au moyen d'un examen systématique de cette pratique explicative. Une théorie adéquate de la structure logique des explications d'actions doit rendre compte du fait que les différents types d'*objections* qu'on peut ordinairement adresser à ces explications sont incontestablement adéquates; c'est ce fait qui nous livre une stratégie pour dégager progressivement la loi sous-jacente, au cas où elle existe. Il suffit d'analyser et de classifier les types d'objections qu'on peut légitimement avancer à l'encontre d'un énoncé explicatif ordinaire de la forme «X a fait A parce qu'il désirait ø»[7], pour dégager l'ensemble des conditions nécessaires qui doivent être satisfaites pour qu'un tel énoncé explicatif soit correct (à l'exception de la loi elle-même, probablement immunisée contre la réfutation par un cas *particulier*). S'il est *vrai* que les explications d'actions sont des esquisses d'inférences *D-N*, il doit y avoir une loi légitimant l'inférence allant de la conjonction de ces conditions explicatives à l'explanandum désiré : «X a fait A». Il s'agit probablement d'une simple conditionnelle universelle dont l'antécédent est formé de la conjonction de ces conditions explicatives et le conséquent de l'énoncé «X fait A». Notre stratégie consiste d'abord à dégager, à partir de cas d'objections, ces conditions explicatives présupposées mais souvent non énoncées; ensuite, nous établirons la conditionnelle universelle comme on vient de l'indiquer; enfin, nous examinerons si elle peut être considérée comme nomologique, comme vraie, non triviale et capable de soutenir des conditionnelles irréelles. Ces questions ne seront peut-être pas résolues au premier essai, mais si elles le sont, nous aurons apporté une contribution positive au débat.

Notre stratégie est simple et devrait aboutir en principe à des résultats incontestables; cependant, pour diverses raisons, il est difficile de la mettre en œuvre de façon tout à fait nette. D'abord, il y de nombreuses façons de contester un énoncé explicatif de la forme «X a fait A parce qu'il voulait ø», étant donné qu'il est possible, en principe, de contester un tel énoncé en contestant n'importe quoi de ce qui est impliqué, dans les circonstances données, par n'importe laquelle des conditions explicatives de base ou par n'importe quelle conjonction de ces dernières (c'est-à-dire par les prémisses *singulières* de l'inférence *D-N* pertinente). L'identification progressive de ces conditions explicatives de base ne saurait donc se faire de façon mécanique. Un autre élément susceptible de compromettre une réussite immédiate et incontestable est que la loi hypothétique que nous tentons de dégager est probablement une *esquisse* de loi[8], dont une ou plusieurs conditions explicatives sont vagues et donc quelque peu difficiles à appréhender. Enfin, il existe apparemment, à côté du cas normal, deux ou trois cas légèrement déviants d'«actions intentionnelles» et les ensembles de conditions que doivent satisfaire les énoncés explicatifs correspondant à ces cas sont différents, même si ce n'est que légèrement. Il s'ensuit de ce qui précède que pour établir solidement les conditions spécifiques que j'ai identifiées, il faudrait considérer un nombre énorme de cas. Les exemples qui vont suivre ne représentent donc qu'un ensemble minimal et ne sont tout au plus qu'une illustration des conditions explicatives de base (ou que je crois telles) valables dans le cas normal. Le lecteur est libre de les vérifier et, le cas échéant, de les améliorer en analysant d'autres exemples de son cru.

Lorsqu'on dit «X a fait A parce qu'il désirait ø», on suppose normalement que (1) X désirait ø, et que (2) X croyait (jugeait, s'était rendu compte) que faire A était, dans les circonstances données, un moyen pour lui de réaliser ø, c'est-à-dire une action lui permettant de réaliser ou de contribuer à la réalisation de ø. Normalement, l'énoncé explicatif est réfuté si on arrive à montrer que les suppositions (1) ou (2) sont fausses. Mais cet énoncé explicatif présuppose apparemment encore autre chose. Imaginons la conversation suivante au cours d'une fête animée.

P : «Pourquoi donc Pierre vient-il de faire ce mouvement avec l'index?»

Q : «Eh bien, il voulait que Marie vienne auprès de lui et il croyait, même si cela paraît étonnant, que cela la ferait venir.»

P : «Vous avez raison, il aimerait beaucoup que Marie vienne lui tenir compagnie et, contrairement à ce que vous pensez, elle le rejoindrait effectivement suite à un tel mouvement de l'index, ce que Pierre sait d'ailleurs. Mais il a trop de savoir-vivre pour faire une chose pareille : il l'inviterait plutôt par un sourire aimable ou quelque chose de ce genre. En réalité, il doit avoir appelé Guillaume, qui se trouve là-bas avec Marie.»

Dans cet exemple, P ne conteste pas les énoncés explicatifs (1) et (2) avancés par Q. Ce qu'il conteste est qu'ils expliquent ou du moins interviennent dans l'explication du comportement de Pierre. Le sens de son objection est le suivant : si Pierre avait voulu faire quelque chose, au moment de bouger l'index, pour réaliser son désir d'être en compagnie de Marie, ce n'aurait pas été cette action-là, mais un sourire aimable ou une chose de ce genre. L'idée générale qui se trouve à la base de cette affirmation est que, si Pierre faisait quelque chose pour réaliser le désir en question, il choisirait le moyen qu'il préfère, toutes choses bien considérées, parmi ceux dont il croit disposer. L'objection de P revient donc à dire qu'il est fort improbable que Pierre, en homme stylé, préfère l'appel du doigt aux autres moyens dont il croit disposer (en supposant qu'il soit effectivement au courant d'autres possibilités), et qu'il est donc plus que probable que l'explication de Q soit fausse.

Cet exemple illustre la proposition suivante, dont la validité est apparemment générale. L'énoncé «X a fait A parce qu'il désirait ø» n'est vrai qu'à condition que (3) X n'ait pas cru qu'il y avait une autre action lui permettant de réaliser ø qu'il aurait jugée préférable à A ou aussi valable que A.

De cette même manière préthéorique, d'autres implications peuvent encore être mises en évidence. Imaginons que P ait contesté l'explication de Q comme suit.

P : Ce n'est pas ça du tout ! Pierre sait que Jacques est en train de le surveiller et il connait la jalousie de ce rustre capable de provoquer un esclandre s'il s'apercevait qu'il cherche la compagnie de Marie. Je suis certain que Pierre désire s'entretenir avec Marie et je pense aussi que cela lui ressemblerait d'appeler quelqu'un du doigt. Mais je suis sûr qu'il ne risquerait pas le scandale. En réalité, il doit avoir appelé Guillaume qui se trouve là-bas près de Marie.

Comme c'était le cas précédemment, P ne conteste ni (1) ni (2), et il accorde même que faire un signe du doigt serait précisément le moyen (pour inviter Marie à le rejoindre) que Pierre jugerait préférable (et qu'il a peut-être effectivement jugé préférable) parmi ceux dont il dispose.

Cette fois-ci, l'objection consiste à dire que Pierre avait aussi un autre désir qui, dans cette situation tendue, a pris le pas sur son désir d'appeler Marie : Pierre a préféré attendre un moment plus propice plutôt que de provoquer un esclandre et il estime que prendre patience est le prix à payer pour éviter le scandale. Le principe général qui se dégage est approximativement le suivant : l'énoncé «X a fait A parce qu'il désirait ø» n'est vrai qu'à condition que (4) X n'ait pas eu d'autre désir (ou ensemble de désirs) qui, dans les circonstances données, a pris le pas sur son désir de ø.

Imaginons encore qu'on conteste l'explication de Q comme suit.

R : Je pense que vous vous trompez complètement. Vous devez savoir que Pierre est malheureusement sujet à des attaques d'une espèce de paralysie nerveuse, qui surviennent et cessent de façon tout à fait imprévisible. On sait prévoir une attaque lorsque son regard devient vitreux et que son index est agité de spasmes. Il est peut-être vrai qu'au moment de l'attaque, il allait bouger l'index et dans ce cas, il l'aurait certainement fait pour la raison que vous évoquez. Mais à cause de l'attaque, il a perdu le contrôle de ses mouvements et son doigt s'est agité; il bougeait peut-être au bon moment mais ce n'est pas Pierre qui le bougeait. J'ai vu son regard devenir vitreux juste avant que son index ne commence à bouger.

A la différence des objections précédentes, on ne conteste pas ici une explication particulière, mais on nie qu'une explication d'action soit *adéquate* dans ce cas. On nie que Pierre ait bougé le doigt — au sens plein qui admettrait une explication comme celle de Q — étant donné qu'il était incapable de le bouger. De cela se dégage l'idée suivante : en expliquant une action, on suppose que l'agent était capable de l'accomplir. En d'autres mots, l'énoncé «X a fait A parce qu'il désirait ø», n'est vrai qu'à condition que (6) X était capable de faire A.

Imaginons enfin la conversation suivante.

P : «Je viens de voir que Jean a formé le numéro d'appel de Guillaume. Pourquoi a-t-il fait cela?»

Q : «C'est évident! Il voulait parler à Guillaume et pensait que, dans les circonstances données, le meilleur moyen était de lui téléphoner; en effet, Guillaume vient de monter dans son bureau. Etant donné que Jean n'avait pas d'autre(s) désir(s) prenant le pas sur cette inclination et qu'il était capable d'accomplir cette action, il a choisi le numéro de Guillaume.»

R : «Ce n'est pas tout à fait ça. Jean croit que l'extension du bureau de Guillaume est l'extension 3, alors qu'il s'agit du 2. Vous avez raison en ce qui concerne ses désirs, croyances, préférences et capacités, et l'extension du bureau de Guillaume a effectivement été choisie par Jean. Mais son crayon a dû glisser quand il a voulu former le 3 et le bon numéro, le 2, n'a été choisi qu'accidentellement. C'est en tout cas l'impression qu'on a pu avoir, car vous avez remarqué aussi que Jean a aussitôt raccroché et refait le numéro.

Puisque Jean ignore le bon numéro de Guillaume (ignore la bonne façon de former ce numéro), on ne peut pas dire qu'il l'a formé au sens plein de «former le numéro» auquel l'explication de Q pourrait s'appliquer de façon adéquate, même s'il est vrai que le numéro a été effectivement formé par hasard. Sous ce rapport, ce cas est analogue à l'exemple précédent[9]. En effet, la meilleure façon de décrire la condition en question consiste à dire qu'il s'agit d'une condition quant à *l'adéquation* d'une explication d'action (pour l'action en tant que décrite de telle et telle façon). Le principe général qui se dégage de ce cas est approximativement le suivant : l'énoncé «X a fait A parce qu'il désirait ø» n'est vrai qu'à condition qu'il soit vrai que (5) X savait comment faire A (ou du moins que sa croyance ou son jugement quant à la bonne façon de faire A dans ces circonstances était correcte)[10].

On peut formuler à ce propos une objection intéressante, quoique non fondée. On pourrait penser que s'il était correct de dire «X a fait A parce qu'il désirait ø» dans le cas où X croyait faire B et l'a fait parce qu'il désirait ø, mais où il a également fait A à son insu, la condition (5), entre autres, serait ébranlée. Il suffit cependant de considérer un exemple pour voir que cette suggestion est erronée. Supposons que X fasse chauffer de l'eau parce qu'il veut se préparer une tasse de café. En amenant l'eau à ébullition, il fait monter la pression de la vapeur d'eau jusqu'à la pression atmosphérique (P_a). Supposons qu'il ignore ce fait et qu'il ne sache même pas ce qu'est la pression de vapeur. En d'autres mots, il ne sait pas comment (ou en quoi consiste) faire monter la pression de la vapeur d'eau jusqu'à P_a. Il est évident que l'affirmation que X a fait monter la pression de la vapeur d'eau jusqu'à P_a parce qu'il voulait se préparer une tasse de café n'est pas adéquate. En effet, il n'a pas fait monter la pression de vapeur jusqu'à P_a au sens plein qui est pertinent ici. En d'autres mots, la question : «Pourquoi a-t-il fait cela ?» n'est pas à sa place en ce qui concerne l'action de faire monter la pression de la vapeur d'eau, alors qu'elle l'est en ce qui concerne l'action d'amener l'eau à ébullition. Mais d'un autre côté, on a l'impression que le désir de X d'avoir une tasse de café explique d'une certaine manière qu'il fasse monter la pression de la vapeur d'eau jusqu'à P_a. Cette situation ambiguë est due en partie (comme nous le verrons) à l'opacité référentielle des explications D-N[11], mais il y a un élément supplémentaire qui intervient. Je tenterai ci-dessous une explication de cette ambiguïté curieuse. A présent, je voudrais résumer ce qui a été établi. L'énoncé «X a fait A parce qu'il désirait ø» n'est vrai qu'à condition que (et apparemment aussi à chaque fois que) :

1) X a désiré ø, et

2) X a cru (a jugé, s'est rendu compte) que faire A lui permettrait de réaliser ø dans les circonstances données, et

3) X ne croyait pas qu'il y avait une autre action lui permettant de produire ø dans les circonstances données et pour laquelle il avait une préférence au moins égale à celle de faire A, et

4) X n'avait pas d'autre désir (ou ensemble de désirs) qui, dans les circonstances données, ait pris le pas sur son désir de ø, et

5) X savait comment faire A, et

6) X était capable de faire A.

En un sens, tout ceci est bien connu. Il est vrai que peu de gens seraient en mesure de citer cette liste sur demande, mais nous savons tous comment nous y prendre pour mettre en doute des énoncés de la forme «X a fait A parce qu'il désirait ø» et nous ne proposerions pas une telle explication en sachant que l'une ou l'autre des conditions (1) à (6) n'est pas satisfaite. Mais pourquoi justement ces conditions-là? Pourquoi acceptons ou rejetons-nous les énoncés explicatifs de ce type en fonction de ce que nous croyons ou supposons quant à la vérité ou la fausseté de cet ensemble de conditions? S'il est plausible de considérer la conditionnelle suivante comme nomologique, la réponse va s'imposer.

L_1 : (X) $(ø)$ (A) (S'il est vrai à la fois que

[1] X désire ø;

[2] X croit que faire A lui permet de produire ø dans les circonstances données;

[3] X ne croit pas qu'il y ait une autre action lui permettant de produire ø dans les circonstances données et pour laquelle il a une préférence au moins égale à celle de faire A;

[4] X n'a pas d'autre désir (ou ensemble de désirs) qui, dans les circonstances données, prend le pas sur son désir de réaliser ø;

[5] X sait comment faire A;

[6] X est capable de faire A[12],

alors [7] X fait A).

Pour un partisan de l'explication causale de l'action, L_1, obtenu au moyen de la stratégie esquissée plus haut, est un résultat très encourageant. La condition (4), tout comme la condition (6), a assurément un côté «tour de passe-passe», mais il ne faut pas perdre de vue, premièrement, que ce tour de passe-passe n'est pas le mien mais la nôtre et, deuxièmement, qu'il est inoffensif et tout à fait courant. Considérons en effet les exemples suivants.

a) Si on place une barre aimantée en dessous d'une surface plane sur laquelle est répartie uniformément de la paille de fer, cette dernière, à condition de n'être pas soumise à d'autres forces significatives, se placera en forme de spirales le long des lignes correspondant aux contours de la barre.

b) Si on craque une allumette dont la tête est composée d'un mélange de phosphore et de soufre, elle s'allumera, sauf si des facteurs contraires sont présents.

Dans ces deux cas aussi on fait appel à des tours de passe-passe similaires. Pourtant, ces *esquisses* de loi sont tout à fait aptes à étayer des explications communes («Tu vois, c'est parce que la tête est formée d'un mélange de soufre et de phosphore...») et des conditionnelles contrefactuelles («Si cette limaille avait été du fer et non pas du cuivre...»). Il est courant de suppléer aux lacunes et aux imprécisions de notre connaissance des connexions nomologiques par de telles conditions *ceteris paribus*[13]. Dans certains cas, ces conditions sont hautement informatives, dans d'autres moins, et ce jusqu'au cas limite de l'expression tout à fait générale «sauf facteurs contraires». Mais les conditionnelles ainsi affaiblies ne perdent pas pour autant leur pouvoir explicatif. Notre connaissance incomplète des détails mineurs et moins évidents d'un grand nombre (ou de la plupart) des connexions nomologiques ne reflète que le caractère plus ou moins achevé d'une inférence *D-N*; il se peut que la prémisse majeure ne soit qu'une *esquisse* de loi.

Passons à des questions plus importantes. Si le rôle conceptuel de L_1 est celui que nous venons de décrire, le «locuteur normal averti» devrait y donner son *assentiment*. Les personnes répondant à cette description ont effectivement réagi de façon fort positive, ce qui n'a généralement pas été le cas, et cela se comprend, de mes collègues philosophes super-avertis. Certains d'entre eux ont acquiescé prudemment; d'autres ont acquiescé en précisant que L_1 est tout simplement analytique et donc inapte à jouer le rôle explicatif que je lui attribue; d'autres encore marquent leur désaccord en mettant en avant le cas de l'*akrasia*. J'examinerai d'abord cette dernière objection.

Telle que je la comprends, cette objection consiste à dire que, de toute évidence, il pourrait y avoir des cas, et qu'il y a en a probablement, où les conditions (1) à (6) sont vraies d'un individu X sans pour autant qu'il fasse A. La seule façon de sauvegarder L_1 serait donc de compléter l'antécédent par la condition «X est intégralement rationnel». Mais alors L_1 serait simplement analytique, ce qui l'expose à la première objection.

L'objection que l'antécédent de L_1 peut être vrai de X sans que s'ensuive l'action pertinente n'est que la partie visible d'un immense iceberg. Cependant, dans ce contexte-ci, nous pouvons nous en tenir aux remarques suivantes. Je réponds, pour commencer, que cette objection, dans la mesure où elle fait appel au cas de l'*akrasia*, repose apparemment sur un *malentendu*. Il me paraît beaucoup plus plausible de localiser les phénomènes qu'on souhaite désigner par le terme «*akrasia*», non pas dans l'enchevêtrement causal auquel L_1 se rapporte, mais dans les processus (causaux) antérieurs de la délibération qui ont pour *résultat* la satisfaction des conditions (3) et/ou (4). Autrement dit, à supposer que le cas de l'«*akrasia*» ait une application intéressante, il est plus probable qu'il s'agisse de la description d'une incapacité à *arriver* à des conclusions pratiques inconditionnelles plutôt que de la description d'une forme étrange et particulière d'«incapacité» (ou autre chose) d'*agir* une fois que l'on est arrivé à de telles conclusions. Si c'est le cas, l'*akrasia* ne compromet pas L_1.

Je réponds, en deuxième lieu, qu'il faut respecter la différence entre, d'une part, défendre (la vérité) d'une esquisse de loi présomptive apparemment présupposée par notre pratique explicative, et, d'autre part, défendre la thèse qu'une esquisse de loi particulière présomptive *est* présupposée *à titre* d'esquisse de loi vraie par notre pratique explicative. C'est cette dernière thèse que je soutiens. Il se peut que L_1 se révèle fausse à la lumière d'une analyse empirique complète. Supposons que ce soit le cas pour une raison que nous aimerions qualifier d'«*akrasia*». Cela n'ébranlerait notre thèse que si on pouvait être certain que la sagesse collective de l'humanité est assez grande pour empêcher une proposition fausse de devenir le fondement de notre pratique explicative. Cette remarque serait déplacée s'il était évident que L_1 est fausse, mais je pense que c'est loin d'être le cas. A partir du moment où l'on prend au sérieux les conditions (1) à (6), il paraît difficile même d'imaginer un seul contre-exemple à L_1 : les conditions (4) et (6) notamment neutralisent des quantités considérables de supposés contre-exemples. Il me paraît difficile même d'imaginer un cas où L_1 ne s'appliquerait pas à un individu et où on continuerait néanmoins à lui attribuer des désirs et des préférences. Mon imagination est peut-être limitée par un excès de conservatisme conceptuel. Admettons-le et supposons qu'on puisse effectivement imaginer des circonstances falsifiant L_1. Cela n'entraînerait pas pour autant qu'il soit (*empiriquement*) possible que de telles circonstances se produisent. Qui plus est, même s'il était (empiriquement) possible que de telles circonstances se produisent ou bien même si de telles circonstances se produisaient effectivement, cela n'entraînerait pas déjà que L_1 ne soit pas présupposée *à titre* d'esquisse de loi vraie par notre pratique explicative ordinaire.

Je réponds, en troisième lieu, que les deux remarques précédentes touchent en fait à des points auxiliaires et que, même si l'homme de la rue était d'une certaine manière conscient de ce que sa compréhension du «fonctionnement» des personnes comporte une lacune «akrasique» (distincte de la lacune représentée par la condition de la capacité), cela ne nous empêcherait point d'expliquer le mécanisme de sa pratique explicative ordinaire à partir de la supposition qu'il utilise implicitement L_1. Il suffirait de compléter l'antécédent de L_1 par la condition tout à fait générale : «sauf intervention de facteurs contraires». L_1 serait moins précise que dans sa formulation initiale, mais cela ne poserait pas problème : s'il se faisait qu'une *akrasia* d'un genre préjudiciable à L_1 fasse partie de (ou plutôt : soit une lacune dans) la façon dont l'homme de la rue comprend le «fonctionnement» des personnes, il suffirait de faire une ajoute mineure à L_1 pour inclure ce facteur dans la description de cette compréhension [14].

L'objection que L_1 est tout simplement analytique (et donc inadéquate, etc.) paraît sérieuse au premier abord, vu la difficulté, que nous avons nous-même mise en évidence, d'imaginer un contre-exemple. La force de cette objection n'est cependant qu'apparente et le fait qu'on soit tenté de la formuler à l'égard de notre position peut même être interprété comme une confirmation. En effet, nous affirmons que L_1 est un principe théorique nomologique profondément ancré dans notre compréhension du comportement humain et d'états comme désirer, croire et préférer, qu'il s'agit d'un principe fondamental de la structure conceptuelle au moyen de laquelle nous nous concevons nous-mêmes. Il est difficile et peut-être même impossible de refuser L_1 sans casser la machinerie conceptuelle qui permet cette compréhension ou, mieux encore, qui la *constitue*. Cela ne signifie pas que L_1 soit «analytique», en un sens incompatible avec son statut nomologique. On ne peut pas refuser le principe de la conservation de la masse-énergie sans provoquer des dégâts analogues à l'intérieur de la structure conceptuelle de la théorie physique contemporaine, et là aussi on aurait de la peine à trouver un contre-exemple incontestable à ce principe. Les différences pertinentes entre ces deux cas, s'il y en a, ne sont que de degré.

Il faut bien se rendre compte qu'en attribuant un statut nomologique à L_1, on ne la met pas sur le même pied que, par exemple, «Le cuivre se dilate s'il est chauffé» : le statut nomologique ne requiert pas que l'énoncé universel puisse être falsifiable indépendamment de l'ensemble du réseau de principes dont il est, le cas échéant, une partie intégrante (même l'exemple qu'on vient de citer est, de nos jours, profondément ancré dans la théorie atomique). Il est vrai que le rejet de L_1 entraînerait des modifications conceptuelles considérables, mais il est vrai aussi que le changement conceptuel est essentiellement lié à l'évolution des théories, et le statut que nous attribuons à L_1 est bien celui d'un principe nomologique *théorique*. Cette affirmation peut paraître bizarre, mais les considérations qui vont suivre prouveront qu'elle est inoffensive.

La conception des explications d'actions qui nous défendons n'est qu'un des aspects d'une position plus générale, selon laquelle la structure conceptuelle du sens commun à l'aide de laquelle nous nous concevons nous-mêmes en tant que personnes, possède tous les traits structuraux et logiques pertinents qui appartiennent aux structures conceptuelles moins générales que sont les théories scientifiques (la théorie atomique, par exemple). Cela fait peut-être penser à John Stuart Mill et au rien moins que vénérable argument par analogie, mais cette similitude n'est qu'apparente. La position moderne considère, d'une part, que les prédicats psychologiques sont (partiellement) définis de façon implicite par l'ensemble des principes nomologiques dans lesquels ils figurent, et, d'autre part, que cette «théorie de l'être humain comme personne» se trouve justifiée, non pas par la constatation, au moyen de l'introspection, de sa vérité dans mon propre cas et sur l'observation que le comportement d'autrui est analogue au mien, mais par le fait qu'elle permet de formuler des explications satisfaisantes des phénomènes en question, à savoir le comportement humain en général [15]. Un exposé complet de la structure conceptuelle au moyen de laquelle nous comprenons la personne — la structure formée par tous les prédicats psychologiques — comporterait donc un nombre considérable de principes (de «vérités conceptuelles») dont le statut est *nomologique* et non pas «simplement analytique». Cette thèse n'a assurément rien de bizarre. Le statut nomologique d'un principe comme L_1 dépend du *type* de fonction qu'il remplit dans nos jugements (explicatifs ou autres) concernant des données empiriques. La question de savoir si cette fonction se manifeste explicitement au cours de nos raisonnements conscients ou bien si elle reste implicite, est un tout autre problème.

Ces difficultés ayant été résolues, du moins provisoirement, nous pouvons à présent examiner quelques-uns des avantages procurés par notre conception des explications d'actions. Son avantage principal est de rendre compte de nos explications ordinaires des actions humaines, et même de notre *pouvoir* explicatif en ce domaine. En effet, s'il est vrai que L_1 a, chez les locuteurs ordinaires, le statut psychologique d'une règle d'inférence, et que, d'un point de vue logique ou épistémologique, elle joue le rôle conceptuel d'un principe nomologique, le fait que nous acceptions ou refusions des énoncés explicatifs de la forme «X a fait A parce qu'il désirait ø» suivant que nous croyons les conditions (1) à (6) satisfaites ou non, est parfaitement compréhensible : on accepte ou non de tels énoncés selon que l'inférence *D-N* particulière dont ils sont des esquisses est valide ou non.

De ce point de vue, on comprend également pourquoi les conditions (5) et (6) sont apparues comme des conditions d'*adéquation* des explications d'actions. On peut contester une explication d'action particulière $E(ø_1)$, en disant que l'une des conditions (1) à (4) qui se réfèrent au désir ou à la fin $ø_1$ n'est pas satisfaite, sans exclure pour autant qu'une autre explication d'action $E(ø_2)$ soit correcte. Cependant, les conditions (5) et (6) ne se rapportent pas au désir ou à la fin évoqués par (1) à (4), et en les contestant on nie qu'il y ait une explication d'action correcte $E(ø_i)$, puisque (5) et (6) sont des *constantes* de toute explication d'action $E(ø_i)$. C'est certainement là la raison principale pour laquelle ces conditions ne sont jamais mentionnées dans les explications d'actions, et nous allons voir que c'est aussi la raison pour laquelle elles doivent être satisfaites pour que l'on puisse dire que X a fait A, au sens plein de cette expression (ou, plus précisément, de ses applications particulières). Mais il n'est pas nécessaire que ces conditions soient satisfaites pour que cette expression soit vraie dans son acception plus faible; souvenons-nous des exemples par lesquels nous avons illustré (5) et (6).

Jusqu'à présent, nous avons évité certaines complications en nous limitant à des cas «normaux» d'explications d'actions. Mais L_1 n'est pas le seul principe à jouer un rôle explicatif dans ce domaine. Les conditionnelles suivantes, L_2 et L_3, correspondent à des cas légèrement divergents.

L_2 : (X) (A) (S'il est vrai à la fois que

[1'] X désire faire A ;

[4'] X n'a pas d'autre désir (ou ensemble de désirs) qui, dans les circonstances données, prend le pas sur son désir de faire A ;

[5] et [6],

alors [7] X fait A).

On peut considérer L_2 comme une forme bâtarde de L_1, s'appliquant au cas où «ø» correspond à «que X fasse A»; les conditions (2) et (3), devenues triviales, tombent. D'autre part, dans les cas où l'énoncé explicatif prend la forme «X a *essayé* de faire A parce qu'il désirait ø», ce sont, me semble-t-il, (1) à (4) qui en sont les conditions nécessaires et apparemment aussi suffisantes. L_1 possède donc une autre variante :

L_3 : (X) (ø) (S'il est vrai à la fois que [1] &[2] & [3] & [4],

alors [7'] X essaie de faire A).

Toutes ces conditionnelles partagent un trait fort intéressant : il y a un raisonnement *pratique* qui mène des désirs, croyances et préférences attribués à l'agent dans l'antécédent, à une conclusion en faveur de l'accomplissement ou de la mise en œuvre de l'action en question. Je pense que dans le cas de L_1, ce raisonnement pratique prend approximativement la forme suivante.

a) Je désire ø.

b) Faire A me permet de produire ø dans ces circonstances-ci.

c) Je ne dispose pas pour le moment d'un autre moyen pour produire ø et qui me paraît au moins aussi valable que de faire A.

d) Je n'ai pas de raison suffisante de ne pas agir en vue de produire ø dans ces circonstances-ci.

C'est pourquoi : (e) Je vais faire A !

Comme on le voit, l'antécédent décrit l'agent de telle manière que l'action évoquée par le conséquent apparaît, du point de vue (peut-être étroit et confus) de l'agent, comme la seule action rationnelle dans les circonstances données. Il n'est donc pas surprenant que dans les explications d'actions, l'action-explanandum puisse être décrite comme rationnelle ou appropriée à la lumière des désirs, croyances etc., attribués à l'agent par l'explanans. La présence, dans les explications d'actions, de ce type de relation entre explanandum et explanans, à savoir la relation «rationnel-à-la-lumière-de», a déjà été relevée par d'autres, et notamment par ceux pour qui elle est la seule relation *explicative* impliquée dans ces explications. Nous verrons bientôt à quel point cette thèse est erronée.

On peut dégager des considérations précédentes un critère fort plausible permettant d'identifier ce que nous pouvons désigner de façon intuitive par l'expression «actions au sens plein». Selon une intuition commune, que la plupart de nous ont appris à réprimer, est une action ce qui a été causé par une intention, par un processus de délibération mené à bien, ou par quelque chose de ce genre. Le problème qui se pose immédiatement est qu'on peut facilement citer des tas de choses causées ou pouvant être causées de cette façon et n'étant pas des actions. On peut essayer de sauvegarder cette intuition en la modifiant comme suit : est une action ce qui a été causé de la bonne *façon* par un événement interne du genre de ceux que nous venons de mentionner. Cependant, il y a peu de chances qu'on arrive à préciser en quoi consiste la bonne relation causale. Mais une fois qu'on accepte de changer le mode de présentation des choses, le critère suivant se propose de lui-même. La constatation qu'une description d'événements de la forme générale «X a fait A» est la description d'une action au sens plein, signifie que l'événement ainsi décrit *appelle un certain type d'explications*, à savoir des explications en termes de L_1 ou de L_2 ou de L_3 *seuls* (ainsi que de leurs conditions particulières)[16]. (J'estime que ce critère est tout à fait acceptable, mais puisque L_1 peut avoir d'autres variantes que L_2 et L_3, le critère général suivant est peut-être plus précis. Une description d'événements de la forme générale «X a fait A» est la description d'une action au sens plein si et seulement si il existe un explanans qui entraîne logiquement l'énoncé «X a fait A» et dont il est vrai à la fois :

a) qu'un raisonnement pratique valide mène des désirs, croyances, préférences etc. attribuées à X par l'explanans, à une conclusion en faveur de l'accomplissement de A ;

b) que l'explanans ne contient qu'une seule loi [ou esquisse de loi] faisant partie de la structure théorique du sens commun et comportant la relation «raisonnable-à-la-lumière-de»[17] entre les désirs, préférences etc. évoqués dans son antécédent et l'action mentionnée dans son conséquent ;

c) que l'explanans satisfait toutes les conditions standards définissant l'adéquation d'une explication *D-N*).

Ce critère, tout en conservant l'esprit de son prédécesseur, qui nous avait frappé par sa clarté, est protégé des objections classiques.

Ce qui nous confirme dans cette conception générale est qu'elle permet de rendre compte d'une curieuse et double opacité référentielle dans l'explanandum de l'explication d'action. Comme nous l'avons noté plus haut, un explanans approprié à l'explanandum «X a amené l'eau à ébullition» (par exemple, l'explanans représenté par L_1 et par les conditions obtenues en complétant [1] à [6] par «X veut une tasse de café» et «amener l'eau à ébullition») n'explique *pas* cet événement décrit comme «X a fait monter la pression de la vapeur d'eau jusqu'à P_a». Cela est dû en partie à la simple opacité *D-N*, c'est-à-dire au fait que l'événement décrit de cette façon n'est pas une conséquence logique de l'explanans

(E) mentionné. Mais cette opacité a des racines plus profondes. Construisons un second explanans, E', en prenant E et en y ajoutant l'énoncé d'identité : «amener de l'eau à ébullition, c'est faire monter la pression de la vapeur d'eau jusqu'à P_a». On devrait obtenir alors une explication appropriée de ce que X a fait monter la pression de la vapeur jusqu'à P_a, puisque l'événement décrit de cette dernière façon *est* une conséquence logique de E', qui satisfait par ailleurs les conditions standards définissant l'adéquation d'une explication *D-N*. Mais on a l'impression que ce n'est pas le cas : on refuse d'admettre qu'on a affaire à une authentique explication d'action, bien qu'on soit disposé à admettre que E' explique d'une certaine manière que X a fait monter la pression de la vapeur jusqu'à P_a. Notre embarras tient certainement au fait suivant. Lorsqu'on remplace l'explanandum de départ «X a amené l'eau à ébullition» par «X a fait monter la pression de la vapeur jusqu'à P_a», et qu'on ajoute l'énoncé d'identité à l'explanans de E, on préserve effectivement une relation explicative *D-N*[18], et c'est pourquoi on est en présence d'une explication de ce que X a augmenté la pression de la vapeur jusqu'à P_a, dans le sens faible de «X a augmenté la pression de la vapeur jusqu'à P_a». Mais la relation «raisonnable-à-la-lumière-de» entre explanandum et explanans n'est *pas* préservée[19] et c'est pourquoi on refuse de considérer cette inférence *D-N* (correcte) comme une *explication d'action* authentique, comme l'explication d'une action au sens plein.

Jusqu'à présent, nous n'avons pris en considération que des désirs, mais les explications d'actions ne se réfèrent pas toujours explicitement à ces derniers. Au lieu de dire «X a fait A parce qu'il désirait ø», on peut dire par exemple «X a fait A avec l'*intention* de produire ø». J'aimerais établir que la force explicative de ces deux énoncés est identique et même qu'ils sont matériellement équivalents[20]. Cependant, il est évident que désirer n'est pas la même chose qu'avoir l'intention de, et on peut se poser la question de savoir si les énoncés explicatifs de ce dernier type peuvent s'insérer, et de quelle façon, dans le schéma esquissé. Apparemment, cela peut se faire comme suit. Premièrement, il est clair, c'est du moins ce qu'il me semble, que l'énoncé explicatif «X a fait A avec l'intention de produire ø» n'est vrai que si les trois conditions suivantes sont satisfaites :

(i) X avait l'intention de produire ø en faisant A et cette intention ne dépendait pas de facteurs que X croyait non satisfaits ;

(5) X savait comment faire A ;

(6) X était capable de faire A.

Deuxièmement, l'équivalence matérielle suivante est valide :

$(X)\ (\emptyset)\ (A)\ ([1]\ \&\ [2]\ \&\ [3]\ \&\ [4]$ si et seulement si
[i] X a l'intention de produire ∅ en faisant A, et cette intention ne dépend pas de facteurs que X ne croit pas satisfaits)[21].

Dire qu'au moment t la condition (i) s'appliquait à X revient à dire qu'au moment t le raisonnement pratique de X a *abouti à la conclusion* de produire ∅ au moyen de A. Or, cela revient à dire qu'au moment t les conditions (1) à (4) s'appliquent à X. La condition (i) et la conjonction des conditions (1) à (4) attribuent donc exactement le même «état de conclusion» à X. C'est pourquoi il semble légitime de conclure que le statut explicatif de «X a fait A avec l'intention de produire ∅» ne diffère en rien de «X a fait A parce qu'il désirait ∅». Les conditions qui doivent être satisfaites pour que ces énoncés soient vrais sont les mêmes : il s'agit des conditions (1) à (6)[22]. De plus, des énoncés comme «X a fait A en se donnant comme *fin* (pour but) de produire ∅» semblent également faire partie du même modèle explicatif, sinon de façon générale, du moins lorsque X est une personne et que A est une action.

Notre conception des explications d'actions comme cas particuliers du modèle d'explication *D-N* nous a permis de donner une représentation parfaitement intelligible des faits. Ce modèle n'est pas imposé aux explications d'actions : elles l'appellent. Cependant, il est possible qu'on n'arrive pas à se défaire d'un doute, nourri peut-être principalement par le fait que la relation «rationnel-à-la-lumière-de» joue un rôle central même dans l'approche *D-N* des explications d'actions. Je tenterai de montrer, au moyen d'un examen critique de la théorie de l'«explication rationnelle» de William Dray[23], que ce doute n'est pas fondé.

Selon Dray, expliquer une action consiste à caractériser les désirs, croyances etc. de l'agent de façon à ce que l'action apparaisse comme ayant été, du point de vue de l'agent et au moment d'agir, une chose rationnelle à faire :

> L'historien arrive à la compréhension lorsqu'il voit que l'action d'une personne, vu ses croyances et ses fins, était rationnelle; elle peut alors être expliquée comme ayant été 'appropriée' (p. 108)... [L'explication de l'action] veut montrer que l'action du sujet, de son point de vue, était parfaitement raisonnable (p. 109).

En outre, Dray prétend que la déductibilité de l'explanandum à partir de lois empiriques et de prémisses concernant les désirs et croyances de l'agent n'est ni une condition nécessaire ni une condition suffisante de l'explication de l'action. Il ne s'agirait pas d'une condition nécessaire parce que le but de ces explications est celui qui vient d'être décrit, et non pas la subsomption déductive sous une loi (il faut préciser cependant que ces deux buts ne sont certainement pas mutuellement exclusifs); et il ne s'agirait pas d'une condition suffisante parce la déductibilité de l'explanandum à partir d'un tel explanans ne garantirait pas que l'action en question apparaisse, du point de vue de l'agent, comme appropriée ou rationnelle[24]. Pour Dray, (5), (6), et L_1 ne feraient donc pas partie de l'explanans de «X a fait A», les conditions (1) à (4) étant suffisantes pour expliquer pourquoi X a fait A.

Carl G. Hempel a soulevé une objection fort intéressante à l'encontre de la conception de Dray[25]. Il attaque cette position de front en disant que, puisque l'explanans tel qu'interprété par Dray ne fournit pas les conditions suffisantes pour que l'événement-explanandum se produise (et pour qu'on puisse inférer que cet événement se produise), cet explanans, pour des raisons purement logiques, ne saurait expliquer pourquoi c'est justement cet événement-explanandum qui s'est produit et pas un autre.

Même si on peut comprendre l'inflexibilité de Hempel, il faut rendre justice à Dray et noter que Hempel présuppose ce qu'il entend démontrer. En effet, Dray accorderait, en y insistant même, qu'il *existe* effectivement un sens important suivant lequel un explanans tel qu'il le conçoit ne permet pas d'expliquer l'action d'une personne. Mais il soulignerait aussi qu'il y a un autre sens, non moins important, suivant lequel il l'explique, à savoir celui qui nous permet de donner ce que Dray appelle une «explication rationnelle» de l'action.

On peut avoir l'impression, vu ce qui précède, que la discussion entre Dray et les partisans d'une explication causale de l'action en est à un point mort. Pour s'apercevoir que ce n'est pas le cas, il suffit de se rendre compte que la conjonction des conditions (1) à (4) n'a de pouvoir explicatif que si et seulement si les conditions (5) et (6) sont *également* vraies de X. Rappelons-nous les exemples par lesquels nous avons illustré (5) et (6). Dans ces cas, c'est-à-dire dans des cas où les conditions (5) ou (6) n'étaient *pas satisfaites*, l'agent avait, en un certain sens, fait A, et les conditions (1) à (4) *étaient satisfaites*, mais la conjonction des conditions (1) à (4) n'expliquait pas, *sous quelque rapport que ce soit*, pourquoi X avait fait A. Bref, de tels cas semblent fournir un ensemble indéfiniment vaste de contre-exemples à la position de Dray. Ils lui posent un sérieux problème en ce qui concerne les conditions qui doivent être satisfaites pour qu'une explication d'action soit correcte. Même si Dray affirmait que l'explanans tel qu'il le définit n'est explicativement adéquat à un événement-explanandum que si ce dernier est une action au sens plein (les conditions [5] et [6] n'étant que des conditions nécessaires de cela), le problème continuerait à se poser. En effet, la thèse selon laquelle il existe un type de relation explicative indépendant auquel appartiendraient les explications d'actions, est et reste sans fondement : ce n'est que lorsqu'on pense déjà que la relation explicative *D-N* est présente qu'on est prêt à accorder quelque plausibilité à la relation explicative avancée par Dray. L'ensemble des faits dont la conception de Dray rend compte peuvent tout aussi bien être expliqués au moyen de L_1 (ou d'une de ses variantes) — ce qui n'est d'ailleurs guère étonnant, puisqu'il s'agit essentiellement de la même explication — et il n'est donc pas nécessaire de multiplier les types d'explications faisant partie de notre outillage conceptuel. Ces remarques acquièrent un poids supplémentaire quand on considère la question de savoir comment il se fait que nous pouvons légitimement poser des conditionnelles irréelles à propos de ce qu'une personne ferait ou aurait fait si elle désirait (croyait ou préférait) ou avait désiré (avait cru ou avait préféré) ceci ou cela. Apparemment, dans la conception de Dray, seules des conditionnelles irréelles du genre «Si *X* avait désiré ø, etc., il aurait été *rationnel* pour lui de faire *A*» sont légitimes. La thèse selon laquelle notre représentation de la connexion entre désirs et actions n'est pas celle d'une connexion nomologique, est donc infirmée non seulement par notre pratique explicative, mais également parce que nous posons couramment des conditionnelles irréelles du genre que nous venons de mentionner et dans lesquelles le rôle joué par L_1 est frappant.

Si l'explication que donne Dray de la nature logique des explications d'actions possède un certain degré de vraisemblance, c'est avant tout parce que la relation «rationnel-à-la-lumière-de» qui doit tenir entre l'explanandum et l'explanans paraît unique parmi les types de couples explanans/explanandum. Le fait que cette relation *logique* extra-nomologique est exemplifiée par les explications d'actions est effectivement significatif, mais pas dans le sens de Dray. L'exemple suivant montre que de telles relations logiques extra-nomologiques entre des couples explanans/explanandum ne sont pas uniques et ne sont pas des relations explicatives.

Imaginons qu'en des temps reculés, des calculatrices mécaniques simples comme on en utilise dans les bureaux, soient apparues de façon naturelle, poussant sur le sol comme des pastèques. Supposons que la complexité biologique de leur mécanisme interne ait été trop grande pour pouvoir être aisément comprise et que les gens de cette époque utilisaient la loi suivante pour expliquer le comportement de ces machines biologiques :

L_m : (*M*) (*x*) (*y*) (*z*) (S'il est vrai à la fois que

[1] *M* se trouve dans l'état [*x,y*];

[2] M est actionnée ;

[3] M est capable de calculer z [= f (x, y)],

alors [4] M calcule z.

M représente ces machines biologiques. Admettons que x, y et z représentent des nombres entiers et que $f(x, y)$ corresponde à x plus y. En l'absence de facteurs contraires, M peut être *mise dans l'état* (x, y) au moyen des opérations suivantes : enfoncer la touche sur laquelle figure x — tirer la manette — enfoncer la touche sur laquelle figure y — tirer la manette. M est *actionnée* en tirant la manette deux fois de suite. «M calcule z» entraîne «M imprime z», mais l'inverse n'est pas vrai, car on dit que M *calcule* z, au sens plein de cette expression, si et seulement si l'événement ainsi décrit peut être correctement expliqué par L_m et par les énoncés obtenus en faisant les substitutions adéquates dans (1) à (3). Enfin, un calcul particulier ayant eu pour résultat z est *calculable à la lumière de l'état (x, y)* si et seulement si z est égal à x plus y.

Supposons que ces «machines», pour des raisons religieuses, aient été les compagnes permanentes de nos hommes préhistoriques, qu'un élément essentiel de la manière dont ils se les représentaient ait été qu'il s'agissait de modèles de la loi L_m, et que L_m ait été à tel point ancrée dans leur pensée qu'elle ne figurait pas explicitement (en tant que *prémisse*) dans leurs raisonnements, même pas dans leurs raisonnements privés. Leurs «explications du calcul» communes ne faisaient donc pas appel à L_m («Pourquoi a-t-elle calculé le 9 ?» - «Parce qu'elle se trouvait dans l'état [1, 8] quand on l'a actionnée»). Imaginons qu'un philosophe appartenant à cette société ait cherché à développer une théorie à propos de la structure logique de ces «explications du calcul». Il aurait noté que pour qu'une «explication du calcul» de z soit correcte, il faut que z soit calculable à la lumière de l'état (x, y) mentionné dans l'explication. De plus, il aurait décidé que les conditions (2) et (3) ne sont que des conditions nécessaires pour que la description «M a calculé z», au sens plein de cette expression, soit appropriée, et il aurait conclu qu'expliquer le calcul de z revient à identifier un état (x, y) dans lequel se trouvait la machine et à la lumière duquel le calcul de z est calculable. Il aurait alors donné à cette explication le titre d'«explication par la calculabilité» et se serait répandu sur son caractère unique et sur son indépendance vis-à-vis des simples lois empiriques. Ce philosophe aurait été dans l'erreur, et je ne peux pas m'empêcher de penser que Dray se trouve dans une situation analogue.

Pour conclure cet exposé sur la nature logique des explications d'actions, je voudrais mettre en évidence un aspect fort pertinent de l'analogie de la calculatrice. Le point important en ce qui concerne la loi L_m est qu'elle présuppose une théorie *logique* particulière, à savoir la théorie des nombres et de leurs relations arithmétiques. Certains états des calculatrices sont *identifiés* par référence aux entités logiques que sont les nombres. C'est pourquoi on n'est guère surpris par le fait que certaines lois décrivant les opérations de ces machines biologiques comprennent ou reflètent certaines relations logiques extra-nomologiques comme «calculable-à-la-lumière-de».

De façon analogue, L_1, L_2, L_3 et toute une série d'autres esquisses de loi s'appliquant à des personnes, présupposent une théorie logique concernant les propositions et les relations logiques entre elles. Les désirs, les croyances et toute une variété d'états et d'événements psychologiques sont identifiés par référence à des propositions spécifiques (d'où l'opacité référentielle de tels contextes). C'est pourquoi l'on ne devrait pas être surpris de voir que certaines lois qui décrivent nos «opérations» comportent ou reflètent certaines relations logiques extra-nomologiques, comme la relation «rationnel-à-la-lumière-de». En effet, en quoi d'autre résiderait notre statut d'«agents rationnels»?

NOTES

[1] J'adresse toute ma reconnaissance à Mlle Patricia Smith. La plupart des points de cet article ont été élaborés lors de nos conversations durant l'été 1968.

[2] *The Explanation of Behavior*, Londres, 1964.

[3] «Explanation in History», in Patrick GARDINER (éd.), *Theories of History*, Glencoe, Ill., 1959.

[4] *Free Action*, Londres, 1961.

[5] Voir notamment «The Historical Explanation of Action Reconsidered», in Sidney HOOK (éd.), *Philosophy and History*, New York, 1963.

[6] «Actions, raisons d'agir et causes» [voir *supra*, pp. 61-78].

[7] «ø» peut être remplacé par tout ce qui convient. Par la suite cependant, je l'utiliserai comme représentant permanent de l'expression tout à fait générale «que P (soit le cas)». D'une façon (indirecte) ou d'une autre, les désirs et les croyances sont tous identifiés par référence à un énoncé spécifique.

[8] Cette notion sera expliquée ci-dessous.

[9] J'ai choisi un autre exemple (que celui du mouvement du doigt) pour des raisons de simplicité uniquement. Il aurait été souhaitable, à première vue, de garder le même exemple pour les six conditions. Cependant, ce n'est que dans des cas tout à fait inhabituels et compliqués que quelqu'un est capable de bouger le doigt mais ne sait pas comment le faire tout en le faisant de façon accidentelle. L'introduction d'un exemple plus facile à traiter se justifie donc pour des raisons d'économie de temps et d'espace.

[10] Il serait peut-être plus simple de ne pas introduire (5) comme condition distincte. Dans le sens le plus fort de «être capable», la condition (6) inclut (5), à côté d'autres conditions évidentes concernant la présence d'une opportunité et l'absence d'obstacles. On peut éplucher des «couches» de capacités. La condition (5) est cependant plus spécifique que ces deux autres «couches» et c'est pourquoi je la prends comme condition distincte. La condition (6) doit en conséquence être comprise dans un sens plus faible.

[11] Pour une analyse claire de l'opacité référentielle des explications, on peut consulter Israel SCHEFFLER, *The Anatomy of Inquiry*, New York, 1963.

[12] Le sens de la notion de capacité que j'ai en vue ici est le sens «tout compris», c'est-à-dire la capacité dans un ensemble donné de circonstances. Je précise qu'en attribuant à L_1 un statut nomologique, je m'oppose de front à la thèse d'Austin qu'«il appartient à la nature d'une capacité humaine... qu'elle est susceptible de ne pas donner lieu, de temps à autre, à un résultat, et cela *sans qu'il y ait une raison*» (c'est moi qui mets en italiques). Voir «Ifs and Cans», dans J.L. AUSTIN, *Philosophical Papers, Second Edition*, Oxford, 1970, p. 218, note 1.

[13] L'état actuel des sciences naturelles permet de formuler des versions beaucoup plus élégantes et complètes de (a) et de (b); mais pour construire des esquisses d'explications des types de phénomènes en question, on n'a pas attendu d'avoir atteint notre degré actuel de sophistication.

[14] Pour un partisan du libre-arbitre, l'*akrasia* n'est pas une lacune dans notre compréhension de la fonction états mentaux / comportement, mais une lacune dans cette *fonction* elle-même, qui *par principe* ne peut pas être complétée. Cette thèse est non seulement difficile à justifier, mais, à supposer même qu'elle soit vraie, elle n'entraînerait pas l'indéterminisme recherché. Elle entraînerait seulement que la structure conceptuelle au moyen de laquelle nous comprenons actuellement le «fonctionnement» des humains est radicalement non appropriée aux phénomènes (est un échec du point de vue explicatif) et devrait être remplacée par une structure explicative plus performante.

[15] Voir Wilfrid SELLARS, «Empiricism and the Philosophy of Mind», in *Science, Perception, and Reality*, Londres, 1963, ainsi que C. CHIHARA et J.A. FODOR, «Operationalism and Ordinary Language : a Critique of Wittgenstein», *American Philosophical Quarterly* 2, 1965.

[16] La raison d'être de ce «seul» est d'exclure des voies détournées vers l'explanandum, et cela afin de garantir la relation «raisonnable-à-la-lumière-de» entre l'explanandum et l'explanans.

[17] Etant donné qu'on ne dispose pas d'une théorie générale du raisonnement pratique, je dois me contenter de notre compréhension intuitive de cette relation.

[18] Normalement, le fait d'ajouter un énoncé d'identité contingent aux prémisses d'une inférence *D-N* afin de tenir compte de la substitution correspondante dans la conclusion, ne préserve pas le pouvoir explicatif. Mais dans ce cas-ci, l'énoncé d'identité pertinent est un universel non-contingent.

[19] Afin de la préserver, on devrait ajouter notamment : «*X* croyait qu'amener l'eau à ébullition, c'était faire monter la pression de la vapeur d'eau jusqu'à P_a».

[20] Parfois on conteste la première chose et on affirme la seconde pour des raisons d'ordre social. Ainsi dans le cas d'un gérant de banque qui ouvre la chambre forte à un gangster armé dans l'intention de lui donner accès à l'argent. L'a-t-il ouverte parce qu'il voulait lui donner accès à l'argent? En un sens non, et en un autre sens oui. Son désir de lui donner accès à l'argent découle certes de son désir de rester en vie et de ses croyances concernant les circonstances, mais il ne s'agit pas moins d'un désir. La raison pour laquelle on nie qu'il l'ait fait parce qu'il désirait donner au gangster accès à l'argent est qu'on veut indiquer que ledit désir était dérivé, non caractéristique et en conflit avec d'autres désirs puissants.

[21] Une équivalence parallèle vaut, soit dit en passant, dans le cas des intentions simples ou non «dirigées vers une fin».
(X) (A) ([1'] et [4'] si et seulement si
[i'] X a l'intention de faire A, et que cette intention ne dépend pas de facteurs dont X croit qu'ils ne sont pas satisfaits).
(Voir L_2 pour les conditions [1'] et [4']).

[22] Il est évidemment possible d'adopter une position moins controversée et d'affirmer simplement que la conditionnelle (X) (Si [i] & [5] & [6], alors [7]) est de nature nomologique, indépendamment des relations existant ou non entre (i) et la conjonction (1) à (4).

[23] Dans ce qui suit, je m'attacherai à la position qu'il a exposée et défendue récemment dans «The Historical Explanation of Action Reconsidered», *op. cit.*

[24] Cette dernière affirmation est correcte en ce sens que la subsomption déductive sous quelque loi n'est pas suffisante : la loi doit être telle que la relation «rationnel-à-la-lumière-de» requise tienne entre l'explanandum et l'explanans. La déductibilité à partir de L_1 et de (1) à (6), par exemple, serait une condition suffisante de l'explication, même selon les critères de Dray.

[25] «Reasons and Covering Laws in Historical Explanation», in Sidney HOOK (éd.), *Philosophy and History*, New York, 1963.

Problèmes de l'explication et de la compréhension de l'action*

Georg Henrik von WRIGHT

1. On explique une action en répondant à la question de savoir *pourquoi* elle a été accomplie (et de façon analogue pour les omissions). Ceci vaut pour toutes les explications d'actions. Pour des raisons qui apparaîtront bientôt, je me limiterai ici au type d'explication — que j'appellerai *«explication par compréhension»* (*verstehende Erklärung*) — où on explique ou comprend une action sur base de la supposition qu'elle est due à certaines raisons ou à certains motifs.

Je voudrais cependant mentionner brièvement deux autres types d'explications : les *«explications médicales»* et les *«explications sociologiques»*. Les premières attribuent l'acte ou l'omission à une maladie ou à une inhibition (c'est-à-dire une incapacité due à une déficience corporelle ou à un dérèglement des fonctions physiologiques). Les dernières ne se rapportent pas, en règle générale, à des actions ou omissions particulières, mais à des genres ou types d'actions que l'agent est en mesure d'accomplir ou non. Une explication de ce genre dit par exemple qu'une certaine personne — du fait de circonstances économiques, d'un manque

---

G.H. von Wright, «Probleme des Erklärens und Verstehens von Handlungen», *Conceptus* 19 (1985), pp. 3-19 (version légèrement abrégée). Avec l'aimable autorisation de l'auteur et de *Conceptus*.
* Conférence faite en novembre 1984 aux Universités de Graz, Innsbruck et Salzbourg.

de formation ou bien de son appartenance à une certaine classe sociale ou communauté religieuse — n'est pas en mesure d'accomplir une action d'un certain type, ou bien, au contraire, qu'elle est obligée de l'accomplir.

Les explications d'actions appartenant à ces deux types sont, en un sens, ce qu'on a tendance à appeler des explications «scientifiques». Elles sont souvent liées à une certaine «image» ou «théorie» de l'homme et de la société. Elles peuvent avoir pour but de guérir l'individu d'une maladie, de l'affranchir d'une déficience ou de critiquer des aspects discordants ou injustes de l'ordre existant des choses. On peut dire qu'elles ont en partie une fonction d'«émancipation».

Tel n'est pas le cas, par contre, des explications par compréhension. Leur rôle, dans la mesure où il ne se limite pas à la simple compréhension, est de préparer le terrain à l'évaluation. Afin de savoir si une action mérite blâme ou éloge, la connaissance des raisons (motifs, convictions) de l'agent peut s'avérer décisive. Pour pouvoir *évaluer* une action, il faut d'abord la *comprendre*.

Une explication par compréhension, pour être recevable, doit satisfaire les trois conditions suivantes. En premier lieu, on doit pouvoir s'accorder sur ce que l'agent a fait. En deuxième lieu, on doit déterminer quelles ont été les *raisons* de l'agent pour accomplir cette action. Enfin, on doit déterminer quelles ont été, parmi les raisons en présence, celles pour lesquelles il a *effectivement* agi. Aucune de ces conditions ne va de soi. L'action, les raisons d'agir et la relation entre action et raisons d'agir forment un tout et il est impossible de tracer des distinctions conceptuelles nettes entre les éléments de ce tout. J'espère pouvoir montrer par la suite la signification de ce fait et les problèmes que cela entraîne.

2. Qu'est-ce qu'une raison d'agir? On peut dire que la raison d'agir d'une action (ou d'une omission) est ce à quoi l'action (ou l'omission) est une *réaction adéquate* (ou une «réponse» correcte). Illustrons cela par quelques exemples. Donner une réponse est la réaction adéquate à une question; rendre un service est la réponse adéquate à une demande; freiner est la réaction adéquate lorsque le feu de circulation passe au rouge; réaliser ce que l'on a promis est la réponse adéquate à une promesse donnée. Celui qui a fait une promesse possède une raison d'agir. C'est une autre question que de savoir s'il accomplira effectivement l'action pour laquelle il possède une raison; il a peut-être aussi des raisons de s'en abstenir; ou peut-être agira-t-il, mais *pas* pour tenir sa promesse.

Dans ces exemples, la raison d'agir est soit une chose qui interpelle l'agent pour ainsi dire de l'extérieur, soit une chose qu'il a lui-même accomplie et qui «exige» de lui certaines autres actions (par exemple celle de tenir sa promesse). Convenons d'appeler raisons *externes* des raisons de ce genre. J'appelerai raisons *internes* les raisons d'un second type, qui n'interpellent pas l'agent de l'extérieur mais jaillissent en quelque sorte de l'intérieur, par exemple lorsqu'on cherche à éviter une chose que l'on déteste ou lorsqu'on tente d'échapper à une menace ; dans ce cas, l'agent croit ou sait que son action est appropriée à la fin. On peut encore agir pour obtenir ce qu'on désire ou pour atteindre un but qu'on s'est fixé. Dans ce cas aussi, la croyance ou le savoir que l'action est appropriée constitue, avec la volonté d'atteindre le but, une raison d'agir.

Il est facile de voir que les raisons de ce deuxième type (interne) ont deux composantes. Appelons la première la composante *cognitive* et la seconde la composante *volitive*. Celle-ci correspond à l'intention ou à la volonté de réaliser une chose, tandis que la première correspond à la croyance (correcte ou non) qu'une certaine action est utile ou nécessaire pour réaliser la fin [...].

Dans le contexte de l'explication de l'action, on parle souvent de «*motifs*» ou de «*mobiles*». Ce dernier terme est fréquemment utilisé comme synonyme de «raison d'agir». On peut cependant noter certaines différences dans l'usage de ces termes et il est intéressant de s'interroger sur la différence entre la raison d'agir et le motif ou le mobile d'une action.

Lorsque j'obéis à un ordre donné par un supérieur, cet ordre est ma raison d'agir. Certains parleront peut-être de «motif» mais cela ne me paraît pas très naturel. Par contre, dans le cas où j'obéis parce que je crains de susciter la colère de mon supérieur, il n'est pas non naturel de dire que la crainte est le motif ou le mobile de mon action. Comment décrire de façon plus précise cette différence entre raison d'agir et motif ?

Dans notre exemple, on est en présence de deux raisons d'agir. L'une est externe : on m'a donné un ordre. L'autre est interne : je ne veux pas susciter la colère du supérieur et je sais qu'en conséquence il est prudent de lui obéir. On aura remarqué que la raison interne présuppose la raison externe, mais aussi que la raison externe serait peut-être restée inefficace sans la raison interne.

Le motif est lié à la raison interne sans qu'on puisse l'identifier à elle : le motif qui me fait agir est — nous l'avons dit — la crainte de susciter la colère de celui qui a donné l'ordre. Mais on ne peut pas identifier le motif à la seule composante volitive de la raison interne, c'est-à-dire à mon intention de ne pas susciter la colère du supérieur. On dira plutôt que le motif est la cause de cette composante de la raison d'agir. Si je ne craignais pas la colère de celui qui a donné l'ordre, je n'aurais pas la volonté de ne pas susciter sa colère, et je n'aurais pas de raison interne pour obéir à l'ordre.

La relation entre le motif et la composante volitive de la raison interne demande encore une autre précision. L'intention (le désir, la volonté) d'éviter la colère du supérieur, sont des *expressions* de ma crainte; ces éléments et d'autres réactions similaires la «constituent» en quelque sorte. Il serait faux de dire qu'ils sont «causalement dus» à la crainte. En disant que le motif «cause» l'orientation de la volonté, on utilise ce terme d'une façon qui peut être philosophiquement trompeuse. Le motif ne «meut» pas dans le même sens qu'on peut par exemple mettre en mouvement un corps par un choc.

La crainte et la colère, l'amour et la haine, l'affection et l'aversion et les autres soi-disant passions de l'âme, sont des mobiles ou motifs typiques de l'action. Ils se rapportent généralement à un objet — *une chose que* l'on craint, hait ou aime, *à laquelle* on aspire ou *que* l'on appréhende. Dans certaines circonstances (par exemple, lorsque l'objet est présent ou peut être atteint), ces motifs ou mobiles se manifestent par l'intention d'accomplir une action que l'agent estime appropriée ou utile. En d'autres mots, dans ces circonstances, l'agent a une raison interne pour accomplir une certaine action ou pour s'en abstenir.

Les passions en tant que telles n'ont pas de rapport conceptuel avec la rationalité ou le caractère raisonnable de l'homme. Parfois, on les dit «irrationnelles» (en fonction de leur objet ou de leur intensité), et souvent on les dit «aveugles». Il est vrai que la haine, tout comme l'amour, peut aveugler. Mais une passion «aveugle» peut fort bien être le mobile d'une action parfaitement rationnelle, à savoir lorsqu'elle se manifeste par la composante volitive d'une raison d'agir, dont la composante cognitive est une croyance bien-fondée dans le caractère approprié d'une action par rapport à l'objet de la passion (par exemple, lors d'un assassinat préparé avec intelligence et sang-froid).

Par la suite, je ne distinguerai plus nettement le mobile de la raison d'agir, mais je désignerai l'ensemble des raisons (externes et internes) et des motifs comme l'arrière-plan motivationnel d'une action.

3. Parfois une action n'a qu'une seule raison d'agir. Si elle a été accomplie, son explication n'est en général pas fort intéressante. Mais supposons qu'une action pour laquelle il y a de toute évidence une raison

d'agir, n'ait pas été accomplie. Ce cas est déjà plus intéressant : peut-être y a-t-il une *raison contraire* (une raison contraire à l'accomplissement d'une action est une raison pour son omission), et l'abstention ou l'omission s'explique par le fait que la raison contraire est plus forte (a plus de poids) que la raison.

L'arrière-plan motivationnel d'une action est *complexe* (ou composé) lorsqu'il comporte à la fois une raison d'agir et une raison contraire. La complexité de la motivation peut également venir de ce qu'il y ait *plusieurs* raisons pour et plusieurs raisons contre l'action, ou encore de ce que les raisons d'agir soient de *forces* différentes. Lorsqu'il a plusieurs raisons pour et plusieurs raisons contre une action, l'agent doit «peser» la «somme» des raisons et la «somme» des raisons contraires et essayer de former une «résultante de l'action».

La nature composée de l'action humaine est un fait bien connu des psychologues. Mais, pour autant que je sache, les philosophes — du moins ceux qui s'inscrivent dans la tradition analytique de la philosophie de l'action — n'ont généralement pas fait attention à cet aspect des choses dans les discussions sur le problème de l'explication de l'action. Cette partialité de l'approche doit être redressée. Beaucoup de choses apparaîtront alors sous un angle nouveau.

Considérons l'exemple suivant. Une personne a fait une promesse. De ce fait, elle a une raison externe d'exécuter une action particulière. En même temps, on lui offre une récompense si elle accomplit cette action. La perspective d'être récompensée lui est agréable; elle a donc également une raison interne de tenir sa promesse. Mais supposons que l'action en question soit contestable d'un point de vue moral, voire criminelle, ce que l'agent sait. De ce fait, il a une raison contraire (externe) pour s'en abstenir. Il doit à présent peser les raisons en faveur de l'action et celles en sa défaveur. Il a fait une promesse et on doit tenir ses promesses. On lui a promis une récompense et il aimerait bien être récompensé. Or, ce qu'il a promis de faire est répréhensible et il est possible dans ce cas que la promesse n'engage pas son auteur.

Supposons que la personne tienne sa promesse. Comment faut-il comprendre (ou expliquer) son comportement? S'agit-il d'un «moraliste intransigeant» qui estime qu'une promesse doit rigoureusement et toujours être tenue? Ou bien cette personne est-elle insensible aux aspects moraux et à tel point pervertie que la seule chose qui la détermine est la récompense offerte pour son action honteuse? Ou encore, toutes ces raisons interviennent-elles en partie dans la «force motrice» qui la fait agir? Comment résoudre ce problème?

On qualifie parfois les raisons fortes de «bonnes» et les raisons faibles de «mauvaises». Les termes «bon» et «mauvais» peuvent servir à *évaluer* les raisons d'agir d'un point de vue moral, mais nous négligerons cet aspect.

4. Les réactions aux ordres, aux questions, aux promesses, aux prescriptions et règles en tout genre peuvent être qualifiées de comportements *institutionnalisés*, puisqu'elles sont liées à la vie sociale. J'ai appelé «externes» les raisons de tels comportements.

L'agent n'est pas nécessairement conscient de l'existence d'une raison externe pour une action donnée. Par exemple, pour qu'un ordre donné à une personne soit appréhendé par elle comme raison d'agir, elle doit, en premier lieu, l'avoir entendu (ou l'avoir appréhendé d'une autre façon); en deuxième lieu, elle doit connaître suffisamment la langue (ou le symbolisme) dans laquelle (ou dans lequel) l'ordre a été donné; et, troisièmement, elle doit comprendre la «signification» d'un ordre, c'est-à-dire elle doit savoir qu'il lui faut exécuter l'action ordonnée, que cela lui plaise ou non. Ce n'est que lorsque ces trois conditions sont remplies que l'ordre devient une raison d'agir, c'est-à-dire qu'il devient pertinent pour l'explication du comportement d'une personne. Des considérations analogues valent pour les autres raisons externes. Pour s'intégrer dans l'arrière-plan motivationnel de l'agent, elles doivent être *appréhendées* et *comprises* par l'agent. Ces conditions ne sont pas toujours satisfaites. Un étranger qui traverse nos villes peut ne pas comprendre la «signification» des feux de circulation; ils ne «motivent» donc pas son comportement. Dans ces cas, on critique parfois l'individu pour son ignorance en disant qu'«il devrait quand même être au courant».

Les choses se présentent différemment pour les raisons d'agir internes. Elles ne peuvent pas être «objectivement» présentes sans appartenir à l'arrière-plan motivationnel de l'agent. Il ne s'ensuit pas pour autant que l'agent agisse nécessairement en conformité avec elles ou qu'il y «prête attention» de toute autre manière, et il ne s'ensuit pas non plus qu'il ait clairement conscience de leur existence. D'autre part, les mobiles d'une action peuvent très bien être «inconscients» tout en étant efficients.

Supposons que je décline une invitation à dîner en donnant comme raison que j'ai déjà accepté une autre invitation pour la même date. La raison invoquée est une raison externe; elle est liée à nos règles de politesse. En donnant cette raison, je «m'excuse» de devoir décliner l'invitation. Mais est-il certain que la raison invoquée soit la raison «véritable»? N'est-ce pas plutôt qu'un dîner chez les X m'ennuie au plus haut point, ou bien que je suis timide et n'aime pas me trouver en compagnie de beaucoup de gens ; d'ailleurs, je me dis aussi que Z est peut-être invité et je n'aime pas voir Z (j'ai même peur de le rencontrer).

Les éléments qu'on vient de citer donnent des raisons internes plus ou moins fortes (ou bonnes) de décliner l'invitation. Mais si on me demandait pourquoi je la décline, je mentionnerais comme seule raison que j'ai déjà accepté une autre invitation. Il est possible que je n'aie même pas pensé aux autres raisons, et cela justement parce que j'avais une bonne «excuse». Il est possible qu'il ne me soit même pas venu à l'esprit que je pourrais rencontrer Z chez les X. Si tel a *effectivement* été le cas, si cette éventualité ne faisait pas partie de l'arrière-plan motivationnel de mon comportement, mon attitude envers Z n'intervient pas de façon pertinente dans l'explication de mon action. Mais peut-on être sûr qu'il en soit ainsi ? On dira peut-être : «Il sait très bien que Z est souvent invité par les X et il doit avoir compris qu'il risque de l'y rencontrer. Etant donné qu'il a de bonnes raisons d'éviter Z, ce doit être pour cela qu'il a décliné l'invitation». Comment savoir ?

Je reviendrai sur ce genre de cas. Pour le moment, je me contente d'attirer l'attention sur les points suivants. Premièrement, on ne voit pas toujours clairement dès le départ quelles raisons pour ou contre un certain comportement appartiennent à l'arrière-plan motivationnel de l'agent ; deuxièmement, des raisons effectivement présentes (par exemple, qu'on est timide et qu'on n'est pas à l'aise au milieu d'inconnus) ne déterminent pas nécessairement le comportement. En d'autres mots, on doit distinguer les raisons *présentes* (existantes) des raisons *efficientes*. On appelle *prétexte* une raison qui est présente sans être efficiente, mais que l'agent lui-même invoque comme raison d'agir. Seules les raisons efficientes et les raisons contraires font partie d'une véritable explication.

Quand la motivation est complexe, plusieurs raisons peuvent codéterminer l'action. Une explication exhaustive doit les mentionner toutes. Dans ce cas, il n'est évidemment pas possible de dire que l'action a été accomplie pour une raison déterminée ; l'action n'a pas une seule raison mais plusieurs. Cependant, il se peut qu'une seule raison (ou certaines raisons mises ensemble) eût (eussent) suffi pour produire l'action. Dans ce cas, on dit que l'action est *surdéterminée*. Ce concept de surdétermination est connu depuis longtemps des psychologues et des psychanalystes.

5. Avant de passer à la question du lien entre l'action et les raisons d'agir, il faut préciser comment se fait l'attribution à une personne d'une action donnée et de raisons données d'un comportement. Supposons que nous observions un homme en train de bouger les mains et les bras.

D'une main, il tient une clé et de l'autre, une serrure fixée à la porte d'une armoire. Qu'est-ce qu'il est en train de faire, ou, pour s'exprimer comme certains philosophes contemporains, sous quelle description son comportement (c'est-à-dire ses mouvements corporels) est-il intentionnel? Plusieurs possibilités se présentent. Il se peut bien sûr qu'il soit en train d'ouvrir la porte de l'armoire; il est également possible qu'il veuille savoir s'il est capable d'actionner la serrure (supposons qu'il s'agisse d'un mécanisme compliqué); une troisième possibilité est qu'il essaie de retrouver la clé de cette serrure (il oublie parfois à quelles serrures correspondent les différentes clés de son trousseau). Dans le premier cas, son intention ne sera réalisée que si la porte s'ouvre, tandis que dans les deux autres situations, il réalisera son intention, que la porte s'ouvre ou non.

Une description du «pur» comportement, c'est-à-dire des mouvements corporels liés à une action donnée, n'est jamais suffisante pour caractériser l'action (ce qui est effectivement accompli) sans équivoque. Il est important de bien comprendre cela; afin de déterminer ce que l'agent a *fait*, il faut savoir ce qu'il *se proposait* de faire et ce qu'il *avait l'intention* de faire, ou, comme on le dit parfois, ce qu'il *voulait* faire. L'agent lui-même peut le savoir. C'est pourquoi la «méthode» la plus simple consiste à l'interroger. Si ce n'est pas faisable ou si on se méfie de sa réponse, on doit continuer à observer son comportement (par exemple, s'il sort quelque chose de l'armoire) ou se rappeler ce qu'il a dit ou fait (avant de s'occuper de la serrure), par exemple s'il cherchait une chose pouvant se trouver dans l'armoire.

Lorsqu'on identifie un comportement comme étant une action, on indique habituellement une raison possible (ou plusieurs raisons possibles) de cette action. Si l'individu de notre exemple voulait retirer quelque chose de l'armoire, il avait une raison de manipuler la clé et la serrure. Dans ce cas, son action consistait à ouvrir la porte de l'armoire et non pas, par exemple, à essayer la clé. Comme on le voit, l'identification d'un comportement donné comme telle et telle action est en même temps une sorte d'explication rudimentaire. On attribue à l'agent des raisons pour accomplir cette action. De quel droit le fait-on? Le plus souvent, on se base sur d'autres actions qu'on a vue accomplies par le même agent ou qu'on lui attribue pour d'autres raisons. Il ressort de ce qui précède qu'il y a une interdépendance entre, d'une part, l'attribution à une personne d'une action donnée, et, d'autre part, l'attribution à cette personne de raisons données pour une action de ce type.

6. Voyons de plus près comment se passe l'attribution de raisons d'agir à une personne pour une action donnée. Comment s'y prend-on pour constater qu'une personne a compris un ordre, croit qu'une certaine action est le moyen adéquat pour réaliser une fin, désire une chose ou en appréhende une autre? Comme on vient de le voir, on se base principalement sur les déclarations de la personne concernant ce qu'elle comprend, désire et appréhende. Cependant, il n'est pas toujours possible de procéder de cette façon, notamment dans le cas où on se méfie de ses déclarations, où on se dit qu'il est impossible qu'elle croie son action adaptée à la fin déclarée et qu'il est probable qu'elle poursuive un but différent. Afin de découvrir les raisons d'agir, on doit alors recourir à des critères autres que verbaux, notamment au comportement antérieur de la personne, dans la mesure où il est connu, ou bien au comportement ultérieur.

La raison d'agir ne correspond pas à un état présent à un moment déterminé ou à un événement se produisant à ce moment; il s'agit plutôt d'un fait «global» de durée indéterminée. C'est en fin de compte sur la base de leur comportement (verbal ou non) qu'on attribue des faits de ce genre aux individus logiques appelés *personnes*.

Le comportement sur base duquel on attribue à une personne des raisons pour une action donnée, n'est ni une condition nécessaire ni une condition suffisante de l'existence de ces raisons. Il ne se réduit pas pour autant à un symptôme ou à un indice de la présence d'un état de choses qu'on pourrait constater avec une «certitude absolue» sur base de certains traits le «définissant» et différents du comportement. C'est pourquoi je propose de parler de ces comportements comme de *critères* des raisons d'agir. Cet emploi du terme «critère» nous vient de la seconde philosophie de Wittgenstein. C'est une notion qu'on a beaucoup discutée, mais il n'est pas nécessaire d'aborder ici le problème des «critères externes» pour les «états internes».

La réflexion philosophique sur les concepts psychologiques (y compris les concepts d'action) est actuellement à un stade critique. Il y a une certaine tendance à «assimiler» ou même à «identifier» les soi-disant états et processus internes ou mentaux (intellectuels, spirituels) à des états ou processus physiques du système nerveux central. Ce seraient ces processus qui fourniraient les critères décisifs de l'existence de l'état mental correspondant.

Cette idée d'une «correspondance» entre états mentaux et états neurologiques est obscure et on ne sait que peu de chose sur les rapports entre ces états. Supposons qu'un agent accomplisse une action pour un motif (une raison) donné et que simultanément certains processus neurologiques causent et orientent les mouvements corporels composant l'action.

On pourrait dire alors, sans que cela pose problème, que l'effet «manifeste» du motif sur l'agent est identique à l'effet des processus neurologiques sur les mouvements corporels, car le «pouvoir activant» du motif, du «mobile», sur l'agent consiste justement en ce que certaines impulsions du système nerveux mettent en mouvement ses membres, ou, plus précisément, font se contracter ou se relâcher certains muscles.

Pour être plus qu'une banalité, la thèse de l'identité entre événements mentaux et événements neurologiques devrait être renforcée, d'abord par la description exacte des événements neurologiques et ensuite par l'établissement d'une hypothèse vérifiable disant qu'à chaque fois que ces événements se produisent, l'agent accomplit telle action pour telle raison. Supposons qu'on ait établi, vérifié et éprouvé cette hypothèse. Cela signifierait que certains faits neurologiques vérifiables pourraient être considérés comme des indices sûrs ou des symptômes de ce qu'une personne agit pour telle raison. Mais cela ne signifierait pas que les faits neurologiques seraient identiques au motif de l'action.

Les critères des motifs resteraient les mêmes, à savoir les déclarations de l'agent à propos de son action, son comportement antérieur et, éventuellement, ultérieur, son éducation, ses expériences précédentes, etc. Imaginons un cas où on ne pourrait pas se fier aux critères disponibles pour affirmer avec certitude que l'agent a agi pour telle et telle raison, tout en étant certain que les événements neurologiques correspondants se sont produits. On peut concevoir d'accorder alors aux événements neurologiques un «poids décisif» en disant : «Bien que cela ne ressorte pas clairement des critères habituels, l'agent a apparemment agi pour telle et telle raison, car son système nerveux se trouve précisément dans l'état caractéristique d'une personne agissant pour cette raison». Un tel cas est concevable (quoiqu'on n'en ait pas l'expérience) et les états ou processus neurologiques y seraient effectivement des *critères* de la raison d'agir. Ils ne seraient cependant pas suffisants à eux seuls et de façon inconditionnelle pour déterminer la raison d'agir : le poids à leur attribuer dépendrait de la façon dont ils s'accordent avec les autres critères pour le même état de choses. Ce qui se passe dans le système nerveux de l'agent, pas plus que les traits de son comportement externe, ne saurait être assimilé ou identifié à la raison d'agir ou au motif.

7. Dans les explications d'actions que j'ai appelées «explications par compréhension», on considère en quelque sorte l'action (ou l'omission) à la lumière de ses raisons, on l'appréhende par rapport à son arrière-plan motivationnel. On suppose, ce faisant, que l'action ait été correctement identifiée et que les raisons alléguées existent réellement. Comme nous l'avons vu, ces conditions ne sont pas triviales, mais posent problème. Supposons que ces problèmes aient été résolus. Se pose alors la question de savoir ce qui garantit la vérité d'une explication par compréhension.

On peut, pour commencer, donner une réponse purement «formelle». Une explication est correcte si les raisons citées ont non seulement été *présentes* mais ont aussi été *efficientes*, de sorte que l'on puisse dire : «Il a accompli (ou omis) cette action *pour* ces raisons (ou bien *parce qu'il* avait ces raisons ou *sur base* de ces raisons)». La question concernant l'exactitude (ou la vérité) de l'explication peut alors être formulée comme suit : «Comment savoir si une raison présente est aussi une raison efficiente, si elle a effectivement donné lieu à l'action?».

Ma réponse à cette nouvelle formulation de notre question initiale est que les raisons efficientes sont justement celles à la lumière desquelles on comprend l'action. Je dis, en d'autres mots, que l'explication par la compréhension n'a pas d'autre fondement (de critère d'exactitude) que la relation établie par l'acte de la compréhension entre l'action et ses raisons. En exagérant quelque peu, on peut dire qu'une explication par compréhension n'est ni vraie ni fausse, qu'elle ne tombe pas dans la catégorie du vrai et du faux. Cette thèse paraît provocante. Est-il possible de la défendre, et comment?

Une objection qui vient immédiatement à l'esprit, est que cette thèse ouvre la porte à l'arbitraire subjectiviste. Toutes les explications d'actions ne se valent pas. Sans parler de vérité et de fausseté, il est tout de même vrai qu'on peut faire une distinction entre le cas où on a compris correctement une action et celui où on l'a comprise de travers, c'est-à-dire entre une bonne compréhension et une moins bonne compréhension (à la lumière de raisons présentes). En faisant ce genre de distinction, ne se fonde-t-on pas sur des vérités «objectives» concernant justement la *relation* entre l'action et ses raisons (et ne concernant pas seulement l'action en tant que telle et les raisons d'agir en tant que telles)?

Pour voir la complexité de cette question, on doit réfléchir sur ce que signifie *comprendre une action de travers*. Souvent, mais pas toujours, cela signifie, soit qu'on n'a pas correctement identifié l'action (par exemple, qu'on a interprété comme un signal un mouvement non intentionnel du bras), soit qu'on a attribué à l'agent des raisons qu'il n'avait pas. Dans ces cas, la mauvaise compréhension concerne l'action ou les raisons d'agir et non la *relation* entre les deux. Ce genre de mauvaise compréhension ne fait pas l'objet de notre débat.

8. Le compréhension présuppose non seulement un objet mais aussi un sujet (quelqu'un qui comprend). Lorsqu'il y a accord général sur la façon de comprendre une chose, on utilise parfois une tournure impersonnelle, en disant par exemple : «Par ceci, on comprend actuellement cela» ou «Il va sans dire que...», mais habituellement on indique un sujet.

En supposant qu'expliquer une action consiste à la comprendre à la lumière des raisons d'agir, il faut se demander *qui* est le sujet de la compréhension. On voit immédiatement qu'il y a deux possibilités : il s'agit soit de l'agent qui comprend sa propre action, soit d'autrui qui comprend l'action de l'agent. Dans le premier cas on peut parler d'*auto-compréhension*; dans le second cas, convenons de parler de *compréhension de l'extérieur*.

L'auto-compréhension occupe une position-clé dans la compréhension correcte de l'action. Normalement, l'agent sait *ce* qu'il a fait, c'est-à-dire sous quelle description son comportement est intentionnel. De même, il sait quelles étaient les raisons pour (et les raisons contre) son action et lesquelles l'ont effectivement poussé à agir. Si on veut savoir, en tant qu'observateur extérieur, pourquoi une personne a agi, le moyen le plus simple est de le lui demander.

Mais pourquoi voudrait-on le savoir? Dans la grande majorité des cas, on ne se pose pas cette question et l'agent lui-même ne se la pose pas. Si, pour une raison quelconque, il réfléchissait sur son action ou si on l'interrogeait, il pourrait immédiatement donner une réponse, ce dont personne ne doute d'ailleurs. Il existe donc implicitement un accord des opinions, et, comme nous l'avons déjà indiqué, c'est ce consensus qui garantit la vérité de l'explication (dans le cas où on a besoin d'une telle explication).

Ce n'est que dans des circonstances particulières assez rares qu'une action demande à être expliquée. Il s'agit de circonstances dans lesquelles il n'existe pas «dès le départ» un consensus, par exemple lorsqu'autrui *s'étonne* que l'agent ait agi d'une certaine manière. Dans ce cas, on doit d'abord examiner si l'agent a effectivement fait ce que l'on croit : peut-être n'a-t-on pas correctement identifié l'action (c'est-à-dire, l'agent n'a pas fait *ce* que l'on croit). Admettons qu'on l'ait identifiée correctement. On se demande alors pourquoi il ne s'est pas plutôt abstenu (supposons qu'on soupçonne de fortes raisons contraires). On interroge l'agent et il cite une raison à laquelle on n'avait pas pensé. Cela peut résoudre le problème, c'est-à-dire établir un consensus entre l'agent et autrui. Mais il est possible que ce ne soit pas le cas, qu'autrui ne soit pas satisfait de la réponse qui lui paraît «suspecte». Il se demande si la raison évoquée a réellement fait agir l'agent et si celui-ci ne cherche pas à dissimuler quelque chose.

Reprenons le cas de la personne qui a promis d'exécuter une action contestable et qui en attend en même temps une récompense. Nous savons qu'elle a fait une promesse et qu'elle est au courant de la récompense. Ne savait-elle pas que ce qu'elle avait promis de faire est répréhensible? Elle dit qu'elle le savait, mais elle dit aussi qu'on doit tenir ses promesses et que la perspective d'être récompensée n'a pas joué de rôle. Nous n'en sommes pas convaincus. Comment arriver ici à une décision?

Les choses peuvent être très simples s'il est manifeste que l'agent ment : il sait très bien qu'il a tenu sa promesse par égoïsme et non par obligation morale. Dans ce cas, il n'y a pas de contradiction entre son auto-compréhension et l'explication vers laquelle penche autrui. Ils partagent implicitement la même opinion et le consensus n'est absent qu'en apparence.

Mais les choses peuvent être plus compliquées. L'agent peut non seulement mentir à autrui, mais aussi à lui-même : il a tenu sa promesse par égoïsme mais ne veut pas l'admettre et moins encore se l'avouer. Il se peut aussi qu'il ait compris de travers son propre comportement et croie sincèrement avoir agi à cause de la promesse et non dans l'espoir d'une récompense (même s'il est vrai qu'il était au courant de celle-ci).

Dans cette situation, qu'est-ce qui autorise autrui à prétendre qu'il connaît mieux les motifs de l'agent que celui-ci les connaît? Il peut invoquer sa connaissance, acquise par des expériences antérieures, du *caractère* de l'agent, disant par exemple : «Je le connais de longue date et je sais qu'il ne donne et ne tient une promesse que si cela l'arrange. L'obligation morale de tenir une promesse n'a aucune espèce d'importance pour lui». Autrui voit donc ce cas particulier par rapport à un arrière-plan plus large de faits faisant partie de la vie de l'agent. Son explication s'accorde mieux avec ce qu'on connaît de l'agent (son caractère et ses autres actions) que l'explication de l'agent lui-même.

L'explication donnée par autrui acquiert un degré supplémentaire de plausibilité quand elle est corroborée par des prédictions : «Vous verrez, la prochaine fois qu'il fera une promesse, il ne la tiendra pas si cela ne lui procure pas un avantage». Ce pronostic ne se confirme peut-être pas toujours; mais s'il se confirme fréquemment, il étaye indirectement l'explication qu'autrui a opposée à celle de l'agent.

9. Lorsqu'il y a conflit entre l'explication d'autrui et celle de l'agent, il se peut qu'autrui reconnaisse, après des discussions et à la lumière de nouvelles expériences, qu'il s'est trompé, qu'il avait mal compris l'agent et ses mobiles, et le cas échéant il s'excuse. Cela arrive probablement assez souvent, mais en général ces cas ne sont pas intéressants d'un point de vue psychologique ou philosophique.

Les cas intéressants sont ceux où autrui maintient sa position en essayant de «convertir» l'agent à une nouvelle auto-compréhension. Il dira par exemple que l'agent sait déjà «dans son cœur» qu'il a agi pour la raison Y, même s'il dit avoir agi pour la raison X, et qu'il faut essayer de l'amener à reconnaître explicitement la vérité.

Ce qui est à la base d'un tel raisonnement est la conception du sujet agissant comme juge ou autorité suprême dans propre cas. Selon cette conception, seul le sujet agissant saisit immédiatement la vérité. Les preuves d'autrui n'étant toujours qu'indirectes et externes, c'est la concordance avec l'auto-compréhension (parfois modifiée) de l'agent qui est le critère décisif de toute explication de ses actions.

Quels sont les arguments qu'autrui peut avancer pour essayer de convertir l'agent? Il ne suffit pas de tenter de le persuader. Même s'il y réussissait, on pourrait toujours dire que l'agent a été soumis à un «lavage de cerveau» : dans ce cas, son auto-compréhension ne vaudrait pas grand-chose comme preuve et, même en ne la rejetant pas entièrement, on ne pourrait plus lui accorder une «autorité suprême».

Les arguments rationnels sur lesquels autrui peut s'appuyer sont en gros les mêmes que ceux sur lesquels il fonde sa propre explication, différente de celle de l'agent dans notre hypothèse. Il cherchera par exemple à amener l'agent à voir son comportement dans une perspective plus large, en quelque sorte «autobiographique». Il citera des événements bien connus du passé, que l'agent ne veut ou ne peut pas nier. Il attirera son attention sur l'idée qu'ont d'autres personnes de son caractère, il lui expliquera d'où vient cette idée et comment elle se rapporte à l'image que l'agent s'est faite de lui-même. De plus, il l'invitera à être plus attentif à l'avenir à son comportement et à ses mobiles.

La limite entre l'argumentation rationnelle et la persuasion, entre le lavage de cerveau et la conviction rationnellement fondée, est floue. C'est pourquoi on peut légitimement poser la question de savoir si on doit vraiment accorder une autorité suprême à l'auto-compréhension d'un agent suite à une «conversion». L'opinion d'autrui n'a-t-elle pas autant ou même plus de poids?

Supposons qu'il y ait eu «conversion» et que l'agent dise : «J'admets à présent que j'ai tenu ma promesse non pas parce que je m'y sentais moralement obligé, mais parce que j'en attendais un avantage», ou, pour reprendre l'exemple de l'invitation : «La raison pour laquelle je ne me suis pas rendu chez les X était que la perspective d'y rencontrer Z me mettait mal à l'aise. J'aurais pu facilement reporter le rendez-vous avec Y : il ne s'agissait que d'un prétexte». Supposons qu'on ne mette pas en doute la sincérité de cet «aveu», qu'on s'y fie au contraire.

C'est ici qu'une question philosophique importante se pose : comment faut-il *décrire* ce qui s'est passé ? Doit-on dire que l'agent voit *à présent* clair en lui-même ? Que la vérité avait pour ainsi dire toujours été là, cachée seulement par le voile du mensonge de l'agent à lui-même, que cette vérité perçue de manière incertaine par autrui avant d'en avoir confirmation par l'agent, a finalement été saisie par celui-ci quand le voile s'est déchiré ? Ou bien faut-il dire que l'agent voit à présent son comportement d'une façon *nouvelle*, que sa conscience de lui-même a évolué et qu'il est arrivé à une compréhension nouvelle de son action passée ? Il s'agit, en d'autres mots, de savoir si la relation entre l'action et les raisons (réelles) de l'agent a toujours existé pour être découverte par après *ou bien* si une relation nouvelle a été créée.

Je voudrais faire remarquer à quel point ce discours sur la vérité est imbibé d'images et de métaphores : la vérité était là, on pouvait la «voir», elle était «dans son cœur», mais «voilée»; lorsque la «conversion» a eu lieu, elle s'est «révélée» à l'agent qui, du coup, accédait à la connaissance de son «véritable moi».

Nous touchons ici à un domaine qu'on pourrait appeler «épistémologie de la psychanalyse». Un psychanalyste dirait peut-être que le surmoi de l'agent avait dès le départ saisi la relation entre le motif et l'action mais que cette connaissance, pour être reconnue par le moi qui l'avait refoulée, devait être tirée, par un processus psychanalytique, des profondeurs de l'inconscient à la surface de la conscience. Il est tentant de se servir de telles métaphores, de métaphores psychanalytiques concernant les niveaux de la conscience, ou de la métaphore de la «conversion» enracinée dans le langage religieux. Ces métaphores s'imposent quasiment; ce sont de bonnes *images* et en tant que telles «philosophiquement innocentes». Elles risquent cependant de mener à la mythologie et à la mystification *conceptuelles* : on est tenté d'élaborer une *théorie* sur la façon dont travaille l'inconscient et sur la façon dont interagissent les différents niveaux psychiques (surmoi, moi et ça). C'est ici que le philosophe doit intervenir. Sa tâche consiste à «démystifier» les concepts, c'est-à-dire à décrire les faits réellement présents, afin que la pensée ne soit pas induite en erreur. C'est là une tâche très difficile.

Pour voir sous quel aspect il peut être trompeur de parler de la vérité d'une explication d'action, il suffit de se demander : *Qu'est-ce* qui était «caché» au départ et que l'agent a «vu» par après? On répondra que c'est la relation entre son action et la raison (ou les raisons) pour laquelle il l'a accomplie. Mais cette relation *naît* seulement au moment où l'agent l'établit dans son auto-compréhension. On pourrait parler du «pont de l'auto-compréhension», à «construire» par l'agent. En supposant que l'agent n'ait pas menti, la relation qu'il «admet» à présent n'existait pas encore quand il agissait. Derrière le voile, il n'y avait rien à voir. L'objet de sa connaissance était *créé* au moment même où le voile se déchirait.

On suppose ici, comme on vient de le dire, que l'agent n'ait pas menti en donnant la première explication de son comportement, explication suspecte selon autrui et que l'agent a retirée par après. S'il n'a pas menti, c'est qu'il a été sincère. Mais comment a-t-il pu être sincère, alors que sa première explication n'était pas valable, ce qu'il a reconnu? Si on ne veut pas considérer sa «conversion» comme résultat d'un «lavage de cerveau», on doit dire qu'il n'a pas été *intégralement* sincère. En effet, la façon nouvelle de voir les choses ne lui a pas été imposée et représente la connaissance vraie de ses motifs. Elle doit donc, d'une certaine manière, déjà avoir été présente «en lui». Il était en partie sincère et en partie non. Comment comprendre et décrire un tel état?

Reprenons à nouveau le cas de la promesse. Lorsqu'on explique l'action en disant que l'agent s'attendait à être récompensé, c'est qu'il devait s'y attendre au moment d'agir; sinon on ne pourra pas dire qu'il *possédait* également cette raison-là, parmi d'autres, pour exécuter cette action en dépit de sa nature répréhensible. Il devait savoir (peut-être suite à des expériences antérieures) qu'il pouvait attendre une récompense ou un service réciproque de celui à qui il avait fait la promesse. Il est possible qu'il n'y pensait pas au moment d'agir et qu'il avait «mauvaise conscience» en accomplissant l'action méprisable, qu'il avait écarté la pensée d'un service en retour, se disant qu'il devait accomplir l'action parce qu'il l'avait *promise*. C'est à peu près comme cela que se présente la description de ce que signifie «être en partie sincère et en partie non» quand on réfléchit sur sa propre action. Cette description indique dans quel sens la relation entre l'action et la raison égoïste existait depuis le début.

C'est pourquoi je dis, dans le cas de la «conversion», que l'agent, dans son auto-compréhension, relie *d'une façon nouvelle* son action à l'arrière-plan motivationnel. Il se comprend lui-même autrement et il comprend autrement son action, non pas parce qu'il a pris connaissance de faits nouveaux, mais parce qu'il réarrange des faits déjà présents pour former une image nouvelle de sa façon d'agir. Lorsqu'on qualifie cette image nouvelle de «plus véridique» ou de plus conforme à la réalité, cela signifie uniquement qu'elle s'accorde mieux avec une sélection plus large de faits concernant la vie et le caractère de l'agent, faits à la lumière desquels autrui a dès le départ interprété l'action en question.

En fin de compte, que faut-il donc penser de la conception que l'agent lui-même est la plus haute autorité pour juger (évaluer) ses mobiles? Si on a compris et reconnu que la «conversion» réalise, non pas la découverte par l'agent de la vérité sur lui-même, mais un accord entre les évaluations (ou les explications) de son action, je pense qu'on doit admettre qu'il n'y a pas de raisons valables en faveur de cette conception.

L'idée du sujet comme autorité suprême repose sur un fait d'expérience, qui peut facilement être interprété de travers. Comme nous l'avons déjà noté, l'agent sait normalement mieux qu'autrui ce qu'il a fait et pour quelles raisons il l'a fait. C'est pourquoi un observateur extérieur qui conteste les explications de l'agent dépend, en règle générale, d'informations que ce dernier seul peut lui fournir; il doit entrer en contact avec l'agent. C'est là un aspect nécessaire du processus que j'ai appelé «conversion». Mais cet aspect n'est pas le seul. Comme tout «connaisseur de l'âme humaine» le sait, ce n'est pas seulement dans les paroles que l'intériorité d'une personne se fait jour. Son action peut être en contradiction avec ses paroles. Il est clair que l'agent lui-même possède les «clés» de l'interprétation de son action. Mais il n'est pas forcément vrai qu'il soit aussi le plus habile à les utiliser. C'est peut-être autrui qui, muni de ces clés, est le plus habile à ouvrir la porte de la chambre secrète de l'âme. Ni l'agent ni autrui ne peuvent invoquer des raisons philosophiques contraignantes pour se prévaloir d'être l'autorité suprême dans l'explication de l'action.

10. Considérons, pour finir, un cas où on n'est pas arrivé à un consensus. L'agent et autrui maintiennent leurs explications divergentes de l'action; ni l'un ni l'autre ne se rendent au point de vue de l'autre. Cela signifie-t-il que le cas reste insoluble?

Il est important de remarquer que «insoluble» ne signifie *pas* qu'un fait nous échappe, mais seulement que l'on n'arrive pas à un consensus. Il faut donc s'interroger sur les conditions qui doivent être satisfaites pour que l'on puisse parler de «consensus». Cette notion, elle aussi, n'a pas de contours *précis*. Généralement, il suffit que quelques individus admettent une conception et que personne ne la conteste. *Une seule* opinion divergente peut-elle détruire un consensus? Certainement pas dans tous les cas : on n'accorde pas d'importance à certaines «opinions divergentes» lorsqu'on a des raisons valables de les écarter comme «excentriques», «notoirement peu fiables», «pas sérieuses» ou «insensées». Peut-on écarter de la sorte la voix du sujet agissant? Du moment qu'on a dénoncé le mythe de l'autorité suprême du sujet, on peut, semble-t-il, répondre affirmativement à cette question, du moins en ce qui concerne certains cas extrêmes.

Un de ces cas est celui où on est fermement convaincu que l'agent ment à propos de ses motifs et qu'en réalité il partage notre explication de son action. Ce cas présente peu d'intérêt, puisque ce n'est qu'en apparence qu'il y a absence de consensus.

Un cas plus intéressant est celui où on estime que le caractère de l'agent est à tel point pourri ou pervers, ou son jugement à tel point confus et faible, qu'on ne peut accorder de valeur aux «explications» qu'il donne de son action. On estime qu'il est incapable d'avoir une opinion sincère de lui-même et on lui conteste le droit d'être juge dans son propre cas. Le consensus concernant son comportement dépend alors uniquement de l'opinion d'autrui; il est bien possible que tous ceux qui sont au courant et prennent position donnent la même explication. On considère de ce fait que le problème est résolu : on est arrivé à un consensus, sans que l'agent y ait «contribué».

Nier que de telles décisions sont parfois prises, serait absurde. Elles sont cependant entachées d'un aspect tragique. Le fait qu'autrui s'arroge la plus haute autorité dans des questions concernant mon «intériorité» et néglige ma propre opinion, est humiliant. De plus, cette autorité peut être utilisée à mauvais escient, par exemple pour favoriser ou pour obtenir par la contrainte la conformité des opinions et du comportement. Dans le pire des cas, cela peut aboutir à une injustice envers la personne. Il est utile d'attirer l'attention sur ce risque, surtout en cette fameuse année 1984.

Il serait tellement plus facile de se prononcer sur ces choses si on pouvait maintenir l'idée d'une vérité objective, d'une vérité qui serait indépendante des explications que l'un ou l'autre essaie de donner d'une action à partir des raisons d'agir. Il est remarquable que ceux qui utilisent à mauvais escient leur autorité pour déconsidérer l'opinion du sujet sur lui-même, justifient généralement leur façon d'agir par un appel à la vérité «supérieure» ou «scientifique» devant être imposée au récalcitrant. De façon corollaire, ceux qui entendent résister à cette violence et défendre leur opinion personnelle, puisent leur force et leur réconfort dans l'idée d'une vérité «intérieure» accessible à eux seuls. La conscience qu'il n'y a pas une telle vérité absolue, ni «extérieure», ni «intérieure», est l'arme avec laquelle nous devons combattre aussi bien la superbe du subjectivisme exagéré que les prétentions d'un faux objectivisme.

Les événements mentaux

Donald DAVIDSON

Les événements mentaux comme percevoir, se souvenir, prendre une décision et agir, résistent à l'intégration dans le réseau nomologique des sciences naturelles. Comment concilier ce fait avec leur rôle causal dans le monde matériel ? La compatibilité de la liberté et du déterminisme causal est un aspect particulier de ce problème, du moins si l'on pense que le déterminisme causal implique l'intégration dans le réseau nomologique et que la liberté exige le contraire. Même si on estime qu'une analyse correcte de la notion d'acte libre révélera que cette dernière est compatible avec le déterminisme, le premier problème, plus général, reste posé. Que l'*autonomie* (la liberté, l'autodétermination) s'oppose ou non au déterminisme laisse apparemment entier l'autre problème, celui de l'*anomie* (l'absence de loi).

J'estime que la dépendance causale des événements mentaux et leur anomie sont des faits incontestables. Il me faudra donc expliquer comment ces deux choses peuvent être vraies en même temps, car manifestement cela pose problème. Je suis d'accord avec Kant, quand il écrit :

D. DAVIDSON, «Mental Events», in L. FOSTER et J.W. SWANSON (éds), *Experience and Theory*, Amherst, University of Massachusetts Press, 1970, pp. 79-101. Avec l'aimable autorisation de l'auteur et de *University of Massachusetts Press*.

> il est tout aussi impossible à la philosophie la plus subtile qu'à la raison humaine la plus commune de mettre en doute la liberté par des arguties. La raison doit donc bien supposer qu'on ne saurait trouver de véritable contradiction entre la liberté et la nécessité naturelle des mêmes actions humaines ; car elle ne peut pas plus renoncer au concept de la nature qu'à celui de la liberté. Cependant il faut tout au moins supprimer d'une façon convaincante cette apparente contradiction, alors même qu'on ne pourrait jamais comprendre comment la liberté est possible. Car, si la conception de la liberté est à ce point contradictoire avec elle-même ou avec la nature... elle devrait être résolument sacrifiée au profit de la nécessité naturelle[1].

En remplaçant, dans ce passage, «actions humaines» par le terme plus général d'«événements mentaux» et «liberté» par «anomie», on obtient une description de mon problème. Le rapprochement est bien entendu plus étroit encore, puisque Kant pensait que la liberté présuppose l'anomie.

Avant d'analyser et de résoudre la «contradiction apparente» concernant les événements mentaux, essayons de la formuler plus précisément. Elle repose sur trois principes. Le premier principe énonce qu'au moins certains événements mentaux interagissent causalement avec des événements physiques (appelons cela le *Principe de l'interaction causale*). Par exemple, si quelqu'un a coulé le *Bismarck*, différents événements mentaux — des perceptions, des constatations, des calculs, des jugements, des décisions, des actions intentionnelles et des changements d'opinion — ont eu un rôle causal dans le naufrage du *Bismarck*. Que quelqu'un ait coulé le *Bismarck* présuppose notamment qu'il ait accompli des mouvements corporels causés par certains événements mentaux, ces mouvements corporels ayant été à leur tour la cause de ce que le *Bismarck* ait coulé[2]. Pour illustrer la relation causale allant du physique au mental, prenons le cas de la perception : lorsqu'on voit un navire s'approcher, qu'il s'approche doit être la cause de ce qu'on croit qu'un navire s'approche (ces exemples comme cas d'interactions causales n'impliquent pas de présupposés philosophiques).

La perception et l'action sont les exemples les plus évidents d'interactions causales entre le physique et le mental. Mais je crois qu'il existe de bonnes raisons de penser qu'en dernière analyse tous les événements mentaux entretiennent des liens causaux avec des événements physiques, le cas échéant par l'intermédiaire de relations causales avec d'autres événements mentaux. Cependant, s'il se faisait qu'il existe des événements mentaux n'ayant pas d'événements physiques comme causes ou effets, ils ne seront pas concernés par mon argumentation.

Le deuxième principe dit que là où il y a causalité, il doit y avoir une loi : des événements liés par une relation causale tombent sous des lois déterministes strictes (c'est le *Principe du caractère nomologique de la causalité*). Dans cet article, ce deuxième principe, ainsi que le premier, ont le statut de présupposés; j'en dirai cependant un mot au cours de mes commentaires [3].

Le troisième principe dit qu'il n'y a pas de lois déterministes strictes permettant de prédire et d'expliquer des événements mentaux (*Principe de l'anomie du mental*).

Le paradoxe que je voudrais examiner vient de ce qu'on est tenté d'accepter ces trois présuppositions ou principes, et qu'en même temps on pense qu'ils sont incompatibles. Pour rendre explicite cette incompatibilité, d'autres prémisses doivent évidemment être ajoutées. Néanmoins, il paraît naturel de penser que les deux premiers principes, celui de l'interaction causale et celui du caractère nomologique de la causalité, impliquent conjointement qu'au moins certains événements mentaux peuvent être prédits et expliqués sur base de lois, ce que nie précisément le principe de l'anomie du mental. Beaucoup de philosophes admettent, suite à un raisonnement ou non, que ces trois principes mènent à une contradiction. Pour ma part, j'estime qu'ils sont vrais tous les trois et qu'il faut en conséquence expliquer que la contradiction n'est qu'apparente, ce qui est, pour l'essentiel, le programme kantien.

La suite de cet article comporte trois parties. Dans la première, j'expose une version de la théorie de l'identité du mental et du physique qui concilie les trois principes. Dans la deuxième partie, je défends la thèse qu'il ne peut y avoir de lois psychophysiques strictes; ce n'est pas tout à fait le principe de l'anomie du mental, mais il peut en être déduit au moyen de certaines suppositions raisonnables. Dans la dernière partie, j'essaie de montrer qu'on peut déduire, de l'impossibilité de lois psychophysiques strictes et des deux autres principes, une version de la théorie de l'identité qui identifie au moins certains événements mentaux à des événements physiques. Il est évident que cette «preuve» de la théorie de l'identité sera au mieux conditionnelle, étant donné que deux de ses prémisses ne sont pas explicitement justifiées et que l'argumentation en faveur de la troisième peut paraître non concluante. Cependant, même celui qui n'est pas convaincu de la vérité des prémisses, sera peut-être intéressé d'apprendre comment les concilier et comment en déduire une version de la théorie de l'identité du mental. Enfin, à supposer que mon argumentation soit valable, on pourra définitivement écarter l'opinion, courante parmi les partisans des théories de l'identité et partagée par certains de leurs adversaires, que ces théories ne peuvent être étayées que par la découverte de lois psychophysiques.

I

Nous établirons la compatibilité des trois principes en montrant qu'ils découlent d'une conception du mental et du physique exempte de contradiction interne. Selon cette conception, les événements mentaux sont identiques à des événements physiques. Les événements sont des individus non réitérables et se produisant à un moment déterminé, comme telle et telle éruption d'un volcan, la (première) naissance ou le (premier) décès d'une personne, le déroulement des *World Series 1968*, ou les paroles historiques «Tirez dès que vous êtes prêt, Gridley»*. On peut facilement formuler des énoncés d'identité portant sur des événements particuliers. En voici quelques exemples (vrais ou faux) :

La mort de Scott = la mort de l'auteur de *Waverley*;

L'assassinat de l'Archiduc Ferdinand = l'événement qui a déclenché la Première Guerre mondiale;

L'éruption du Vésuve en 79 av. J.-C. = la cause de la destruction de Pompéi.

La théorie que nous envisageons ne dit rien sur des processus, états et attributs qui ne seraient pas des événements particuliers.

Que veut-on dire en qualifiant un événement soit de physique soit de mental? Une réponse venant naturellement à l'esprit est qu'un événement est physique s'il peut être décrit en termes purement physiques et mental s'il peut être décrit en termes mentaux. Si on entend par là qu'un événement est, disons, physique lorsqu'un certain prédicat physique est vrai de lui, le problème suivant se pose. Supposons que le prédicat «x s'est passé à Noosa Heads» fasse partie du vocabulaire physique; alors le prédicat «x ne s'est pas passé à Noosa Heads» en fait aussi partie. Mais le prédicat «x s'est passé ou ne s'est pas passé à Noosa Heads» est vrai de tout événement, mental ou physique [4]. Il ne sert à rien d'exclure les prédicats tautologiquement vrais de tout événement, puisque n'importe quel événement peut être correctement décrit, soit par «x s'est passé

---

* *World Series* : aux Etats-Unis, tournoi de base-ball joué par les clubs vainqueurs en championnat.
Gridley, Richard (1711-1796) : ingénieur militaire américain. S'est illustré lors des affrontements entre colonies anglaises et établissements français. En 1745, il détermine l'emplacement des canons qui ont réduit la forteresse de Louisbourg (Ile du Cap-Breton, Canada), et organise la défense de Boston. Au début de la guerre d'Indépendance, Gridley est ingénieur en chef sous George Washington [*N.d.T.*].

à Noosa Heads», soit par «x ne s'est pas passé à Noosa Heads». Il faut tenter une approche différente[5].

On pourrait appeler mentaux les verbes qui expriment des attitudes propositionnelles comme croire, désirer, espérer, savoir, percevoir, constater, se souvenir, etc. Ces verbes se caractérisent par le fait qu'ils figurent parfois dans des phrases dont le sujet représente une personne, et qu'ils sont complétés par des phrases enchâssées auxquelles les règles habituelles de la substitution ne s'appliquent apparemment pas. Ce critère n'est pas précis, car je ne désire pas inclure ces verbes quand ils apparaissent dans des contextes intégralement extensionnels (comme c'est probablement le cas pour «Il connaît Paris» et «Il voit la lune»), et je ne veux pas les exclure à chaque fois qu'ils ne sont pas suivis de phrases enchâssées. La solution consiste peut-être à caractériser les verbes mentaux comme des verbes psychologiques créant, lorsqu'ils sont employés en tant que tels, des contextes manifestement non extensionnels.

Appelons «*descriptions mentales*» ou «*phrases mentales ouvertes*» des descriptions de la forme «l'événement qui est M» ou des phrases ouvertes de la forme «l'événement x est M», si et seulement si l'expression remplaçant «M» contient essentiellement au moins un verbe mental (je dis «*essentiellement*», pour éliminer les cas où la description ou la phrase ouverte équivaut logiquement à une description ou à une phrase qui ne contient pas de termes mentaux). Nous pouvons dire alors qu'un événement est mental si et seulement s'il possède une description mentale, ou (au cas où l'opérateur de description n'est pas primitif) s'il y a une phrase mentale ouverte vraie de cet événement seul. Les événements physiques sont les événements sélectionnés par des descriptions ou des phrases ouvertes ne contenant essentiellement que du vocabulaire physique. Caractériser un vocabulaire physique est moins urgent car, par rapport au vocabulaire mental, il est pour ainsi dire, récessif dans la détermination d'une description comme mentale ou physique (certains commentaires sur la nature du vocabulaire physique vont suivre, mais ils sont loin de fournir un critère).

Selon le test qui vient d'être proposé, la marque distinctive du mental n'est pas sa nature privée, subjective ou immatérielle, mais ce que Brentano a appelé l'intentionnalité. C'est ainsi que les actions intentionnelles font clairement partie de la sphère du mental, à côté des pensées, des espoirs et des regrets (ou des événements qui y sont associés). Il est moins certain que ce critère permette d'inclure des événements qui ont souvent été considérés comme des paradigmes du mental. Ressentir une douleur ou voir une image consécutive sont-ils des événements mentaux? Ce n'est pas sûr, car les phrases rapportant de tels événements ne comportent apparemment pas de traces de non-extensionnalité, et la même chose vaut pour celles rapportant des sentiments primitifs, des *sense-data* et d'autres sensations non interprétées (à supposer que de telles entités existent).

Mais en fait, notre critère admet non seulement les sensations de douleur et les perceptions d'images consécutives, mais encore beaucoup d'autres choses. Prenons un événement que l'on qualifierait intuitivement de physique, par exemple la collision de deux étoiles dans l'espace. Il doit y avoir un prédicat purement physique, «P_x», vrai de cette collision et d'autres, mais vrai de celle-ci seule au moment où elle s'est produite. Cet instant particulier peut cependant être déterminé comme le même instant où Dupont s'aperçoit que son stylo roule sur son bureau. La collision stellaire éloignée est alors l'événement x, tel que P_x et tel que x est simultané avec le fait que Dupont remarque le déplacement de son stylo sur le bureau. La collision a été sélectionnée au moyen d'une description mentale et doit être comptée comme événement mental.

Puisque cette stratégie permet probablement de présenter comme mental tout événement, il est évident que nous n'avons pas réussi à saisir le concept intuitif du mental. Il serait intéressant d'éliminer ce défaut, mais pour notre propos, ce n'est pas nécessaire. Nous pouvons nous permettre cette extravagance spinoziste à propos du mental, puisque des inclusions accidentelles ne peuvent que renforcer l'hypothèse que tous les événements mentaux sont identiques à des événements physiques. Ce qui poserait problème, c'est de ne pas arriver à inclure des événements mentaux authentiques, mais nous n'en courons pas le risque.

Je vais à présent décrire et puis argumenter en faveur d'une version de la théorie de l'identité qui nie la possibilité de lois strictes reliant le mental et le physique. La manière dont les théories de l'identité sont ordinairement défendues ou contestées, est susceptible d'obscurcir la possibilité de principe d'une telle conception. Charles Taylor, par exemple, est d'accord avec les partisans des théories de l'identité pour dire que l'unique «raison» pour accepter de telles théories est la supposition qu'il est possible d'établir des corrélations ou des lois reliant des événements décrits comme mentaux à des événements décrits comme physiques. Taylor écrit : «On voit facilement pourquoi il en est ainsi : ce n'est que si un certain événement mental est constamment accompagné par, disons, un certain processus cérébral, qu'on peut émettre l'hypothèse d'une identité générale entre les deux»[6]. Taylor dit par la suite (et je pense qu'il a raison) qu'il peut y avoir identité même en l'absence de lois de corrélation, mais ce qui m'intéresse dans le passage cité, c'est la confusion qu'il recèle. Que veut dire «un certain événement mental»? Cela ne peut être un événement particulier, s'étant produit à un moment déterminé, car il serait absurde de parler d'un événement particulier comme «constamment accompagné» d'un autre. Taylor pense de toute évidence à des événements d'un certain type. Or, si seuls des types d'événements peuvent être identiques, alors la théorie de l'identité présuppose effectivement des lois de corrélation.

Le texte suivant illustre de façon caractéristique cette tendance à intégrer des lois dans l'énoncé de la théorie de l'identité :

> Quand je dis qu'une sensation est un processus cérébral ou que la foudre est une décharge électrique, j'utilise 'est' dans le sens de l'identité stricte... on n'a pas deux choses différentes : un éclair et une décharge électrique. On a une seule chose, un éclair, décrite scientifiquement comme une décharge électrique d'un nuage de molécules d'eau ionisées vers la terre[7].

La dernière phrase doit peut-être se comprendre dans le sens que pour tout éclair il existe une décharge électrique d'un nuage de molécules d'eau ionisées vers la terre, l'éclair étant identique à cette décharge. Dans ce cas, on aurait une ontologie honnête d'événements particuliers, permettant de donner un sens littéral à l'identité et de comprendre qu'il peut y avoir identité sans lois de corrélation. Cependant, certaines conceptions ontologiques des événements spécifient les conditions de l'individuation de façon à ce que toute relation d'identité implique une loi de corrélation. Kim par exemple, dit que Fa et Gb «décrivent ou se réfèrent au même événement» si et seulement si $a = b$ et la propriété d'être F = la propriété d'être G. L'identité des propriétés implique à son tour que $(x)(Fx \Leftrightarrow Gx)$[8]. Il n'est donc guère surprenant que Kim écrive :

> Si la douleur est identique à l'état cérébral B, il doit y avoir concomitance entre les apparitions de la douleur et les apparitions de l'état cérébral B... Une condition nécessaire de l'identité entre la douleur et l'état cérébral B est donc que les expressions 'avoir mal' et 'se trouver dans l'état cérébral B' aient la même extension... Il n'est pas possible de concevoir une observation confirmant ou réfutant l'identité et non la corrélation qui y est associée[9].

Donnons, pour clarifier la situation, une classification quadripartite des conceptions de la relation entre événements mentaux et événements physiques, classification qui met en lumière l'indépendance des thèses concernant les lois, par rapport à celles concernant l'identité. D'un côté, on a les théories qui affirment l'existence de lois psychophysiques, et celles qui la nient; de l'autre côté, on a les théories qui prétendent que les événements mentaux sont identiques aux événements physiques, et celles qui le nient. On a donc quatre types de théories : le *monisme nomologique* affirme qu'il existe des lois de corrélation et que les événements corrélés sont identiques (le matérialisme appartient à cette catégorie); le *dualisme nomologique* comprend différentes formes de parallélisme, d'interactionnisme ainsi que l'épiphénoménisme; le *dualisme anomal* combine le dualisme ontologique avec l'absence de lois reliant le mental et le physique (le cartésianisme); et finalement, on a le *monisme anomal*, qui correspond à ma position [10].

Le monisme anomal ressemble au matérialisme par sa thèse que tous les événements sont physiques; par contre, il rejette la thèse, considérée habituellement comme essentielle au matérialisme, qu'on peut donner une explication purement physique de tous les phénomènes mentaux. Le monisme anomal ne trahit de préférence ontologique que dans la mesure où il admet la possibilité que tous les événements ne soient pas mentaux, tout en soutenant que tous les événements sont physiques. Ce monisme doux, non étayé par des lois de corrélation ou des structures conceptuelles, ne mérite pas, me semble-t-il, d'être qualifié de «réductionnisme»; il n'est de toute façon pas susceptible d'inspirer le réflexe du «rien d'autre que» («Composer l'*Art de la Fugue* n'était rien d'autre qu'un événement neurologique complexe», etc.).

La position que je viens de décrire nie qu'il y ait des lois psychophysiques, mais est compatible avec la position que les caractéristiques mentales dépendent d'une certaine façon des caractéristiques physiques, ou y surviennent. On peut interpréter cette survenance comme signifiant que deux événements ne peuvent être semblables sous tous leurs aspects physiques et être différents sous un aspect mental, ou encore qu'un objet ne peut changer sous un aspect mental sans changer sous un aspect physique. Ce genre de dépendance ou de survenance n'entraîne pas la réductibilité au moyen de lois ou de définitions : sinon, il serait possible de réduire des propriétés morales à des propriétés descriptives, ou de réduire la vérité dans un système formel à des propriétés syntaxiques; or, on a de bonnes raisons de *croire* que la première chose ne peut pas se faire, et on *sait* que la seconde est impossible.

Ce dernier exemple présente une analogie utile avec le genre de monisme sans loi que nous envisageons. Pensons au vocabulaire physique comme constituant le seul vocabulaire d'un langage L, assez puissant pour exprimer une certaine quantité de propositions mathématiques ainsi que sa propre syntaxe. Définissons le langage L' comme L plus le prédicat de vérité «vrai-dans-L», qui est «mental». Dans L (et donc dans L'), on peut sélectionner, au moyen d'une description définie ou d'une phrase ouverte, chaque phrase qui fait partie de l'extension du prédicat de vérité, mais il n'existe pas, si L est consistant, de prédicat de syntaxe (du vocabulaire «physique»), aussi complexe soit-il, s'appliquant à toutes les phrases vraies de L et à elles seules. Il ne peut y avoir de «loi psychophysique» exprimée par le biconditionnel, '(x) (x est vrai-dans-L si et seulement si x est ø)' où «ø» représente un prédicat «physique» (un prédicat de L). De façon analogue, on peut sélectionner chaque événement mental en utilisant uniquement le vocabulaire physique, mais il n'y a pas de prédicat purement physique, aussi complexe soit-il, qui ait, du fait d'une loi, la même extension qu'un prédicat mental.

On voit clairement à présent comment le monisme anomal permet de concilier les trois principes initiaux. La causalité et l'identité sont des relations entre événements particuliers, quelle que soit la façon dont ils sont décrits. Mais les lois sont d'ordre linguistique : des événements ne peuvent donc exemplifier des lois, qui les expliquent et les prédisent, que pour autant qu'ils sont décrits d'une certaine façon. Le principe de l'interaction causale gouverne les événements compris extensionnellement et est donc indifférent à la dichotomie mental-physique. Le principe de l'anomie du mental s'applique aux événements décrits comme mentaux, car les événements ne sont mentaux qu'en tant que décrits. Le principe du caractère nomologique de la causalité doit être interprété avec prudence : il dit que si des événements sont dans une relation de cause à effet, ils ont des descriptions qui exemplifient une loi. Il ne dit pas que tout énoncé particulier de causalité qui est vrai, exemplifie une loi[11].

II

Il ne faut pas pousser trop loin l'analogie entre la place du mental dans le monde physique et la place du sémantique dans le monde de la syntaxe. Comme Tarski l'a démontré, un langage consistant ne peut pas contenir (étant donné certains présupposés naturels) une phrase ouverte 'Fx', vraie de toutes les phrases vraies de ce langage et d'elles seules. Si on se fie trop à notre analogie, on espère une preuve qu'il ne peut y avoir de phrase physique ouverte 'Px', vraie de tous les événements ayant une propriété mentale et d'eux seuls. En réalité, rien de ce que je peux dire à propos de l'irréductibilité du mental n'équivaut à une preuve ; de plus, il s'agit d'un genre différent d'irréductibilité. En effet, si le monisme anomal est correct, tout événement mental peut non seulement être sélectionné de façon unique par des concepts purement physiques, mais, le nombre des événements tombant sous chaque prédicat mental étant probablement, pour autant que l'on sache, fini, il se peut fort bien que pour tout prédicat mental il y ait une phrase physique ouverte ayant la même extension, même si, pour l'établir, il faut passer par une disjonction longue et peu informative. Et même si on ne présuppose pas la finitude, rien n'exclut apparemment qu'il puisse y avoir des prédicats mentaux et physiques coextensifs.

La thèse que je soutiens dit plutôt que le mental est nomologiquement irréductible : il peut y avoir des énoncés généraux *vrais* reliant le mental et le physique et ayant la forme logique d'une loi, mais ce ne sont pas des *énoncés nomologiques* (dans un sens fort de cette notion que je vais décrire). Même si, par un hasard infiniment peu probable, on tombait sur une généralisation psychophysique non stochastique qui est vraie, on n'aurait pas de raison valable de la considérer comme plus qu'approximativement vraie.

En déclarant qu'il n'y a pas de lois psychophysiques (strictes), ne braconnons-nous pas dans les chasses gardées des sciences empiriques — audace sacrilège contre laquelle les philosophes sont souvent mis en garde? Certes, en jugeant qu'un certain énoncé est ou non nomologique, on ne se prononce pas directement sur sa vérité; comparée à l'acceptation d'un énoncé général sur base des phénomènes qui l'exemplifient, l'affirmation que cet énoncé est nomologique correspond à un jugement *a priori*. Mais cet apriorisme relatif ne justifie pas déjà le philosophe, vu que les raisons pour lesquelles on décide de se fier à un énoncé sur base des phénomènes qui l'exemplifient, dépendent en général de considérations théoriques et empiriques appartenant elles aussi à la science. Si le cas des lois reliant le mental et le physique est différent, c'est parce que le fait d'admettre la possibilité de telles lois reviendrait à changer de sujet. Je veux dire par là que cela équivaudrait à prendre la décision de ne pas accepter le critère du mental, tel que formulé dans le vocabulaire des attitudes propositionnelles. Cette réponse succincte ne clôt cependant pas le débat, car il n'y a pas de frontière précise entre changer de sujet et modifier ce qu'on a dit sur le même sujet; cela signifie qu'il n'y a pas, du moins dans le contexte présent, de frontière précise entre la philosophie et la science. Or, là où il n'y pas de frontière précise, seuls les pusillanimes ne prennent pas le risque de la transgresser.

On s'apercevra mieux de la nature non nomologique des généralisations mentales-physiques si on considère un sujet connexe, à savoir l'échec du behaviorisme logique. Pourquoi est-on prêt (je suppose qu'on le soit) à abandonner la recherche de définitions explicites des concepts mentaux en termes de concepts comportementaux? Ce n'est pas uniquement parce que les tentatives faites jusqu'à présent ont toutes été manifestement inadéquates, mais c'est parce qu'on est persuadé, comme dans beaucoup d'autres cas de réductionnisme par définition — le naturalisme en éthique, l'instrumentalisme et l'opérationnalisme en sciences, la théorie causale de la référence, le phénoménalisme, etc. (on pourrait continuer à énumérer toute la liste des défaites de la philosophie) — qu'il y a un système dans ces échecs. Supposons qu'on essaie de décrire, sans employer de concepts mentaux, à quoi correspond le fait qu'un homme croie à la présence de la vie sur Mars. On pourrait proposer la solution suivante : lorsqu'un certain son est émis en sa présence («Y-a-t-il de la vie sur Mars?»), il en émet un autre («Oui»). Or, ceci ne prouve qu'il croit à la vie sur Mars qu'à la condition qu'il comprenne le français, que l'émission de ce son était intentionnelle et était une réponse à des sons signifiant quelque chose en français, et ainsi de suite. Pour chaque lacune qu'on découvre, on devra ajouter une nouvelle condition. Mais on a beau compléter et agencer les conditions non mentales, on aura toujours besoin de conditions mentales supplémentaires («à condition qu'il *remarque, comprenne*, etc.»)[12].

Un trait remarquable des tentatives de réduction par définition est que la question de la synonymie entre definiens et definiendum parait auxiliaire. Certes, on peut, en imaginant des contre-exemples, discréditer des affirmations de synonymie. Mais la nature de l'échec suggère une conclusion plus forte : même si nous tombions sur une phrase ouverte formulée en termes behavioristes et ayant exactement la même extension qu'un prédicat mental, rien ne pourrait raisonnablement nous persuader que tel est le cas. Nous savons trop de choses de la pensée et du comportement pour nous fier à des énoncés exacts et universels qui les relient. Les croyances et les désirs ne s'expriment dans le comportement que par l'intermédiaire de et modifiés par d'autres croyances et désirs, attitudes et circonstances concomitantes, et cela sans qu'il y ait de limite. Il est évident que cet holisme du mental est la clé à la fois de l'autonomie et de l'anomie du mental.

Ces remarques sur le behaviorisme logique ne font au mieux que suggérer pourquoi il ne faut pas s'attendre à trouver des connexions nomologiques entre le mental et le physique. Le problème central exige des considérations supplémentaires.

Les énoncés nomologiques sont des énoncés généraux soutenant des assertions contrefactuelles et irréelles et corroborés par les phénomènes qui les exemplifient. Il n'existe pas, à mon avis, de critère non circulaire du nomologique, ce qui ne signifie pas qu'il n'y ait pas, dans des cas particuliers, des raisons pour se former un jugement. La nomicité est une affaire de degrés, même s'il peut y avoir des cas incontestables. A l'intérieur des limites définies par les conditions de la communication, il peut y avoir divergence d'opinion quant à la structure des énoncés auxquels différents degrés de nomicité sont assignés. Sous tous ces aspects, la nomicité ressemble fort à l'analyticité, ce qui n'est d'ailleurs guère étonnant, puisque toutes deux sont liées à la signification.

L'énoncé «Toutes les émeraudes sont vertes» est nomologique dans la mesure où les phénomènes qui l'exemplifient le confirment, mais «Toutes les émeraudes sont vleues» ne l'est pas car «vleu» signifie «observé avant t et vert, sinon bleu»; même si toutes nos observations avaient été faites avant t et avaient montré constamment des émeraudes vertes, ce ne serait pas une raison de s'attendre à ce que d'autres émeraudes soient bleues. Selon Nelson Goodman, cela signifie que certains prédicats, dont «vleu», ne conviennent pas à des lois (dans cette hypothèse, un critère de la convenance des prédicats pourrait mener à un critère du nomologique). Pour ma part, je crois que le caractère non nomologique de «Toutes les émeraudes sont vleues» montre uniquement que les prédicats «est une émeraude» et «est vleu» ne se conviennent pas : être vleu n'est pas une propriété inductive des émeraudes — ce qui n'empêche nullement que ce soit une propriété inductive d'*autres* entités, par exemple des émerires (un émerire est une chose qui, observée avant t est une émeraude, et après t est un saphire). Non seulement l'énoncé «Tous les émerires sont vleus» suit de la conjonction des énoncés nomologiques «Toutes les émeraudes sont vertes» et «Tous les saphirs sont bleus», mais il n'y a pas non plus de raison valable, pour autant que je voie, de rejeter l'intuition qu'il est lui-même nomologique[13]. Les énoncés nomologiques associent des prédicats dont on sait *a priori*, c'est-à-dire sans savoir s'il existe des preuves empiriques de leur connexion, qu'ils se conviennent. «Bleu», «rouge» et «vert» conviennent aux émeraudes, aux saphirs et aux roses; «vleu», «blert» et «vouge» conviennent aux saphaudes, aux émerires et aux émeroses.

Notre discussion semble indiquer que les prédicats mentaux et les prédicats physiques ne se conviennent pas et que, du point de vue de la nomicité, les énoncés psychophysiques ressemblent plus à «Toutes les émeraudes sont vleues» qu'à «Toutes les émeraudes sont vertes».

Pour être plausible, cette thèse doit cependant être considérablement précisée. Le fait que des émeraudes observées avant t soient vleues n'est ni une raison de croire que toutes les émeraudes sont vleues ni une raison de croire (lorsqu'on connait le moment temporel) que *n'importe quelle* émeraude non observée est vleue. Par contre, lorsqu'un événement d'un certain type mental a été habituellement accompagné d'un événement d'un certain type physique, c'est souvent une bonne raison de s'attendre à ce que, en gros, d'autres cas en fassent autant. On considère les généralisations contenant ce genre de sagesse pratique comme approximativement vraies, ou bien on les énonce explicitement en termes probabilistes, ou encore on les protège des contre-exemples par des clauses échappatoires généreuses. Leur importance réside principalement en ce qu'elles étayent des propositions causales singulières et des explications connexes d'événements particuliers. Elles en sont capables parce que, tout en étant approximatives et vagues, elles peuvent fournir des raisons valables de croire qu'il y a une régularité sous-jacente aux cas particuliers, susceptible d'être formulée de manière précise et sans restrictions.

Dans notre commerce quotidien avec les événements et les actions à prévoir ou à comprendre, nous sommes obligés de recourir à des généralisations sommaires, car nous ne connaissons pas de lois plus précises, ou, si nous en connaissons, nous ne disposons pas d'une description pertinente des événements particuliers auxquels nous nous intéressons. Cependant, il faut faire une distinction importante à l'intérieur de la catégorie des règles approximatives. D'un côté, on a des généralisations dont on peut penser, sur base des phénomènes qui les exemplifient, qu'elles peuvent être améliorées au moyen de clauses et de conditions énoncées dans un même vocabulaire général. Ces généralisations se rapprochent de la forme et du vocabulaire de la loi accomplie; nous les appelerons généralisations *homonomiques*. De l'autre côté, on a des généralisations qui, lorsqu'elles sont exemplifiées, nous donnent des raisons de croire qu'il existe une loi précise sous-jacente, mais qui ne peuvent être énoncées que dans un autre vocabulaire; nous parlerons alors de généralisations *hétéronomiques*.

Je pense que notre savoir pratique (et scientifique) est en grande partie hétéronomique. La raison en est qu'une loi n'a de chances d'être précise, explicite et autant que possible sans exception, que si elle tire ses concepts d'une théorie compréhensive close. Cette théorie idéale peut être déterministe ou non (elle doit l'être si toute théorie vraie l'est). Dans les sciences naturelles, on a des généralisations homonomiques, des généralisations dont on a des raisons de croire, lorsque les données les corroborent, qu'elles peuvent être précisées indéfiniment en intégrant des concepts physiques supplémentaires; dans ce cas, il existe une asymptote théorique de cohérence parfaite avec toutes les données, de prédictibilité parfaite (dans les termes du système) et d'explication intégrale (toujours dans les termes du système). Si la théorie ultime est probabiliste, cette asymptote représente moins que la perfection, mais il est vrai aussi que, dans ce cas, on ne peut pas faire mieux.

Pour que l'on puisse considérer un énoncé comme homonomique, comme corrigible à l'intérieur de son domaine conceptuel, il doit tirer ses concepts d'une théorie ayant des éléments constitutifs forts. Je prends un exemple on ne peut plus simple; s'il est convaincant, on peut toujours par après suppléer à sa simplicité.

La mesure de la longueur, du poids, de la température ou du temps dépend (parmi beaucoup d'autres choses, bien sûr) de l'existence, pour chacun de ces cas, d'une relation à deux termes transitive et asymétrique : plus chaud que, plus tard que, plus lourd que, etc. Prenons la relation plus long que. La loi ou le postulat de la transitivité s'énonce :

(L) L (x, y) et L $(y, z) \Rightarrow$ L (x, z)

Sans cette loi (ou une variante plus sophistiquée), il serait difficile de donner un sens au concept de longueur; il serait impossible d'établir des échelles de longueur, sans parler des exigences plus complexes posées par les mesures proportionnelles. Cette remarque ne vaut pas uniquement pour n'importe quel groupe de termes directement impliqués dans une relation intransitive; on peut aisément montrer (en introduisant certaines suppositions essentielles à la mesure de la longueur) qu'il n'y a pas d'attribution consistante d'items à une échelle si (L) ne vaut pas en toute généralité.

Il est clair que la loi (L) n'épuise pas à elle seule la portée de la notion «plus long que», sans quoi celle-ci ne serait pas différente de «plus chaud que» ou «plus tard que». On doit supposer un contenu empirique, même difficile à formuler dans le vocabulaire disponible, qui distingue «plus long que» des autres prédicats transitifs à deux termes de la mesure, et sur base duquel on peut affirmer qu'une certaine chose est plus longue qu'une autre. Supposons que ce contenu empirique soit partiellement exprimé par le prédicat «O (x, y)». On a alors le «postulat de signification» suivant :

(S) O $(x, y) \Rightarrow$ L (x, y)

qui interprète partiellement (L). (L) et (S) donnent lieu conjointement à une théorie empirique très puissante, car ils impliquent qu'il n'existe pas trois objets a, b et c, tels que O (a, b), O (b, c) et O (c, a). Qu'est-ce qui empêche au juste cette éventualité? Supposons qu'on *croie* être en présence d'une triade intransitive; que dira-t-on dans ce cas? Si on dit que la loi (L) est fausse, on ne pourra plus employer le concept de longueur, et si on dit que (S) donne un critère erroné de la longueur, le *contenu* qu'on donne à l'idée qu'une chose est plus longue qu'une autre n'est plus très clair. Une autre possibilité serait de dire que les objets observés ne sont pas, comme l'exige la théorie, des objets *rigides*. On n'est pas obligé de donner l'une ou l'autre de ces réponses. Des notions comme celle de longueur sont tenus en équilibre par un certain nombre de pressions conceptuelles, et on déformera les théories fondamentales de la mesure en voulant par force décider si des principes comme (L) et (S) sont analytiques ou synthétiques. Il est préférable de dire que l'ensemble des axiomes, des lois ou postulats relatifs à la mesure de la longueur, est partiellement constitutif de l'idée d'un système d'objets physiques macroscopiques et rigides. Je pense que l'existence d'énoncés nomologiques dans les sciences naturelles dépend de lois constitutives (ou synthétiques *a priori*), comme celles de la mesure de la longueur.

De même qu'il est impossible d'assigner de manière intelligible une longueur à un objet en dehors d'une théorie compréhensive portant sur ce genre d'objets, on ne peut attribuer de manière intelligible des attitudes propositionnelles à un agent que dans le cadre d'une théorie viable de ses croyances, désirs, intentions et décisions.

On n'attribue pas une à une des croyances à une personne sur base de son comportement linguistique, de ses choix ou d'autres signes isolés, aussi clairs et évidents soient-ils, car des croyances particulières n'ont un sens que si elles sont cohérentes avec d'autres croyances, préférences, intentions, espoirs, craintes, attentes, etc. Non seulement chaque cas particulier teste la théorie et dépend d'elle, comme lors de la mesure de la longueur, mais le contenu d'une attitude propositionnelle dépend de sa place dans la structure d'ensemble.

Ce n'est pas par pure charité qu'on crédite les gens d'un large degré de cohérence : on est obligé de le faire si on veut que cela ait un sens de les accuser d'erreurs ou d'une certaine irrationalité. La confusion totale et l'erreur universelle sont impensables, non pas par manque d'imagination, mais parce que l'excès de confusion ne laisserait plus rien qui puisse être confondu et parce que la méprise généralisée estomperait l'arrière-fond de croyances vraies par rapport auxquelles on saisit l'erreur. L'existence de ces limites quant au type et à la quantité de bévues et de pensées erronées qu'on peut sensément attribuer à autrui montre une nouvelle fois que la question de savoir de quels concepts dispose une personne, est inséparable de la question de savoir ce qu'elle en fait sous forme de croyances, de désirs et d'intentions. Dans la mesure où on ne réussit pas à découvrir une structure cohérente et plausible dans les attitudes et actions d'autrui, on renonce à la possibilité de les traiter comme personnes.

Le problème n'est pas contourné mais renforcé lorsqu'on fait appel au comportement linguistique explicite. En effet, on ne saurait décoder les paroles d'un homme si on n'a pas déterminé au départ son attitude vis-à-vis de ses phrases, s'il les tient pour vraies ou s'il souhaite ou désire qu'elles soient vraies. En partant de cette attitude, on doit se faire une idée de ce qu'il veut dire, donnant ainsi un contenu et à ses attitudes et à ses paroles. En nous efforçant de donner un sens à ce qu'il dit, on avancera une théorie qui le présentera comme cohérent, comme cherchant la vérité et comme aimant le bien (d'après notre interprétation personnelle, cela va de soi). La vie étant ce qu'elle est, il n'y a pas de théorie simple satisfaisant pleinement ces exigences. Beaucoup de théories font des compromis plus ou moins acceptables, et il est possible qu'il n'y ait pas de base objective pour faire un choix parmi elles.

Le caractère hétéronomique des énoncés généraux reliant le mental et le physique découle en dernier ressort de ce rôle central de la traduction dans la description des attitudes propositionnelles, ainsi que de l'indétermination de cette traduction [14]. Il n'y a pas de lois psychophysiques strictes, puisque les engagements respectifs des schèmes mentaux et physiques sont différents. C'est un trait caractéristique de la réalité physique que les changements physiques peuvent être expliqués par des lois les reliant à d'autres conditions et changements décrits dans un vocabulaire physique, et c'est un trait caractéristique du mental que l'attribution de phénomènes mentaux doit se faire par rapport à l'arrière-fond de raisons, de croyances et d'intentions de l'individu. Il ne saurait y avoir de liens étroits entre les deux sphères aussi longtemps que chacune reste fidèle à sa propre source d'évidence empirique. L'irréductibilité nomologique du mental ne tient pas seulement à la nature unifiée du monde de la pensée, des préférences et de l'intention, car cette interdépendance se retrouve dans la théorie physique et elle est compatible avec l'existence d'une façon unique d'interpréter correctement les attitudes d'un individu sans relativisation par rapport à un schème de traduction. Cette irréductibilité n'est pas non plus due à l'existence d'un grand nombre de schèmes équivalents, car ce fait est compatible avec le choix arbitraire d'un schème servant de référence à des attributions de traits mentaux. Le point important est plutôt que lorsqu'on utilise des concepts comme ceux de croyance, de désir, etc., on doit être prêt, à mesure que les preuves empiriques s'accumulent, à ajuster sa théorie à la lumière de considérations de cohérence globale : l'idéal constitutif de la rationalité contrôle en partie chaque phase du développement de ce qu'on doit concevoir comme une théorie évolutive. Le choix arbitraire d'un schème de traduction rendrait impossibles de tels équilibrages opportuns de la théorie; autrement dit, un choix arbitraire d'un manuel de traduction correct porterait sur un manuel acceptable à la lumière de la totalité des preuves empiriques possibles, et un tel choix est impossible. Nous devons conclure, je pense, que l'existence d'un jeu nomologique entre le mental et le physique est essentielle, du moins aussi longtemps que l'on conçoit l'homme comme un animal rationnel.

III

L'essence de la discussion précédente, de même que sa conclusion sont bien connues : qu'il y ait une différence de catégorie entre le mental et le physique est un lieu commun. On s'étonne peut-être que je n'ai pas abordé le soi-disant caractère privé du mental ou le problème du statut spécial de l'agent quant à la connaissance de ses attitudes propositionnelles, mais cette apparence d'innovation s'évanouirait dès que l'on examinerait plus en détail les raisons d'adopter un certain schème de traduction. Ce qui est moins commun, sans être inédit, c'est le passage de la différence de catégorie entre le mental et le physique à l'impossibilité de lois strictes les reliant. L'élément surprenant de mon analyse consiste à interpréter l'anomie du mental comme aidant à établir l'identité du mental avec le paradigme du nomologique qu'est le physique.

Mon raisonnement est le suivant. Nous supposons qu'au moins certains événements mentaux sont des causes ou des effets d'événements physiques (*Principe de la dépendance causale du mental*); le raisonnement ne s'applique qu'à ces événements mentaux. Un deuxième principe (*Principe du caractère nomologique de la causalité*) dit que tout énoncé causal singulier vrai est étayé par une loi stricte reliant les types d'événements auxquels appartiennent les événements cités comme cause et effet. Là où on a des lois approximatives mais homonomiques, on a aussi des lois qui comportent des concepts appartenant au même domaine conceptuel, lois qui ne sont pas améliorables du point de vue précision et compréhension. Dans la partie précédente, nous avons fait valoir que de telles lois existent dans les sciences physiques. La théorie physique contient en elle la promesse d'un système compréhensif clos garantissant une description standardisée et unique pour tout événement physique énoncé dans un vocabulaire susceptible de s'intégrer à une loi.

Il est improbable que les concepts mentaux puissent à eux seuls produire une telle structure, pour la bonne raison que le mental n'est pas, en vertu de notre premier principe, un système clos : le mental est affecté par trop de choses qui ne sont pas des parties systématiques du mental. En combinant cette observation avec la conclusion qu'aucun énoncé psychophysique n'est ou ne peut être intégré dans une loi stricte, on obtient le principe de l'anomie du mental : il n'y a pas de lois strictes permettant de prédire et d'expliquer les phénomènes mentaux.

La démonstration de l'identité suit aisément. Si l'événement mental m cause l'événement physique p, m et p exemplifient, sous une certaine description, une loi stricte. Cette loi doit être physique, vu ce qui a été dit dans l'alinéa précédent. Mais si l'événement m tombe sous une loi physique, m possède une description physique, ce qui revient à dire que m est un événement physique. Un argument analogue vaut pour le cas où un événement physique cause un événement mental. Ainsi, tout événement mental causalement lié à un événement physique est un événement physique. Afin d'établir le monisme anomal dans toute sa généralité, il suffirait de montrer que chaque événement mental est cause ou effet d'un événement physique ; je ne vais cependant pas essayer de le montrer ici.

Lorsqu'un événement en cause un autre, ces événements, décrits de façon adéquate, exemplifient une loi stricte. Mais il est possible (et tout à fait courant) de connaître la relation causale singulière sans connaître la loi ou les descriptions pertinentes. La connaissance exige des raisons, représentées par des généralisations hétéronomiques approximatives ; ces dernières sont nomologiques en ce sens que sur base des phénomènes qui les exemplifient, on peut raisonnablement s'attendre à ce que d'autres phénomènes y soient semblables, mais elles ne sont pas nomologiques au sens de pouvoir être indéfiniment affinées. Si on applique ces faits à la question de l'identité, on s'aperçoit qu'il est possible de savoir qu'un événement mental est identique à un certain événement physique, tout en ignorant de quel événement physique il s'agit (au sens d'être en mesure de donner de l'événement mental une description physique unique le subsumant sous une loi pertinente). Même si tout événement mental était identique à un événement physique, et même si on connaissait l'histoire physique intégrale du monde, on ne pourrait pas prédire ou expliquer un événement mental particulier (décrit en tant que tel, bien sûr).

Ce sont donc deux traits des événements mentaux dans leur relation au physique — la dépendance causale et l'indépendance nomologique — qui se combinent pour dissoudre ce qui a souvent été considéré comme un paradoxe, à savoir, d'une part, le fait que la pensée et l'intention ont une efficacité dans le monde matériel, et, d'autre part, le fait qu'elles ne tombent pas sous des lois. En disant que certains événements correspondent aux faits de percevoir, de se souvenir, de prendre des décisions et d'agir, on les situe nécessairement parmi les événements physiques du fait de la relation causale ; mais en même temps, on isole (aussi longtemps qu'on ne change pas de vocabulaire) les événements mentaux des lois strictes auxquelles on peut en principe faire appel pour expliquer et prédire les phénomènes physiques.

Les événements mentaux en tant que classe ne peuvent pas être expliqués par les sciences naturelles, mais les événements mentaux particuliers peuvent l'être si on connait des identités particulières. Cependant, les explications des événements mentaux qui nous intéressent généralement sont celles qui les relient à d'autres conditions et événements mentaux. On explique, par exemple, les actions libres d'un homme en faisant appel à ses désirs, ses habitudes, à son savoir et à ses perceptions. Ces explications du comportement intentionnel se font à l'intérieur d'une structure conceptuelle située hors de l'emprise directe des lois naturelles, dans la mesure où elle présente la cause et l'effet, la raison et l'action, comme des aspects de l'agent humain. L'anomie du mental est ainsi une condition nécessaire de l'autonomie de l'action. Je conclus par un autre extrait de Kant :

> Aussi est-ce une tâche à laquelle la philosophie spéculative ne peut se soustraire, que de montrer du moins que ce qui fait que la contradiction qu'elle croit voir est illusoire, c'est que nous concevons l'homme, quand nous le qualifions de libre, en un autre sens et sous un autre rapport que lorsque nous le considérons comme soumis... aux lois de [la] nature ; c'est que non seulement les deux choses *peuvent* fort bien aller ensemble mais encore qu'elles doivent être conçues *comme nécessairement unies* dans le même sujet[15].

NOTES

[1] *Fondements de la Métaphysique de Mœurs*, trad. fr. de V. Delbos, Paris, Delagrave, 1976, pp. 197-198.
[2] Je défends ces thèses dans «Actions, raisons d'agir et causes» et «L'agir» [voir *supra*, pp. 61-78 et *infra* pp. 205-224].
[3] Dans «Causal Relations», *Journal of Philosophy* LXIV (1967), pp. 691-703 [reproduit dans D. DAVIDSON, *Essays on Actions and Events*, Oxford University Press, pp. 149-162], je développe la conception de la causalité présupposée ici. La stipulation que les lois doivent être déterministes est plus forte que requise par mon raisonnement, et elle sera allégée par la suite.
[4] Ceci présuppose la possibilité de dire que les événements mentaux sont localisés; c'est une supposition qui doit être vraie pour qu'une théorie de l'identité le soit; je ne cherche pas ici à prouver cette théorie, je la formule simplement.
[5] Je remercie Lee Bowie d'avoir attiré mon attention sur ce problème.
[6] Charles TAYLOR, «Mind-Body Identity, a Side Issue?», *The Philosophical Review* LXXVI (1967), p. 202.

[7] J.J.C. SMART, «Sensations and Brain Processes», *The Philosophical Review* LXXVIII (1959), pp. 141-156. Les passages cités se trouvent aux pages 163-165 de la version réimprimée dans V.C. CHAPPELL (éd.), *The Philosophy of Mind*, Englewood Cliffs, N.J., 1962. Pour un autre exemple, voir David K. LEWIS, «An Argument for the Identity Theory», *Journal of Philosophy* LXIII (1966), pp. 17-25. Ici, la supposition est rendue explicite quand Lewis interprète les événements comme des universaux (p. 17, notes 1 et 2). Je ne prétends pas que Smart et Lewis sont victimes d'une confusion; je dis seulement que leur façon d'énoncer la théorie de l'identité est susceptible d'obscurcir la distinction entre événements particuliers et types d'événements, distinction sur laquelle est fondée ma propre théorie.

[8] Jaegwon KIM, «On the Psycho-Physical Theory», *American Philosophical Quarterly* III (1966), p. 231.

[9] *Ibid.*, pp. 227-228. Richard Brandt et Jaegwon Kim proposent approximativement le même critère dans «The Logic of the Identity Theory», *The Journal of Philosophy* LIV (1967), pp. 515-535. Ils font remarquer que dans leur conception de l'identité des événements, la théorie de l'identité, «soutient une thèse plus forte que celle disant simplement qu'il y a une correlation phénoménale-physique diffuse» (p. 518). Je ne discuterai pas cette thèse plus forte.

[10] Le monisme anomal est reconnu plus ou moins explicitement comme position possible par Herbert FEIGL, «The 'Mental' and the 'Physical'», in *Concepts, Theories and the Mind-Body Problem*, vol. II, *Minnesota Studies in the Philosophy of Science*, Minneapolis, 1958; Sidney SHOEMAKER, «Ziff's Other Minds», *Journal of Philosophy* LXII (1965), p. 589; David Randall LUCE, «Mind-Body Identity and Psycho-Physical Correlation», *Philosophical Studies* XVII (1966), pp. 1-7; Charles TAYLOR, *op. cit.*, p. 207. Une position proche de la mienne est acceptée à titre d'essai par Thomas NAGEL, «Physicalism», *Philosophical Review* LXXIV (1965), pp. 339-356, et défendue succinctement par P.F. STRAWSON dans D.F. PEARS (éd.), *Freedom of the Will*, Londres, 1963, pp. 63-67.

[11] L'idée que la substitutivité de l'identité n'est pas valable dans le contexte de l'explication a été exprimée, en relation avec notre sujet, par Norman MALCOLM, «Scientific Materialism and the Identity Theory», *Dialogue* III (1964-1965), pp. 123-124; voir aussi mes articles «Actions, raisons d'agir et causes» et «The Individuation of Events», in N. RESCHER *et al.*, *Essays in Honor of Carl G. Hempel*, Dordrecht, 1969 [reproduit dans D. DAVIDSON, *Actions and Events*, pp. 163-180].

[12] Roderick Chisholm développe ce thème dans *Perceiving*, Ithaca, New York, 1957, chapitre 11.

[13] Cette position est adoptée par Richard C. JEFFREY, «Goodman's Query», *Journal of Philosophy* LXII (1966), p. 286 ff.; John R. WALLACE, «Goodman, Logic and Induction», même revue et même numéro, et par John M. VICKERS, «Characteristics of Projectable Predicates», *Journal of Philosophy* LXIV (1967), p. 285. Aux pages 328-329 et 286-287 de ces numéros de revue, Goodman conteste le caractère nomologique d'énoncés comme «Tous les émerires sont vleus». Je ne crois cependant pas qu'il répond à la position de mon «Emeroses by Other Names», *Journal of Philosophy* LXIII (1966), pp. 778-780 [reproduit dans D. DAVIDSON, *Essays on Actions and Events*, pp. 225-227].

[14] Je pense que l'influence de la doctrine quinienne de l'indétermination de la traduction, telle que formulée dans le chapitre 2 de *Word and Object* (Cambridge, Mass., 1960) [trad. fr. de J. DOPP et P. GOCHET, *Le mot et la chose*, Paris, Flammarion, 1977], est évidente. Au § 45, Quine explique la connexion entre la traduction et les attitudes propositionnelles et remarque que «la thèse de Brentano de l'irréductibilité des idiomes intentionnels est un aspect de la thèse du caractère indéterminé de la traduction» (p. 221) [p. 306 de la trad. fr.].

[15] *Op. cit.*, p. 198.

Causalité oblique et raisons d'agir

Frederick STOUTLAND

I

J'entends par théorie causale de l'action une théorie qui comporte les deux thèses suivantes :

1) un comportement n'est intentionnel qu'à la condition d'avoir été causé d'une façon bien déterminée, qu'à la condition que ses causes soient d'un type bien spécifique ;

2) toutes les explications recevables du comportement intentionnel sont de type causal, ce qui veut dire notamment qu'en expliquant l'action d'un agent par ses raisons d'agir, on spécifie les causes de son comportement, les raisons d'agir étant des causes d'un certain type.

Pour la théorie causale, ces deux thèses sont nécessairement liées : un acte intentionnel n'est rien d'autre qu'un acte susceptible d'être expliqué d'une manière bien déterminée, à savoir comme acte accompli pour une raison, et un acte n'est accompli pour une raison que s'il est causé d'une certaine façon.

F. STOUTLAND, «Oblique Causation and Reasons for Action», *Synthese* 43 (1980), pp. 351-367 (Copyright © 1980 by D. Reidel Publishing Co., Dordrecht, Holland, and Boston, U.S.A.). Avec l'aimable autorisation de l'auteur et de *Kluwer Academic Publishers*.

C'est Donald Davidson qui a été le protagoniste le plus influent de la théorie causale de l'action au cours des dernières années. Même s'il s'est livré à certaines autocritiques franches, il maintient néanmoins les points principaux d'une conception qu'il avait exposée pour la première fois dans «Actions, raisons d'agir et causes». Dans cet article, Davidson soutenait deux thèses :

> 1. R n'est une raison primaire pour laquelle un agent a accompli l'action A sous la description d, que si R se compose d'une pro-attitude de l'agent à l'égard d'actions ayant une certaine propriété et d'une croyance de l'agent que A, sous la description d, possède cette propriété.
>
> 2. La raison primaire d'une action est sa cause [*supra*, pp. 63 et 62].

Dans ce passage, Davidson identifie les conditions causales de l'action intentionnelle aux croyances et aux pro-attitudes de l'agent, ou, comme il le dira ultérieurement, aux

> croyances et aux désirs de l'agent qui *rationalisent* une action, en ce sens que leurs expressions propositionnelles éclairent l'action d'une lumière propice, expliquent pourquoi l'agent a agi et permettent de reconstituer l'intention avec laquelle il agissait[1].

Lorsque ces croyances et ces désirs causent le comportement d'une façon bien déterminée, ils correspondent aux raisons d'agir de l'agent et le comportement est intentionnel.

Selon Davidson, seule la théorie causale de l'action est en mesure de donner un sens à la notion d'agir *pour* une raison. Cette notion présuppose qu'on fasse la distinction entre, d'une part, agir et avoir des raisons d'agir, et, d'autre part, agir *parce qu'on* a ces raisons. On peut *justifier* une action en se référant aux raisons qu'avait l'agent, même s'il n'a pas agi pour ces raisons, mais on n'aura *expliqué* son action que s'il a effectivement agi parce qu'il avait ces raisons. Ce «parce que» *doit*, selon Davidson, exprimer une relation causale : un agent n'agit pour des raisons ou parce qu'il a des raisons que pour autant que ses pro-attitudes ou croyances (par la suite, je parlerai simplement d' «attitudes») causent son comportement. Un agent qui, dans une situation donnée, possède une attitude sans que cette attitude cause son comportement, possède une raisons d'agir mais n'agit pas pour cette raison; ce n'est que si cette attitude cause son comportement qu'il agit pour cette raison (et ce n'est qu'alors que cette attitude peut être considérée comme condition suffisante du caractère intentionnel de son acte)[2].

Je ne pense pas que ce «parce que» doit être causal; cependant, dans cet article, mon but n'est pas d'exposer ma position, mais de montrer que l'interprétation causale que donne Davidson de ce «parce que» est inadéquate. Cette interprétation, et c'est là sa particularité, a été conçue en vue d'éviter le modèle de l'explication par lois de couverture. Le débat sur la théorie causale a eu tendance à se concentrer sur la question de savoir si les explications de l'action humaine sont conformes à ce modèle ou non. Les partisans de la théorie causale ont soutenu que tel est effectivement le cas et qu'en conséquence les explications d'actions présupposent des généralisations causales «couvrant» le comportement et les attitudes qui l'expliquent. Les adversaires de la théorie causale, par contre, ont affirmé qu'il n'existe pas de telles généralisations, que le modèle des lois de couverture n'est donc pas à sa place et que la théorie causale est inadéquate. La contribution la plus remarquable de Davidson a été d'argumenter que tout ce débat passait à côté de la question, puisque la possibilité de formuler des généralisations causales reliant des attitudes à des comportements n'est pas la clé de voûte d'une théorie causale de l'action. Dans cet article, je défendrai la thèse que la théorie de Davidson, dans la mesure où elle évite de faire appel au modèle des lois de couverture, s'expose à des difficultés plus sérieuses que celles de cette autre version de la théorie causale.

II

Davidson évite le modèle des lois de couverture en interprétant dans un sens *oblique* la thèse de la théorie causale disant que, pour être intentionnel, un comportement doit avoir été causé par des attitudes. Il n'affirme pas qu'il existe des lois causales reliant des types d'attitudes à des types de comportements, mais il soutient que les événements qui, dans une situation donnée, sont de fait des attitudes, sont reliés à des types de comportements, non pas parce qu'ils appartiennent à des types d'attitudes, mais parce qu'ils appartiennent à des types d'événements physiques. Dans une situation donnée, une attitude est identique (de façon contingente) à un événement physique (probablement neurologique) et c'est ce dernier et non la première qui est relié au comportement par une loi causale. Bien que les raisons d'agir soient des causes, il n'y a pas de lois causales reliant les raisons aux actions; seules les lois reliant des événements neurologiques à des comportements décrits en termes non psychologiques sont authentiquement causales.

Cette conception s'appuie sur deux thèses. La première est la conception oblique des énoncés causaux singuliers (les énoncés causaux singuliers affirment qu'un événement particulier a causé un autre événement particulier, et c'est de cette façon que Davidson interprète l'énoncé que les attitudes d'un agent ont causé son comportement). La théorie de

Davidson est humienne, en ce sens qu'elle admet que les énoncés causaux singuliers présupposent des lois causales. Mais, dit Davidson, la thèse humienne est ambiguë :

> Elle peut vouloir dire que «*A* a causé *B*» implique une loi particulière dans laquelle figurent les prédicats utilisés dans les descriptions «*A*» et «*B*», mais elle peut signifier aussi que «*A* a causé *B*» implique l'existence d'une loi causale exemplifiée par une description vraie de *A* et de *B* [*supra*, p. 74].

La première possibilité correspond au modèle d'explication par lois de couverture, modèle que Davidson rejette. C'est la seconde possibilité qui lui permet de dire qu'une attitude peut être la cause d'une action, alors même qu'il est impossible de formuler une loi causale reliant des attitudes de ce type à un type de comportements. La seule chose requise pour qu'une attitude cause un comportement, est qu'il y ait en principe une loi causale, qui relie au comportement en question les événements d'un type auquel cette attitude particulière appartient :

> Le principe du caractère nomologique de la causalité... dit que si des événements sont dans une relation de cause à effet, ils ont des descriptions qui exemplifient une loi. Il ne dit pas que tout énoncé particulier de causalité qui est vrai, exemplifie une loi [*supra*, p. 129].

En ce qui concerne l'action, Davidson raisonne comme suit :

> Si les raisons d'agir sont des causes de l'action, les lois requises n'utilisent certainement pas les concepts que les rationalisations doivent utiliser. Du fait que les causes d'une première classe d'événements (actions) appartiennent à une autre classe (raisons d'agir) et qu'il y a une loi pour étayer chaque énoncé causal singulier, ne s'ensuit pas qu'il existe une loi reliant des événements classés comme raisons d'agir à des événements classés comme actions — les classifications pouvant être d'ordre neurologique, chimique ou physique [*supra*, p. 75].

La seconde thèse précise que cette classification *doit* être physique (au sens large de «non psychologique» ou de «non mental»), parce qu'il n'existe pas de lois causales pouvant être formulées en termes psychologiques (ou mentaux). Cette thèse, que Davidson a soutenue uniquement dans des travaux plus récents que «Actions, raisons d'agir et causes», va au-delà de l'affirmation que des lois causales, reliant les actions aux attitudes qui les ont causées, ne sont pas nécessaires, en déclarant qu'il ne peut y avoir de telles lois. C'est le «principe de l'anomie du mental» : «Il n'y a pas de lois déterministes strictes permettant de prédire et d'expliquer des événements mentaux» [*supra*, p. 123]. L'argumentation de Davidson en faveur de ce principe est complexe et obscure, mais elle est fort intéressante et vaut la peine qu'on s'y attarde pour essayer de la clarifier. Elle comporte deux aspects : d'une part, on a un argument direct cherchant à établir qu'il n'y a pas de lois causales reliant des descriptions d'attitudes à des descriptions de comportements (Davidson parle de descriptions «psychologiques» ou «mentales» dans les deux cas, puisque ces descriptions ne font pas partie du langage physicaliste), et on a, d'autre part, un argument indirect, fondé sur l'impossibilité de lois psychophysiques.

L'argument direct prend appui sur le «holisme du mental» : «Les croyances et les désirs ne s'expriment dans le comportement que par l'intermédiaire de et modifiés par d'autres croyances et désirs, attitudes et circonstances concomitantes, et cela sans qu'il y ait de limite» [*supra*, p. 131]. Le point crucial est ce «sans qu'il y ait de limite» : cela signifie qu'il est impossible de déterminer une fois pour toutes la structure à l'intérieur de laquelle on doit établir les conditions suffisantes pour l'accomplissement d'une action intentionnelle. Il s'agit d'une impossibilité de principe, et cela dans le même sens et pour la même raison qu'il est impossible d'éliminer le caractère indéterminé de la traduction radicale : il n'y a pas de conditions de vérité déterminant de façon unique si une attribution d'attitudes est correcte ; il n'y a pas une seule et unique façon d'attribuer correctement des attitudes à un agent pour un comportement donné. En identifiant, dans une situation donnée, les croyances d'un agent, on sera capable d'identifier ses désirs, et vice versa. Cependant, pour identifier ses croyances ou ses désirs, il faut déterminer quels ont été ses croyances ou ses désirs dans d'autres situations, les difficultés s'ajoutant ainsi les unes aux autres. Il y a plusieurs façons de rationaliser (au sens de Davidson) une action, le point important n'étant pas qu'on ignore quelle est la rationalisation correcte, mais que cela ne fait aucune différence. Il n'y a pas de faits pouvant servir de pierre de touche pour faire apparaître l'une de ces rationalisations plus correcte qu'une autre (ou qu'une série d'autres).

Ceci implique qu'il n'y a pas de lois causales authentiques reliant des attitudes au comportement décrit en termes psychologiques :

> Tout effort pour améliorer la précision et le pouvoir explicatif d'une théorie du comportement nous oblige à prendre directement en considération une part de plus en plus grande du système total des croyances et des motifs de l'agent... Supposons que nous connaissions les conditions suffisantes [d'une action]. Dans cette hypothèse, nous pourrions dire : 'A chaque fois qu'un homme a tels et tels désirs et croyances et que telles et telles autres conditions sont satisfaites, il agira de telle et telle façon'. Il n'y a pas de lois sérieuses de ce genre. Par loi sérieuse, j'entends plus qu'une généralisation statistique...; il doit s'agir d'une loi permettant de déterminer à l'avance si les conditions d'application sont satisfaites ou non (*Psychology as Philosophy*, p. 233).

On est incapable de déterminer à l'avance si les conditions d'application d'une (supposée) loi causale reliant des attitudes à un comportement sont satisfaites, aussi longtemps qu'on n'a pas exactement identifié les attitudes de l'agent dans une situation donnée. Or, ceci exige non seulement qu'on connaisse son comportement dans cette situation — ce qui signifie que les conditions d'application ne peuvent pas être déterminées à l'avance — mais aussi qu'on connaisse ses attitudes dans des situations antérieures, ce qui exige qu'on prenne en considération le système total de ses attitudes; or, c'est là une tâche impossible à réaliser d'un point de vue pratique, et dépourvue de sens d'un point de vue théorique, étant donné qu'il n'y a pas une façon unique et correcte de comprendre ce système.

Qu'il n'y a pas, pour ces raisons, de lois causales reliant des attitudes à des comportements, est moins une découverte qu'un engagement : «si nous voulons attribuer d'une manière intelligible des attitudes et des croyances à une personne, ou bien décrire de façon pertinente des mouvements corporels comme un comportement, nous sommes dans l'obligation de découvrir, dans le réseau des comportements, des croyances et des désirs, un degré élevé de rationalité et de cohérence» (*Psychology as Philosophy*, p. 237). C'est cette obligation qui nous pousse à prendre en considération «le système total des croyances et des motifs de l'agent», car c'est la seule façon d'en faire un agent rationnel et cohérent, de comprendre pourquoi une action apparemment irrationnelle est, considérée du point de vue plus large de l'agent, une façon raisonnable d'agir. Cet engagement n'est pas arbitraire pour autant, et il est fondamental : «Les limites auxquelles se heurtent les sciences sociales ne sont pas imposées par la nature mais par nous qui décidons de considérer l'homme comme un agent rationnel se posant des fins, poursuivant des buts et pouvant être l'objet d'évaluations morales» (*Psychology as Philosophy*, p. 239).

Davidson insiste plus longuement sur un argument indirect qui se réfère à l'impossibilité de lois psychophysiques strictes, argument reposant sur l'affirmation que les conditions d'attribution des prédicats physiques sont radicalement différentes de celles des prédicats psychologiques. Il exprime cette idée de façon intuitive en disant que «les prédicats mentaux et les prédicats physiques ne se conviennent pas» [*supra*, p. 132]. En attribuant des prédicats de chacun de ces types, on suppose qu'une certaine structure (ou théorie) s'applique aux sujets concernés. Or, ces structures sont différentes dans les deux cas :

> C'est un trait caractéristique de la réalité physique que les changements physiques peuvent être expliqués par des lois les reliant à d'autres conditions et changements décrits dans un vocabulaire physique, et c'est un trait caractéristique du mental que l'attribution de phénomènes mentaux doit se faire par rapport à l'arrière-fond de raisons, de croyances et d'intentions de l'individu [*supra*, p. 136].

C'est pourquoi la structure du mental exige que «lorsqu'on utilise des concepts comme ceux de croyance, de désir, etc., on doit être prêt, à mesure que les preuves empiriques s'accumulent, à ajuster sa théorie à la lumière de considérations de cohérence globale : l'idéal constitutif de la rationalité contrôle en partie chaque phase du développement de ce qu'on doit concevoir comme une théorie évolutive» [*supra*, p. 136]. Il n'y a pas de condition analogue pour l'attribution des prédicats physiques (car on ne considère pas les événements de la nature comme des manifestations d'agents rationnels), et c'est pourquoi, «obligés de nous tenir prêts à ajuster les termes psychologiques à un ensemble particulier de normes et les termes physiques à un autre ensemble de normes, ... nous ne pouvons pas maintenir qu'il existe entre eux une connexion nette et régulière» (*Psychology as Philosophy*, p. 239).

L'impossibilité de lois causales psychophysiques entraîne à son tour l'impossibilité de lois psychologiques, car le domaine psychologique n'est pas un «système clos» : «Le mental est affecté par trop de choses qui ne sont pas des parties systématiques du mental» [*supra*, p. 137]. N'importe quelle loi causale reliant des raisons d'agir à des actions devrait donc prendre en compte des facteurs physiques agissant sur le mental, mais, étant donné qu'il n'y a pas de lois causales couvrant cette interaction psychophysique, il ne peut pas non plus y avoir de lois causales couvrant les raisons d'agir et les actions.

Il s'ensuit de ces arguments à l'encontre de la possibilité de lois causales psychologiques que tous les types causaux sont des types physiques : un événement n'a de pouvoir causal que pour autant qu'il appartient à un type physique. Puisque les attitudes ne sont pas des types physiques, elles ne sont pas des types causaux : une attitude ne cause jamais un comportement parce qu'elle appartient à un type d'attitude, mais parce qu'elle appartient (aussi) à un type physique. Décrire un événement comme une attitude n'est donc pas le décrire en termes de ses pouvoirs causaux. On peut conclure de ceci qu'une attitude, lorsqu'elle cause un comportement, doit être identique à un événement physique — c'est là le «matérialisme nominaliste» [*token materialism*] de Davidson. En d'autres mots : pour tout événement causant un comportement et de qui il existe une description en termes d'attitudes, il doit également exister une description en termes physiques. C'est cette description physique qui figure dans les *explications causales* du comportement, les descriptions d'attitudes ne faisant que spécifier les *causes* du comportement. Alors que la version de la théorie causale qui fait appel aux lois de couverture soutient que les attitudes doivent expliquer causalement le comportement intentionnel, Davidson estime que la théorie causale requiert uniquement que les attitudes causent le comportement, l'explication causale du comportement se faisant par ailleurs en termes d'événements neurologiques auxquels les attitudes sont de fait identiques.

III

Il s'agit là d'une façon ingénieuse et saisissante d'enlever au débat sur le modèle d'explication par lois de couverture sa signification pour la théorie causale. Cependant, de nouvelles difficultés, autrement plus graves, vont se poser, et cela aussi longtemps que cette théorie ne fera pas appel à ce modèle (que Davidson, et c'est là un point central de sa conception, entend justement éviter). Ces difficultés prennent toutes leur origine dans une conséquence remarquable des thèses de Davidson, à savoir qu'il ne peut y avoir de relation explicative entre les pouvoirs causaux des attitudes et le fait qu'elles *sont* des attitudes. D'une part, c'est parce qu'elles sont des attitudes qu'elles rendent compte de l'intentionnalité du comportement (ou qu'elles figurent dans l'explication de l'action intentionnelle) ; d'autre part, c'est (uniquement) parce qu'elles sont identiques à des événements physiques (neurologiques) qu'elles causent ce comportement. Mais il est impossible, sur la base des thèses de Davidson, d'expliquer le fait qu'un événement particulier soit à la fois une attitude spécifique et un événement neurologique spécifique (c'est-à-dire le fait que le même événement ait à la fois une description en termes d'attitudes et une description en termes physiques). En effet, si une telle explication existait, elle devrait dire que, lorsqu'un événement appartient à ce type-ci d'attitudes, alors, dans telles et telles circonstances, il appartient également à ce type-ci d'événements physiques. Cette conditionnelle serait une *loi*. Or, si des types d'attitudes étaient reliés par une loi à des types d'événements physiques, qui, eux, sont reliés par une loi à des types de comportements, alors — cette relation étant transitive — des types d'attitudes seraient reliés par une loi à des types de comportements — ce qui nous fait revenir au modèle des lois de couverture.

Si on rejette ce modèle tout en endossant les thèses de Davidson, on doit accepter comme un fait brut, non explicable, qu'une attitude produise un certain comportement. Cela donne lieu à une modification étrange de la notion d'agir pour une raison, notion dont l'explication est pourtant le souci primordial de la théorie causale. La théorie causale interprète les énoncés disant qu'un agent a agi conformément à une attitude, comme impliquant deux choses : 1) les attitudes de l'agent *étaient effectivement* ses raisons d'agir, c'est-à-dire son comportement était raisonnable à la lumière de ses attitudes — elles le «rationalisaient»; 2) les attitudes de l'agent causaient son comportement.

Dans la version des lois de couverture, il y a un lien important entre les deux thèses : la première *explique* (du moins en partie) la seconde, en sorte que les raisons d'agir de l'agent expliquent causalement son action. Cela signifie notamment que si un agent possède de fortes raisons d'agir, c'est précisément parce qu'elles sont fortes qu'il passera plus facilement à l'acte.

Dans la théorie de Davidson, il n'y a pas de place pour une telle relation; c'est simplement un fait brut que les deux assertions — que les attitudes de l'agent étaient ses raisons d'agir et que ces attitudes ont causé son comportement — sont vraies dans la même situation, et la première ne peut même pas partiellement expliquer la seconde. Prenons le cas où, voulant me désaltérer, je saisis un verre qui se trouve sur la table, parce que je crois que c'est le seul verre disponible. Davidson accepte, bien entendu, la thèse causale, selon laquelle ce n'est que lorsque ma croyance et mon désir ont causé mon comportement que j'ai agi intentionnellement pour ces raisons-là. Mais dans sa théorie oblique, cela reste un fait brut que ce désir et cette croyance (mes raisons d'agir) ont causé mon action. Le fait qu'ils ont causé cet acte est différent du fait qu'ils ont été mes raisons pour l'accomplir. En effet, c'est parce qu'ils appartiennent à des types physiques qu'ils ont causé cet acte, et c'est parce qu'il s'agit de désirs et de croyances (qui ne sont pas des types physiques) qu'ils ont été des raisons d'agir. Aussi longtemps qu'on ne fera pas appel au modèle des lois de couverture, on sera dans l'impossibilité d'expliquer qu'un événement appartient à la fois à ces deux types (dans une situation donnée). Les événements appartenant aux types «mon désir de me désaltérer» et «ma croyance que ceci est le seul verre disponible» ont eu certains effets, non pas en vertu de leur appartenance à ces types, mais en vertu d'une chose tout à fait différente, à savoir qu'ils appartiennent à des types causaux, c'est-à-dire physiques. Qu'ils furent des raisons fortes ou faibles n'entre pas en ligne de compte. En effet, le fait que j'ai agi pour ces raisons dépend de leur relation causale à mon comportement, et donc de leurs pouvoirs causaux, tandis que leur nature forte ou faible leur appartient en tant que raisons ou attitudes d'un certain type, et n'a donc rien à voir avec leurs pouvoirs causaux.

Il est évident que ceci entraîne une modification étrange de la notion d'agir pour une raison : que des personnes agissent, dans une situation donnée, pour telle et telle raison, n'a plus rien à voir avec leur statut d'agents intentionnels. Davidson a raison de dire que la seule présence du désir et de la croyance n'est pas suffisante pour que mon acte de saisir le verre soit intentionnel, car je pourrais avoir ces raisons sans pour autant agir pour elles. C'est pourquoi il ajoute la condition qu'elles doivent causer mon action de saisir le verre. Cependant, dans la théorie oblique, que cette condition causale soit satisfaite est indépendant de (n'est pas expliqué par) ce que l'agent désire ou croit, par la façon dont il évalue son action, par la nature, forte ou faible, de ses raisons d'agir. Que l'agent possède des attitudes d'un certain type n'explique pas que ses attitudes particulières appartiennent à un certain type causal, et c'est pourquoi ce fait ne peut pas, dans une théorie causale, expliquer pourquoi son acte est intentionnel. Le fait que, dans une situation donnée, ses attitudes ont causé son comportement, est sans rapport avec la capacité de l'agent de former des croyances, d'avoir des désirs, de faire des évaluations, donc sans rapport avec son statut d'agent intentionnel. Partis de l'hypothèse que la relation causale singulière (dans le sens oblique) est une condition de l'intentionnalité, nous aboutissons au cas de figure étrange d'une théorie causale de l'action estimant qu'il n'y a pas et qu'il ne peut y avoir d'explication causale de ce qu'un agent intentionnel agit intentionnellement dans une situation donnée.

IV

On critiquera peut-être mon interprétation de la théorie de Davidson, en disant que j'en ai donné une représentation simpliste, ne tenant pas compte de certains types de généralisations portant sur les raisons d'agir et les actions[3]. C'est cette objection que je vais analyser plus en détail. Les généralisations en question ne satisfont pas les conditions pour être des lois causales, et en les acceptant, on ne risque donc pas de se mettre en contradiction avec la thèse de l'anomie du mental et du refus du modèle des lois de couverture. D'autre part, ces généralisations seraient suffisantes, prétend-on, pour éliminer les difficultés que j'ai soulevées. Ce que j'ai dit jusqu'à présent ne serait pas une critique de la théorie oblique de la causalité en tant que telle, puisque cette théorie présuppose de pareilles généralisations, qui correspondraient à un type important de preuves empiriques pour les énoncés causaux singuliers.

Prenons le cas où je laisse tomber une pièce de porcelaine et que cet objet se casse. Normalement, on expliquera ce qui s'est passé en disant qu'avoir laissé tomber la pièce est la cause de ce qu'elle se soit cassée; on a ici un énoncé causal singulier. Apparemment, l'analyse oblique est adéquate : la description «laisser tomber la pièce de porcelaine» décrit un événement particulier qui cause un autre événement décrit comme «le fait que la pièce se soit cassée». Ces descriptions ne figurent pas pour autant dans une loi causale — il n'y a pas moyen de formuler, même en multipliant les restrictions et les conditions, une généralisation causale qui les contiendrait et qui serait sans exception. Pour obtenir une généralisation causale, on doit recourir à un vocabulaire différent de types causaux, en disant que l'événement particulier de laisser tomber la pièce de porcelaine appartient à un type qui est relié par une loi causale à un autre type, dont fait partie le fait que la porcelaine se soit cassée, ces types pouvant être spécifiés dans le langage de la physique. Il n'est pas nécessaire de connaître cette loi; il suffit de savoir qu'elle existe et qu'il existe de tels types[4].

Dans ce contexte, les généralisations qui ne sont pas des lois causales jouent un rôle crucial. En effet, la généralisation approximative que des pièces de porcelaine ont tendance à se casser quand on les laisse tomber est un indice (*evidence*) de la présence d'une loi causale, et cette généralisation nous fournit des raisons valables de penser qu'il est probable qu'une pièce de porcelaine se casse si on la laisse tomber. Les descriptions figurant dans des généralisations approximatives de ce genre ne sont pas des types causaux (ces derniers sont spécifiques aux lois causales strictes); on pourrait les appeler «types quasi-causaux». Leur relation aux types causaux est de nature indicative (*evidential*) et prédictive, mais non explicative. Les événements appartenant à des types quasi-causaux sont susceptibles d'appartenir aussi à des types causaux pertinents (même s'il n'est pas possible de spécifier ces derniers). Si on sait qu'un événement appartient à un type causal, on dispose d'un indice qu'il est susceptible d'appartenir à un type causal pertinent, et cela permet de faire des prévisions quant à ses pouvoirs causaux. Qu'un événement appartienne à un type quasi-causal n'*explique* cependant pas pourquoi il appartient à un type causal. En effet, cette explication supposerait l'existence d'une loi causale affirmant que tout événement qui appartient au premier type appartient aussi au second, et cela signifierait que les deux types sont causaux.

Les types quasi-causaux sont soit empiriques, soit logiques. Ils sont empiriques s'ils figurent dans des généralisations approximatives semblables à celle de notre exemple. Ils sont logiques s'ils figurent dans des énoncés comme «Avaler du poison peut provoquer des lésions corporelles» ou «Des objets fragiles ont tendance à se briser suite à un choc violent». «Avaler du poison» et «fragilité» ne sont pas des types causaux — ces descriptions ne figurent dans aucune loi causale stricte — mais la description d'une substance comme «toxique» ou comme «fragile» *im-*

plique son appartenance à un type causal à l'intérieur d'un domaine bien défini. Ces types se trouvent, de par la signification de leurs descriptions, dans une relation indicative et prédictive (mais non explicative) avec les types causaux.

L'objection à l'encontre de ma critique de la conception davidsonienne des raisons d'agir peut à présent être formulée comme suit : j'aurais ignoré que les descriptions d'attitudes (et d'actions) sont des types quasi-causaux, soit logiques (comme c'est le cas dans la théorie dispositionnelle et dans la conception fonctionnaliste des états mentaux), soit empiriques (étant donné la possibilité de formuler des généralisations approximatives à propos des attitudes et des actions). Cette dernière possibilité est celle adoptée par Davidson, qui conteste l'existence de lois psychophysiques strictes mais souligne le rôle des généralisations psychophysiques comme indices de lois causales sous-jacentes :

> Lorsqu'un événement d'un certain type mental a été habituellement accompagné d'un événement d'un certain type physique, c'est souvent une bonne raison de s'attendre à ce que, en gros, d'autres cas en fassent autant. On considère les généralisations contenant ce genre de sagesse pratique comme approximativement vraies... Leur importance réside principalement en ce qu'elles étayent des propositions causales singulières et des explications connexes d'événements particuliers. Elles en sont capables parce que, tout en étant approximatives et vagues, elles peuvent fournir des raisons valables de croire qu'il y a une régularité sous-jacente aux cas particuliers, susceptible d'être formulée de manière précise et sans restrictions [*supra*, pp. 132-133].

S'il est donc vrai que la théorie de Davidson n'admet pas de lois causales couvrant des attitudes et des actions, elle accorde cependant une place assez large aux généralisations portant sur les raisons d'agir (des généralisations ne soutenant pas des conditionnelles contrefactuelles, entre autres), et ces généralisations seraient suffisantes pour éliminer les difficultés inhérentes à sa conception.

Cependant, même en admettant que les types d'attitudes sont quasi-causaux, on ne saurait sauver la théorie de Davidson. En effet, pour qu'une théorie causale de l'action soit adéquate, il faut que la relation entre types d'attitudes et types causaux soit plus qu'une relation indicative et prédictive. Il faut qu'elle soit de nature *explicative* et cela signifie que les types d'attitudes doivent être authentiquement causaux, comme c'est le cas dans le modèle des lois de couverture.

Rappelons que le souci premier de la théorie causale est d'expliquer de façon adéquate la différence entre justifications et explications, entre une situation où l'agent a une raison R et accomplit A (mais pas pour cette raison), et une situation où l'agent possède R et fait A *parce qu'il* possède R. Davidson prétend que ce «parce que» exprime sans plus la relation causale singulière, la seule différence pertinente entre les deux situations étant que dans la dernière, et non dans la première, R a causé A (dans le sens oblique). Mais si c'est là la seule différence pertinente, le fait que, dans une situation donnée, l'attitude de l'agent ait causé son action et donc que l'agent ait agi pour cette raison, reste inexpliqué et est *a fortiori* indépendant du statut de l'agent comme agent intentionnel, comme on l'a vu plus haut.

On répondra peut-être que la relation causale singulière n'est pas le seul élément qui est présent lorsqu'un agent agit pour une raison R et absent lorsqu'il n'agit pas pour cette raison, mais que les attitudes qui déterminent l'action possèdent également des traits particuliers, exprimés par des généralisations portant sur la force des désirs, la profondeur des croyances, etc., bref, des généralisations comprenant, selon Davidson, la sagesse pratique. Cette réponse n'est pas satisfaisante, car ces généralisations, du moment qu'elles ne sont pas des lois causales, sont au mieux des indices de la présence d'une relation causale singulière. Or, on a besoin, non pas d'indices de la présence probable d'une relation causale singulière, mais d'une *explication* de sa présence dans une situation où l'agent a à la fois certaines attitudes et agit conformément à elles. En l'absence d'une telle explication, que ces attitudes aient été à la fois des raisons d'agir et des causes du comportement, est un fait brut.

L'argument que les attitudes sont des types quasi-causaux passe à côté de la question. En effet, ces attitudes sont aussi bien quasi-causales dans une situation où l'agent les possède sans agir conformément à elles, que dans une situation où il agit conformément à elles. En faisant appel à des généralisations portant sur des attitudes et des actions — sur la tendance de la personne à accomplir certains actes si elle possède certaines attitudes, etc. — on peut éventuellement faire des prédictions raisonnables sur le comportement probable d'agents dans certaines situations, mais cela ne touche aucunement au problème que la théorie causale entend résoudre. En effet, ces généralisations ne font pas la différence entre une situation où l'agent possède ces attitudes et agit conformément à elles et une situation où il les possède mais n'agit pas conformément à elles, et cela parce qu'une généralisation qui n'est pas une loi causale s'applique tout aussi bien aux situations du premier genre qu'à celles du second. De telles généralisations ne sauraient donc expliquer pourquoi une relation causale singulière est sous-jacente à l'une de ces situations et pas à l'autre.

La théorie des lois de couverture évite cette difficulté en soutenant, non seulement que le «parce que» dans l'énoncé «S a fait A parce que

R» est causal, mais aussi qu'il y a des différences causales, liées de façon nécessaire aux attitudes elles-mêmes, entre les attitudes d'un agent dans une situation où il agit conformément à elles, et ses attitudes dans une situation où il n'agit pas conformément à elles, différences permettant une explication causale de son action en termes d'attitudes dans le premier cas et pas dans le second. Une théorie causale qui veut faire l'économie du modèle des lois de couverture n'arrive pas à intégrer de telles explications car, vu que les attitudes sont au mieux quasi-causales, il ne peut y avoir d'explication causale à ce qu'une attitude appartienne dans l'un des cas et non dans l'autre à un type causal pertinent. Cette théorie n'arrive donc pas à expliquer de façon adéquate la distinction qu'elle voulait élucider avant tout.

V

A supposer que ma discussion de la théorie de Davidson ait été équitable, les difficultés qu'elle recèle sont graves. Il y a, en premier lieu, un problème d'ordre épistémologique. En effet, cette théorie implique que personne, même pas l'agent, n'est en mesure de savoir avec quelque certitude si, dans une situation donnée, une personne agit pour une raison ou non et donc intentionnellement ou non. Il est vrai que cette théorie admet certaines généralisations portant sur les attitudes et les actions de l'agent (généralisations qui ne sont pas des lois causales), qui permettent à autrui (et éventuellement à l'agent lui-même) de faire des prédictions sur la probabilité que, dans une situation donnée, les attitudes de l'agent causent son action et donc sur la probabilité que son action suit une certaine intention. Il est également vrai que parfois on n'est pas sûr des raisons pour lesquelles on agit, voire si l'on agit intentionnellement. Mais généralement, on ne pense pas qu'il est seulement probable qu'on agit intentionnellement. Lorsque vous me demandez de fermer le poste de télévision et que je m'exécute, je peux m'interroger sur le pourquoi de mon obéissance passive ou, si ce n'était pas de l'obéissance, pour quelle autre raison j'ai agi, mais je ne doute pas que j'ai poussé le bouton pour fermer le poste et je ne doute pas non plus que je l'ai poussé intentionnellement. Même si on avait des doutes à ce propos, on ne s'engagerait pas, afin de tirer les choses au clair, dans une recherche neurophysiologique, comme on devrait pourtant le faire si la théorie de Davidson était correcte. Pour déterminer l'intentionnalité de l'action, on ne cherche jamais dans cette direction-là. De toute façon, les chances de succès d'une telle enquête s'évanouiraient dès l'instant où l'action a été accomplie, car il ne saurait y avoir de traces neurologiques de l'attitude et de la croyance en l'absence de lois causales reliant des événements neurologiques à des attitudes et croyances en tant que types psychologiques. Quoi qu'on puisse dire des cas limite, il est certain, dans les cas normaux, qu'agir intentionnellement, c'est agir en sachant ce qu'on est en train de faire et, *a fortiori*, en sachant qu'on agit intentionnellement. C'est là un point que la théorie de Davidson n'arrive pas à expliquer.

La connaissance dont nous venons de parler concerne ce qu'une personne est en train de faire. Un problème similaire se pose à propos de la connaissance de ce qu'on *pourrait* faire, ce qui introduit le concept de capacité. Pour la plupart des choses qu'on accomplit intentionnellement (j'exclus les choses qu'on réalise seulement par hasard), on possède la capacité de les faire («capacité» dans le sens qui concerne des types d'actes). Etre capable, en ce sens, d'accomplir un acte, présuppose qu'on puisse identifier des situations comme étant des *opportunités* de l'accomplir, et donc qu'on puisse identifier le type de situation où on est capable de l'accomplir à condition de le vouloir. Si on est capable de bouger les oreilles, alors on est capable d'identifier le type de situation où, si on le désirait, on pourrait le faire et où on le ferait. Mais dans la théorie de Davidson, l'opportunité d'accomplir un acte comporte toujours la condition que mes attitudes doivent causer cet acte, et il est impossible d'identifier une situation comme étant de ce *type*. Il n'y a pas de *types* de situations dans lesquelles le désir d'accomplir un acte cause cet acte, car désirer accomplir un acte n'est pas un type causal.

On peut énoncer une difficulté similaire sans faire intervenir des considérations d'ordre épistémologique concernant ce qu'un agent peut connaître ou identifier. La théorie de Davidson exclut qu'un agent soit capable, dans une situation donnée, d'accomplir un acte, c'est-à-dire elle exclut qu'il possède une capacité dans le sens qu'Austin a appelé le «sens tout compris», qui concerne des actes particuliers et est rendu le plus naturellement par l'expression «L'agent peut le faire s'il le décide». S'il est vrai, dans une situation donnée, qu'un agent peut accomplir un certain acte à condition de le décider, alors le *seul* élément qui manque pour que cet acte soit accompli intentionnellement, est que l'agent décide de l'accomplir. Je ne pense pas que cette conditionnelle est causale, mais elle affirme que décider d'accomplir cet acte est, dans cette situation, suffisant pour l'accomplir. Cela ne peut jamais être vrai dans la conception de Davidson; la décision de l'agent ne peut jamais être le seul élément à faire défaut, puisque la décision doit aussi appartenir à un type causal, et cela est extérieur au statut de l'agent comme agent intentionnel et n'est pas déterminé par la nature de son choix. Quelque favorables que soient les circonstances, il y aura toujours un élément qui ne dépendra pas uniquement de la décision de l'agent, en sorte qu'il ne sera jamais vrai qu'un agent peut agir à condition de le décider. Il ne sera donc jamais vrai qu'il possède une capacité au sens «tout compris», c'est-à-dire, ce ne sera jamais le cas que la *seule* chose faisant défaut pour qu'il agisse soit sa décision de passer à l'acte.

Enfin, la conception de Davidson rend insoluble le problème des «chaînes causales déviantes». Ce problème, qui est propre à la théorie causale, a été discuté par Davidson lui-même, qui avoue franchement ne pas savoir comment le résoudre. Il fait figure de contre-exemple à la thèse disant qu'il *suffit*, pour qu'un acte soit intentionnel, qu'il soit causé par les attitudes qui sont les raisons de l'agent pour accomplir cet acte. L'exemple donné par Davidson en vaut un autre :

> Imaginons qu'un alpiniste, retenant un autre homme par une corde, veuille se débarrasser du poids et du danger que cela représente et qu'il sache qu'il pourrait le faire en lâchant prise. Supposons que cette croyance et ce désir le perturbent et soient la cause de ce qu'il lâche prise; pourtant, il est possible que dans ce cas il n'ait pas *choisi* de lâcher prise et qu'il ne l'ait pas fait intentionnellement.

Commentant des cas de ce genre, Davidson écrit :

> Les croyances et les désirs qui rationaliseraient une action s'ils la causaient de la bonne façon — disons, par l'intermédiaire d'un raisonnement pratique — peuvent la causer d'une autre façon. Dans ce cas, l'action n'a pas été accomplie avec l'intention dont on suppose la présence sur base des attitudes qui ont causé l'action. Ce que je cherche désespérément à déterminer, c'est la façon dont les attitudes doivent causer l'action lorsqu'elles la rationalisent (*Freedom to Act*, p. 79).

Dans «Freedom to Act», Davidson pense que cette difficulté est grave, mais qu'elle peut être résolue en ajoutant des conditions causales portant sur la *façon* dont les croyances et les attitudes causent l'action. Mais, comme l'a montré notre analyse, cette stratégie est vouée à l'échec.

En effet, le problème posé par les chaînes causales déviantes est que, dans ce cas, le désir explique l'action non pas en tant que raison d'agir mais en tant que cause de phénomènes émotifs. L'alpiniste lâche prise, parce que son désir et sa croyance causent un état d'énervement et d'agitation, et non pas, pour le dire en termes aristotéliciens, en tant que prémisses dont l'action est une sorte de conclusion. Si on veut employer la notion de causalité pour formuler cette différence, on doit dire que dans le premier cas, les attitudes causaient l'acte parce qu'elles causaient un état d'agitation, tandis que dans le second cas, elles causaient l'acte en vertu de leur rôle dans le raisonnement pratique de l'agent, ou, comme le dit Davidson, «par l'intermédiaire d'une chaîne ou d'un processus de raisonnement qui est conforme à des normes de rationalité» (*Psychology as Philosophy*, p. 232).

Mais qu'est-ce que cela peut *vouloir dire* dans le cadre de la théorie de la causalité oblique ? Les attitudes ne sont pas des causes du fait de leur rôle dans le raisonnement pratique ; si elles sont des causes, c'est parce qu'elles appartiennent aussi à des types physiques. Tout au plus peut-on dire que les attitudes jouant un rôle dans le raisonnement pratique appartiennent également, de fait, à des types causaux (physiques). Mais dans ce cas, l'action causée ne saurait être une *conclusion* du raisonnement pratique car, même s'il est possible que l'acte causé soit celui qui correspond à la *conclusion*, qu'il a été causé n'est pas expliqué par le fait qu'il correspond à cette conclusion.

Le problème des chaînes causales déviantes est un problème que n'importe quelle théorie causale aura du mal à résoudre. Il est *impossible* de le résoudre dans la théorie de la causalité oblique, et c'est peut-être ce que Davidson suggère quand il écrit dans *Philosophy as Psychology* : « Y a-t-il moyen d'indiquer les conditions à la fois nécessaires et suffisantes pour qu'une action soit intentionnelle, et cela en n'utilisant que des concepts comme ceux de croyance, de désir et de cause ?... [Cela est impossible], à moins d'employer des notions comme celles d'indice ou de raison valable de croire, et ces notions dépassent les notions initiales » (pp. 232-233). D'un autre côté, je pense aussi que les critiques de la théorie des lois de couverture, dont Davidson est l'un des plus perspicaces, ont raison, et qu'il est impossible d'établir des lois causales strictes reliant les raisons d'agir à l'action. Nous pouvons raisonnablement conclure que toute théorie causale est inadéquate, et cela nous impose une nouvelle tâche, autrement plus ardue, à savoir la construction d'une théorie plus satisfaisante[5].

NOTES

[1] D. DAVIDSON, «Freedom to Act», in D. DAVIDSON, *Essays on Actions and Events*, Oxford University Press, 1980, p. 72.
[2] Cf. D. DAVIDSON, «Psychology as Philosophy», in *Essays on Actions and Events*, p. 232 ; et «Actions, raisons d'agir et causes» [*supra*, pp. 67 sq.].
[3] C'est l'avis de Lawrence Davis et de David Pears.
[4] «... il n'est pas nécessaire de savoir qu'une loi est vraie pour savoir qu'une loi causale singulière est vraie ; il suffit qu'on sache qu'il existe une loi s'appliquant à l'événement en question» [«Actions, raisons d'agir et causes», *supra*, p. 76].
[5] J'ai développé une autre approche dans «The Causation of Behavior», in *Essays on Wittgenstein in Honor of G.H. von Wright, Acta Philosophica Fennica*, vol. XXVIII, Amsterdam, North-Holland, pp. 286-326.

Le statut des présupposés de rationalité dans l'interprétation et dans l'explication de l'action*

Dagfinn FØLLESDAL

Dans les débats sur la philosophie et la méthodologie de l'interprétation et de l'explication de l'action, on prétend souvent que nous sommes obligés de concevoir l'être humain comme un être rationnel et que c'est cette présupposition qui distingue les sciences humaines et la méthode de la compréhension de l'étude de la nature et de l'explication causale.

Dans cet article, j'essayerai de donner une formulation satisfaisante de ce présupposé et d'en déterminer le statut. Mon article se divise en quatre points : dans un premier point, je discuterai brièvement la question de savoir si l'être humain est rationnel ; j'aborderai ensuite le problème de la nature de la rationalité (point 2) et du rôle des présupposés de rationalité dans l'interprétation et l'explication de l'action (point 3) ; dans un dernier point, j'étudierai la question du statut des présupposés de rationalité.

D. FØLLESDAL, «The Status of Rationality Assumptions in Interpretation and in the Explanation of Action», *Dialectica* 36 (1982), pp. 301-316. Avec l'aimable autorisation de l'auteur et de *Dialectica*.
* *Cet article s'inscrit dans le cadre d'un projet plus large de recherches sur la phénoménologie de Husserl.*

1. L'ETRE HUMAIN EST-IL RATIONNEL?

Selon Aristote, l'être humain se définit par la rationalité : l'homme est un animal rationnel. De nos jours, Donald Davidson est l'un des avocats les plus talentueux de la thèse que pour comprendre l'être humain et lui attribuer des croyances, des désirs et des actions, on doit supposer qu'il est rationnel :

> ... on peut considérer les conditions de consistance et de cohérence rationnelle comme constitutives du domaine d'application de notions comme celles de croyance, de désir, d'intention et d'action [1].

> ... on ne peut, de manière intelligible, attribuer des attitudes et des croyances à une personne ou décrire de façon pertinente des mouvements corporels comme étant un comportement, qu'à la condition de déceler, dans le réseau formé par le comportement, les croyances et les désirs, un degré élevé de rationalité et de cohérence [2].

Pareillement, William H. Dray écrit :

> L'historien arrive à la compréhension lorsqu'il voit que l'action d'une personne, vu ses croyances et ses fins, était rationnelle (c'est-à-dire sa croyance concernant les éléments de la situation, y compris ce qu'il désirait réaliser [ses fins, buts ou motifs], ainsi que les résultats probables des différentes possibilités d'agir dont il croyait qu'elles lui étaient ouvertes) [3].

Alors que, pour Davidson, la notion de rationalité est déjà requise par l'application de concepts comme ceux de croyance, de désir, d'intention, Dray la considère comme seulement nécessaire pour l'identification des croyances, fins, buts ou motifs d'autrui.

Carl G. Hempel n'est pas de l'avis de Dray. Selon lui, la supposition que l'homme est rationnel est une hypothèse empirique pouvant être fausse :

> Le fait de savoir que l'agent A était dans une situation de type C et que dans cette situation la chose rationnelle à faire est d'accomplir x, permet de penser qu'il aurait été rationnel pour A de faire x, mais non que A a effectivement accompli x. Pour justifier cette dernière opinion, il faut, de toute évidence, introduire un principe explicatif supplémentaire, à savoir que A était, au moment d'agir du moins, un agent rationnel, donc disposé à agir rationnellement.
>
> Lorsqu'on ajoute ce présupposé, la réponse à la question «Pourquoi A a-t-il fait x?» prend la forme suivante :
>
> A se trouvait dans une situation de type C.
>
> A est (ou était) un agent rationnel.
>
> Dans une situation de type C, un agent rationnel accomplit x.
>
> ─────────────────────────────
>
> C'est pourquoi A a accompli x [4].

Hempel semble donc considérer le présupposé de la rationalité de l'agent comme une prémisse empirique entrant dans l'explication de l'action, prémisse qui doit être vraie pour que l'explication soit correcte, mais qui peut être fausse (et dans cette hypothèse, l'explication n'est pas correcte). Dans *Probleme und Resultate der Wissenschaftstheorie und analytischen Philosophie*[5], Wolfgang Stegmüller expose de façon plus précise et détaillée une position analogue.

Karl Popper soutient que l'on n'a pas besoin d'un présupposé de rationalité :

> l'application d'une logique situationnelle... ne repose pas sur un présupposé psychologique concernant la rationalité (ou une autre propriété éminente) de la 'nature humaine'[6].

Alan Donagan pense que le présupposé de rationalité est carrément faux (et je suppose qu'il ne le croit pas nécessaire pour l'explication de l'action) :

> Que l'on prenne l'une ou l'autre des diverses significations du terme «rationnel» que Hempel a analysées, on n'arrivera pas à justifier l'opinion que tous les agents sont rationnels[7].
>
> Vu l'histoire de l'humanité, un historien serait fort embarrassé s'il était obligé d'admettre que les seules actions qu'il puisse comprendre sont des actions rationnelles. Il est vrai qu'elles doivent être intelligibles, mais c'est là un autre problème[8].

A première vue, les positions divergent donc considérablement, à moins que leurs auteurs n'envisagent au départ des notions différentes de rationalité. Avant d'essayer de régler ce désaccord, considérons quelques significations majeures de la notion de rationalité et le rôle qu'elles jouent dans l'interprétation et l'explication de l'action.

2. QU'EST-CE QUE LA RATIONALITE ?

La notion de rationalité est multiple. On rencontre dans la littérature une grande variété de significations apparemment indépendantes de ce concept, allant de différents types de «rationalité minimale» à des sens plus forts, comme celui illustré par la phrase de Rawls : «Un être rationnel ne souffre pas d'envie»[9].

Dans un article de synthèse récent[10], Jon Elster a recensé plus de vingt significations de cette notion. Elles ne s'opposent pas toujours, étant donné qu'elles s'appliquent souvent à des domaines différents : le comportement rationnel (la rationalité comme efficacité), les croyances rationnelles (la rationalité comme consistance logique), etc.

Je parlerai surtout du comportement rationnel, en ajoutant cependant quelques remarques à propos des croyances et des valeurs rationnelles et en établissant une distinction, que Jon Elster n'a pas faite, entre une théorie normative et une théorie descriptive de la rationalité.

Avant cela, je voudrais mentionner brièvement quatre types importants de rationalité et indiquer leur lien avec l'interprétation et l'explication de l'action. Il s'agit : 1) de la rationalité comme consistance logique; 2) de la rationalité des croyances bien-fondées; 3) de la rationalité des valeurs bien-fondées; 4) de la rationalité de l'action.

1) La rationalité comme consistance logique signifie que les croyances d'une personne doivent être logiquement consistantes.

Cela peut vouloir dire plusieurs choses, selon l'interprétation que l'on donne de deux facteurs indépendants. En premier lieu, quelle extension donner à la notion de croyance? On songe immédiatement à trois possibilités : (i) les croyances que l'on entretient activement à un moment donné, c'est-à-dire celles auxquelles on «pense»; (ii) les croyances qui déterminent les actions, s'il y en a, que l'on accomplit à un moment donné (nous reviendrons sur ce point en parlant de la rationalité de l'action); (iii) les croyances qui peuvent être mises en évidence au moyen d'un interrogatoire, comme celui auquel est soumis, par Socrate, le jeune esclave du *Ménon*.

Notons que, si les catégories (ii) et (iii) incluent vraisemblablement la catégorie (i), les catégories (ii) et (iii) sont probablement non comparables. La catégorie (iii) comporte certainement beaucoup de croyances qui ne font pas partie de la catégorie (ii), par exemple un grand nombre de vérités mathématiques que la personne ne soupçonne même pas. Mais la catégorie (ii) comporte à son tour beaucoup de croyances qui ne font pas partie de la catégorie (iii); s'il faut en croire Freud, chaque individu possède de nombreuses croyances déterminant ses actions, et qui ne peuvent pas être mises en évidence par un interrogatoire normal.

Le second facteur qui intervient dans la définition de la consistance logique de nos croyances, est de savoir si on se contente d'exiger qu'aucune de nos croyances n'en contredise une autre, ou bien si l'on exige que l'ensemble de nos croyances n'implique pas logiquement une contradiction. Cette dernière condition est évidemment plus restrictive et il est possible que personne ne la satisfasse.

2) Le deuxième type de rationalité, la rationalité des croyances bien-fondées, est une notion beaucoup plus forte que la précédente. Que nos

croyances ne se contredisent pas est une condition nécessaire mais non suffisante pour qu'elles soient bien-fondées. Il faudrait qu'en plus elles soient étayées par les preuves empiriques disponibles. Il est vrai que nos croyances peuvent aller au-delà des preuves empiriques disponibles, comme dans les parties plus abstraites des théories scientifiques, mais dans ce cas, il ne doit pas y avoir de théorie concurrente mieux étayée par ces preuves. Nous ne pouvons pas spécifier ici les critères du caractère bien-fondé des croyances : cela reviendrait à récapituler l'ensemble de l'épistémologie et de la méthodologie des sciences; notons seulement que, lors de cette spécification, on devrait aussi préciser l'expression «les preuves empiriques disponibles». En effet, la rationalité des croyances bien-fondées a trait non seulement à la nature des croyances qu'on devrait avoir *étant donné* un certain nombre de preuves empiriques, mais aussi à la question de savoir jusqu'à quel point il est rationnel de chercher des preuves supplémentaires avant de laisser se fixer nos croyances.

La rationalité des croyances bien-fondées est de toute évidence une notion normative et non pas descriptive; souvent, nous ne sommes pas très rationnels dans cette acception du terme. Je reprendrai la question du normatif et du descriptif dans le dernier point de cet article.

3) Venons-en à la rationalité des valeurs bien-fondées. On prétend souvent, alors qu'il est possible de choisir plus ou moins rationnellement des moyens en vue d'une fin, qu'on ne peut pas parler de rationalité à propos des valeurs ou de l'évaluation des fins. Je ne partage pas cette opinion; j'estime que nos réflexions normatives peuvent être plus ou moins rationnelles et que les jugements normatifs, tout comme les jugements factuels, peuvent être fondés plus ou moins rationnellement. Je ne fais pas allusion ici à la notion weberienne de *Wertrationalität* (qui ne signifie pas grand-chose de plus qu'un appel à des engagements fondamentaux), mais à la justification rationnelle de normes et de valeurs.

L'approche la plus prometteuse de ce problème est, à mon avis, la méthode de l'équilibre réflexif élaborée par Goodman, Rawls et d'autres[11]. Je ne détaillerai pas cette vue, que je présuppose connue. Pour notre discussion de la rationalité, ce qu'il faut retenir de cette conception, est qu'elle permet de juger la rationalité des énoncés normatifs. La rationalité en éthique devient ainsi analogue à la rationalité en sciences : la rationalité ou le bien-fondé de nos jugements est fonction du niveau de l'équilibre réflexif réalisé où nos principes généraux s'accordent à la fois entre eux et avec nos jugements ajustés.

Comme c'est le cas de la rationalité des croyances bien-fondées, la rationalité des valeurs bien-fondées est une notion normative et non descriptive. J'y reviendrai également ci-dessous.

4) J'ai étudié en détail le quatrième et dernier type de rationalité, la rationalité de l'action, dans deux articles antérieurs ; je me limiterai donc ici à quelques remarques succinctes. C'est la théorie de la décision, telle qu'elle a été développée par des économistes, des mathématiciens et des philosophes, qui est à mon avis le meilleur modèle actuellement disponible pour étudier la rationalité de l'action.

Selon cette théorie, une action est le résultat d'un processus comportant deux phases. L'agent examine d'abord ses différentes possibilités d'agir dans la situation où il se trouve ; cet examen est largement fonction de ses croyances sur ce qu'il lui est possible ou non de faire. Cependant, dans la pratique, il ne considère pas toutes les possibilités ; il est limité, en partie par son imagination et par le temps dont il dispose, et en partie par ses convictions concernant l'impact des conséquences des différentes options sur l'objet de son désir ou de son appréhension. On a tendance à se concentrer sur les options que l'on estime particulièrement importantes à réaliser ou à éviter, c'est-à-dire celles qui ont, comme le disent les économistes, un degré particulièrement élevé d'utilité espérée, positive ou négative.

Dans une seconde phase, l'agent compare les possibilités envisagées, en tenant compte à la fois de ses croyances quant à la probabilité de leurs différentes conséquences et des valeurs qu'il assigne à chacune de ces conséquences. En multipliant les probabilités par les valeurs et en faisant la somme, il obtient l'utilité espérée de chaque option et choisit ensuite celle qui a le plus haut degré d'utilité espérée. Cette multiplication et cette addition posent un certain nombre de problèmes redoutables, largement débattus dans le cadre de la théorie de la décision. La manière dont les préférences et les valeurs donnent lieu à une utilité espérée a évidemment peu de choses en commun avec les opérations arithmétiques de la multiplication et de l'addition.

Ici, il est utile de placer une remarque. Dans certaines versions de la théorie de la décision, l'ensemble des options et des conséquences est décrit de manière platonicienne comme l'ensemble des options physiquement possibles ouvertes à l'agent dans une situation donnée, et comme l'ensemble des conséquences physiquement possibles de ces options. Ce n'est évidemment pas cette façon de voir qu'il faut adopter pour clarifier la notion de rationalité. La rationalité a toujours trait à ce que l'agent devrait choisir, en tenant compte de sa perception partielle et partiale de la situation, de la quantité limitée d'informations, de son imagination limitée et du temps limité dont il dispose pour examiner les différentes possibilités et réfléchir à leurs multiples conséquences. La rationalité de l'action consiste normalement à faire le meilleur usage possible de ses ressources, de sa capacité de rechercher l'information, et de son aptitude à imaginer des alternatives valables ; elle ne consiste pas à faire un choix parmi un vaste ensemble de possibilités dont il suffirait de prendre connaissance.

Même comprise dans ce sens faible, la rationalité de l'action est une notion normative et non pas descriptive ; c'est un point sur lequel nous allons revenir.

Dans cette conception, l'explication de l'action se caractérise par l'emploi d'une prémisse disant qu'on a affaire à un agent rationnel dont les actions découlent, de la façon qu'on vient de décrire, de ses croyances et de ses valeurs. C'est cette prémisse de rationalité qui distingue les explications par les raisons d'agir des explications causales.

Notons enfin un trait remarquable : lorsqu'on qualifie de rationnelle une personne, on a tendance à ne retenir que la rationalité des croyances et à négliger les valeurs. Autrement dit, on insiste sur les significations (1), (2) et (4), et on laisse de côté (3). On estime qu'une personne est rationnelle, si ses croyances paraissent rationnelles au sens (2) et si son action semble découler rationnellement, au sens (4), de ses croyances et de ses valeurs, aussi extravagantes soient elles. Cette habitude d'ignorer les valeurs de la personne est probablement le reflet de la tendance largement répandue, mentionnée plus haut, de considérer la question des valeurs fondamentales comme ne faisant pas partie du domaine de la justification rationnelle.

3. LE ROLE DE LA RATIONALITE DANS L'INTERPRETATION ET L'EXPLICATION DE L'ACTION

En étudiant l'être humain, on vise avant tout à comprendre ses croyances et ses valeurs. Deux autres objectifs y sont liés : celui de comprendre les actions dépendant de ces croyances et valeurs, et celui de comprendre les résultats des actions, pour autant qu'ils expriment les croyances et valeurs de la personne (les écrits, le discours et les œuvres d'art en sont des exemples typiques, de même que les différentes institutions sociales dues à l'interaction de plusieurs agents).

La procédure la plus simple serait d'aller des croyances et valeurs vers les actions et leurs résultats. Ce serait l'approche normale si on pouvait accéder directement aux croyances et valeurs de la personne, mais je ne crois pas que nous ayons un tel accès direct. Même si chacun pouvait saisir directement certaines de ses propres croyances et valeurs, il se poserait toujours le problème de communiquer cette connaissance à autrui. La communication n'est pas fondée sur l'appréhension directe des croyances et valeurs d'autrui — sur la télépathie — mais sur ce que l'on perçoit, et qui sert de base pour élaborer des hypothèses sur les croyances et valeurs d'autrui.

C'est dans ce contexte que les présupposés de rationalité entrent en jeu. En essayant de comprendre les actions d'autrui, je lui attribue des croyances et des valeurs sur base de l'hypothèse qu'il est rationnel. En cherchant à comprendre ce qu'il dit ou écrit, je ne peux pas supposer sans plus qu'il accorde aux mots la même signification que moi et c'est pourquoi je ne peux pas lui attribuer les croyances que j'aurais si je consentais aux mêmes propos. Dans l'apprentissage des structures sémantiques du langage, la croyance et la signification sont à tel point liées qu'il est impossible de les séparer. C'est là un fait non seulement épistémologique mais aussi ontologique. Autrement dit, le point crucial n'est pas l'impossibilité de dissocier — faute d'informations suffisantes — les deux éléments ; le point important est que la signification et la croyance sont complémentaires. Lorsqu'on attribue un certain ensemble de croyances à une personne, on est amené à interpréter ses propos d'une certaine manière, et lorsqu'on lui attribue un ensemble de croyances différent, on est conduit à interpréter ses propos différemment ; dans la mesure où ce choix n'est pas déterminé par les faits qui sont à la base de l'apprentissage du langage et de la communication, les catégories du vrai et du faux ne s'appliquent pas dans ce contexte. C'est là une application de la théorie quinienne de l'indétermination de la traduction, comme l'a également noté Donald Davidson.

Il en découle le point méthodologique fondamental suivant, qui est une variante de ce que Neil Wilson, W.V. Quine, Donald Davidson et d'autres ont appelé le «principe de charité», et que Richard Grandy appelle le «principe d'humanité»[12] : nous devons attribuer aux personnes les croyances dont nous estimons le plus probable qu'elles les possèdent, sur base de notre épistémologie et de notre connaissance de leurs expériences, de leur éducation, de leurs capacités mentales et de leurs actions.

Des considérations analogues entrent en jeu lorsqu'on construit des hypothèses sur les convictions normatives et les valeurs de la personne.

En appliquant la théorie de la rationalité à l'éthique, c'est-à-dire en utilisant une théorie de l'équilibre réflexif, on applique également son savoir sur les expériences des personnes, leur éducation, leur formation, leurs préférences et leurs actions.

Il faut noter le rôle de l'action dans les deux cas, à la fois par rapport aux croyances et par rapport aux valeurs. L'observation de l'action est une source majeure d'information pour construire des hypothèses à propos des croyances et des valeurs de la personne, vu que les croyances aussi bien que les valeurs interviennent dans l'explication de l'action. Là aussi, on suppose que la personne est rationnelle et on cherche à savoir, sur base de cette supposition, quelles croyances et valeurs lui attribuer.

Avant d'examiner de plus près ce présupposé de rationalité, je voudrais faire une remarque succincte à propos de l'observation des actions. Certains behavioristes soutiennent qu'on ne perçoit que des mouvements corporels et qu'on *infère* qu'il s'agit d'actions. Je pense, suivant en cela Husserl, que c'est faux : on perçoit des actions. Cependant, il ne faut pas oublier qu'il y a, dans la perception de l'action comme dans toute perception d'ailleurs, un élément hypothétique. Si ma compréhension d'autrui changeait, je percevrais peut-être une action tout à fait différente de celle que je perçois à présent, ou bien même je ne percevrais qu'un simple mouvement corporel. Un économiste peut noter qu'une personne agit de telle et telle façon, confirmant ainsi une de ses théories, et s'apercevoir plus tard que ce qu'elle faisait était en réalité tout autre chose, même si, sous un aspect purement physique, il n'y avait pratiquement pas de différence.

Une thèse qui a été longtemps populaire parmi les économistes étudiant la «préférence révélée», dit que la seule façon de déterminer les croyances et valeurs d'une personne est d'examiner ses choix effectifs, aucune autre source d'information n'étant disponible. Cette thèse nous enferme dans un cercle très étroit : on explique les choix d'une personne au moyen de ses croyances et valeurs et on lui attribue des croyances et des valeurs sur base de ses choix.

Il est évident que d'autres sources d'information existent. On peut notamment interroger la personne. Mais cela pose un problème. Elle pourrait nous mentir ou se mentir à elle-même en rationalisant son action ; son comportement peut être dû à des raisons qu'elle ignore et découler de facteurs nécessitant une explication psychanalytique ou physiologique. Illustrons cela par un exemple de Patrick Suppes : un adolescent a un professeur féminin séduisant et va souvent la trouver après la leçon pour poser des questions sur les travaux scolaires. Si on lui en demandait la raison, il dirait peut-être qu'il a besoin d'explications. Cette réponse est peut-être sincère, mais il se peut qu'on désire donner une explication différente.

Notons en passant que, si la théorie de l'explication de l'action doit faire une place à des phénomènes déviants, inversement, la classification d'un phénomène comme déviant, comme rationalisation, refoulement, sublimation, etc., ne peut se faire que sur base d'une théorie de l'action rationnelle.

Il est fort important de noter que l'information qu'on obtient d'une personne en l'interrogeant, en l'écoutant parler, etc., se fonde aussi, en fin de compte, sur le comportement, en l'occurrence le comportement verbal. Il est vrai qu'en passant du comportement manifestant des choix au comportement en général, on élargit la base explicative, mais on reste toujours enfermé dans un cercle, expliquant le comportement en termes de valeurs et de croyances qu'on attribue à la personne uniquement sur base de son comportement.

Comme dans toute explication circulaire, on dispose ici de beaucoup de latitude. Ainsi, c'est un fait bien connu qu'en expliquant les actions d'une personne, on lui attribue différentes valeurs selon les croyances que l'on croit siennes, et, inversement, des suppositions différentes quant à ses valeurs donnent lieu à des conclusions différentes concernant ses croyances. Davidson a montré que cette interdépendance entre valeurs et croyances est analogue à l'interdépendance, que nous avons constatée plus haut en parlant de la thèse quinienne de l'indétermination de la traduction, entre la signification qu'on donne aux propos d'une personne et les croyances qu'on lui attribue [13].

Fort heureusement, certains éléments permettent de réduire cette indétermination. L'un d'eux, assez évident, tient à ce que les deux couples interdépendants dont nous venons de parler — les croyances et les valeurs dans le cas des actions, et les croyances et la signification dans le cas des expressions linguistiques — ont un élément en commun, à savoir la croyance. Il est clair que les croyances qu'on attribue à une personne lorsqu'on cherche à expliquer ses actions doivent s'intégrer dans le même système que celles qu'on lui attribue en cherchant à interpréter ses propos.

D'autres restrictions, que j'ai analysées ailleurs [14], ont trait à la perception et à l'ostension. D'autres encore se dégagent d'une analyse détaillée des actes de langage comme types d'actions, quand on incorpore dans l'interprétation d'autrui les hypothèses qu'on fait sur ses croyances et valeurs afin d'expliquer ses actes de langage.

Le modèle de l'explication de l'action que je viens d'esquisser, et qui est tiré de la théorie de la décision, est souvent considéré comme le paradigme de la rationalité, comme modèle de la prise de décision rationnelle. On choisit toujours ce qui est le mieux pour soi-même, ou, plus exactement, ce que l'on croit être le mieux pour soi-même.

Si je propose ce modèle comme base de l'explication de l'action, et donc de sa compréhension, c'est que je n'en connais pas de meilleur. Je pense qu'il faut partir d'une théorie de l'action fondée sur la notion de rationalité afin de mettre en route l'entreprise de l'explication et de la compréhension de l'action (je reviendrai à cette question au point suivant). Si cette théorie est, en ce sens, un présupposé de la compréhension, je ne la considère cependant pas comme nécessaire. Il s'agit d'une hypothèse de travail que je suis prêt à abandonner dès que j'en rencontrerai une autre plus satisfaisante. De toute façon, ce modèle doit être affiné et complété sous plusieurs aspects, comme je l'ai exposé dans ma contribution au Colloque International sur la Connaissance et la Compréhension à Biel en 1978 [15].

4. QUEL EST LE STATUT DES PRESUPPOSES DE RATIONALITE ?

Nous abordons maintenant le problème central de cette étude, à savoir le statut du présupposé que l'être humain est rationnel. Je présenterai ma position sous forme de quatre thèses.

Premièrement, je suis d'accord avec Davidson pour dire que la notion de rationalité est constitutive des concepts de croyance, de désir, d'action, etc., et qu'elle n'intervient pas uniquement dans l'identification des désirs, croyances et actions d'une personne. Ma raison principale pour accepter la thèse de Davidson est analogue aux raisons données par cet auteur lui-même. Comme je l'ai noté à la fin du point 2, l'explication de l'action, ainsi que l'interprétation, reposent sur une prémisse disant que l'agent est rationnel, et c'est là la différence décisive entre l'explication de l'action et l'interprétation d'une part, et l'explication causale d'autre part. Ce qui caractérise un mouvement corporel comme action est qu'on l'explique par des raisons plutôt que de manière purement causale. De façon analogue, les désirs et les croyances se caractérisent par le fait qu'ils peuvent figurer de façon appropriée dans des explications par des raisons d'agir ou encore dans des argumentations logiques.

Le présupposé de la rationalité ne peut donc être séparé d'autres hypothèses à propos de l'être humain : qu'il possède des croyances et des valeurs, qu'il agit, etc. Si, dans un cas donné, on devait abandonner ce présupposé, on devrait également abandonner ces hypothèses.

Cependant, il n'est pas nécessaire de supposer que l'homme soit parfaitement rationnel, pour pouvoir lui attribuer des croyances et des valeurs : la rationalité comporte différents degrés et la question décisive est de savoir lequel exiger pour donner un sens à la notion de désir et aux autres notions «intentionnelles».

Ma réponse à cette question découle de la raison pour laquelle j'ai accepté la notion de rationalité. Je la formulerai comme suit :

(1) Afin de donner un sens aux notions intentionnelles, nous devons exiger un degré de rationalité suffisant pour que notre modèle d'explication soit une explication par des raisons plutôt qu'une explication purement causale.

On peut accepter toutes sortes d'interférences causales, mais pour pouvoir dire qu'on a affaire à des croyances, des désirs, des actions, etc. plutôt qu'à des phénomènes purement physiques, le modèle d'explication sous-jacent doit être l'explication par des raisons. Autrement dit, on doit faire appel à l'un des quatre types de rationalité décrits au point 2.

Il est probable que nous ne soyons parfaitement rationnels qu'en un sens très limité, celui où la rationalité de type 1 (la consistance logique des croyances) porte sur des croyances du premier type mentionné au point 2 (celles qu'on entretient activement à un moment donné); il est vraisemblable que nous n'entretenons pas activement, en même temps, une croyance et sa négation. Cependant, si on donne à la notion de consistance logique le sens plus fort de «n'implique pas de contradiction», même cette rationalité de type 1 se rencontre très rarement.

La rationalité de type 4 — la rationalité de l'action — paraît plus répandue. On dispose de beaucoup de latitude pour attribuer des croyances et des valeurs à une personne de façon à présenter comme rationnel ce qu'elle dit et fait. Comme Tversky et Davidson l'ont montré[16], la théorie normative de la décision, par exemple, peut s'appliquer à beaucoup de types de comportements puisque, pour citer Tversky, «les axiomes de la théorie de l'utilité ne peuvent être considérés comme des maximes du choix rationnel qu'en liaison avec une interprétation projetée, et les critères pour sélectionner une interprétation particulière ne font pas partie de la théorie de l'utilité»[17].

Mais on ne peut pas émettre n'importe quelle hypothèse à propos des options et des conséquences que l'agent a pris en considération. Ces hypothèses doivent être raisonnables, c'est-à-dire concorder avec ce à quoi on peut s'attendre sur base d'une connaissance de l'agent, de ses croyances, de sa puissance imaginative, de son expérience, de ses réalisations passées et des effets possibles de la panique ou de pressions sur la prise de décision, et ainsi de suite. La même chose vaut pour les hypothèses à propos des croyances et valeurs de l'agent. Elles doivent s'accorder, d'une part, avec notre théorie concernant la façon dont les croyances et les attitudes sont formées et amendées sous l'influence de l'expérience, de la réflexion, etc., et, d'autre part, avec les informations dont on dispose sur l'expérience passée de la personne. Toutes ces considérations impliquent, elles aussi, des présupposés sur la rationalité, sur les croyances et les valeurs qu'une personne rationnelle, ayant eu telles et telles expériences, est susceptible d'avoir.

Lorsqu'on veut comprendre une personne et son action, on doit peser toutes ces considérations, tirées de l'observation de ses actions et de ses gestes, de l'écoute de ses propos, etc. La théorie normative de la rationalité en fournit le cadre, mais à un certain nombre d'endroits, des facteurs causaux et irrationnels surgissent, là précisément où on les prévoit sur base de la théorie générale de l'homme, par exemple, lorsque les croyances et les valeurs d'une personne lui sont inculquées par la propagande, la publicité ou sous la pression d'un groupe, ou bien quand elle agit sous hypnose, sous l'emprise de drogues ou d'impulsions qu'elle n'a pas réussi à maîtriser.

Ma position est qu'à chaque fois qu'une personne pense accomplir une action, on doit expliquer ce qu'elle fait, conformément au modèle de l'explication par des raisons. Des facteurs causaux qui ne sont pas des raisons doivent être considérés, en partie comme influençant la façon dont l'agent envisage des possibilités d'agir, en partie comme affectant ces possibilités elles-mêmes, et en partie comme des dispositions qu'il faut intégrer, avec les croyances et les désirs de la personne, dans le processus d'évaluation dont j'ai parlé précédemment. On peut traiter de cette façon les besoins physiologiques, les ordres reçus sous hypnose et les croyances inconscientes.

Ces restrictions et ces précisions font qu'il est extrêmement difficile d'interpréter l'ensemble du comportement d'une personne de manière à la présenter comme parfaitement rationnelle. Si, par rationalité, on entend la rationalité parfaite, je suis d'accord avec Donagan pour dire que l'être humain n'est pas rationnel. C'est là une conclusion que Davidson, comme on l'a vu, pourrait accepter, et Dray probablement aussi. Il y a donc moyen de concilier les citations à première vue contradictoires de ces auteurs. On peut également interpréter la thèse de Hempel — que les présupposés de rationalité sont des hypothèses empiriques — de façon à la rendre compatible avec cette position. Il suffit d'admettre que si A n'est pas un agent rationnel, la plupart du temps du moins, cela n'a pas de sens de lui attribuer des croyances et des désirs. Cependant, je ne suis pas sûr que Hempel accepterait cela, et la même chose vaut pour Stegmüller. Quant à la thèse de Popper, elle touche à d'autres problèmes et je ne me risque pas de l'interpréter dans un sens qui la rapprocherait de ma position [...].

J'aborde à présent ma deuxième thèse, qui a trait à la rationalité comme norme de l'étude de l'être humain. Etant donné que l'on ne peut espérer la rationalité parfaite, on peut tenter une autre approche, qui consiste à envisager le présupposé de rationalité comme hypothèse méthodologique normative dans le sens où, cherchant à comprendre l'homme, on doit toujours chercher à le présenter comme aussi rationnel que possible; on doit toujours, dans les explications de l'action, mettre l'accent sur les raisons d'agir et ne faire appel aux causes qu'en dernier ressort, quand on n'arrive pas à présenter l'agent comme pleinement rationnel.

L'exemple de l'adolescent suggère cette façon de procéder. N'est-on pas injuste en éliminant les raisons données par l'adolescent au profit d'une explication psychologique?

Les mots «injuste» dans l'alinéa précédent et «doit» dans celui qui le précède peuvent être pris dans un sens méthodologique ou dans un sens éthique. En ce qui concerne le sens méthodologique, ne faut-il pas admettre que l'agent est lui-même l'autorité suprême en ce qui concerne ses désirs et croyances, du moins aussi longtemps qu'on n'a pas de raisons valables de douter de sa sincérité? Pour ce qui est du sens éthique, n'attente-t-on pas à l'intégrité de la personne en disant qu'elle est mue par des causes purement physiques, alors qu'elle-même estime agir pour des raisons?

Je pense qu'on est ici en présence d'une vérité importante, qu'il faut bien distinguer d'une conclusion fallacieuse. Cette vérité est qu'on ne devrait pas écarter à la légère l'explication en termes de raisons donnée par l'agent, au profit d'une explication causale. En donnant des raisons pour des croyances et des actions, on touche au domaine de la justification, de la vérité, de l'autonomie de la personne et de la responsabilité. Ecarter de telles raisons peut être injuste. De plus, cela peut nous faire passer à côté de la réalité. L'exemple de l'adolescent peut encore nous aider ici. Il faut prendre soin d'y distinguer quatre éventualités :

(i) Les raisons données par l'adolescent étaient suffisantes à elles-seules pour surmonter les facteurs contraires (sa timidité, son désir de sortir de l'école et d'aller jouer, etc.). Le concours des impulsions mises en avant par le psychologue n'était pas nécessaire et ces impulsions étaient elles-mêmes insuffisantes pour surmonter les facteurs contraires.

(ii) Les raisons données par l'adolescent, pas plus que les impulsions, n'étaient suffisantes à elles-seules pour expliquer le comportement, dû à la combinaison des deux.

(iii) Les raisons données par l'adolescent n'étaient ni suffisantes ni nécessaires pour expliquer son comportement, alors que les impulsions étaient suffisantes à elles-seules.

(iv) Les raisons données par l'adolescent, aussi bien que les impulsions, étaient suffisantes, c'est-à-dire le comportement était surdéterminé.

Si les raisons données par l'adolescent étaient présentes au moment de son action (et si aucune chaîne causale déviante ne s'est produite), elles font partie du tableau dans les quatre cas et ne devraient pas être écartées. C'est en fait grâce à elles qu'on parlerait d'une *action* dans les quatre cas, même dans le cas (iii) où le comportement se serait produit en l'absence des raisons, et où il ne se serait pas produit s'il n'y avait eu que les raisons d'agir.

Dans les cas (ii) et (iii), les facteurs psychologiques doivent être introduits pour obtenir une explication satisfaisante, tandis que dans les cas (i) et (iv), la référence à ces facteurs est nécessaire pour obtenir une image complète de la situation.

Nous pouvons résumer ceci comme suit :
(2) En expliquant des actions, nous devons toujours tenir compte des raisons d'agir, même dans les cas où des facteurs purement causaux suffiraient.

Mais, comme nous l'avons vu, on ne doit pas s'arrêter là. On doit toujours chercher à déterminer si la raison d'agir d'une personne est suffisamment forte pour surmonter les facteurs contraires, et donc pour expliquer l'action. De plus, là où les raisons suffisent, comme dans les cas (i) et (iv), on peut compléter le tableau en mentionnant la présence d'autres facteurs.

Voilà pour le côté positif de la maxime disant qu'il faut privilégier les raisons et la rationalité. Cependant, cette maxime peut être interprétée dans un sens plus fort, que j'estime fallacieux, à savoir qu'en attribuant des croyances et d'autres attitudes propositionnelles à une personne au départ de ce qu'elle dit et fait, on doit chercher à lui attribuer ces croyances et attitudes de façon à la présenter comme aussi rationnelle que possible.

Je pense que cette maxime est trop forte et que la conception correcte est la suivante :

(3) En attribuant des croyances, des désirs et d'autres attitudes propositionnelles à autrui au départ de ce qu'il dit ou fait, ne cherche pas à maximiser sa rationalité ou l'accord avec toi-même, mais mets en œuvre, d'une part, tout ton savoir sur la façon dont les croyances et les attitudes sont formées sous l'influence de facteurs causaux, de la réflexion, etc., et, d'autre part, ta connaissance des expériences et des traits de caractère d'autrui (sa crédulité, son agilité d'esprit, sa capacité de réflexion, etc.), pour lui attribuer les croyances et attitudes auxquelles tu t'attends de sa part sur base de ton savoir concernant l'homme en général et de ta connaissance de cet individu en particulier.

Ceci correspond à l'opinion que j'ai exposée un peu plus en détail en parlant des déviations de la rationalité, juste après avoir énoncé la thèse (1).

Finalement, j'en viens à une dernière observation à propos de la rationalité, non comme norme de l'étude de l'homme, mais comme norme pour l'être humain lui-même.

L'être humain n'est pas toujours rationnel et il ne faut pas, coûte que coûte, vouloir le concevoir comme tel. Cependant, on doit le considérer comme continuellement disposé à se parfaire dès qu'on lui fait remarquer son défaut de rationalité dans des termes qu'il peut comprendre. Il se peut, par exemple, que l'on conclue faussement, à l'instar d'Aristote dans l'*Ethique à Nicomaque*, de «toute chose tend à une fin» à «il y a une fin à laquelle toute chose tend» (le fait, soit dit en passant, que l'on accepte facilement une telle inférence, est suffisant pour réfuter, et l'opinion que l'être humain est toujours rationnel et celle qu'il devrait être considéré comme tel). Mais quand on nous montre que cette inférence est du même ordre que celle allant de «tout le monde a une mère» à «il y a une mère que tout le monde a», nous ne donnerons probablement plus notre assentiment à la première inférence. Certes, il y a des différences entre les individus quant au nombre d'éléments dont ils ont besoin pour abandonner leurs croyances irrationnelles. Mais j'énonce ce qui suit comme thèse finale :

(4) Pour l'être humain, la rationalité est une norme, une disposition de second ordre, du type suivant : dès qu'on prend conscience de ce qu'on est tombé dans l'irrationalité, on cherche à amender sa croyance, ses attitudes et ses actions pour les rendre plus rationnels.

C'est sur cette disposition de second ordre que reposent les présupposés de rationalité sur lesquels se base l'étude de l'être humain. On est fondé à supposer que l'être humain est rationnel, à moins qu'il ne sache pas éviter l'irrationalité (parce qu'il n'en est pas conscient, parce que la situation est trop complexe, ou à cause d'autres obstacles).

Au début de cette étude, j'ai fait allusion à la définition aristotélicienne de l'homme comme être rationnel. Nous avons dû reconnaître que nous sommes loin d'être rationnels. Nous pouvons cependant donner un nouveau sens à cette définition, au départ de l'observation que nous aspirons à être rationnels : l'être humain est un animal rationnel dans le sens où *il accepte la rationalité comme norme.*

NOTES

[1] Donald DAVIDSON, «Psychology as Philosophy», p. 237 de la réimpression dans Donald DAVIDSON, *Essays on Actions and Events*, Oxford, Clarendon Press, 1980.
[2] Donald DAVIDSON, *loc. cit.*
[3] William H. DRAY, «The Historical Explanation of Actions Reconsidered», p. 108 de la réimpression dans S. HOOK (éd.), *Philosophy and History*, New York, 1963.
[4] Carl G. HEMPEL, «Rational Action», *Proceedings and Addresses of the American Philosophical Association 1961-1962*, vol. XXXV, octobre 1962, Yellow Springs, Ohio, Antioch Press, 1962, p. 12.
[5] Wolfgang STEGMÜLLER, *Probleme und Resultate der Wissenschaftstheorie und Analytischen Philosophie*, Band IV, Erster Halbband : Personelle Wahrschinlichkeit und Rationale Entscheidung, Berlin, Springer, 1973.
[6] Karl POPPER, *The Open Society and Its Enemies* (3ᵉ édition), Londres, Routledge and Kegan Paul, 1957, vol. II, p. 97. Cité dans Alan DONAGAN, «The Popper-Hempel Theory Reconsidered», *History and Theory* 4 (1964), 3-26 ; pages 147-148 de la réimpression dans DRAY (éd.), *Philosophical Analysis and History*, New York, Harper & Row, 1966.
[7] Alan DONAGAN, *op. cit*, p. 155 de la réimpression dans Dray.
[8] Alan DONAGAN, *loc. cit.*
[9] John RAWLS, *A Theory of Justice*, Cambridge (Mass.), Harvard University Press, et Oxford, Clarendon Press, 1971, p. 143 [trad fr. de Catherine AUDARD, *Théorie de la Justice*, Paris, Seuil, 1987, p. 175].

[10] Jon ELSTER, «Rationality», in Guttorm FLØISTAD (éd.), *Contemporary Philosophy. A New Survey*, vol. 2, La Haye, Nijhoff, 1982, pp. 111-131.
[11] Voir John RAWLS, *A Theory of Justice*, pp. 19-21, 48-51 et 577-587 [pp. 45-48, 73-76 et 618-629 de la traduction française].
[12] Neil L. WILSON, «Substances without Substrata», *Review of Metaphysics* 12 (1959), 521-539.
W.V. QUINE, *Word and Object*, Cambridge (Mass.) MIT Press, 1960, pp. 59 et 69 [trad fr. de J. DOPP et P. GOCHET, *Le mot et la chose*, Paris, Flammarion, 1977, pp. 101 et 113].
Donald DAVIDSON, «On the Very Idea of A Conceptuel Scheme», *Proceedings of the American Philosophical Association* (1974), 5-20, notamment p. 19, et «Thought and Talk», in Samuel GUTTENPLAN (éd.), *Mind and Language : Wolfson College Lectures* 1974, Oxford, Clarendon Press, 1975, pp. 7-23, notamment pp. 20-22.
Richard GRANDY, «Reference,Meaning and Belief», *Journal of Philosophy* 70 (1973), 439-452, notamment p. 443.
[13] Donald DAVIDSON, «Radical Interpretation», *Dialectica* 27 (1973), 313-327.
[14] In GUTTENPLAN, *op. cit.*, pp. 25-44.
[15] «Hermeneutics and the Hypothetico-Deductive Method», *Dialectica* 33 (1979), 319-336, notamment pp. 333-335.
[16] Amos TVERSKY, «A Critique of Expected Utility Theory : Descriptive and Normative Considerations», *Erkenntnis* 9 (1975), 163-173.
Donald DAVIDSON, «Hempel on Explaining Action», *Erkenntnis* 10 (1976), 239-253 [reproduit dans D. DAVIDSON, *Essays on Actions and Events*, pp. 261-275].
[17] TVERSKY, *op. cit.*, p. 172.

Comment concevoir le mécanisme?

Charles TAYLOR

Cet article est consacré à la question de savoir si l'explication neurophysiologique du comportement humain doit être de type mécaniste.

A propos de ce problème, le sens commun de notre époque, marqué dans une certaine mesure par la tradition scientifique, tombe facilement, comme l'a mis en évidence Marjorie Grene[1], dans une antinomie kantienne, c'est-à-dire une antinomie où la thèse et l'antithèse paraissent également bien fondées. En effet, d'une part, il paraît naturel d'admettre qu'il n'y a pas de limite à notre capacité d'expliquer notre propre fonctionnement et celui d'autres organismes animés en termes de chimie organique et de neurophysiologie, et il paraît tout aussi naturel de supposer — eu égard notamment à la stérilité d'approches concurrentes, comme le vitalisme — que ces explications seront mécanistes. L'expression «explication mécaniste» semble même être un pléonasme, puisque les autres types d'explications, au lieu de renforcer notre capacité de

---

Ch. TAYLOR, «How is Mechanism Conceivable?», in Ch. TAYLOR, *Human Agency and Language, Philosophical Papers 1*, Cambridge, Cambridge University Press, 1985, pp. 164-186 (première parution dans M. GRENE (éd.), *Interpretations of Life and Mind : Essays around the Problem of Reduction*, Londres, Routledge & Kegan Paul, 1971, pp. 38-64). Avec l'aimable autorisation de l'auteur et de *Cambridge University Press*.

prédire et de contrôler les phénomènes, éludent ces tâches naturelles de toute explication.

Mais d'autre part, le sens commun s'inquiète de la possibilité d'une explication intégralement mécaniste du comportement; il s'inquiète non seulement, au niveau pratique, des applications immorales possibles de ce savoir, mais aussi, au niveau métaphysique (s'il m'est permis d'utiliser ce terme ici), de ce qu'une telle explication révélerait sur nous-mêmes. Cette préoccupation s'exprime souvent dans le cadre du problème du déterminisme et dans le sentiment qu'une explication intégralement mécaniste mettrait radicalement en question, d'une façon ou d'une autre, le complexe de notions liées à la liberté et à la responsabilité morale.

Avant d'examiner de plus près ces opinions, il est utile d'essayer de cerner plus précisément ce qui caractérise l'explication mécaniste et la rend à la fois aussi plausible et aussi inquiétante.

Le meilleur moyen de faire ressortir ses traits distinctifs est de prendre comme point de comparaison la façon dont on parle communément du comportement humain et la façon dont on l'explique dans la vie quotidienne. Ce discours commun possède deux traits que l'explication mécaniste, pour sa part, élimine. En premier lieu, il est téléologique, c'est-à-dire il décrit le comportement en termes de fins, de propensions, de désirs et de notions analogues. En second lieu, il est «intentionnel», c'est-à-dire il tient constamment compte des significations qu'ont pour l'agent les choses, son milieu et lui-même. Commentons brièvement ces deux traits. En disant que notre discours est téléologique, je pense notamment au fait que le langage ordinaire caractérise généralement l'action par la fin poursuivie par l'agent; c'est ce qui explique qu'on a tendance à retirer, ou du moins à modifier, une attribution d'action lorsqu'on s'aperçoit qu'on s'est trompé au sujet de cette fin. De plus, et c'est là un point décisif, la fin, le désir ou le sentiment évoqués par les explications communes, sont eux-mêmes partiellement définis par ce à quoi ils disposent l'agent. Bref, ces explications représentent l'agent comme disposé à se comporter ou à réagir d'une certaine manière. L'explication d'action typique se fait par des phrases du genre «Il veut être Président», «Il l'aime beaucoup», «Il était terrifié à l'idée de la rencontrer à nouveau», «C'était une remarque très provocante» (c'est-à-dire une remarque susceptible de mettre en colère la personne à laquelle elle s'adresse), etc. A l'arrière-fond des explications d'action communes on a une image de l'agent comme porteur de fins, de désirs, de penchants et de certaines sensibilités. Le plus souvent, une explication paraît satisfaisante lorsqu'elle relie le comportement à une image de l'agent perçue comme «normale» dans une civilisation donnée, par exemple dans notre cas, lorsqu'on explique, par son désir de réussir, le fait qu'une personne suit une formation. L'idée d'un agent normal diffère évidemment selon les civilisations, voire à l'intérieur d'une même société, selon le milieu; c'est ce qui fait qu'elles sont peu satisfaisantes dans un contexte scientifique.

La nature intentionnelle de notre discours n'implique pas seulement une distinction entre, d'une part, la situation et l'agent en tant que tels, et, d'autre part, la situation et l'agent en tant qu'appréhendés par l'agent lui-même; elle implique aussi l'intervention, dans nos explications, de propositions médiatrices portant sur qu'on peut appeler en gros des relations de signification. Supposons que mon interlocuteur quitte subitement la pièce en claquant la porte, et que j'en sois surpris. Apparemment, ce que je lui ai dit l'a mis en colère, mais pourquoi? Pour trouver la réponse, je dois me référer à des épisodes de sa vie et/ou à la façon dont il voit ou ressent les choses (dans le contexte présent, ces deux éléments sont indissociables), et je crois comprendre son comportement lorsque je m'aperçois, par exemple, étant donné ses expériences et donc la façon dont il voit/ressent les choses, que mes paroles étaient injurieuses ou ont pu être prises comme telles. Peut-être ai-je donné l'impression de singer l'accent de sa région ou ai-je été insensible à une forme de souffrance qui l'a fortement marqué?

En me référant à cette toile de fond, je montre comment mes paroles ont pu être ressenties comme une insulte ou une manifestation de mépris. Le point important est ici la relation de signification : si je dis «P» dans ce contexte-là, à ce moment-là et de cette façon-là, il s'agit d'une offense parce que cela est (ou est compris) comme une manifestation de mépris; le fait que mes paroles aient cette signification dépend de leur intégration dans un réseau de relations de signification (par exemple, cet accent régional représente pour certains l'étroitesse d'esprit ou le manque de finesse, ou bien cette souffrance est pour mon interlocuteur un élément essentiel de son identité et de sa dignité, etc.).

Les deux traits que nous venons de mettre en évidence permettent d'appréhender plus précisément les deux volets de l'antinomie. D'une part, le modèle de l'explication des sciences naturelles utilisé en physiologie n'autorise pas des attributions de propensions ou de dispositions et il évite comme la peste les relations de signification. En effet, nous avons vu que ces dernières ne peuvent être élucidées que par référence à un réseau de significations, et la difficulté d'arriver sur ce point à des formulations non équivoques et vérifiables de manière intersubjective est patente. Il semble donc que l'explication neurophysiologique intégrale doive ignorer ces traits et être nécessairement mécaniste, au sens de ce terme que je voudrais retenir.

Mais d'un autre côté, ces traits sont des éléments essentiels de la façon dont l'être humain se conçoit lui-même. Nous pressentons que la possibilité de donner une explication intégralement mécaniste de notre comportement et de nos sentiments signifierait que ces traits ne sont pas, après tout, essentiels. Or, se poser des fins est lié essentiellement à notre nature d'êtres libres et responsables, et notre existence d'animaux doués de parole serait inconcevable si notre comportement n'était pas déterminé en partie par des relations de signification.

Ainsi, nous sommes déchirés entre les tendances antagonistes de notre pensée. C'est à ce stade que la philosophie intervient souvent comme médiatrice en essayant de nous persuader qu'en réalité il n'y a pas incompatibilité. Parmi les philosophes anglo-saxons contemporains, Ryle[2] et Melden[3] défendent, me semble-t-il, des variantes de cette position (je m'excuse de faire porter le chapeau à autrui). Leur argumentation est à peu près la suivante : il ne peut y avoir de conflit entre les explications communes du comportement et l'explication scientifique en termes neurophysiologiques puisqu'elles ne parlent pas de la même chose et servent d'ailleurs des buts tout à fait différents. Les explications communes portent sur le comportement en tant qu'action, alors que l'explication mécaniste l'explique en tant que mouvement; cette dernière cherche à découvrir les causes de ce mouvement, tandis que les explications communes, qui ne sont pas de type causal, expliquent l'action en en décrivant la toile de fond et en donnant des informations complémentaires quant à la nature exacte du comportement.

J'estime que ces tentatives de faire la paix en mettant les antagonistes dans des pièces séparées sont vouées à l'échec. Le problème fondamental est que les explications communes de l'action sont de toute évidence causales, même si elles ne sont pas mécanistes. Sachant qu'une personne agit parce qu'elle poursuit une fin F, je peux prévoir son comportement et, dans certaines circonstances, l'influencer, ce dont je serais incapable si je ne possédais pas ce savoir. Lorsqu'on connaît les buts, les désirs, les sentiments et les autres éléments qui déterminent le comportement des individus, on connaît l'arrière-plan causal de leurs actions et on connaît donc mieux ce qui pourrait modifier ou infléchir ce comportement, ce qui se passera probablement dans telles ou telles circonstances, etc. Bref, les explications ordinaires permettent, tout aussi bien que les explications causales mécanistes, de formuler des conditionnelles irréelles et contrefactuelles. De plus, le seul fait que ces deux types d'explications utilisent des langages descriptifs différents, celui de l'action et celui du mouvement, ne nous autorise pas à conclure qu'ils parlent de choses différentes, sous quelque rapport pertinent que ce soit, car on peut facilement tracer des relations d'identité entre les deux ensembles de choses décrites.

Deux explications causales de ce type, c'est-à-dire des explications qui permettent de formuler des conditionnelles, sont inévitablement des rivales potentielles. Supposons qu'on fournisse à la fois, à propos d'un comportement donné, une explication ordinaire s'appliquant à ce comportement considéré comme action et une explication physiologique s'appliquant à ce comportement considéré comme mouvement. Par hypothèse, les deux *explicanda* sont compatibles, puisqu'il s'agit de descriptions différentes du même comportement. Mais cela ne signifie nullement que les deux explications sont compatibles, car cela présupposerait que les conditionnelles auxquelles elles donnent lieu soient compatibles en tous points. Ainsi, si on explique le comportement en question par l'état neurophysiologique P_1, cela signifie, dans la théorie mécaniste, qu'il ne se serait pas produit ou se serait produit différemment en présence de P_2. Supposons que l'état P_2 corresponde à un état motivationnel décrit communément comme F_b et qu'au départ on ait expliqué le comportement, considéré comme action, par F_a. Dans ce cas, le remplacement de F_a par F_b devrait avoir les mêmes effets, quant à l'inhibition ou à la modification du comportement, que le remplacement de P_1 par P_2. Mais supposons que l'explication par F_a nous fasse prédire que le passage à F_b favorisera le comportement au lieu de l'empêcher, ou le modifiera d'une autre façon (alors que le passage de P_1 à P_2 n'entraîne pas de prédiction parallèle). Dans ce cas, les deux explications ne peuvent être vraies en même temps ; pour savoir laquelle est la bonne, on produirait normalement P_2 - F_b et on en observerait les conséquences.

Deux explications de ce type s'appliquant aux mêmes événements sont donc des rivales potentielles parce qu'elles impliquent un réseau de conditionnelles qui peuvent entrer en conflit à un moment donné. C'est d'ailleurs parce qu'on sait qu'il y a déjà eu des conflits de ce genre que l'on accepte que certaines explications physiologiques excluent certaines explications motivationnelles. En qualifiant de réflexe un comportement donné, on le soustrait au domaine des explications téléologiques et on cesse de le considérer comme action, étant donné qu'un réflexe, dans ce sens, est un comportement produit par des éléments n'ayant strictement rien à voir avec les fins de l'agent. On sait donc à l'avance, pour n'importe quelle explication téléologique, que certaines de ses conditionnelles sont fausses, à savoir celles qui décrivent des circonstances dans lesquelles l'action ne se produira pas.

Ceci ne signifie pas que les explications causales d'un même phénomène s'opposent inévitablement. Au contraire, elles peuvent être compatibles, à condition qu'il y ait une relation systématique entre elles. En effet, chacune de ces explications donne lieu à un nombre indéfini de propositions conditionnelles. Il ne suffit donc pas qu'il y ait absence de contradiction entre deux ensembles donnés de conditionnelles, mais il faut que les deux séries non infinies n'entrent pas en conflit. En d'autres mots, il faut qu'il soit impossible de déduire d'une de ces explications une conditionnelle qui la mettra en opposition avec l'autre. Or, cela n'est le cas que pour autant qu'il existe une relation systématique entre les deux.

Du fait qu'une première loi énonce une condition nécessaire d'un phénomène donné et qu'une seconde en énonce une autre, et que ces conditions forment ensemble une condition suffisante, il ne s'ensuit évidemment pas que ces lois ne sont pas indépendantes ; pas plus que cela ne s'ensuit du fait qu'elles énoncent chacune une condition suffisante dont aucune n'est nécessaire. Mais il n'est pas possible que la première loi énonce une condition suffisante et l'autre une condition nécessaire sans qu'il y ait de relation entre elles. Pour en revenir à notre problème, il est évident que notre hypothétique explication mécaniste intégrale en termes neurophysiologiques donnerait à la fois les conditions nécessaires et les conditions suffisantes pour l'ensemble de notre comportement («suffisant» signifie ici «suffisant à l'intérieur du système»; on suppose que les conditions externes du fonctionnement normal de l'organisme — suffisamment d'air, absence de catastrophe cosmique, températures à l'intérieur de certaines limites, etc. soient satisfaites); mais d'autre part, les explications ordinaires aussi proposent fréquemment — d'une façon fort peu systématique, il est vrai — de telles conditions nécessaires et/ou suffisantes («suffisant» est à prendre dans le sens qui vient d'être défini).

Il s'ensuit que ces deux explications sont des rivales potentielles et qu'elles ne sauraient coexister sereinement dans des univers de discours indépendants. C'est ce qui fait resurgir la menace de l'antinomie : d'une part, notre culture scientifique nous fait pencher vers l'explication mécaniste intégrale du comportement, et, d'autre part, cette explication est une rivale potentielle des explications que l'on donne et accepte dans la vie quotidienne : elle s'y s'oppose et les dénonce comme erronées. Il est vrai qu'une telle situation serait inquiétante. Mais en réalité, elle est impensable.

Commentons ce dernier point. Pourquoi un conflit de ce genre est-il impensable? Pourquoi ne pas admettre la possibilité qu'on soit amené à abandonner la façon commune de voir au profit d'une théorie «scientifiquement» mieux fondée? N'est-ce pas là ce qui s'est passé dans les domaines où le progrès scientifique est allé au-delà du sens commun? Après tout, ce n'est pas la conception téléologique commune du mouvement des objets inanimés que l'on trouve dans les théories physiques anciennes, qui a prévalu. Pourquoi être plus indulgent dans le cas du comportement animé?

La réponse à ceci se fonde sur un argument qui n'a apparemment pas d'équivalent en philosophie. L'argument consiste à dire que cette supposition est trop absurde pour pouvoir être prise au sérieux. En effet, il ne s'agit pas, en l'occurrence, de se défaire uniquement de quelque croyance irrationnelle à propos du comportement humain, comme par exemple que la poudre de corne de rhinocéros stimule le désir sexuel. S'il était vrai que la relation logique entre les explications physiologiques causales et l'explication commune en termes de motifs est analogue à celle qui existe entre cette dernière et l'explication en termes de réflexes, on serait obligé d'admettre que la totalité du comportement ne mérite pas le nom d'«action», que l'ensemble de notre terminologie et les distinctions qu'elle contient n'a jamais été approprié, que les connexions que nous appréhendons entre faire X et le désir de faire X sont dépourvues de fondement, etc. Or, cela est trop absurde pour que l'on puisse le croire.

La source du problème réside dans le fait que le langage au moyen duquel on décrit le comportement et l'émotion est étroitement lié à un certain type d'explication. Autrement dit, ce langage a la particularité de caractériser le comportement et l'émotion comme susceptibles de recevoir une explication d'un certain type. Le fait de décrire un comportement comme une action dans un contexte donné, signifie qu'il peut être expliqué par certaines fins ou certaines propensions, et en donnant une description d'action particulière, on restreint la série de fins ou de propensions pouvant entrer dans une explication acceptable. De même, le fait de décrire un sentiment comme telle et telle émotion signifie qu'il est lié à une situation appréhendée par le sujet comme étant d'un certain type, à savoir comme étant l'objet de cette émotion. On se sent coupable suite à une faute que l'on a commise et lorsqu'on n'arrive pas à voir dans la cause supposée l'objet approprié à ce sentiment, on cherche à identifier l'idée inconsciente (et peut-être complètement irrationnelle) de faute qui est la cause du sentiment de culpabilité.

Il est possible qu'on se trompe dans ce cas précis et que ce qu'on éprouve n'est pas en réalité un sentiment de culpabilité. Mais il n'est pas possible d'accepter la thèse qu'on se trompe toujours et qu'un concept comme celui de culpabilité est inapplicable. De façon analogue, on se trompe souvent à propos des descriptions d'actions, mais on ne peut pas prétendre que toute description d'action est déplacée parce que l'explication du comportement serait du ressort de l'explication physiologique par causalité efficiente qui, comme dans le cas des réflexes, exclut l'action. L'affirmation de cette impossibilité ne repose pas sur un argument, mais sur notre incapacité d'admettre que les êtres humains ont dit des absurdités depuis des millénaires.

On peut donc rejeter sans plus les explications mécanistes qui entreraient en conflit avec nos explications communes en ce sens qu'elles auraient pour conséquence de rendre absurde l'ensemble de notre terminologie courante. Pour éviter cette conséquence, toute explication mécaniste doit être conçue comme étant systématiquement reliée à l'explication ordinaire, évitant ainsi en gros de s'y opposer.

On dispose d'ailleurs d'un tel modèle de coordination : il s'agit du modèle de la réduction d'une théorie scientifique ou d'un ensemble de lois à une autre théorie. La réduction de la loi de Boyle-Charles et de divers phénomènes de la thermodynamique à l'explication plus générale qu'est la théorie cinétique des gaz en est un exemple. Dans ce cas, les deux explications sont coordonnées : dès que des connexions entre des descriptions d'états énoncées dans le langage des deux théories ont été établies (quand ce que Nagel appelle les «conditions de connectabilité» ont été satisfaites), on peut déduire les lois du système moins fondamental à partir des lois du système plus fondamental et des connexions de corrélation (en satisfaisant ainsi les «conditions de dérivabilité» de Nagel[4]).

On dit qu'un système est plus fondamental qu'un autre lorsque le domaine d'application du premier est plus large, ou quand il est obtenu par spécification de lois plus générales, en sorte que les conditions satisfaisant les lois du système moins fondamental peuvent être énoncées dans le système plus fondamental. On peut dire en ce sens que le système plus fondamental explique les régularités énoncées dans le système moins fondamental. Il est évident que tel est le statut de la théorie cinétique par rapport à la loi de Boyle-Charles.

Dans le cas du comportement, c'est la théorie mécaniste qui serait plus fondamentale puisqu'on la suppose fondée sur les principes de la physique et de la chimie, principes qui ne s'appliquent pas seulement aux êtres vivants. On s'attend aussi à ce qu'elle permette des prédictions plus précises et un contrôle plus efficace du comportement humain, comblant ainsi les nombreuses lacunes et incertitudes des explications communes en termes de motifs et des théories basées sur ces explications. En d'autres mots, elle apporterait la preuve de sa plus grande généralité en rendant possible des explications nouvelles, insoupçonnées au niveau commun de l'explication par le motif. Ce genre de performances est bien entendu un autre privilège d'une théorie plus fondamentale (que l'on retrouve d'ailleurs dans la théorie cinétique dont nous parlions plus haut).

Il faudrait donc coordonner la théorie mécaniste et l'explication commune, en faisant correspondre une grande partie des descriptions d'états formulées dans le langage commun à des descriptions d'états énoncées dans le langage de la théorie mécaniste : tel et tel ensemble d'excitations correspond à l'état de désirer des cacahouètes, tel et tel autre à l'état de se sentir coupable d'avoir raté ses examens, etc. Ces connexions devraient permettre de déduire, dans un grand nombre de cas, des explications plausibles par motifs au départ des explications de la théorie mécaniste (pas dans tous les cas bien sûr : l'avantage de la théorie mécaniste serait qu'elle nous donnerait probablement, pour la première fois, une parade infaillible contre le mensonge à soi-même, le refoulement etc., et rendrait donc possible de nouvelles découvertes en psychologie).

Le fait que la théorie mécaniste serait une rivale potentielle de nos explications communes a inspiré des arguments cherchant à établir que le mécanisme est en un certain sens inconcevable. Ces arguments s'appuient sur l'absurdité de la thèse disant que notre discours ordinaire est radicalement erroné. Dans un article récent, Malcolm développe ce genre d'argument, en présentant cette absurdité sous forme d'une espèce de paradoxe pragmatique impliqué dans l'énonciation de la position mécaniste[5]. Pour rendre son argumentation concluante, Malcolm doit montrer que la théorie mécaniste ne peut pas être reliée à notre conception commune comme une explication plus fondamentale à un explication moins fondamentale. Il suit d'ailleurs de ce qui précède que toute argumentation voulant montrer que le mécanisme est inconcevable, doit faire de même, car si les deux explications sont reliées de façon systématique, il n'y a pas de conflit et le mécanisme est déchargé de la conclusion embarrassante que notre appréhension commune de l'action est radicalement erronée.

Je pense cependant que les arguments à l'encontre de la possibilité de concevoir le mécanisme sont voués à l'échec parce qu'ils ne peuvent pas éliminer cette possibilité d'une correspondance systématique. Examinons le raisonnement de Malcolm. Lorsqu'on énonce les deux types d'explications sous forme canonique où une proposition générale et une proposition factuelle particulière permettent de déduire l'*explicandum*, on se rend compte d'une différence logique importante entre les deux propositions générales. En effet, nous avons vu que les explications ordinaires se font en termes de propensions de l'agent, et cela signifie qu'en les formulant de la même façon que les autres explications, on produit une majeure non contingente. Ainsi, supposons qu'on explique que A a accompli B, en disant qu'il s'est aperçu que B permet de réaliser F. Dans la vie quotidienne, on sous-entend que A s'est posé F comme fin et on obtient alors une explication satisfaisante. Mais supposons en outre que l'on nous demande de détailler cette explication! Si on se conforme au modèle explicatif de la nature inanimée, on peut s'inspirer du cas suivant. Pourquoi telle explosion s'est-elle produite? Parce que A a craqué une allumette près d'une conduite de gaz défectueuse. On complète cette explication en ajoutant l'énoncé : craquer des allumettes à côté de conduites de gaz défectueuses provoque des explosions (ou bien on cite une proposition générale dont on peut déduire cet énoncé au moyen de certaines propositions factuelles). Dans les explications d'actions, ce qui correspond aux circonstances particulières exprimées par la proposition «A a craqué une allumette à côté d'une conduite de gaz défectueuse», ce sont les énoncés «A se pose F comme fin» et «A s'aperçoit que B permet de réaliser F». La proposition qui prend la place de la loi générale à propos du feu, du gaz et des explosions est donc «Lorsque A se pose la fin F et s'aperçoit que B permet de réaliser F, il accomplit B».

Cette proposition, une fois traduite du jargon et accompagnée d'une clause *ceteris paribus*, n'est pas contingente. En effet, dès que A désire la fin F et s'aperçoit qu'il peut la réaliser au moyen de B, il accomplit nécessairement B, s'il ne rencontre pas d'éléments dissuasifs ou des obstacles (cette dernière protase étant à charge de la condition *ceteris paribus*). C'est précisément cela que signifie «désirer» : par là on attribue à l'agent une propension envers une certaine fin; on ne peut pas continuer à lui attribuer ce désir s'il ne fait rien en vue de réaliser cette fin, alors qu'il n'y a ni obstacles ni éléments dissuasifs.

Il n'y a pas de condition *ceteris paribus* analogue pour transformer la majeure concernant le feu, le gaz et les explosions en proposition non contingente. Là encore, cette différence s'explique par le fait général, noté plus haut, que les explications ordinaires sont téléologiques, qu'elles opèrent avec la notion de propension. Puisque les conditions antécédentes évoquées pour expliquer l'action comportent des propensions, l'ensemble de ces conditions est déjà lié de façon non contingente à l'*explicandum*; autrement dit, elles expriment une propension envers l'*explicandum*. Cela signifie que ce n'est pas un fait contingent que ces conditions aboutissent *ceteris paribus* à l'action. Il n'est donc pas nécessaire d'ajouter une proposition générale, qui ne serait de toute façon pas contingente.

Selon Malcolm, les «lois» de l'explication ordinaire, n'étant pas contingentes, ne sauraient être reliées à des lois mécanistes d'un niveau plus fondamental, car cela signifierait, on l'a vu, qu'elles seraient «expliquées» par ces dernières dans le sens où les conditions qui les satisfont pourraient être exprimées dans les termes de la théorie mécaniste. Or, dit Malcolm, «la connexion *a priori* entre l'intention ou la fin et le comportement ne peut pas ne pas être satisfaite», et c'est pourquoi «cette connexion ne peut pas dépendre de façon contingente d'une régularité contingente»[6].

Cet argument n'est pas concluant, et c'est Malcolm lui-même qui, dès la page suivante, nous donne les moyens de le prouver. Il veut établir en effet que «la vérification d'une théorie neurophysiologique compréhensive du comportement» réfuterait nos explications en termes de fins[7], ce qui est bien entendu essentiel à sa thèse concernant l'impossibilité de concevoir le mécanisme. On se demande immédiatement comment ces explications pourraient être réfutées, puisqu'elles reposent sur des principes *a priori*. C'est parce que Malcolm introduit la distinction suivante. Ce qui ne peut jamais être infirmé est l'énoncé que si A désire F et s'aperçoit que B permet de réaliser F, alors, *ceteris paribus*, il fera B[8]; la vérité de cet énoncé dépend en effet du contenu de la notion de «désirer». Mais ce qui peut être établi de façon empirique, c'est si cet ensemble de concepts et les «lois» correspondantes s'appliquent réellement ou non au comportement humain. Il n'en faut pas plus à Malcolm, car l'affirmation qu'ils ne s'y appliquent pas est absurde, même si elle n'est pas logiquement contradictoire.

Or, si on rapporte cette distinction à ce qui a été dit à la page précédente, l'argumentation dirigée contre des explications mécanistes plus fondamentales s'évanouit car, en neurophysiologie, on ne prétend pas établir les conditions de vérité de propositions *a priori* concernant la notion de «désirer», mais seulement les conditions de leur application aux organismes animés, et cela semble bien correspondre au programme d'une théorie mécaniste du comportement. Il est vrai que la logique des deux langages est fort différente, mais cela ne saurait être un obstacle à la réduction d'une théorie à une autre; en fait, on a toujours une telle non-congruence des réseaux conceptuels. A l'intérieur de la théorie neurophysiologique on n'aurait, par exemple, rien de comparable au concept de «désirer», mais cela ne nous empêcherait pas d'utiliser des énoncés connecteurs comme «l'état P_x est l'état du système nerveux central correspondant à ce que l'on appelle 'désirer des cacahouètes'». Certes, on ne pourrait jamais expliquer pourquoi désirer des cacahouètes est suivi de la tentative de s'en procurer, mais on pourrait expliquer pourquoi P_x est suivi de ce comportement; cette régularité nomologique contingente serait alors ce qui est sous-jacent à l'usage actuel du concept «désirer des cacahouètes» (même si on l'ignore actuellement). Ce serait grâce à cette régularité qu'un concept possédant cette structure logique (structure logique dont font partie des «lois» du type de celles citées par Malcolm) est applicable.

Si ce raisonnement est correct, il n'existe pas d'argument général établissant que le mécanisme est inconcevable; en d'autres mots, on ne peut pas s'appuyer sur la différence logique irréductible qu'il y a entre les explications mécanistes et les explications (intentionnelles et téléologiques) de la vie commune pour conclure qu'une conception mécaniste est indéfendable. On peut cependant retenir de ce qui précède que les explications mécanistes du comportement doivent se conformer à une restriction importante, à savoir que toute théorie de cette nature doit, pour être acceptable, être coordonnée avec la conception commune de façon à «sauver les phénomènes».

Examinons de plus près la portée de cette restriction. Elle ne signifie pas, on l'a dit plus haut, que toutes les explications acceptées comme valides ou même comme évidentes dans la vie de tous les jours, doivent être maintenues en montrant qu'elles peuvent être dérivées d'énoncés vrais de la théorie mécaniste. On s'attend au contraire à ce que beaucoup d'idées de notre savoir commun actuel se trouvent ébranlées. Le sens de cette restriction est que le type d'explication dont on montre qu'il peut être dérivé doit conserver en général la logique du discours ordinaire de l'émotion, de l'action et du désir.

Prenons un exemple pour mieux faire comprendre ce point. Supposons que je sois en proie à des sentiments de culpabilité parce que j'ai tué mon frère. La structure logique de cette notion de culpabilité à propos du fratricide se caractérise par le fait que le sentiment est liée à la pensée (dans ce cas : le souvenir) d'avoir tué son frère ainsi qu'à un ensemble d'autres pensées et sentiments présentant cet acte comme un crime horrible. En disant que le sentiment est lié de par sa notion à ces pensées, on énonce quelque chose quant à son étiologie. Si je n'avais pas tué mon frère, ou si je pouvais supprimer le souvenir (même inconscient) de cet acte, ou encore si je pouvais arriver à la conviction profonde (qui n'est pas seulement de l'ordre du jugement superficiel mais qui est enracinée dans l'émotion) que cet acte n'était pas un mal terrible, mon sentiment de culpabilité s'évanouirait. Si cette étiologie ne correspond pas aux faits, c'est-à-dire si le sentiment persiste alors qu'une de ces conditions est satisfaite, c'est que l'attribution initiale n'était pas correcte : mon sentiment de culpabilité vient peut-être d'autre chose ou peut-être ne s'agit-il pas réellement d'un sentiment de culpabilité.

Supposons que nous rendions compte de ce cas dans notre théorie mécaniste. La condition de la compatibilité exige que notre conception mécaniste corrobore l'étiologie implicite dans la logique du concept utilisé. Les descriptions d'états pertinents de la théorie mécaniste n'obéissent évidemment pas à la logique de notre discours commun de l'émotion. Au sentiment de culpabilité correspondra par exemple un état neurochimique G de l'organisme, qui sera expliqué à son tour, par exemple, par différentes structures d'excitations du cerveau, $P_1, P_2, P_3, ...P_n$. Les relations entre ces éléments seront purement contingentes.

Il s'agit de savoir maintenant si l'explication mécaniste corrobore l'étiologie, et cela dépend des conditionnelles contrefactuelles et irréelles qu'elle contient. En effet, nous avons vu qu'en général deux théories causales qui s'appliquent apparemment toutes les deux à un cas donné, devront néanmoins être considérées comme incompatibles si les conditionnelles qu'elles supportent divergent. En disant qu'elles sont coordonnées, on affirme justement qu'elles sont reliées de façon à ce que leurs conditionnelles ne puissent diverger.

En supposant donc qu'on puisse connecter les conditions nécessaires mentionnées ci-dessus — que j'ai tué mon frère, que je me souviens de cet acte, etc. — à certains états de la série $P_1... P_n$, ou à des causes de ces états, il s'agit de savoir si les conditionnelles qu'on peut dériver de l'explication commune peuvent également être dérivées de la théorie mécaniste et des énoncés connecteurs. Si cela s'avère impossible, et en supposant que la théorie mécaniste soit vraie, on aura établi que l'attribution au fratricide de sentiments de culpabilité était erronée. Si on arrivait à montrer, par exemple, que les états-P liés au souvenir (même inconscient) du fratricide ou bien ceux liés à ma conviction que le fratricide est un mal, n'ont rien à voir avec ce sentiment de culpabilité, et que ce dernier persisterait en leur absence, on ne pourrait plus parler de sentiment de culpabilité, du moins à propos de cet acte.

On découvrirait peut-être que je me suis trompé et qu'en réalité mes remords ne portaient pas sur le fratricide mais sur un autre acte, ou même que ma douleur psychique correspondait à une émotion tout à fait différente. Cela voudrait dire que l'étiologie initiale n'est pas confirmée.

Cependant, l'exigence générale de compatibilité signifie que ce genre de situation doit rester l'exception, sans quoi l'application du concept de «culpabilité» ne serait jamais justifiée, ce qui serait une conséquence tout à fait inacceptable. Même si, dans ce cas précis, on parvenait à l'accepter à force de contorsions dialectiques, on n'y arriverait certainement pas pour l'ensemble des concepts décrivant nos émotions et nos aspirations — la gratitude, l'indignation, la compassion, la honte, la fierté, le remords, le respect, le mépris, l'ambition, etc. — et pour l'ensemble des concepts d'action. On devrait pourtant y arriver si on accepte l'incompatibilité générale entre l'explication mécaniste et notre discours ordinaire.

Le problème de la compatibilité ne se poserait pas seulement dans les cas où on dispose déjà, comme dans notre exemple, d'une explication (en effet, il n'y a rien de plus normal, dans notre conception générale de l'être humain, que de se sentir coupable parce qu'on a tué son frère), mais aussi lorsqu'on recherche une explication. Imaginons qu'un immigré ayant fait fortune dans le Nouveau Monde, se sente coupable d'avoir quitté son pays natal et sa famille. Supposons en outre que, vu les valeurs qui sont les siennes, il y ait en cela quelque chose d'irrationnel qu'il faut tenter d'expliquer.

Pour cela, il faudra identifier des éléments irrationnels de son subconscient, par exemple une impression puérile d'avoir mal agi envers son frère, qui suscite la pensée que le voilà riche à présent alors que son frère végète au village natal. Ce sentiment de culpabilité ne s'était peut-être jamais manifesté avant l'intervention d'un autre événement qui lui est uniquement lié de façon irrationnelle : supposons que l'immigré se sentait fort bien jusqu'au moment où il a eu des ennuis financiers qui ont fait naître l'idée qu'il méritait cette «punition».

Il est également possible que cet objet du sentiment de culpabilité ne soit qu'un prétexte et qu'en réalité il se sente coupable d'avoir fait fortune en exploitant ses ouvriers, trouvant cependant plus confortable de ne s'avouer à lui-même que le «mal» d'avoir abandonné sa famille, sentiment que lui-même et ses amis trouvent certes irrationnel, mais qu'ils considèrent tout de même comme honorable.

Ces explications-là et beaucoup d'autres peuvent être évoquées pour rendre compte du sentiment de culpabilité (dans les deux cas) ou bien du sentiment de culpabilité à propos d'un objet précis (dans le premier cas). La condition de la compatibilité ne signifie pas, dans le cadre de cet exemple, que l'explication mécaniste doit confirmer une explication déjà connue — il n'y en a pas —, mais qu'elle doit corroborer une explication qui est conforme à la structure logique des notions de «se sentir coupable d'avoir abandonné sa famille» ou du moins de «se sentir coupable». En d'autres mots, il doit y avoir une explication de ce sentiment de culpabilité dont les conditionnelles contrefactuelles et irréelles peuvent être dérivées de l'explication mécaniste et des énoncés connecteurs.

Cet exemple est intéressant parce qu'il montre, premièrement, qu'expliquer un sentiment comme sentiment de culpabilité ne signifie pas nécessairement qu'on l'explique comme un sentiment de culpabilité rationnel, sans que cela abolisse pour autant la distinction. Pour que l'emploi de ce concept soit justifié, l'explication doit présenter le sentiment comme sentiment de culpabilité et cela implique que l'on se réfère au mal ou au péché dont on est responsable; bref, cela implique que l'on se réfère à «ce qui est mal». Il peut s'agir d'un sens du mal agir qu'on a éprouvé durant l'enfance et que l'on n'accepte plus depuis longtemps, qui est donc irrationnel à présent; d'autres éléments irrationnels peuvent intervenir, comme dans notre exemple, où la culpabilité est déclenchée par des ennuis financiers perçus comme punition. Mais on reste toujours dans le même cercle d'idées et il le faut d'ailleurs si on veut parler de «culpabilité». La condition de la compatibilité exige donc qu'il y ait une explication fondée sur ces idées et corroborée par une explication mécaniste, en ce sens que ses conditionnelles peuvent être dérivées de celles de l'explication mécaniste de la façon mentionnée dans l'alinéa précédent.

Cet exemple montre en second lieu, confirmant en cela ce qui a été dit auparavant, que le principe de la compatibilité auquel doivent se conformer les explications mécanistes ne signifie pas que les explications du comportement qu'on accepte actuellement doivent nécessairement être conservées; en effet, il s'applique même là où on a donné une explication fausse ou bien où on n'a pas réussi à en donner. Ce principe impose cependant une restriction aux théories mécanistes hypothétiques, en exigeant que leurs explications corroborent, via les énoncés connecteurs reliant des états théoriques à des descriptions d'actions et d'émotions, des explications de nos actions et émotions qui sont compatibles avec la structure logique des termes qu'on utilise pour les décrire, et cela non pas dans tous les cas mais de façon générale et la plupart du temps. Ceci afin d'éviter la conclusion paradoxale que les êtres humains ont dit des absurdités pendant des millénaires et que les critères d'application du langage commun de l'émotion et du comportement ne sont jamais ou pratiquement jamais satisfaits.

Quelles sont les conséquences de ce principe de la compatibilité pour les sciences du comportement? Il en découle en premier lieu que les arguments *a priori*, du genre de celui de Malcolm, à l'encontre d'explications mécanistes plus fondamentales, ne sont pas valides.

Il s'ensuit en deuxième lieu que l'idée d'une science du comportement qui se contenterait de relier des «stimuli récepteurs» à des «mouvements incolores» via une théorie du cerveau et du système nerveux central et qui aurait coupé les ponts avec notre discours commun et ses distinctions (qui ne permettrait pas, par exemple, de distinguer la honte du sentiment de culpabilité ou la colère de l'indignation, etc., les traitant comme la physique post-galiléenne traite par exemple la distinction aristotélicienne entre le monde sublunaire et le monde supra-lunaire), est une monstruosité épistémologique.

Il s'ensuit, en troisième lieu, qu'une théorie mécaniste prétendant expliquer le comportement, devra rendre compte de la très grande échelle de distinctions caractérisant actuellement le monde intentionnel des agents humains et essentielles à la compréhension de leur comportement. J'ai mentionné plus haut quelques-uns des termes d'émotions communes à tous les hommes. Mais la description d'une large partie du comportement humain se réfère également à l'ensemble des institutions (en tant que telles ou en tant qu'appréhendées par les sujets) dans lesquelles vivent les hommes et par lesquelles ils sont formés, ainsi qu'à l'ensemble des significations sociales auxquelles on a recours pour se comprendre soi-même et pour comprendre autrui, etc. Evidemment, ces éléments varient beaucoup selon les cultures et parfois même, à l'intérieur d'une même société, selon le milieu.

Supposons que nous voulions expliquer l'événement suivant : un vassal refuse de se découvrir en présence du roi pour inciter à la révolte ou pour donner à ses conjurés le signal du soulèvement. L'explication de cet événement doit soutenir des conditionnelles contrefactuelles impliquant une référence aux notions de royauté, de révolte, à la valeur symbolique de l'acte d'enlever son couvre-chef en présence du roi, et ainsi de suite. En effet, il doit être vrai que notre héros n'aurait pas refusé de se découvrir s'il avait cru que l'homme faisant son entrée était le nouveau prétendant qu'il appuie, et non pas le roi. Et il doit être vrai également qu'il n'aurait pas refusé de se découvrir si cet acte n'avait pas eu la signification de refuser l'allégeance, ou bien, si ses conjurés n'avaient pas été prêts (dans l'hypothèse où il voulait donner le signal du soulèvement), et ainsi de suite. Si ces conditionnelles contrefactuelles ou d'autres similaires ne sont pas vraies, notre description initiale est compromise.

La compréhension du comportement humain au moyen d'une explication par les motifs doit tenir compte du fait central que l'homme est un animal culturel, que son comportement peut varier considérablement et que ces variations doivent être comprises à la lumière des différences existant entre les cultures humaines. Cela ne signifie pas que l'explication doit toujours être formulée dans le langage de la culture en question, mais cela signifie qu'une théorie adéquate doit pouvoir expliquer, entre autres, la manière dont un peuple se comprend lui-même. Elle doit donc être en mesure d'exprimer les distinctions majeures au moyen desquelles on comprend les différences de comportement des individus et du comportement des individus à différentes époques, et une théorie neurophysiologique mécaniste doit pouvoir faire de même.

Il s'ensuit qu'il est illusoire de penser qu'une telle science mécaniste représente une voie d'accès plus simple que la science du comportement qui prend en compte la culture humaine. La théorie neurophysiologique devrait être assez riche pour exprimer les distinctions majeures des diverses cultures humaines. L'explication du comportement en termes de ce qui se passe «sous-la-peau» n'est possible qu'à la condition de disposer de descriptions «d'états-sous-la-peau» correspondant au large éventail des éléments de l'environnement intentionnel de l'homme dont l'inventaire nécessite l'exploration de la totalité de la culture. En effet, un raccourci neurophysiologique laissant de côté les différences culturelles tranformerait en non-sens une grande partie des descriptions que les êtres humains utilisent pour parler d'eux-mêmes.

L'exigence de «sauver les phénomènes» définit donc un critère que doit satisfaire toute théorie neurophysiologique, si elle veut être prise au sérieux. Il est évident qu'on peut et qu'on doit préciser ce critère, en y soignant spécialement certains aspects. Les développements récents en psycholinguistique en sont un bon exemple. A moins que l'on ne prenne la décision absurde de négliger complètement la différence entre comprendre et ne pas comprendre une phrase, ou entre la trouver bien construite ou non, l'explication du comportement verbal doit pouvoir rendre compte de toute la complexité des opérations par lesquelles on forme et comprend des phrases. Une approche qui ne se plierait pas à cette exigence ne vaudrait pas la peine d'être prise en considération.

Dans les pages qui précèdent, nous avons examiné certains arguments qui, dans notre antinomie, représentent l'antithèse du mécanisme. Nous avons vu qu'ils n'arrivaient pas à établir de façon générale que le mécanisme est inconcevable. Mais un résultat intéressant de cette discussion a été de mettre en évidence une condition que doit nécessairement satisfaire toute théorie mécaniste, à savoir celle de «sauver les phénomènes» en générant les distinctions sous-jacentes au langage de l'action et de l'émotion, ainsi que celles qui sont implicites dans notre culture. Ceci n'indique-t-il pas que l'opposition tranchée entre l'explication neurophysiologique et la conception commune repose après tout sur un malentendu?

Que se passerait-il si une théorie neurophysiologique future, afin de générer la riche variété de distinctions qui doivent être conservées, complétait son langage et donc son arsenal conceptuel et si ces nouveaux concepts partageaient dans une certaine mesure la signification téléologique et intentionnelle du langage ordinaire actuel? Cela pourrait se produire, par exemple, s'il était impossible de comprendre de façon adéquate les conditions antécédentes et les conséquences de certaines structures globales d'excitation du cerveau et du système nerveux sans les identifier partiellement au moyen ou en relation avec les processus ou états psychologiques dans lesquels ils interviennent.

Il est difficile, à l'heure actuelle, de dire quelque chose de raisonnable au sujet d'un tel enrichissement conceptuel éventuel, pour la bonne raison qu'une innovation conceptuelle ne peut être décrite de façon précise qu'à partir du moment où elle est entrée dans les faits. Tout ce qu'il est possible de dire est qu'il n'y a pas de raisons valables de penser que nos catégories actuelles sont à tel point solides qu'une convergence conceptuelle de ce genre est exclue dès le départ. On peut fort bien imaginer qu'on va vers une théorie neurophysiologique qui serait non réductionniste au sens où elle ne présenterait pas les concepts téléologiques et intentionnels comme pouvant être supprimés à un niveau plus fondamental. Si tel devait être le cas, les problèmes liés à notre antinomie s'évanouiraient.

Cette affirmation d'une simple possibilité est, je le répète, tout ce qu'on peut avancer en ce moment. Mais il est évident que même cela ne sera pas accepté sans justification et c'est pourquoi je me tourne maintenant vers l'autre volet de l'antinomie, vers les arguments en faveur du mécanisme. Ces arguments sont fondamentalement de deux sortes : méthodologiques et ontologiques.

L'argument méthodologique s'appuie principalement sur la croyance, mentionnée précédemment, que les explications non mécanistes ne répondent pas à certaines questions. En introduisant des concepts téléologiques, comme les fameuses entéléchies du vitalisme, on exclut carrément certaines questions, à savoir celles ayant trait aux mécanismes sous-jacents aux fonctions spécifiées par ces entéléchies. Cela pourrait se justifier s'il n'y avait rien à découvrir, mais l'histoire de la biologie nous incite plutôt à penser le contraire : des progrès considérables ont été faits lorsqu'on a cherché à découvrir les mécanismes sous-jacents à certaines fonctions holistiques; que l'on se rappelle seulement la percée réussie récemment par Crick et d'autres à propos du mécanisme de la reproduction cellulaire.

La force de conviction de cette argumentation tient moins à la nécessité logique qu'à un usage persuasif de l'analogie historique[9]. Même s'il est vrai que l'introduction de concepts non mécanistes a fermé dans le passé des voies de recherche qui par après se sont révélées fertiles, cela ne signifie nullement que l'introduction de tels concepts serait invariablement suivie de telles conséquences. Par ailleurs, l'hypothèse de convergence peut être présentée de manière positive : pourquoi le genre d'enrichissement conceptuel auquel nous avons fait allusion devrait-il entraîner le blocage de la recherche sur les phénomènes décrits, comme on l'a souvent dit des entéléchies de Driesch ? Ne pourrait-on imaginer au contraire que toute une série de nouvelles questions surgiraient aux frontières de la psychologie et de la neurophysiologie, tandis qu'on abandonnerait d'autres problèmes et certaines voies de recherche d'ordre strictement déterministe ? Il est vrai pour tout ensemble de concepts explicatifs qu'en décrivant un domaine donné de la réalité par leur moyen, on ouvre certaines voies de recherche et on en ferme d'autres. On ne peut rien en conclure, de façon générale, quant à la validité d'un ensemble de concepts donné; tout dépend de la fertilité des voies de recherche qui seront ouvertes ou fermées, et cela ne peut être constaté que par après; il n'y a pas d'arguments *a priori* valables dans ce contexte.

Des arguments s'appuyant sur des analogies historiques saisissantes tel le vitalisme ne sont pas concluants *a priori*, puisqu'ils supposent résolue la question de savoir si l'analogie tient véritablement; or, pour ce faire on devrait montrer, le cas échéant, que le nouvel ensemble de concepts donne lieu en pratique aux mêmes effets négatifs qu'un autre ensemble supposé similaire. Ainsi, une des erreurs du vitalisme a été de paralyser la recherche. Mais on ne peut pas prétendre que la même chose se reproduira avec un enrichissement conceptuel du genre de celui que j'ai évoqué, aussi longtemps qu'on n'a pas la possibilité d'examiner les ajoutes et révisions conceptuelles effectivement proposées.

Parmi les grands paradigmes du progrès scientifique, beaucoup peuvent être interprétés de plusieurs manières. La révolution de la physique au XVIIe siècle parle-t-elle en faveur du mécanisme ou bien illustre-t-elle comment l'emprise d'un puissant système conceptuel traditionnel (aristotélicien au XVIIe, mécaniste au XXe siècle) sur la communauté scientifique peut bloquer le progrès? Il faudra attendre l'issue des discussions actuelles pour voir qui a le rôle de Galilée et qui a celui de ses adversaires aristotéliciens bornés.

L'objection ontologique est à la fois plus profonde et plus difficile à énoncer, donc à critiquer. Elle se présente à peu près comme suit. Etant donné que les êtres humains sont après tout des objets physiques soumis aux lois de la physique et de la chimie, lois qui se sont révélées exactes pour tous les objets physiques, la thèse réductionniste doit être valable sous une forme ou une autre, c'est-à-dire les explications d'un niveau supérieur (les explications psychologiques ou sociologiques) doivent en dernier ressort pouvoir être expliquées à un niveau plus fondamental en termes de physique et de chimie; en suivant cette voie réductionniste, on passera évidemment par un stade neurophysiologique.

Pour se rendre compte de la nécessité du réductionnisme, il faut, toujours selon cette argumentation, examiner quelles en sont les alternatives. S'il y avait, au niveau psychologique, des explications vraies du comportement qui ne pourraient pas être réduites à des explications neurophysiologiques (en une première étape, bien sûr; mais toutes les questions de principe peuvent être posées à propos de cette première étape), qui ne seraient donc pas coordonnées à ces explications plus fondamentales, il s'ensuivrait (comme nous l'avons vu ci-dessus), soit que l'une de ces conceptions est inadéquate sous certains aspects, soit qu'elles s'appliquent à des choses différentes. Puisque, par hypothèse, l'explication psychologique est valide, on doit conclure, soit que l'explication neurophysiologique n'est pas valide, qu'elle s'égare en certains points (les points de conflit), soit que l'explication psychologique porte sur quelque chose que l'explication neurophysiologique n'arrive pas à saisir. Cette dernière conclusion équivaut à une forme de dualisme, puisqu'elle implique qu'un certain niveau de la réalité ne peut pas être décrit en termes neurophysiologiques, tout en étant accessible à la description et à l'explication psychologiques. Si on admet par contre que ce niveau de la réalité comporte un ensemble d'événements pouvant recevoir une explication neurophysiologique, on se retrouve dans la première alternative.

Or, cette alternative n'est pas acceptable puisqu'elle revient à affirmer que les lois de la neurophysiologie (et donc, à des niveaux inférieurs, celles de la physique et de la chimie) admettent des exceptions lorsqu'elles entrent en conflit avec nos explications psychologiques. Il paraît difficile de soutenir pareille thèse exceptionnaliste. On se retrouve donc avec la thèse dualiste, elle aussi difficilement acceptable pour l'esprit contemporain, même si *sub specia aeternitatis* elle peut se défendre aussi bien que n'importe quelle autre hypothèse : on a peine à croire qu'il y ait des fonctions de l'esprit qui ne soient pas fondées (d'une façon ou d'une autre) sur des processus neurologiques (ceci n'équivaut pas à ce que les philosophes contemporains appellent la «théorie de l'identité» qui, elle, implique l'acceptation *holus bolus* du mécanisme). Il faut dire aussi que le genre de dualisme lié à ce volet du dilemme est particulièrement peu plausible, car il implique l'absence d'interaction entre l'esprit et la matière; en effet, si des événements au niveau psychologique pouvaient avoir des effets au niveau neurophysiologique, cela signifierait que le fonctionnement des processus neurophysiologiques selon des lois neurophysiologiques pourrait être interrompu, et là encore ces lois auraient des exceptions.

Notre nature d'êtres rationnels serait inexplicable si l'esprit et la matière étaient indépendants. Il faut donc supposer une coordination entre ces deux sphères et cette coordination doit avoir la forme de relations systématiques entre les lois causales. Le seul modèle alternatif serait une hypothèse plus ou moins fantaisiste du genre de l'occasionnalisme malebranchien.

Le côté paradoxal de telles hypothèses occasionnalistes amènera peut-être le dualiste à reconnaître qu'après tout l'esprit et le corps interagissent, mais ce faisant, il se met définitivement dans le pétrin en soutenant à la fois le dualisme et l'exceptionnalisme, et se voit confronté à un ensemble de problèmes épistémologiques insurmontables.

Puisque ce dilemme naît du refus d'accepter une relation systématique entre des explications psychologiques valides et des explications d'un niveau plus fondamental, il semble bien qu'on soit obligé d'accepter cette prémisse. Si on l'accepte, il ne fait pas de doute que le niveau neurophysiologique (et ensuite le niveau physico-chimique) est le niveau inférieur, car les lois qui valent à ce niveau portent sur un domaine de phénomènes plus vaste et les explications plus «élevées» doivent être des cas particuliers de ces lois. «Inférieur» signifie ici «plus fondamental», et tout doit pouvoir être réduit à la physique et à la chimie.

Ce sont apparemment des convictions de ce genre qui sont à la base de la foi actuelle dans le mécanisme. Cette argumentation est forte aussi longtemps que l'on accepte les vieilles alternatives bien établies. Mais dès qu'on envisage une hypothèse comme celle de la convergence conceptuelle exposée plus haut, on s'aperçoit de ses points faibles. Elle suppose prouvées des thèses centrales, et cela en deux endroits reliés. La première thèse est implicite dans des expressions comme «les lois de la physique et de la chimie» ou «les lois de la neurophysiologie» et l'autre se dissimule dans les termes «gouverné par» ou «s'appliquer à», employés au sujet de ces lois.

Commençons par le premier présupposé. Dans l'hypothèse de convergence esquissée ci-dessus, le comportement sera expliqué en termes neurophysiologiques, mais à l'aide d'une théorie neurophysiologique plus riche que celle dont on dispose actuellement. Lorsqu'on présente les choses de cette façon, l'argument en faveur du mécanisme s'écroule. Il revient en effet à nier *a priori* qu'un tel enrichissement puisse s'avérer nécessaire ou possible, et on ne voit pas comment justifier une telle position. Il aurait été tout aussi absurde pour les physiciens mécanistes du XIXe siècle de nier qu'un enrichissement conceptuel pouvait s'avérer nécessaire pour expliquer des phénomènes physiques. Certains physiciens de l'époque étaient tentés de le dire, mais plus personne n'ose avancer une chose pareille à propos de la physique contemporaine.

L'argumentation mécaniste repose en fait sur une équivoque concernant l'expression «les lois de la neurophysiologie». Si on désire éviter le dualisme et ses conséquences, on admettra, puisque tout comportement a une base neurophysiologique, que l'on peut en un certain sens en donner une explication neurophysiologique. Mais la signification de l'expression «explication neurophysiologique» telle qu'elle apparaît dans ce refus du dualisme, n'impose pas de restrictions quant à la nature des concepts explicatifs employés; elle désigne tout simplement une explication qui rend compte des phénomènes neurophysiologiques. Là où il y a équivoque, c'est entre cette signification tout à fait générale et une autre signification qu'on peut énoncer comme suit : «explication au moyen des concepts actuellement acceptés en neurophysiologie et de leurs prolongements». En passant, sans s'en apercevoir, de la première signification à la seconde, on en vient à penser que le genre de convergence conceptuelle mentionné plus haut a été éliminé par l'argument contre le dualisme. On *peut* effectivement être d'avis que la seule alternative au dualisme correspond aux présupposés actuels de la science. C'est cela en fait la conviction centrale; si on l'accepte, on a vite fait d'identifier toutes les explications neurophysiologiques aux explications conformes aux canons actuels. Mais cette prémisse est loin d'être nécessaire.

C'est également à cette ambiguïté de l'expression «les lois de...» (la neurophysiologie ou de la physique ou de la chimie) qu'est due l'opinion que notre hypothèse de la convergence est exceptionnaliste ou interactionniste, car c'est sur cette équivoque que repose le dilemme nous obligeant, afin d'éviter le dualisme, de définir tout principe explicatif nouveau comme situé en dehors «des lois de la neurophysiologie» (ou de la physique ou de la chimie). Le reproche d'interactionnisme est cependant soutenu par une autre ambiguïté qui affecte des notions comme «gouverné par» (des lois) ou (des lois qui) «s'appliquent à». Même en ayant écarté comme sans importance des questions de terminologie quant à la manière d'utiliser des expressions comme «les lois de la physique» ou «les lois de la neurophysiologie», elle peut nous donner du fil à retordre.

On peut formuler plus facilement ce problème à propos des explications physico-chimiques. En prétendant que les principes actuels de ces explications ne s'appliquent pas au comportement des êtres animés ou de l'homme alors qu'ils s'appliquent de façon générale à tout le reste de la nature, on donne assurément une image étrange des êtres animés. En effet, la thèse que les lois de la physique et de la chimie valant pour la nature en général ne s'appliquent pas aux êtres animés (ou du moins admettent des exceptions), ne correspond-elle pas à une forme d'exceptionnalisme (on présuppose évidemment que les êtres animés sont des êtres physiques à part entière, c'est-à-dire on refuse le dualisme)? On doit donc accepter que le comportement animé est explicable par les lois de la physique et de la chimie, et que toutes les autres explications doivent être réductibles à ces explications-là, l'expression «les lois de la physique et de la chimie» désignant simplement les lois, quelles qu'elles soient, qui s'appliquent de fait au domaine entier de la nature. Cette argumentation évite donc de se prononcer *a priori* sur la nature de ces lois.

Il est vrai que cette argumentation n'exclut pas la possibilité d'explications non mécanistes du comportement, à condition d'avoir recours à des hypothèses à la Teilhard de Chardin où on introduit des concepts enrichis pour expliquer de façon adéquate la nature inanimée. Mais il n'est pas nécessaire d'adopter des hypothèses aussi hardies, car de toute façon l'argumentation ne tient pas debout. Rien ne justifie l'affirmation générale que le comportement animé doit être explicable selon les mêmes principes que ceux du mouvement de la matière inanimée - à moins que l'on estime, puisque le comportement des êtres animés, comme toutes les choses de la nature, est gouverné par les lois générales de la physique et de la chimie, qu'il ne peut pas être également gouverné par d'autres principes sans que ces derniers transgressent ces lois générales et créent par là des exceptions.

Cette dernière opinion est fondée sur une confusion à propos de la notion de «être gouverné par»[10]. Lorsqu'on dit d'une série de choses qu'elle est gouvernée par un certain ensemble de lois définissant, par exemple, une certaine force, on ne veut pas dire que ces lois expliquent tous les mouvements de ces choses. Il est possible que l'on doive aussi avoir recours à des lois définissant une autre force. De plus, il se peut que ces forces interviennent toutes les deux dans la production d'un même mouvement, et dans ce cas on doit s'appuyer sur les deux pour expliquer certains événements. C'est le cas en physique de la force de pesanteur et de l'électromagnétisme. Pour parler concrètement : en attirant un objet à l'aide d'un aimant, on l'empêche de rester au sol ou de tomber.

Certes, on peut dire que dans ces cas les forces «interfèrent», en ce sens que le cours des événements serait différent si l'une d'elles cessait d'agir. Mais il serait absurde de dire qu'on a découvert, dans l'hypothèse où on serait parti d'une théorie physique admettant seulement la pesanteur et qu'on aurait modifiée pour admettre aussi le magnétisme, qu'après tout il est faux que tous les corps sont «gouvernés par» la loi de la pesanteur. Ce n'est pas cela que veut dire l'expression «gouverné par». La pesanteur reste indispensable pour la compréhension du mouvement des corps, même si on s'aperçoit, en faisant intervenir d'autres forces, que les choses sont plus compliquées qu'on ne l'avait pensé. Le fait que les choses seraient différentes dans l'hypothèse, difficilement imaginable, où la pesanteur serait la seule force en présence, n'a strictement rien à voir dans ce contexte, à moins d'imaginer de façon anthropomorphique que la pesanteur en prendrait ombrage.

Un raisonnement analogue vaut pour notre problème. Dans mon hypothèse de convergence, les principes actuels de la neurophysiologie, et *a fortiori* ceux de la physique et de la chimie, se verraient complétés par des concepts d'un genre fort différent, dans lesquels des relations de signification, par exemple, auraient une pertinence pour les processus neurophysiologiques. S'il se révélait que cela aurait une valeur explicative, on pourrait conclure que ces nouveaux principes gouvernent également les phénomènes. On s'attendrait évidemment à ce que les prédictions qu'on pourrait faire à l'aide de ces nouveaux concepts explicatifs soient différentes de celles faites au moyen des principes anciens; sinon, pourquoi les avoir introduits? En ce sens, on pourrait dire de ces nouvelles «forces» qu'elles «interfèrent». Mais il serait absurde de prétendre que notre hypothèse entraîne que les principes initiaux ne gouvernent plus les phénomènes et que nous avons trouvé des cas où ils ne s'appliquent pas.

On ne serait prêt à dire qu'un ensemble de lois admet des exceptions que dans l'hypothèse où les «forces» supplémentaires ne pourraient pas être comprises en termes de *quelque* principe et resteraient réfractaires à n'importe quel type d'explication scientifique. Ce qui est à l'origine du reproche d'exceptionnalisme est en fait le préjugé profondément enraciné que l'explication scientifique est impossible selon des principes autres que mécanistes. Du moment qu'on partage cette prémisse, on estimera effectivement que n'importe quelle tentative de compléter les langages scientifiques existants par des principes non mécanistes aura pour conséquence d'introduire des lacunes dans nos explications, et on pensera que celui qui estime que cela se justifie soutient une forme d'exceptionnalisme.

L'argumentation qui découle de la confusion au sujet des expressions «être gouverné par» et «les lois de...» repose en fin de compte sur l'identification des lois scientifiques et de l'explication en général avec les lois et les explications basées sur les principes en cours actuellement, à savoir les principes mécanistes. Ce n'est qu'en acceptant cette identification qu'on peut montrer que le dualisme et l'exceptionnalisme sont les seules alternatives au réductionnisme. Mais alors l'argument réductionniste à l'encontre de notre hypothèse de la convergence, argument qui entend montrer que des explications non mécanistes de ce genre ne sont pas acceptables, présuppose ce qu'il veut prouver; cette argumentation ne fonctionne que si le mécanisme est présupposé dès le départ.

En d'autres mots, on ne saurait considérer un enrichissement conceptuel de la neurophysiologie tel que je l'ai envisagé, comme une espèce d'exceptionnalisme (comme signifiant que les lois de la neurophysiologie et d'une partie de la physique et de la chimie ne s'appliquent pas), qu'en ayant déjà subrepticement identifié les lois de la science avec le genre de loi qui a cours actuellement. Pour celui qui partage ce présupposé, l'introduction de n'importe quel principe d'explication différent revient en effet à affirmer que ces lois ne s'appliquent pas de façon générale et ne gouvernent pas tous les phénomènes. Et c'est toujours sur base de ce présupposé qu'on dira que toutes les explications de niveau supérieur doivent être réductibles à des lois physico-chimiques, sous peine de ne pouvoir être considérées comme scientifiques.

Mais si on définit l'explication mécaniste de la façon dont nous l'avions fait au début, à savoir comme une forme d'explication qui évite des concepts téléologiques et intentionnels, et si on définit le mécanisme comme la doctrine disant que toute explication scientifique doit être de ce type, alors, en acceptant cette identification, on accepte une prémisse mécaniste. Et cela signifie que l'argument réductionniste à l'encontre de notre hypothèse de convergence, qui est une alternative au mécanisme, repose sur une pétition de principe; il ne porte que si on suppose dès le départ que le mécanisme est vrai.

Nous voyons donc que les arguments en faveur de ce volet de l'antinomie — la thèse mécaniste — ne connaissent pas un sort meilleur que ceux en faveur de l'autre volet. Le mécanisme n'est pas, comme le prétendent ses partisans, une certitude et la seule métaphysique compatible avec la science, mais il n'est pas non plus inconcevable et contraint de nier l'évidence, comme l'ont affirmé certains penseurs. En analysant ces arguments non valides, nous avons cependant appris quelque chose, à savoir que l'alternative mécanisme-dualisme doit être abandonnée, et qu'il faut étudier la possibilité d'une conception non dualiste de l'homme, indépendante d'une conception réductionniste des sciences de l'homme. Ceci implique évidemment une ontologie à plusieurs niveaux, ce qui signifie que si certains principes gouvernent le comportement de toute chose, il en existe d'autres s'appliquant seulement à certaines d'entre elles, tout en ne pouvant pas être interprétés comme des cas particuliers des premiers.

Cette hypothèse est diamétralement opposée aux dogmes profondément ancrés dans notre tradition scientifique. Je pense cependant qu'elle est plausible dans le contexte des sciences de l'homme. De plus, elle a le mérite de dépasser l'antinomie du mécanisme.

NOTES

[1] Cf. M. GRENE, «Reducibility - Another Side Issue?», in GRENE (éd.), *Interpretations of Life and Mind*, Londres, 1971, pp. 14-37.
[2] G. RYLE, *Dilemmas*, Cambridge, 1954.
[3] A.I. MELDEN, *Free Action*, Londres, 1961.
[4] E. NAGEL, *The Structure of Science*, New York, 1961, pp. 353-354 et 433-435.
[5] N. MALCOLM, «The Conceivability of Mechanism», *Philosophical Review* 77 (1968), pp. 45-72.
[6] *Ibid.*, p. 50.
[7] *Ibid.*, p. 51.
[8] *Ibid.*
[9] GRENE, «Reducibility - Another Side Issue?».
[10] *Ibid.*

LA STRUCTURE DE L'AGIR ET LE PROBLEME DE LA LIBERTE

L'agir

Donald DAVIDSON

Parmi les événements de la vie d'une personne, quels sont ceux qui révèlent un pouvoir d'agir; quels sont les réalisations et les agissements d'une personne, par opposition aux événements qu'elle subit; quel est le trait distinctif de ses actions?

Ce matin, j'ai été réveillé par quelqu'un jouant du violon. J'ai continué un peu à somnoler avant de me lever, je me suis lavé, rasé et habillé, puis je suis descendu, éteignant au passage la lumière du corridor. Je me suis servi une tasse de café, j'ai trébuché sur le bord du tapis de la salle à manger et j'ai renversé un peu de café en essayant d'attraper le *New York Times* sur la table.

Certaines de ces choses, je les ai accomplies et d'autres me sont arrivées, je les ai subies. Parmi les premières, il y a se lever, se laver, se raser, descendre l'escalier et renverser son café, tandis qu'avoir été réveillé et trébucher sur le bord du tapis sont des choses qui me sont

---

D. DAVIDSON, «Agency», in R. BINKLEY, R. BRONAUGH et A. MARRAS (éds), *Agent, Action and Reason*, Toronto, University of Toronto Press, 1971, pp. 3-26. Avec l'aimable autorisation de l'auteur et de *University of Toronto Press*.
La réimpression de cet article dans D. DAVIDSON, *Essays on Actions and Events*, Oxford University Press, 1980, comporte quelques modifications que nous signalerons au lecteur (*N.d.T.*).

arrivées. Somnoler est peut-être un cas limite. Il est possible de jeter un doute sur certains des autres exemples en brodant quelque peu autour. Peut-être ai-je trébuché délibérément; alors, il s'agit d'une chose que j'ai accomplie. Et si j'ai éteint la lumière par inadvertance, en frôlant du coude l'interrupteur, s'agit-il toujours d'une chose pouvant m'être attribuée, ou même que j'ai accomplie?

Beaucoup de cas peuvent être immédiatement résolus et cela laisse espérer l'existence d'un principe intéressant permettant, une fois qu'on l'a rendu explicite, d'expliquer pourquoi les cas difficiles le sont. Mais d'un autre côté, un assez grand nombre de cas posent problème. Le problème lui-même devient flou dès qu'on analyse de plus près des expressions comme «ce qu'il a fait», «ses actions», «ce qui lui est arrivé», et souvent le caractère approprié de la réponse dépend de la façon dont la question a été formulée (se réveiller est peut-être une chose que l'on a faite, mais ce n'est pas une action). Il faut toujours garder présent à l'esprit la possibilité que notre question initiale soit mal posée, comme l'a suggéré Austin [1].

Dans cet article, je vais cependant éprouver une fois de plus le présupposé que la question est bonne et qu'il existe un sous-ensemble assez bien défini d'événements qui sont des actions. Le prix à payer est bien connu : simplification exagérée, mise à l'écart de larges classes d'exceptions, omission de distinctions suggérées aussi bien par la grammaire que par le bon sens, recours à des présupposés linguistiques implicites. Avec un peu de chance, nous apprendrons quand même quelque chose au moyen de telles méthodes. Il se peut, après tout, qu'il y ait des vérités générales et importantes à découvrir dans ce domaine. Or, comment les appréhender, sinon par ces méthodes?

Beaucoup de philosophes pensent apparemment qu'il doit y avoir un «révélateur grammatical» simple de l'agir. Malheureusement, il est resté introuvable jusqu'à présent. La série d'exemples qui vont suivre montre qu'une personne peut ou non être l'auteur de l'événement relaté, qu'elle soit sujet dans des phrases dont le verbe (transitif ou non) est à l'actif, ou complément d'agent dans des phrases dont le verbe est au passif[2] : j'ai drogué la sentinelle, j'ai contracté la malaria, j'ai dansé, je me suis évanoui, Durand a été bousculé par moi, Dupont a été dépassé en âge par moi.

Une autre erreur qu'on rencontre assez souvent consiste à penser que les verbes peuvent être classés selon qu'ils attribuent ou non un pouvoir d'agir à un sujet ou à un objet. Ce qui favorise cette erreur est que cela est effectivement vrai de certains verbes. En disant que quelqu'un a gaffé, a insulté son oncle ou a coulé le *Bismarck*, on le présente automatiquement comme l'auteur de ces événements. D'autre part, pour autant que je voie juste, la personne figurant comme sujet dans une phrase dont le verbe est au passif, n'est certainement pas l'agent. Mais dans beaucoup de cas, les phrases relatant un épisode de la vie de l'agent ne permettent pas de déterminer s'il s'agit d'une action. En voici quelques exemples : il a cligné des yeux, il s'est levé, a allumé la lumière, a toussé, a battu des paupières, a transpiré, a renversé son café et a trébuché sur le tapis. Pour pouvoir décider si ces événements correspondent à des actions, il faut disposer d'autres informations que celles données par le verbe. En réfléchissant sur ces informations supplémentaires, nous arriverons peut-être à déterminer ce qui fait d'un épisode une action.

Le petit rapport que j'ai fait de mon emploi du jour contient une suggestion. Normalement, trébucher sur un tapis n'est pas une action, mais c'en est une si cela est fait intentionnellement. L'intentionnalité serait-elle donc le trait distinctif pertinent ? Cela permettrait de comprendre pourquoi certains verbes impliquent l'agir, à savoir ceux décrivant des actions qui ne peuvent pas ne pas être intentionnelles, comme affirmer, tricher, calculer une racine carrée ou mentir.

Cependant, ce trait ne fait pas l'affaire car, si l'intention implique l'action, le contraire n'est pas vrai. Normalement, on a toujours une action lorsque, non intentionnellement, on renverse son café, coule le *Bismarck* ou insulte quelqu'un. Lorsque je vide intentionnellement le contenu de ma tasse, croyant faussement que c'est du thé, j'ai vidé le café : il s'agit d'une de mes actions, même si je ne l'ai pas accomplie intentionnellement. D'autre part, quand je renverse mon café parce qu'autrui m'a bousculé, je n'ai pas eu un rôle d'agent et je m'empresserai d'invoquer ce fait comme excuse ; mais dans ce cas aussi, on peut dire que j'ai renversé mon café. Il faut donc distinguer trois situations où il est correct de dire que j'ai vidé ma tasse de café : une première situation où je le fais intentionnellement, une deuxième où je ne le fais pas intentionnellement mais où il s'agit néanmoins de mon action (je croyais que c'était du thé), et une troisième où ce n'est pas du tout mon action (c'est autrui qui m'a bousculé)[3].

Certains types d'erreurs sont particulièrement intéressants, comme mal interpréter un signal, comprendre de travers un ordre, sous-estimer un poids ou mal calculer un total. Il s'agit de choses que strictement parlant on ne peut pas accomplir intentionnellement. Certes, on peut prétendre avoir mal interprété un signal, on peut sous-estimer un poids par négligence ou inattention, et on peut délibérément inscrire un total qu'on sait faux, mais il ne s'agit pas là de bévues intentionnelles. Commettre des erreurs de ce genre, c'est ne pas réussir à faire ce qu'on avait l'intention de faire. Or, sauf paradoxe freudien, on ne peut pas avoir l'intention d'échouer. Si ces erreurs ne sont donc pas intentionnelles, elles correspondent néanmoins à des actions. Pour s'en apercevoir, il suffit de noter qu'on ne saurait commettre une erreur qu'en faisant intentionnellement une autre chose : une mauvaise interprétation est une interprétation, même si on ne réalise pas ce qu'on a voulu réaliser; celui qui a mal compris un ordre a essayé de le comprendre (avec l'intention de le comprendre correctement); celui qui sous-estime, estime; un calcul erroné reste un calcul (même s'il ne tient pas debout).

Sommes-nous à présent en mesure de dire quel est l'élément qui est commun à tous les cas d'agir ? Nous savons que cette notion comprend les actes intentionnels et que, pour trouver l'élément que ces derniers partagent avec les autres actions, il faut considérer la différence entre les cas où vider sa tasse de café implique l'agir et ceux où cette implication ne tient pas. Lorsque je vide le café, croyant que c'est du thé, je suis l'agent, mais je ne le suis pas lorsque autrui m'a bousculé. Où se situe la différence ? Elle semble tenir au fait que dans l'un des cas et pas dans l'autre, il y a *une chose* que je fais intentionnellement. Avoir vidé la tasse était intentionnel et il se fait que ce même acte peut être redécrit comme «vider le café». L'action ainsi redécrite n'est plus intentionnelle, mais cela n'a apparemment pas d'incidence sur la question de l'agir.

Nous obtenons ainsi une réponse correcte à notre question : un individu est l'agent d'une action si on peut décrire la chose qu'il a faite sous un aspect qui la présente comme intentionnelle.

Cette réponse est rendue possible par l'opacité sémantique, ou l'intensionnalité, des attributions d'intention. Hamlet a tué intentionnellement l'homme qui se tenait derrière la tenture, mais il n'a pas intentionnellement tué Polonius. Cependant, Polonius était l'homme qui se tenait derrière la tenture et c'est pourquoi l'assassinat de l'homme qui se trouvait derrière la tenture est identique à l'assassinat de Polonius. C'est une erreur de croire qu'il existe une classe d'actions intentionnelles : si on empruntait cette voie, on serait obligé de qualifier la même action à la fois d'intentionnelle et de non intentionnelle. Afin de clarifier les choses, je propose de parler, non pas d'actions, mais de phrases et de descriptions d'actions. Pour le cas de l'agir, je formulerai comme suit ma thèse : une personne est l'agent d'un événement si et seulement s'il existe une description de ce qu'elle a fait qui rend vraie une phrase disant qu'elle l'a fait intentionnellement. Cette formulation, avec sa quantification portant sur des entités linguistiques, n'est pas pleinement satisfaisante, mais pour faire mieux, il faudrait donner une analyse sémantique des énoncés portant sur des attitudes propositionnelles[4].

Ce critère de l'action, même s'il doit être précisé, s'applique assez bien aux exemples que nous avons considérés. Supposons qu'un officier lâche une torpille en direction d'un navire qu'il prend pour le *Tirpitz* et qu'en réalité il coule le *Bismarck*. Alors, couler le *Bismarck* est son action, car elle est identique à sa tentative intentionnelle de couler le navire qu'il a pris pour le *Tirpitz*. De façon analogue, vider le café est l'acte d'une personne qui vide intentionnellement le contenu de sa tasse. A présent, on comprend mieux pourquoi les erreurs sont des actions, car commettre une erreur, c'est faire une chose avec l'intention d'arriver à un certain résultat, et ne pas y arriver.

S'il est vrai, comme je le pense, qu'une personne fait en tant qu'agent toutes les choses dont il existe une description qui les présente comme faites intentionnellement, l'expression de l'agir est purement *extensionnelle*, même si le critère de l'agir est *intensionnel* au sens sémantique. La relation entre une personne et un événement qui est une action accomplie par elle est indépendante de la manière dont ses termes sont décrits. Nous pouvons donc, sans risque de confusion, parler de la classe des événements qui sont des actions, ce que nous ne pouvons pas faire à propos des actions intentionnelles.

A ceux qui estiment que le concept d'action est irrémédiablement confus parce qu'il est impossible de déterminer si, par exemple, renverser un policier, tomber dans l'escalier ou humilier autrui est une action ou non, nous pouvons répondre que, si être une action est un trait que possèdent des événements particuliers indépendamment de la façon dont ils sont décrits, il n'y a pas de raison de s'attendre à pouvoir dire en général qu'un événement est une action ou non, alors qu'on n'en connaît que l'un ou l'autre trait (on sait par exemple que c'est un cas où on a renversé un policier).

Notre critère n'est-il pas trop large? N'admet-il pas parmi les actions beaucoup d'événements qu'on ne considère normalement pas comme telles? Par exemple, trébucher sur le coin du tapis ne fait-il pas partie de mon action intentionnelle d'entrer dans la salle-à-manger? Je ne le pense pas : un de mes mouvements intentionnels a été la cause de ce que j'ai trébuché, donc je me suis fait trébucher, ce qui est une action non intentionnelle. Mais les phrases «J'ai trébuché» et «Je me suis fait trébucher» ne relatent pas le même événement. La première découle de la seconde, car se faire trébucher est faire une chose qui a pour résultat qu'on trébuche; mais il est évident que faire une chose qui a pour résultat qu'on trébuche n'est pas identique à ce résultat.

La nature extensionnelle de l'expression du pouvoir d'agir indique que le concept d'agir est plus simple ou plus fondamental que celui d'intention, mais la voie que nous avons empruntée ne nous permet malheureusement pas d'exploiter cette suggestion, car nous sélectionnons les cas d'agir par référence à la notion d'intention. Cela revient à analyser l'obscur par le plus obscur — une manière de faire pas aussi absurde qu'on ne le pense parfois mais néanmoins décevante. Essayons de trouver une marque distinctive de l'agir qui ne fasse pas appel au concept d'intention.

La clé de la solution est peut-être la notion de cause. Il existe une symétrie approximative entre l'intention et l'action en ce qui concerne la relation causale. Lorsqu'on dit que Dupont a mis le feu à sa maison pour toucher l'indemnité de l'assurance, on explique en partie son action en donnant une de ses causes, à savoir son désir de toucher l'indemnité, et lorsqu'on dit qu'il a incendié la maison en mettant le feu à la literie, on explique le sinistre en donnant sa cause, à savoir l'action de Dupont. Dans les deux cas, l'explication causale prend la forme d'une description plus complète de l'action, soit en termes de cause, soit en termes d'effet. En décrivant une action comme orientée vers une certaine fin ou vers un résultat intentionnellement recherché, on la décrit comme effet, et en la décrivant comme ayant abouti à un certain résultat, on la décrit comme cause. Les attributions d'intentions correspondent généralement à des excuses ou à des justifications, tandis que les attributions d'actions sont généralement des accusations ou des imputations de responsabilité. Ces deux types d'attributions ne s'excluent pas : indiquer l'intention avec laquelle un acte a été accompli revient aussi et revient nécessairement à attribuer l'action. Quand Brutus a assassiné César avec l'intention d'éliminer un tyran, son désir d'éliminer un tyran était une des causes de son action et la mort de César était un effet de cette dernière. Quand l'officier a coulé le *Bismarck* avec l'intention de couler le *Tirpitz*, le désir de couler le *Tirpitz* a causé une de ses actions, avec la conséquence que le *Bismarck* a coulé[5].

Ces exemples, multipliables à loisir, indiquent que dans tous les cas d'actions, l'agent provoque, ou amène, ou produit, ou engendre l'événement dont il est l'agent, et ces expressions peuvent être rendues à leur tour par l'idée de cause. Peut-on dire alors que l'auteur ou l'agent d'un événement le cause ? Un certain nombre de penseurs ont récemment défendu ou présupposé cette thèse, ou du moins des idées fort similaires[6]. Voyons donc si cette façon d'introduire le concept de causalité va améliorer notre compréhension de la notion de pouvoir d'agir.

Il est évident que c'est le cas jusqu'à un certain point. En effet, un des principaux moyens de justifier une attribution d'action consiste à montrer qu'un certain événement a été causé par une chose que l'agent a faite. Lorsqu'on empoisonne le jus de fruits du petit déjeuner d'une personne, qu'on le fait avec l'intention de la tuer et qu'on y réussit, on a causé sa mort et donc on est l'auteur de cet assassinat. Lorsque je vexe quelqu'un en critiquant sa cravate, c'est moi qui le vexe, même si c'est un autre événement, à savoir mes paroles vexantes, qui est la cause de son sentiment de vexation.

La notion de cause que nous employons ici est celle de la causalité événementielle ordinaire, c'est-à-dire la relation, quelle qu'elle soit, qui existe entre deux événements dont l'un est la cause de l'autre. En effet, dire que l'agent a causé la mort de la victime ou qu'il l'a tuée, n'est qu'une façon elliptique de dire qu'un certain acte de l'agent — une chose qu'il a faite, comme empoisonner le jus de fruits — a causé la mort de la victime.

Tous les événements qu'on attribue à un agent ne peuvent pas être expliqués comme effets d'un autre événement dont il est également l'auteur : certains actes doivent être primitifs en ce sens qu'ils ne peuvent pas être analysés en termes de leurs relations causales à d'autres actes du même agent. Cela signifie que la causalité événementielle ne peut pas intervenir pour expliquer la relation entre un agent et une action primitive. Elle permet d'étendre la responsabilité pour une action aux conséquences de cette action, mais elle n'est d'aucune aide pour expliquer la première attribution d'action dont dépend le reste [7].

A condition d'interpréter assez généreusement l'idée de mouvement corporel, afin d'y englober des «mouvements» comme ne pas bouger et des actes mentaux comme décider et calculer, on peut soutenir la thèse que toutes les actions primitives sont des mouvements corporels. Je n'analyserai pas les cas difficiles que je viens de mentionner; même si je me trompais sur l'étendue exacte de la notion d'action primitive, mon argument principal n'en souffrirait pas. Par contre, il est important d'établir que dans des actions ordinaires comme étendre le doigt ou nouer ses lacets, l'action primitive est un mouvement corporel.

Je peux imaginer au moins deux objections à l'encontre de cette thèse. En premier lieu, on pourrait dire que pour étendre le doigt, on doit faire une chose qui cause le mouvement du doigt, à savoir contracter certains muscles, ce qui exige éventuellement à son tour de faire en sorte que certains événements se produisent au niveau cérébral. Or, ces événements ne semblent pas être des mouvements corporels ordinaires. Je pense que les prémisses de cet argument peuvent être vraies sans que la conséquence s'ensuive. Je peux causer le mouvement de mon doigt en contractant certains muscles, et je cause la contraction des muscles en amenant un événement cérébral. Mais cela ne montre pas qu'étendre le doigt n'est pas une action primitive, car cela ne signifie pas que je doive faire une autre chose qui en serait la cause. Faire une chose causant le mouvement du doigt n'est pas la cause du fait que j'étends le doigt; c'*est* étendre le doigt.

Chisholm a adopté, à propos de cas analogues, la position suivante : bien qu'il soit vrai que l'agent amène certains événements cérébraux quand ce sont ces événements qui causent le mouvement de son doigt, on ne peut pas dire qu'amener ces événements cérébraux soit une chose qu'il accomplit. De plus, Chisholm pense que beaucoup d'événements causés par un agent — en ce sens qu'ils sont causés par des choses qu'il accomplit — ne sont pas des événements dont il est l'agent. Ainsi, si étendre le doigt est une chose qu'un individu accomplit et si cela cause le mouvement de certaines molécules d'air, l'individu a bien causé le mouvement de ces molécules, et a donc mu les molécules, mais ce n'est pas une chose qu'il a accomplie[8].

Je ne pense pas que cette distinction soit claire ou utile. Tous les cas que Chisholm décrit comme «amener une chose» sont, pour autant que je puisse le voir intuitivement, des cas d'actions, des situations où il est possible d'admettre et où on admet d'ailleurs, que la personne a accompli quelque chose. Lorsqu'une personne amène un événement cérébral, elle ne sait généralement pas qu'elle le fait. C'est apparemment pour cette raison que Chisholm estime qu'on ne peut pas dire qu'il s'agit d'une chose qu'elle accomplit. Or, il est même possible d'accomplir intentionnellement une chose sans le savoir (on peut faire intentionnellement dix copies au carbone de ce qu'on est en train d'écrire et ne pas le savoir; tout ce qu'on sait, c'est qu'on essaie de faire les copies). Il est donc évident qu'on peut accomplir une chose sans le savoir.

Le concept d'action requiert que ce que fait l'agent soit intentionnel sous au moins une description, et je pense que cela requiert à son tour que l'agent soit conscient de ce qu'il fait sous au moins une description. Or, cette condition est satisfaite par nos exemples. Un homme levant le bras a, d'une part, l'intention de faire ce qui est corporellement nécessaire pour que son bras se meuve, et, d'autre part, il sait qu'il le fait. Ce qui est nécessaire, ce sont les événements cérébraux et les mouvements musculaires. Ainsi, bien qu'il soit possible que l'agent ne connaisse ni le nom des muscles ni leur localisation ou ne sache même pas qu'il a un cerveau, ce qu'il provoque dans le cerveau et dans les muscles en mouvant le bras est, sous une description naturelle, une chose qu'il a l'intention de faire et dont il est conscient.

La seconde objection à l'encontre de la thèse que les actions primitives sont des mouvements corporels part de la direction opposée. Elle consiste à dire que certaines actions primitives comportent plus qu'un mouvement corporel. Lorsqu'on noue ses lacets, il y a d'un côté le mouvement des doigts et de l'autre le mouvement des lacets. Est-il possible de séparer ces événements en qualifiant seulement les premiers d'action ? Le problème avec cette séparation est qu'en faisant abstraction du fait qu'on meut les lacets, on est apparemment incapable de dire ou d'imaginer comment on meut les doigts. On ne meut pas les doigts pour causer le mouvement approprié des lacets, et on est incapable de mouvoir les doigts de la façon appropriée sans les lacets (on pourrait cependant apprendre cette astuce). De façon analogue, n'est-il pas vrai que la plupart des gens ne savent pas quels muscles contracter ou comment bouger les lèvres pour produire les mots qu'ils désirent prononcer : dans ce cas aussi, il semble donc qu'une action primitive comporte plus qu'un mouvement corporel, en l'occurrence un mouvement de l'air.

Cette seconde objection ne tient pas debout, pour la même raison que la première. Tout dépend de ce qu'il existe ou non une description appropriée de l'action. L'objection suppose correctement que les mouvements corporels de l'agent ne peuvent être une action qu'à la condition qu'il soit conscient de ce qu'il fait avec son corps seul, qu'il puisse concevoir ses mouvements comme un événement physiquement distinct du reste. Mais elle fait erreur en affirmant l'impossibilité de cette conscience et de ce savoir dans des cas comme parler ou nouer ses lacets. En effet, un agent sait toujours comment il meut son corps quand il le meut en agissant intentionnellement, et cela en ce sens qu'il le sait par rapport à *quelque* description de ce mouvement. Ces descriptions ont évidemment toutes les chances d'êtres triviales et peu informatives ; cela garantit justement leur existence. Voici une description des mouvements pour le cas où on noue ses lacets : on meut son corps de la façon appropriée pour nouer les lacets. De façon analogue, lorsqu'on prononce des mots, on est bien sûr incapable de décrire les mouvements de la langue et des lèvres ou de nommer les muscles qu'on contracte. Mais on n'a pas besoin de la terminologie du logopède : ce qu'on fait et qu'on sait parfaitement faire, c'est mouvoir les lèvres et les muscles de la façon requise pour produire les mots auxquels on pense.

Finalement, il n'y a donc pas de problème pour donner des descriptions familières et correctes des mouvements corporels, et ces derniers sont des événements qui causent d'autres événements, comme le fait que les lacets sont en train d'être noués ou que l'air vibre pendant qu'on parle. Certes, on a résolu le problème de la description en décrivant les actions comme des mouvements ayant l'effet requis; mais cela ne signifie pas que le problème ne soit pas résolu. Il ne nous fallait pas une description ne mentionnant pas les effets, mais une description appropriée à la cause. Je conclus qu'il n'y a pas de problème pour dire que nos actions primitives sont des mouvements corporels (du moins si on néglige le cas problématique des actes mentaux).

Revenons à la question de savoir si le concept d'action peut être analysé au moyen de la notion de causalité. Notre analyse a montré que nous pouvons nous limiter aux actions primitives. La notion commune de causalité événementielle est utile pour expliquer comment l'agir passe des actions primitives aux actions décrites différemment, mais elle ne saurait expliquer de la même façon le sens fondamental de l'agir. Il faut donc examiner s'il existe un type de causalité ne se réduisant pas à la causalité événementielle et permettant de comprendre ce qu'est le pouvoir d'agir. Appelons *causalité par agent* ce type de causalité (nous empruntons ce terme à Thalberg).

En nous limitant, pour la raison qui vient d'être donnée, aux actions primitives, voyons dans quelle mesure l'idée de la causalité par agent permet d'expliquer la relation entre un agent et son action. Nous nous trouvons devant le dilemme suivant : ou bien le fait qu'une action primitive est causée par un agent correspond à un événement distinct de l'action primitive, ou bien il ne s'agit pas d'un événement distinct. Dans la première hypothèse, on se met sur le dos, dans le meilleur des cas, des problèmes concernant les actes de volonté, et dans le second cas, il semble ne plus y avoir de différence entre le fait que quelqu'un ait causé une action primitive et le fait qu'il fût l'agent.

Considérons la première possibilité. Supposons que causer une action primitive (au sens de la causalité par agent) corresponde à un événement distinct de l'action, et qui probablement le précède. Cet événement est-il lui-même une action? Si oui, et contrairement à ce que l'on supposait, l'action initiale n'est pas primitive. Si non, on a essayé d'expliquer le pouvoir d'agir au moyen d'une notion plus obscure encore, à savoir celle d'une causation par agent qui n'est pas un faire.

Si on suppose que la causalité par agent n'introduit *pas* un événement supplémentaire, on est renvoyé à la seconde possibilité. Car dans cette hypothèse, en affirmant que l'agent a causé l'action, on ne dit rien d'autre qu'il est l'agent de l'action. La notion de *cause* ne paraît pas jouer de rôle. On risque de ne pas s'apercevoir de l'inconsistance de cette hypothèse parce que, comme nous l'avons vu, la causalité fait clairement partie des explications de l'agir; mais nous avons aussi noté qu'il s'agit du type commun de causalité, qui n'éclaire pas la relation entre l'agent et ses actions primitives.

On explique le fait qu'une vitre a été brisée en disant qu'une brique l'a heurtée; le pouvoir explicatif de cette remarque tient à ce qu'on identifie d'abord comme cause un événement, le mouvement de la brique, et qu'on apporte ensuite des preuves empiriques de l'existence d'une loi reliant, d'une part, des événements comme le mouvement d'objets rigides de taille moyenne et, d'autre part, le bris de vitres. La notion commune de cause est inséparable de cette forme élémentaire d'explication. Mais le concept de causalité par agent est entièrement dépourvu de ces traits. Ce qui distingue la causalité par agent de la causalité ordinaire est, d'une part, qu'il n'est pas possible de présenter les choses sous forme d'une relation entre deux événements et, d'autre part, qu'il n'y a pas de loi sous-jacente. Du coup rien n'est expliqué. Il n'y a donc pas de raison valable d'employer des expressions comme «causer», «amener», «faire arriver», pour *éclairer* la relation entre un agent et son acte. Je ne prétends pas que ces expressions ne sont pas correctes — parfois elles se présentent naturellement à l'esprit quand on parle de l'agir. Mais je ne pense pas qu'on puisse, en les adoptant, progresser dans la compréhension du pouvoir d'agir et de l'action.

La causalité est essentielle à la notion de pouvoir d'agir, mais il s'agit de la causalité ordinaire entre événements qui concerne les effets et non les causes des actions (rappelons que nous laissons de côté la possibilité d'analyser l'intention en termes de causalité). Cela ressort particulièrement bien d'un trait important du langage utilisé pour décrire l'action, et que Joel Feinberg a appelé l'«effet accordéon»[9]. Supposons qu'une personne meuve intentionnellement le doigt et que, ce faisant, elle pousse l'interrupteur, allume la lumière, éclaire la pièce et alerte un individu rôdant autour de la maison. Il s'ensuit de cet énoncé que la personne a poussé l'interrupteur, allumé la lumière, éclairé la pièce et alerté le rôdeur. Elle a fait ces choses, certaines intentionnellement et d'autres non; l'intention n'a plus aucune pertinence pour ce qui va au-delà du mouvement du doigt, et encore, dans ce cas, n'est-elle requise que dans la mesure où le mouvement doit être intentionnel sous au moins une description. Bref, une fois que la personne a fait une chose (bougé le doigt), chaque conséquence correspond à un accomplissement; l'agent cause ce que ses actes causent[10].

L'effet accordéon ne dit pas sous quel aspect un acte est intentionnel. Si quelqu'un bouge les lèvres de façon à prononcer les mots «Monjour, bonsieur», et ce faisant offense autrui, l'effet accordéon s'applique, car on peut dire qu'il a à la fois prononcé ces mots et offensé autrui, même s'il n'avait pas l'intention de bouger les lèvres pour prononcer ces mots-là, ni l'intention de les prononcer ni l'intention d'offenser autrui. Cependant, si aucune intention n'est présente, l'effet accordéon ne s'applique pas. Si un officier pousse sur un bouton, croyant faire retentir une sonnette signalant au steward de lui apporter une tasse de thé, alors qu'en réalité il déclenche un tir de torpille coulant le *Bismarck*, c'est bien lui qui coule le *Bismarck*; mais si, déséquilibré par un roulement du navire, il est projeté contre le bouton, on ne dira pas qu'il est l'agent, bien que les conséquences soient les mêmes.

L'effet accordéon ne s'applique qu'à des agents. Quand Durand frappe intentionnellement de sa batte de base-ball une balle qui va briser une vitre, il a non seulement frappé la balle mais également cassé la vitre. On ne dira pas que c'est la batte ou le mouvement de la batte qui a cassé la vitre, même si ce mouvement est la cause de ce qu'elle se soit brisée. Certes, on dit parfois que les objets inanimés causent ou provoquent certaines choses, par exemple que la balle brise la vitre. Cependant, il ne s'agit pas là de l'effet accordéon mais seulement d'une description incomplète de la causalité événementielle. Que la balle ait brisé la vitre signifie que son mouvement est la cause de ce que la vitre se soit brisée.

On peut donc, semble-t-il, considérer l'effet accordéon comme marque distinctive de l'agir. S'interroger si on peut attribuer les effets d'un événement à une personne revient à examiner si cet événement est lié à un pouvoir d'agir. D'autre part, à chaque fois qu'on dit d'une personne qu'elle a accompli une chose qui de toute évidence n'est pas un mouvement corporel, on fait de la personne l'agent, non seulement de l'effet mentionné, mais également du mouvement corporel qui l'a produit. Dans le cas des mouvements corporels, on a parfois recours à une formule succincte qui mentionne une personne et un événement, tout en laissant ouverte la question de savoir si la personne était ou non l'agent, comme dans : «Dupont est tombé».

L'effet accordéon est intéressant parce qu'il montre que les conséquences des actions sont traitées différemment des conséquences des autres événements. Cela signifie qu'il y a après tout un test linguistique assez simple révélant parfois qu'un événement est considéré comme une action. Mais ce n'est pas un critère satisfaisant : il fonctionne seulement dans certains cas et il ne donne évidemment pas la clé pour comprendre ce qui fait d'une acte primitif une action.

Je vais arrêter ici ma recherche d'une analyse de la notion d'agir qui ne ferait pas appel à l'intention, et je me tourne vers une question connexe, apparue lors de notre discussion de la causalité par agent et de l'effet accordéon. Cette question concerne la relation de l'agent à ses actions non primitives, c'est-à-dire aux actions dont la description va au-delà des simples mouvements corporels pour en englober les conséquences, ce que l'agent a causé dans le monde au-delà de son propre corps. A supposer que nous ayons compris la nature de l'agir dans le cas des actions primitives, il reste à savoir comment ces dernières sont liées à leurs effets? Ce problème paraît déjà résolu, mais en fait il n'en est rien. Ce qui *est* clair, c'est la relation entre une action primitive (bouger les doigts d'une certaine façon) et une conséquence (les lacets sont noués) : il s'agit de la relation de causalité événementielle. Mais cela ne répond pas clairement à la question de savoir comment le mouvement des mains est lié à l'action de nouer les lacets ni à celle de savoir comment l'action de nouer ses lacets est liée à son résultat : le fait que les lacets soient noués. Ou, pour prendre un autre exemple, si Brutus a tué César en le poignardant, quelle est la relation entre ces deux actions, relation exprimée par le mot «en»? Il est sans doute vrai que Brutus a tué César, vu que le fait de le poignarder a eu pour résultat la mort de César; mais nous avons toujours ce troisième événement dont la relation aux deux autres n'est pas claire, à savoir le fait même de tuer César.

Il semble naturel d'admettre que l'action dont la description mentionne un certain résultat comporte elle-même ce résultat. Ainsi, Feinberg écrit que grâce à l'effet accordéon, l'action d'un individu peut être «comprimée jusqu'à un minimum ou au contraire être étirée... Tourner la clé, ouvrir la porte, effrayer Dupont et tuer Dupont : toutes ces choses, Durand a pu les *faire* au moyen d'un seul et même ensemble de mouvements corporels». C'est cette relation de «faire au moyen de» ou de «faire en» qui nous intéresse plus particulièrement. Feinberg poursuit : «Si on le désire, on peut gonfler une action afin d'y englober son effet»[11]. Les expressions «gonfler», «comprimer», et «étirer» donnent l'impression de décrire des opérations accomplies sur un seul et même événement. Mais il est évident que, puisque ces opérations en changent la durée, il ne peut s'agir du même événement; sur base de la théorie de Feinberg, l'action d'ouvrir la porte ne peut pas être identique à celle d'effrayer Dupont. Que telle est effectivement la position de Feinberg ressort plus clairement de sa distinction entre actes simples et actes causalement complexes. Les actes simples n'exigent pas qu'on fasse autre chose pour les accomplir (pour notre part, nous avons parlé d'actions primitives); les actes causalement complexes, tels que fermer ou ouvrir une porte, effrayer quelqu'un ou le tuer exigent qu'on fasse d'abord *autre chose* comme moyen [12]. Feinberg écrit : «Pour ouvrir une porte, on doit d'abord faire autre chose pour *causer* l'ouverture de la porte; par contre, pour mouvoir le doigt, il suffit de le bouger — aucune activité causale antérieure n'est requise» [13]. Il parle également de «séquences d'actes causalement reliés».

L'idée qu'ouvrir une porte exige une activité causale antérieure, un mouvement causant l'ouverture de la porte, n'est pas particulière à Feinberg, qui cite à ce propos J.L. Austin : «... on peut faire couvrir à un seul et même terme décrivant ce [qu'un agent] a fait une série plus ou moins large ou restreinte d'événements, et appeler ceux qui sont exclus par la description plus restreinte 'conséquences' ou 'résultats' ou 'effets', etc. de l'acte» [14]. Arthur Danto a tracé, dans plusieurs articles, une distinction entre des «actes de base» comme mouvoir la main et des actions causées par des actes de base, comme mouvoir une pierre [15].

Je pense que cette conception de l'action et de ses conséquences recèle plusieurs confusions fondamentales étroitement liées. C'est une erreur de croire que lorsque je ferme une porte de plein gré, il doit normalement y avoir *quelqu'un*, autrui ou moi-même, qui en est la cause, ou encore que j'ai dû accomplir, antérieurement ou non, une autre action en vue de causer la première. Ce qui est causé par mon action, c'est que la porte se ferme*. La deuxième erreur consiste alors à confondre ce qui est causé par mon action de mouvoir la main — que la porte se ferme — avec une chose tout à fait différente, à savoir mon action de fermer la porte. La troisième erreur, qui découle des deux autres, est de supposer que lorsque je ferme la porte en mouvant la main, j'accomplis deux actions numériquement distinctes (comme ce serait le cas si l'une était nécessaire pour causer l'autre). Dans la suite de cet article, je développerai ces points [16].

Il y a, chez Austin et Feinberg, un conflit entre deux idées incompatibles. Comme nous l'avons noté, Feinberg a tendance à interpréter les faits de mouvoir la main et d'ouvrir la porte (d'effrayer Dupont, etc.) comme une seule et même action, tantôt étirée, tantôt comprimée; mais à d'autres moments, il semble contredire cette position, notamment lors-

---

* Cette phrase n'est pas reprise dans la réimpression de cet article dans *Essays on Actions and Events* [N.d.T.].

qu'il dit que pour ouvrir une porte, il faut d'abord faire une autre chose pour causer l'ouverture de la porte. La même ambiguïté affecte la thèse d'Austin, car tout en parlant de différents termes décrivant *ce que l'individu a fait* — apparemment il s'agit d'une seule et même chose — il dit que ces termes «recouvrent» des séries plus au moins larges d'événements. Or, des événements correspondant à des séries différentes ne peuvent pas être identiques [17].

Je pense qu'on va être confronté à des difficultés insurmontables si on considère ces actions, les actions primitives comme bouger la main et les actions dont la description se rapporte aux conséquences, comme numériquement distinctes.

La relation entre le fait que la reine a bougé la main de façon à verser du poison dans l'oreille du roi et le fait qu'elle a tué le roi, ne peut de toute évidence être une relation de causalité événementielle. En effet, dans ce cas on devrait dire que la reine a été la cause de ce qu'elle a tué le roi (ce qui n'est pas dire qu'elle a fait en sorte de tuer le roi ou qu'elle a fait qu'elle tue le roi; ces expressions, quoique affectées, ne semblent pas, à première vue, incorrectes car elles ne semblent pas signifier autre chose que la reine est passée à l'acte). Mais comment aurait-elle pu réaliser cette causation? La seule réponse que je puisse imaginer est que c'est en bougeant la main. Or, ce mouvement est suffisant à lui seul pour causer la mort du roi — la reine n'a pas besoin d'accomplir une action supplémentaire. Il n'y a pas non plus de raison (à moins d'ajouter des aspects non pertinents à l'histoire) de supposer que la reine ait désiré être la cause de ce qu'elle ait tué le roi. Ce qu'elle voulait, c'était tuer le roi, c'est-à-dire faire une chose entraînant sa mort. N'est-il pas absurde de supposer qu'après avoir mû la main de manière à causer la mort du roi, il reste à la reine une action à accomplir ou à parachever? Elle a fait son travail; au poison de faire le sien.

Il ne sert à rien d'affirmer que l'action de tuer débute avec le mouvement de la main et se termine plus tard. Là encore, lorsqu'on examine la relation entre ces événements, on devrait dire que tuer correspond au mouvement de la main et à une de ses conséquences, ces deux choses pouvant être associées parce que le mouvement de la main a causé la mort du roi. Mais alors, en mouvant la main, la reine a fait une chose qui a causé cette mort. Les énoncés: «La reine a mû la main de cette façon» et «Elle a fait une chose qui a causé la mort du roi» sont deux descriptions du même événement (ou, pour dire la même chose en termes de descriptions définies, ce qui est préférable à mon sens: le fait que la reine ait mû la main en cette occasion était identique au fait qu'elle ait fait une chose causant la mort du roi). Faire une chose causant un décès est identique à causer un décès. D'autre part, il n'y a pas lieu de faire une distinction entre causer la mort d'une personne et la tuer[18]. Il s'ensuit que ce qu'on a pris pour un événement plus long — tuer — ne prenait pas plus de temps que le mouvement de la main et n'en était pas différent.

L'opinion que tuer quelqu'un, dans les circonstances que nous avons imaginées, est différent de bouger la main d'une certaine manière, provient d'une confusion entre un trait propre à la description d'un événement et une caractéristique de l'événement lui-même. L'erreur consiste à penser, lorsque la description d'un événement se réfère à une conséquence, que cette dernière fait partie de l'événement décrit. En réalité, l'action reste la même, comme l'accordéon pendant qu'on en joue; ce qui change, ce sont les aspects décrits ou les descriptions des événements. On peut jouer un grand nombre de mélodies avec l'accordéon. On peut commencer par «La reine a bougé la main», puis tirer vers la droite en ajoutant «causant par là l'écoulement du contenu de la fiole dans l'oreille du roi»; puis, en étirant encore, «causant par là le passage du poison dans le corps du roi»; et finalement (si on en a assez — car les possibilités d'étirement sont sans limite précise), «causant par là la mort du roi». Cette phrase peut être abrégée de maintes façons, en se limitant à la pièce centrale, ou bien aux éléments de gauche ou de droite, ou encore en choisissant n'importe quelle combinaison. Par exemple : «La reine a bougé la main, causant par là la mort du roi» (les deux points extrêmes); ou «La reine a tué le roi» (on replie tout vers la droite); ou «La reine a vidé la fiole dans l'oreille du roi» (on revient vers le centre). On peut également déployer l'instrument dans une autre direction : on peut *commencer* par «La reine a tué le roi», puis ajouter «en versant du poison dans son oreille», et ainsi de suite — ce qui correspond au déploiement vers la gauche. Beaucoup de ces phrases sont équivalentes, par exemple : «La reine a tué le roi en versant du poison dans son oreille» et «La reine a versé du poison dans l'oreille du roi, causant par là sa mort». Par ailleurs, il est évident que de nombreuses descriptions plus brèves découlent logiquement des plus étendues.

La conclusion vers laquelle convergent toutes nos considérations est que ce foisonnement de descriptions reliées correspond à un seul et même descriptum[19]. Lorsqu'on infère du fait qu'un individu a causé l'arrêt de sa voiture en poussant sur une pédale, qu'il a arrêté sa voiture, on ne transfère pas l'agir d'un événement à un autre et on ne dit pas que cet individu était l'agent de deux actions au lieu d'une seule. Certes, on peut étendre la responsabilité civile ou pénale d'une personne pour son action aux conséquences de cette action, mais ce faisant on ne le charge pas d'une action supplémentaire, mais on indique que l'action initiale a donné lieu à ces résultats.

Nous devons conclure, même si cela peut paraître surprenant, que les seules actions existantes sont les actions primitives, celles qu'on accomplit sans devoir faire autre chose, les simples mouvements du corps. On ne fait jamais rien de plus que mouvoir son corps; le reste est du ressort de la nature*.

Cette théorie n'est pas aussi mauvaise que la mauvaise théorie ancienne selon laquelle tout ce qu'on fait est de vouloir que certaines choses arrivent, ou de se mettre à agir. Cependant, elle paraît à première vue en partager certains désavantages. Je pense qu'il n'en est rien et je vais indiquer brièvement pourquoi.

Une première objection consiste à dire que la réalisation de certaines actions suppose qu'on en accomplisse d'autres avant et donc que les premières ne sauraient être primitives : par exemple, pour tirer sur une cible, je dois charger le fusil, le lever, viser et appuyer sur la détente. Je ne conteste évidemment pas que certaines actions doivent être préparées au moyen d'autres actions. L'objection ne serait valable que si cela signifiait que certaines actions ne sont pas primitives. Dans notre exemple, l'enjeu est de montrer que toucher le centre de la cible est une action primitive. Or, il ressort de notre argumentation que tel est bien le cas. En effet, l'action de toucher le centre de la cible n'est rien d'autre que faire une chose qui est la cause de ce que le centre de la cible soit touché, et (étant donné certaines conditions, notamment la présence d'une arme) on fait cette chose en tenant les bras dans une certaine direction et en bougeant le doigt posé sur la détente.

En second lieu, on prétend souvent que les actions primitives se distinguent par le fait que l'on sait, éventuellement sans avoir recours à l'observation et à des preuves empiriques, qu'on les accomplit, tandis que ce n'est pas le cas d'autres événements comme toucher le centre de la cible. Mais il est évident qu'on peut savoir si un certain événement se passe lorsqu'il est décrit d'une première façon et ne pas le savoir quand il est décrit d'une autre façon. Même dans le cas d'une action intentionnelle, on peut ne

---

* Dans la réimpression dans *Essays on Actions and Events*, Davidson ajoute cette note : «Cette phrase n'est pas fausse, mais tirée de son contexte, elle peut induire en erreur. L'action de mouvoir le monde donne l'impression d'être plus que celle de mouvoir son corps. Mon argumentation montre que ce n'est pas le cas» [*N.d.T.*].

pas savoir qu'on l'accomplit, et cela est plus manifeste encore dans le cas des actions décrites en termes de leurs résultats non intentionnels.

Une dernière objection consiste à dire que les actions primitives ne tiennent pas compte de la notion d'essayer. En effet, les actions primitives sont accomplies directement — pour ainsi dire, rien ne saurait se trouver dans leur chemin. Or, il est certain qu'il y a des choses qu'on essaie de faire (par exemple, toucher le centre de la cible). Dans ce cas aussi, on peut donner une réponse du même genre que précédemment. Essayer de faire une chose consiste peut-être simplement à faire une autre chose : j'essaie d'allumer la lumière en tournant l'interrupteur, mais je tourne simplement l'interrupteur. En d'autres occasions, tourner l'interrupteur peut correspondre également à une tentative : cette tentative consiste alors en une chose que je peux faire sans essayer de la faire, par exemple simplement bouger la main.

C'est un même fait qui est à la base des deux dernières réponses : être-essayé et être-connu ne sont pas des caractéristiques d'événements, mais des caractéristiques d'événements en tant que décrits ou conçus d'une manière ou d'une autre. Ce même fait explique également que, tout en étant limités dans nos actions aux simples mouvements corporels, nous sommes néanmoins capables, pour le meilleur ou le pire, de construire des barrages, d'élever des digues, d'assassiner autrui ou, de temps à autre, de toucher le mille.

Revenons à présent au problème de la relation entre l'agent et son action. Le résultat négatif que nous avons atteint est le suivant : la notion de cause n'a rien à voir directement avec cette relation. Sachant qu'une action A donne lieu à un certain résultat, on peut décrire l'agent comme cause de ce résultat, mais ce n'est là qu'une façon pratique de redécrire A. Dire de *cette* action que l'agent en est la cause, n'a pas de sens, comme nous l'avons vu. La causalité permet de redécrire les actions, et non pas les autres événements, d'une manière bien spécifique. Ce fait est un trait distinctif des actions, mais n'équivaut pas à une analyse du pouvoir d'agir.

La thèse que toutes les actions sont des actions primitives, ne fait que reconnaître — peut-être d'une façon susceptible d'induire en erreur — que la notion d'«être primitif», tout comme celle d'intentionnalité, est intensionnelle et ne peut donc définir une *classe* d'actions. Si un certain événement est une action, il est une action primitive sous une ou plusieurs descriptions et il est intentionnel sous une ou plusieurs descriptions. C'est ce qui explique pourquoi nous avons échoué dans notre tentative de supposer un concept de base de l'agir s'appliquant à des actions primitives et susceptible d'être étendu à d'autres actions, définies en termes de conséquences d'actions primitives. Cette tentative a échoué parce qu'il n'y a pas d'autres actions : il n'y a que d'autres descriptions.

Le fait que toute action puisse être repliée en une action primitive, fait qui se manifeste au niveau de la syntaxe par l'effet accordéon, mène à une large simplification du problème de l'agir, dans la mesure où il montre que la relation entre une personne et un événement qui correspond à son action est indépendante de la façon dont les termes de cette relation sont décrits. D'un autre côté, nous n'avons pas réussi à donner une analyse de cette relation qui ne fasse pas appel au concept d'intention. Je n'ai pas essayé d'aborder, dans cet article, la question de savoir si oui ou non l'intention peut être comprise en termes d'idées plus simples ou plus fondamentales.

NOTES

[1] Voir J.L. AUSTIN, «A Plea for Excuses», in *Philosophical Papers*, Second Edition, Oxford University Press, 1970, pp. 178-179.
[2] Ce point est développé par Irving THALBERG dans «Verbs, Deeds and What Happens to Us», *Theoria* 33 (1967), 259-260.
[3] Cette tripartition ne doit pas être confondue avec l'analyse subtile des différences entre fin, intention et délibération qu'Austin a donnée dans «Three Ways of Spilling Ink», *Philosophical Review* 75 (1966), 427-440 [reproduit dans *Philosophical Papers*, Second Edition, 272-287].
[4] Pour une tentative de construire une telle théorie, voir mon article «On Saying That», *Synthèse* 19 (1968-69), 130-146.
[5] Dans «Actions, raisons d'agir et causes» [voir *supra*, pp. 61-78], j'ai développé la thèse que donner la raison ou l'intention pour laquelle une action est accomplie revient, entre autres choses, à décrire l'action en termes d'une cause. Dans le présent article, j'examine comment les effets des actions entrent dans la description qu'on en donne.
[6] Par exemple, Roderick CHISHOLM, «Freedom and Action», in LEHRER K. (éd.), *Freedom and Determinism*, New York, Random House, 1966; Daniel BENNETT, «Action, Reason and Purpose», *Journal of Philosophy* 62 (1965), 85-96; Anthony KENNY, *Action, Emotion and Will*, Londres, Routledge & Kegan Paul, 1963; Georg Henrik von WRIGHT, *Norm and Action*, London, Routledge & Kegan Paul, 1963; Richard TAYLOR, *Action and Purpose*, Englewood Cliffs, NJ, Prentice-Hall, 1966. J'ai développé une critique de ce genre d'analyse causale du pouvoir d'agir dans mon article «The Logical Form of Action Sentences», in RESCHER N., *The Logic of Decision and Action*, Pittsburgh, University of Pittsburgh Press, 1967 [reproduit dans D. DAVIDSON, *Essays on Actions and Events*, Oxford University Press, 1980, 105-148]; voir aussi Irving THALBERG, «Do We Cause Our Own Actions?», *Analysis* 27 (1967), 196-201.
[7] Ici, de même que par la suite, je présuppose que nous avons parachevé une analyse de l'agir qui commence par une étude de la notion d'intention (d'agir avec une intention ou

pour une raison). Ces concepts peuvent être analysés, du moins en partie, en termes de causalité événementielle. Dans «Actions, raisons d'agir et causes», j'ai essayé de montrer que même si les croyances et les désirs (et les états mentaux similaires) ne sont pas des événements, il est correct de dire qu'ils sont des causes des actions intentionnelles, et qu'en disant cela, on fait appel au concept de causalité événementielle ordinaire (voir *supra*, pp. 70-73).

[8] CHISHOLM, «Freedom and Action».

[9] Joel FEINBERG, «Action and Responsibility», in BLACK M., *Philosophy in America*, Ithaca, NY, Cornell University Press, 1965.

[10] La formulation donnée par cette phrase est plus adéquate que certains de mes exemples. Supposons que Durand amène intentionnellement Dupont à tuer intentionnellement Martin. On n'en conclurait certainement pas que Durand a tiré sur Martin et on dirait ou non que Durand a tué Martin. Néanmoins, ma formulation est correcte, à condition que l'on puisse passer de «L'action de Durand a causé la mort de Martin» à «Durand a causé la mort de Martin». Il y a évidemment un problème si on nie la possibilité de dire que Durand et Dupont ont causé tous les deux la mort de Martin, tout en soutenant la transitivité de la causalité. On peut cependant préserver la formule, tout en niant que dans les circonstances en question Durand ait causé la mort de Martin, à condition de dire que, dans ces circonstances, la transitivité de la causalité n'est plus valable. Pour des discussions plus détaillées de ce problème, voir H.L.A. HART et A.M. HONORÉ, *Causation in the Law*, Oxford, Clarendon Press, 1959; Joel FEINBERG, «Causing Voluntary Actions», in W.H. CAPITAN et D.D. MERRILL (éds), *Metaphysics and Explanation*, Pittsburg, University of Pittsburgh Press, 1965; et J.E. ATWELL, «The Accordian-Effect Thesis», *The Philosophical Quarterly* 19 (1969), 337-342.

[11] FEINBERG, «Action and Responsibility», p. 146. La question qui m'intéresse n'est pas une question centrale dans l'excellent article de Feinberg. Même si mes objections sont justifiées, sa thèse n'en est pas sérieusement affectée.

[12] *Ibid.*, p. 145.

[13] *Ibid.*, p. 147.

[14] AUSTIN, «A Plea for Excuses», p. 201.

[15] Arthur DANTO, «What We Can Do», *Journal of Philosophy* 60 (1963), 435-445; «Basic Actions», *American Philosophical Quarterly* 2 (1965), 141-148; «Freedom and Forbearance» dans *Freedom and Determinism*. Chisholm reprend cette distinction dans «Freedom and Action», p. 39.

[16] La position de Danto selon laquelle, lorsqu'on ferme une porte en mouvant la main, l'action de fermer la porte est causée par le fait de mouvoir la main, a été critiquée avec sagacité par Myles BRAND, «Danto on Basic Actions», *Noûs* 2 (1968), 187-190; Frederick STOUTLAND, «Basic Actions and Causality», *Journal of Philosophy* 65 (1968), 467-475; Wilfrid SELLARS, «Metaphysics and the Concept of a Person», in Karel LAMBERT (éd.), *The Logical Way of Doing Things*, New Haven, Yale University Press, 1969.
Mon but est plus général : je veux m'opposer à toute conception impliquant que, si je fais A en faisant B, faire A et faire B doivent être numériquement distincts.

[17] J'ai discuté ces problèmes plus en détail dans «The Individuation of Events», in Nicholas RESCHER (éd.), *Essays in Honor of Carl G. Hempel*, Dordrecht, Reidel, 1970 [reproduit dans D. DAVIDSON, *Essays on Actions and Events*, Oxford University Press, 163-180].

[18] En tenant compte de ce qui a été dit dans la note 10, il faudrait peut-être affaiblir cette thèse en ajoutant : «dans le cas où on tue une personne en faisant une chose qui cause sa mort».

[19] Cette conclusion n'est pas nouvelle. Elle a été clairement énoncée par G.E.M. ANSCOMBE, *Intention*, Oxford, Blackwell, 1959, pp. 37-47, et je l'ai adoptée dans «Actions, raisons d'agir et causes».

L'agent en tant que cause

Roderick M. CHISHOLM

I. INTRODUCTION

Je pars de la supposition qu'une théorie de l'agir doit rendre compte de manière adéquate de ce qui suit : 1) des énoncés comme «Dupont a tué son oncle» et «Dupont a levé le bras» sont parfois vrais; 2) ces énoncés impliquent l'existence d'un événement ou d'un état de choses causé ou amené par un agent («Dupont a tué son oncle» implique que la mort de l'oncle a été causée ou amenée par Dupont, et «Durand a levé le bras» implique que le mouvement du bras a été causé ou amené par Durand); 3) on peut parfois compléter ces énoncés par l'énoncé vrai «Mais à ce moment-là, il aurait pu agir autrement».

Je fais la première supposition, vu que j'estime qu'on ne peut pas esquiver les problèmes philosophiques posés par l'action au moyen d'une théorie «expressionniste» ou émotiviste, selon laquelle des énoncés comme «Dupont a tué son oncle» auraient pour fonction d'exprimer la

---

R.M. CHISHOLM, «The Agent as Cause», in M. BRAND et D. WALTON (éds), *Action Theory. Proceedings of the Winnipeg Conference on Human Action*, Dordrecht, Reidel, pp. 199-211 (Copyright © 1976 by D. Reidel Publishing Company, Dordrecht-Holland). Avec l'aimable autorisation de l'auteur et de *Kluwer Academic Publishers*.

louange ou le blâme ou d'inciter à l'action, mais ne seraient strictement parlant ni vrais ni faux.

La deuxième supposition est, à mon avis du moins, triviale et évidente. Alvin Goldman a exprimé la même idée comme suit : «Quand l'action *A* de *S* cause l'événement *E*, on dit que *S* est exemplifié par la propriété de causer *E*. En d'autres mots, on dit que l'événement *E* a été causé ou provoqué par l'agent *S*»[1]. On admet donc comme une évidence l'existence d'une «causalité par agent». Je pense que certains problèmes philosophiques concernant cette notion ont été mal posés dans le passé (y compris par moi-même dans des écrits antérieurs). En effet, le problème n'est pas de savoir si la causalité par agent *existe*, mais si on peut la réduire à la «causalité événementielle» : par exemple, peut-on remplacer l'énoncé «Dupont a tué son oncle», sans rien perdre de sa signification, par un ensemble d'énoncés ne mentionnant, à titre de causes, que des événements, et dont aucun ne présuppose l'existence d'une chose susceptible d'avoir été causée par Dupont? Par la suite, je tenterai d'expliquer l'agir en partie par la notion d'un agent qui *entreprend* une chose, telle qu'elle figure dans «*S* entreprend d'amener *p*». Or, je ne vois pas la possibilité de reformuler cet énoncé de manière à ce qu'il n'affirme plus qu'une relation entre événements.

Je suppose en troisième lieu qu'il est parfois vrai que, ayant accompli un certain acte, on aurait pu agir différemment. C'est là une des choses qu'on est en droit de croire à propos de soi-même aussi longtemps qu'on n'a pas de raison valable de croire le contraire. On peut considérer cette proposition, à l'instar de celle disant que je suis éveillé, me trouvant dans une pièce en compagnie d'autres personnes que je vois et entends, comme innocente d'un point de vue épistémique, aussi longtemps qu'on n'a pas de raison valable de la suspecter. Lorsqu'un conflit surgit entre une proposition de ce genre et une théorie philosophique, c'est à la dernière qu'incombe la charge de la preuve.

Dans des écrits antérieurs, j'ai déjà exprimé, mais souvent moins clairement, certaines des vues que je défendrai dans cet article. La plupart des sujets que j'aborde sont étudiés plus en détail dans mes *Carus Lectures* (*Person and Object : A Metaphysical Study*, Allen & Unwin et Open Court, 1976).

II. «IL AURAIT PU AGIR AUTREMENT»

S'il est exact, comme je le pense, que la théorie de l'agir présuppose que l'énoncé «Il aurait pu agir autrement» est parfois vrai, il faut absolument tenter une explication de cette notion importante. Tout d'abord, je donne un aperçu succinct de l'analyse que je crois correcte[2].

J'estime qu'une analyse adéquate de ce que l'on veut dire par «Il aurait pu agir autrement» doit s'appuyer sur les trois concepts suivants : a) le concept de *nécessité physique*, exprimé par «*p* est physiquement nécessaire» ou «*p* est une loi de la nature», où l'expression remplaçant «*p*» désigne un état de choses; b) le concept de *contribution causale*, exprimé par «*p* contribue causalement à *q*» ou «l'apparition de *p* contribue causalement à l'apparition de *q*»; c) le concept d'«*entreprendre*» ou de «*chercher à*», exprimé par «*S agit avec l'intention de* contribuer causalement à l'apparition de *p*» ou «*S entreprend de ou cherche à* contribuer causalement à l'apparition de *p*». Commentons brièvement ces notions.

a) Tout le monde s'accorde, me semble-t-il, pour dire que la notion de nécessité physique ou de loi de la nature est fondamentale pour la théorie de la causalité et, de façon plus générale, pour le concept de nature. Parmi les généralisations universelles de la forme «Pour tout x, si x est F, alors x est G», certaines sont physiquement nécessaires ou nomologiques et d'autres non (un signe distinctif d'une généralisation physiquement nécessaire ou nomologique est que la conditionnelle contrefactuelle singulière qui lui correspond — «Si a était F, alors a serait G» — est également vraie[3]). Les généralisations nomologiques expriment des lois de la nature — la nécessité physique de certains états de choses.

b) La notion de *contribution causale* est différente de celle de *condition causale suffisante*. Si *c* est une condition causale suffisante de *e*, il est physiquement nécessaire que *e* se produise si *c* se produit. Mais *c* peut contribuer causalement à *e* sans qu'il soit physiquement nécessaire que *e* se produise si *c* se produit. Ainsi, l'énoncé que la présence d'oxygène dans une pièce a contribué causalement à un incendie, n'implique pas qu'il soit physiquement nécessaire (que ce soit une loi de la nature) qu'il y ait un incendie quand il y a de l'oxygène dans une pièce. On peut concevoir les conditions causales suffisantes comme des conjonctions d'événements. Lorsqu'une telle condition se trouve réalisée, certains éléments de cette conjonction contribuent causalement à son effet[4]. Lorsqu'on présente un événement comme *contribuant causalement* à un autre, on suppose donc qu'il fait partie d'une condition causale suffisante de ce dernier et que cette condition est effectivement réalisée.

c) J'examinerai en détail par après la notion d'*entreprendre* ou de *chercher à*. On exprime parfois cette notion par le terme «essayer», comme le fait G.E. Moore dans le passage suivant :

Quand on dit qu'un oiseau *s'envole*, on ne veut pas *seulement dire* que son *corps* se déplace grâce à certains mouvements des ailes ; comme l'a dit Wittgenstein, quand *je lève* le bras, il se passe quelque chose *de plus* que le mouvement de *mon* bras : que *je lève* le bras est une *Handlung*, et c'est cela qu'on veut signifier en disant que le mouvement de mon bras est dû à ma *volonté*, bien que je ne l'aie ni *choisi* ni *décidé*. Lorsque je *choisis* ou *décide*, il se peut que tout ce qui se passe est que *j'essaie* de lever le bras [5].

Notre expression «entreprendre une chose» ne doit cependant pas être interprétée comme dénotant l'effort ou l'incertitude associés parfois à la notion d'«essayer».

Passons à présent à l'analyse de la notion «Il aurait pu agir autrement».

Le «aurait pu» que je vais expliquer par la suite est *indéterministe*, en ce sens que mes définitions impliquent que si un agent avait en son pouvoir à dix heures ce matin de faire en sorte qu'il soit à présent à Boston, c'est qu'à dix heures ce matin, il y avait certaines choses telles qu'une condition causale suffisante pour que l'agent *n'entreprenne* pas ces choses ne s'était pas produite (en ce qui concerne les mouvements indéterminés des particules subatomiques, c'est le défaut des capacités requises pour entreprendre ou chercher à réaliser une chose, qui est probablement une condition causale suffisante expliquant qu'*elles* n'entreprennent jamais rien ; en conséquence, nos définitions ne s'appliquent pas à ce cas).

Cet «aurait pu», outre qu'il est indéterministe dans le sens qu'on vient de définir, possède essentiellement le caractère du «si et seulement si». En effet, mes définitions impliquent que *si* l'agent avait entrepris certaines des choses dont on vient de parler et *si* certaines conditions supplémentaires, que je tenterai de spécifier, avaient été réalisées, il *serait* actuellement à Boston (cependant, je ne ferai pas usage, dans mes définitions, de conditionnelles contrefactuelles).

Je vais formuler trois définitions. En premier lieu, je définirai la notion d'un agent *libre d'entreprendre* une activité donnée ; je définirai en second lieu la notion d'un état de choses *directement au pouvoir d'un agent* ; en troisième lieu, je définirai la notion plus générale d'un état de choses *au pouvoir de l'agent*. Grâce à cette dernière définition, nous serons en mesure d'expliquer la notion «Il aurait pu agir autrement» par la notion «Il était en son pouvoir d'agir autrement».

Voici la première définition :

(D_1) Au moment t, S est *libre d'entreprendre* p = D_f Il existe une période temporelle qui comporte le moment t tout en débutant avant lui, et pendant laquelle n'apparaît aucune condition causale suffisante pour que S entreprenne p ou n'entreprenne pas p.

La deuxième définition concerne les choses *directement* au pouvoir de l'agent. Il s'agit des choses qu'il entreprend librement et de ce qui *en* résulte. Qu'un état de choses soit directement au pouvoir de l'agent signifie qu'il y a une chose qu'il est libre d'entreprendre et qui est telle qu'en l'entreprenant, il amène cet état de choses. En d'autres mots :

(D$_2$) p est directement au pouvoir de S au moment t = D$_f$. Il existe q tel que : S est libre en t d'entreprendre q, et, ou bien (a) p consiste en ce que S entreprend q, ou bien (b) il se produit r qui est tel qu'il est physiquement nécessaire, r et S-entreprenant-q se produisant, que S-entreprenant-q contribue causalement à p[6].

Il est peut-être utile de rappeler que lorsqu'on dit «Il *existe* q tel que S est libre d'entreprendre q», on ne veut pas dire que q se *produit* ou est *réalisé*. Beaucoup d'états de choses parmi ceux que l'agent est libre d'entreprendre sont des événements ou des états de choses qui ne se produisent *pas* ou ne sont pas réalisés.

La troisième définition concerne la notion plus large d'un agent ayant une chose *soit directement soit indirectement en son pouvoir* — ou, plus simplement, la notion d'avoir une chose *en son pouvoir*. On peut dire approximativement qu'un état de choses est au pouvoir d'un agent s'il fait partie d'une série d'états de choses dont le premier élément est directement au pouvoir de l'agent, chacun des éléments suivants étant rendu possible par son prédécesseur. Plus exactement :

(D$_3$) p est au pouvoir de S en t = D$_f$ p fait partie d'une série telle que (i) le premier élément est directement au pouvoir de S en t, et (ii) pour chacun des autres éléments, son prédécesseur est une condition causale suffisante de ce qu'il est directement au pouvoir de l'agent.

Etant donné qu'une série d'états de choses peut ne comporter qu'un seul élément, cette définition permet de dire, comme il est souhaitable d'ailleurs, que les choses qui sont au pouvoir de l'agent incluent celles qui sont directement en son pouvoir.

L'application de la deuxième et de la troisième définition présuppose le principe suivant, qu'on pourrait appeler le principe de la diffusion du pouvoir :

Si (i) q est au pouvoir de S en t, et si (ii) p se produit, et si (iii) non-p n'est pas au pouvoir de quelqu'un d'autre, alors p & q est au pouvoir de S en t.

III. LIBERTÉ ET INDÉTERMINISME

J'ai affirmé que, s'il existe une chose au pouvoir d'un agent, il existe une chose qu'il est «libre d'entreprendre», c'est-à-dire une chose telle qu'aucune condition causale suffisante pour l'entreprendre ou ne pas l'entreprendre n'est réalisée.

Une objection qu'on oppose habituellement à cette approche indéterministe est la suivante :

> 1) D'après votre explication, lorsqu'une chose est au pouvoir d'un agent, certains événements, non précédés ou accompagnés d'une condition causale suffisante, se produisent. Mais, 2) si une action au pouvoir de l'agent est indéterminée en ce sens, autrui ne saurait exercer une quelconque influence sur elle. Or, 3) nous exerçons une influence sur les actions d'autres personnes, y compris sur celles dont elles auraient pu s'abstenir, en leur donnant par exemple des motifs ou des raisons d'agir. Par conséquent, 4) votre théorie est fausse.

L'erreur de cette argumentation réside dans la deuxième prémisse : «Si l'action humaine est indéterminée en ce sens, il ne nous est pas possible d'exercer une quelconque influence sur les actions d'autrui».

Une des manières d'influencer le comportement d'autrui est de restreindre ses possibilités de choix : on l'empêche de faire des choix qu'autrement il aurait pu faire. De cette façon, on peut déterminer le cours général de son action, tout en lui laissant le soin des détails.

Restreindre les possibilités de choix d'autrui n'est pas la seule façon de déterminer son comportement libre. On peut également l'influencer en le *mettant en mesure* de faire ce que de lui-même il n'aurait pas pu accomplir; s'il fait cette chose, nous avons réalisé une condition causale *nécessaire* de son action.

J'ai dit qu'un événement est une condition causale *suffisante* d'un autre événement si c'est une loi de la nature que le premier événement est suivi ou accompagné du second. De façon analogue, on peut dire qu'un événement est une condition causale nécessaire d'un autre événement pourvu que ce soit une loi de la nature que, le second s'étant produit, le premier se soit également produit, soit en même temps, soit antérieurement. Même s'il n'y a pas de condition causale suffisante pour ce qu'entreprend un sujet, il y a un nombre indéfini de conditions causales nécessaires, un nombre indéfini de conditions dont chacune est une condition *sine qua non* de ce qu'il entreprend.

Nos capacités sont des conditions causales nécessaires de nos actions. Ainsi, si vous me donnez les *moyens* nécessaires pour me rendre à Boston, moyens que je ne sais pas me procurer par moi-même, alors, si je vais à Boston, vous avez contribué causalement à ce que j'y vais, même s'il n'y a pas de conditions causales suffisantes pour que j'entreprenne le voyage. Ou encore, supposons que je n'entreprenne le voyage que si je crois qu'il sera plaisant et bénéfique. Vous me persuadez que le séjour *sera* plaisant et bénéfique, donc vous me donnez un *motif* ou une *raison* sans laquelle je ne serais pas capable d'entreprendre le voyage. Vous contribuez causalement à mon action (dans l'hypothèse où je pars effectivement), même si aucune condition causale suffisante de mon action n'est réalisée. Ce dernier exemple met en évidence une des façons dont nos raisons d'agir et motifs contribuent causalement à nos actions.

Ces différentes manières de déterminer l'action d'autrui peuvent évidemment être appliquées par le sujet lui-même à son propre comportement. Ainsi, par chaque acte que nous accomplissons, nous imposons des limites à notre activité ultérieure. De plus, en planifiant et en préparant son action, on se *met en mesure* d'accomplir des choses qu'autrement on ne saurait pas accomplir. On peut aussi se donner à soi-même des raisons et des motifs en cherchant à s'assurer que les résultats de l'action seront plaisants ou bénéfiques.

IV. LE POUVOIR D'AGIR

Que signifie «Un *agent* amène un état de choses»?

On fait parfois la distinction entre «causalité événementielle» et «causalité par agent» et certains affirment que cette différence est irréductible. Cependant, en prenant le concept commun de causalité événementielle — le concept d'un événement contribuant causalement à un autre événement — ainsi que notre concept d'entreprendre ou de «chercher à», on peut expliquer en quoi consiste le fait qu'un agent contribue causalement à ce qu'un événement ou un état de choses se produisent.

Rappelons que le concept de causalité événementielle peut être exprimé par «p contribue causalement à q», ou, si l'on préfère, par «l'apparition de p contribue causalement à l'apparition de q» (la dernière formulation a l'avantage de nous permettre de dire que «l'apparition de p en t' contribue causalement à l'apparition de q en t''»; mais, pour simplifier les choses, nous allons par la suite négliger le plus souvent ces références temporelles).

Définissons à présent la causalité par agent au moyen de ce concept de causalité événementielle et de notre concept non défini d'entreprendre.

Nous disons en premier lieu que lorsqu'un individu contribue causalement, par ce qu'il entreprend, à une chose, il *fait* une chose contribuant causalement à cette chose :

(D_4) S fait, en t, une chose contribuant causalement à p = D_f Il existe q, tel que S, en entreprenant q en t, contribue causalement à p.

En nous appuyant sur cette notion, passons à la définition d'une notion plus large de la causalité par agent, qu'on peut formuler comme suit : «S contribue causalement à p». Nous désirons construire ce concept plus large de manière à ce que les trois énoncés suivants soient vrais à la fois :

a) Quand une personne fait une chose contribuant causalement à p, *elle* contribue causalement à p;

b) Quand une personne entreprend une chose, elle contribue causalement à ce qu'elle l'entreprenne;

c) Quand une personne fait une chose contribuant causalement à p, elle contribue causalement à ce qu'elle la fasse.

Je propose la définition suivante de ce concept plus large de la causalité par agent :

(D_5) S contribue causalement à p en t = D_f Ou bien (a) S fait, en t, une chose contribuant causalement à p, ou bien (b) il existe q tel que S entreprend q en t, et S-entreprenant-q est identique à p, ou bien (c) il existe r tel que S fait, en t, une chose contribuant causalement à r, et p est l'état de choses qui correspond à ce que S la fasse.

(Ne devrait-on pas également être en mesure de dire que l'agent contribue causalement à certaines de ses *omissions*? Nous allons prendre en compte ce cas de figure dans le point suivant.)

Nous affirmons que lorsqu'un état de choses p se produit et qu'un agent S contribue causalement à une condition causale *nécessaire* de p, cet agent contribue causalement à p. Cela nous permet de dire, comme nous l'avons noté, qu'un agent peut contribuer causalement à des actions libres, que ce soient celles d'autrui ou les siennes.

Nous pouvons à présent formuler une autre objection, adressée couramment au type de théorie que nous défendons ici, et y répondre. Cette objection est la suivante :

Votre théorie présuppose qu'il existe certains événements causés par des êtres humains ou des agents. Supposons que dans une situation donnée, un individu cause un événement p. Que faut-il dire de *cet* événement, à savoir la causation de p par cet agent ? Votre explication implique qu'aucune condition causale suffisante pour qu'il cause p n'était présente. Cela signifie-t-il qu'il n'y a pas eu causation ? Dans ce cas, comment peut-on dire que *l'agent* est responsable d'avoir causé un événement ?

La réponse à cette objection s'ensuit de certains théorèmes généraux concernant l'agir, théorèmes qui découlent de l'ontologie des événements et des états de choses que nous avons présupposée, de notre interprétation du concept non défini d'entreprendre, ainsi que de ce qui a été dit à propos de la causalité événementielle.

(T_1) Si S contribue causalement à p, alors p.

(T_2) Si S fait une chose contribuant causalement à p, S contribue causalement à ce qu'il la fasse.

(T_3) Si S contribue causalement à p, il existe q tel que S entreprend q.

(T_4) Si S entreprend p, S contribue causalement à ce qu'il entreprenne p.

Il faut bien noter que les principes suivants ne sont *pas* des conséquences de ce que nous avons dit :

Si S entreprend p, alors p.

Si S contribue causalement à p, S entreprend p.

Si S entreprend p, S entreprend d'entreprendre p.

Maintenant, nous pouvons répondre comme suit à l'objection précédente :

Si un individu fait une chose qui cause un certain événement p, alors, *ipso facto*, il contribue causalement à ce qu'il fasse une chose causant p. C'est donc une erreur de croire que le fait qu'il cause cet événement n'ait pas de cause.

Les variables figurant dans nos formules peuvent donc être remplacées par des expressions désignant des actions, par exemple «qu'il lève le bras», «qu'il vole de l'argent» et «qu'il manque à sa promesse»[7]. Et on peut dire qu'à chaque fois qu'un agent accomplit une telle action, il contribue causalement à ce qu'il l'accomplisse.

Il est vrai que généralement on ne doit pas faire quelque chose en vue d'amener les actions qu'on accomplit. Mais notre affirmation que l'agent contribue causalement à ce qu'il accomplisse une action, ne signifie pas, comme certains critiques l'ont pensé, que l'agent fait ou entreprend une chose en vue d'amener l'accomplissement de cet acte. La notion exprimée par l'énoncé «Il fait une première chose en vue d'amener qu'il fasse une autre chose», sera discutée en détail aux points VI et VII ci-dessous.

Nous introduisons maintenant une notion fondamentale de la théorie de l'action :

(D_6) En contribuant causalement à p en t, S contribue causalement à q en $t = D_f$ S contribue causalement à p en t et tout ce qu'il fait à ce moment-là et qui contribue causalement à p, contribue causalement à q.

Ainsi, on peut dire qu'en contribuant causalement au remplissage d'un réservoir à eau, un ouvrier a contribué causalement à l'empoisonnement d'un ménage. La seconde condition du definiens («tout ce qu'il fait à ce moment-là et qui contribue causalement à p, contribue causalement à q») garantit que l'ordre des choses ne peut pas être inversé. On ne sera pas obligé de dire qu'en contribuant causalement à l'empoisonnement du ménage, l'ouvrier a contribué causalement au remplissage du réservoir à eau. On pourra dire de même qu'en contribuant causalement au fait d'étendre le bras par la vitre de la voiture (en faisant arriver ce fait), un conducteur a contribué causalement au fait de signaler qu'il allait tourner ; mais dire cela ne signifie *pas* que le fait d'étendre le bras par la vitre soit la cause de ce qu'il ait donné un signal. Les variables «p» et «q» peuvent encore être remplacées par des expressions du genre : «qu'il saute 1,90 mètres» et «qu'il saute plus haut que Georges»; «qu'il déplace sa dame vers E_7» et «qu'il met son adversaire échec et mat»; «qu'il essaie de sauver la vie de Dupont« et «qu'il accomplit son devoir»[8] (il faut noter plus particulièrement à propos du dernier exemple qu'une des conséquences de ce que nous avons dit est qu'un agent contribue causalement à ce qu'il entreprend).

A présent, nous commenterons brièvement le type d'action représenté par les omissions délibérées.

V. NOTE SUR LES OMISSIONS DELIBEREES

Une personne contribue-t-elle causalement à certaines de ses *omissions*, à savoir celles qu'elle commet délibérément? Supposons qu'un homme en salue un autre et que ce dernier ne lui réponde pas. Si cet individu ne s'est pas rendu compte qu'on le saluait, il s'agit d'une simple omission. Mais s'il avait l'intention de faire un affront à autrui ou de l'insulter, il a *commis une omission*; il a délibérément omis d'agir[9].

On peut définir l'omission délibérée comme suit :

(D_7) *S* omet délibérément d'entreprendre *p* en *t* = D_f *S* envisage, en *t*, d'entreprendre *p* mais n'entreprend pas *p* en *t*.

(Nous faisons appel ici au concept de *considérer* ou d'*envisager* un état de choses; c'est un concept intentionnel, essentiel à toute théorie adéquate de la pensée).

La définition (D_4) que nous avons donnée de «*S* fait une chose qui contribue causalement à *p*» ne couvre pas les cas où *S* fait une chose par omission délibérée. On peut remédier à cela en remplaçant (D_4) par :

($D_{4.1}$) *S* fait, en *t*, une chose contribuant causalement à *p* = D_f Il existe *q*, tel que, ou bien (a) *S*, en entreprenant *q* en *t*, contribue causalement à *p*, ou bien (b) *S* omet délibérément *q* en *t* et *p* est l'état de choses qui correspond à l'omission délibérée de *q* par *S*

En nous appuyant sur cette définition, nous pouvons dire, en conformité avec (D_5), que *S* contribue causalement à ses propres omissions délibérées et à leurs résultats. (On peut tenir *S* pour *moralement* responsable des conséquences de certaines de ses omissions non délibérées, des omissions qu'il n'a pas commises. Il s'agit en l'occurrence d'omissions qu'il aurait dû éviter. Mais je ne pense pas qu'il soit correct de dire qu'il est *causalement* responsable de ces conséquences.)

VI. L'ACTIVITE FINALISEE

Nous sommes à présent en mesure d'examiner de manière plus approfondie la structure de l'activité finalisée et certains problèmes philosophiques liés à cette notion.

Commençons par la distinction entre moyens et fins :

(D_8) *S* entreprend *p* en vue d'amener *q* = D_f *S* entreprend d'amener (i) *p* et (ii) que son-entreprendre-*p* contribue causalement à *q*.

On peut également dire que *S* entreprend *p* comme *moyen* afin d'amener *q*. Nous supposons qu'en entreprenant une chose comme moyen pour une autre, il entreprend aussi cette seconde chose[10].

L'expression que nous venons de considérer — «*S* entreprend *p* en vue d'amener *q*» — est intentionnelle par rapport aux deux variables qui y figurent : elle n'implique pas que l'un ou l'autre des états de choses (*p* ou *q*) soit réalisé. Mais l'expression suivante est uniquement intentionnelle par rapport à la seconde variable : «*S* contribue causalement à *p* en vue d'amener q». Cette notion peut bien sûr être aisément réduite aux notions que nous avons utilisées précédemment.

VII. QUELQUES QUESTIONS PHILOSOPHIQUES SUPPLÉMENTAIRES

On entreprend certaines choses (p) en en entreprenant d'*autres* (q) : on entreprend q en vue d'amener p. Il faut donc également qu'on entreprenne certaines choses (p) sans entreprendre d'autres choses (q) en vue d'amener p. Ce sont les choses que l'on *entreprend directement*.

Lorsqu'on mène à bien des choses entreprises directement, on accomplit des *actions de base*. Ce sont les choses qu'on mène à bien sans entreprendre autre chose pour les réaliser. Pour la plupart des gens, lever le bras et faire un clin d'œil sont des actions de base. Mais chaque individu a des «répertoires» différents d'actions de base et ce qui est accompli par une première personne comme action de base exige d'une autre qu'elle entreprenne une chaîne causale complexe [11].

On peut caractériser comme suit cette notion d'action de base :

(D_9) S amène p comme *action de base* en t = D_f (i) En entreprenant p, S contribue causalement à p en t, et (ii) il n'existe pas de q tel que S entreprend q en t en vue d'amener p.

En d'autres mots, un agent accomplit une action de base lorsqu'il amène une chose qu'il a *entrepris* d'amener et qu'il n'a rien entrepris d'autre *en vue* d'amener cette chose.

Cette définition de l'action de base ne nous oblige pas à admettre, comme le font certains auteurs, que les actions de base d'un individu sont des actions «qu'il n'a pas causées» [12]. De plus, nous pouvons dire, si nous le voulons, qu'un individu entreprend une action de base à un moment donné et échoue (c'est ce qui se passerait probablement s'il avait perdu, sans s'en rendre compte, un élément de son «répertoire» d'actions de base et qu'il découvre cette perte).

Comparons maintenant les choses qu'on *entreprend directement* et celles qu'on *amène directement*.

On amène certaines choses en en amenant d'autres qui causent les premières. Autrement dit, on amène des choses (p) en amenant d'autres choses (q) qui sont telles que q amène p. C'est pourquoi, semble-t-il, il est aussi vrai qu'on amène certaines choses (p) *sans* amener une autre chose (q) telle que q amène p. Nous dirons :

(D_{10}) S amène *directement* p en t = D_f (i) S *contribue causalement à p en t*, et (ii) il n'existe pas de q tel que (a) S contribue causalement à q en t et tel que (b) q contribue causalement à p.

Si un individu amène des choses, il est probable que certaines soient des *actions de base* et que d'autres soient amenées *directement*. Il faut bien distinguer les choses qu'il amène comme actions de base de celles qu'il amène directement. Si mon analyse est correcte, ce qu'un individu entreprend correspond à ce qu'il amène directement. Mais on ne peut pas prétendre, sur base de nos définitions, que ce qu'il entreprend soient des actions de base. En effet, les actions de base sont entreprises, mais lorsqu'on entreprend une chose, on n'entreprend pas de l'entreprendre. Le trait distinctif d'une action de base est que, bien qu'étant entreprise, rien n'est entrepris comme *moyen* en vue de l'amener. Le trait distinctif d'une chose amenée directement est que, bien qu'étant amenée, elle ne l'est pas par une *autre* chose amenée par l'agent.

Ce qu'un individu amène directement sont des changements internes, des changements à l'intérieur de lui-même. Pour employer un terme scolastique, on peut dire que les choses causées directement par un individu le sont de façon *immanente*; étant des états de l'agent, elles «restent à l'intérieur de l'agent»[13].

Cette façon d'envisager la relation causale directe doit être distinguée de celle de H.A. Prichard : «Lorsqu'on a voulu un mouvement corporel et qu'on pense l'avoir causé, ce ne peut pas être directement. Car ce qu'on a causé directement, si du moins on a causé quelque chose, doit être un changement à l'intérieur du cerveau». La thèse de Prichard serait compatible avec la nôtre, si les choses que l'on entreprend étaient *elles-mêmes* des «changements à l'intérieur du cerveau»[14]. Mais, que tel soit le cas ou non, les choses qu'on entreprend contribuent causalement à certains changements cérébraux dont nous ignorons pratiquement tout[15].

NOTES

[1]. Alvin I. GOLDMAN, *A Theory of Human Action*, Prentice-Hall, Englewood Cliffs, N.J., 1970, p. 25.
[2] Je ne passerai pas en revue toutes les théories alternatives. J'en ai analysé un certain nombre dans «He Could Have Done Otherwise», in Myles BRAND (éd.), *The Nature of Human Action*, Scott, Foresman and Company, Glenview, Ill., 1971, pp. 293-301.

[3] Voir RESCHER Nicholas, *Hypothetical Reasoning*, North-Holland Publishing Company, Amsterdam, 1964; WALTERS R.S., «Contrary-to-Fact Conditional», in Paul EDWARDS (éd.), *The Encyclopedia of Philosophy*, Crowell Collier et Macmillan, New York, 1967, vol. II, pp. 212-216; KNEALE William, «Natural Laws and Contrary-to-Fact Conditionals», *Analysis* 10 (1950), 121-125; CHISHOLM Roderick M., «Law Statements and Counterfactual Inference», *Analysis* 15 (1955), 97-105.

[4] On peut être tenté de croire que la notion de contribution causale peut être facilement définie en termes de condition causale suffisante, en disant par exemple que «c contribue causalement à e» signifie «un événement s se produit, qui est une condition causale suffisante de e, et c est une partie de s». Cette définition n'est pas satisfaisante, puisque les conditions causales suffisantes peuvent comporter des éléments superflus. En effet, si s est une condition causale suffisante de e et si c se produit avant e, alors c & s sera également une condition causale suffisante de e, quel que soit c; ainsi, c peut être un élément d'une condition causale suffisante de e sans pour autant contribuer causalement à e. On se trouve alors devant le problème de trouver une définition appropriée de «être un élément causalement superflu d'une condition causale suffisante de e». Ce problème a été étudié par J.L. Mackie, dans «Causes and Conditions», *American Philosophical Quarterly* 2 (1965), 245-264. Suite à de longues discussions et à une correspondance fournie avec Robert S. Keim et Ernest Sosa, je suis arrivé à la conviction que nous ne disposons pas d'une solution pour ce problème. Voir SOSA Ernest, *Causation and Conditionals*, Oxford University Press, 1975.

[5] G.E. MOORE, *Commonplace Book 1919-1953* (éd. par C. Lewy), Allen & Unwin, Londres, 1962, p. 410.

[6] Pourquoi ne pas formuler plus simplement la seconde condition en disant : «Il se produit r en t, tel qu'il est physiquement nécessaire, r et S-entreprenant-q se produisant, que p se produise»? Cette formulation garantirait que, au cas où S-entreprenant-q se produirait, une condition causale suffisante de p se serait produite. Mais elle ne garantirait pas que S-entreprenant-q contribue causalement à p. Car cette formulation est compatible avec l'hypothèse que S-entreprenant-q est un élément superflu de la condition causale suffisante de p.

[7] J'estime cependant que la signification de la plupart des expressions d'actions peut être paraphrasée (sans doute de manière assez compliquée) au moyen de notre terminologie d'«entreprendre» et d'«amener», sans utiliser des termes désignant des actions. Il est vrai qu'une explication adéquate de *certaines* descriptions d'actions («qu'il signale qu'il va tourner», «qu'il met échec et mat son adversaire») implique que l'on se réfère à ce qui est *requis* par certaines lois, coutumes, règles ou conventions. Ce point est mis en évidence par HART H.L.A., dans «Ascription of Responsibility and Rights», *Proceedings of the Aristotelian Society* 49 (1949), 171-194, et par MELDEN A.I., dans *Free Action*, Routledge & Kegan Paul, Londres, 1961. Cependant, je ne partage pas l'opinion que la référence à des lois, règles, coutumes ou conventions soit le trait distinctif de l'action.

[8] Tous ces exemples, à l'exception du premier, sont repris de GOLDMAN Alvin I., *op. cit.*, pp. 23-27. Ils illustrent tous ce que cet auteur appelle la «génération d'actes», ce qui veut dire qu'un acte naît pour ainsi dire d'un autre. Le premier exemple est tiré de ANSCOMBE G.E.M., *Intention*, Basil Blackwell, Oxford, 1968, p. 40 ff.

[9] Voir BRAND Myles, «The Language of Not Doing», *American Philosophical Quarterly* 8 (1971), 45-53.

[10] J'ai analysé le concept d'entreprendre plus en détail dans «The Structure of Intention», *Journal of Philosophy* 62 (1970), 633-647. Voir aussi Hector-Neri CASTAÑEDA, «Intentions and the Structure of Intending», *Journal of Philosophy* 68 (1971), 453-466. Je suis redevable à l'ouvrage de Richard TAYLOR, *Action and Purpose*, Prentice-Hall, Englewood Cliffs, N.J., 1966.

[11] Le terme «action de base» et l'expression «répertoire d'actions de base» sont dus à Arthur DANTO; voir son article «What We Can Do», *Journal of Philosophy* 60 (1963), 435-445, reproduit dans WHITE Alan R., *The Philosophy of Action*, Oxford University Press, 1968.

[12] Voir Arthur DANTO, *op. cit.*

[13] Voir RICKABY Joseph, *Free Will and Four English Philosophers*, Burns and Oates, Londres, 1906, p. 177. St. Thomas parle de l'action immanente dans le passage suivant : «Car l'action et la production diffèrent : l'action est une opération qui reste avec l'agent, comme choisir, comprendre et autres choses de ce genre (et c'est pourquoi les sciences pratiques sont appelées sciences morales); la production est une opération qui passe à l'extérieur pour transformer une matière, comme couper, brûler et choses semblables (et c'est pour cette raison que les sciences productives sont appelées arts mécaniques)» (In *Metaphysicam Aristotelis Commentaria*, Romae, 1915, § 1152).

[14] J'estime qu'une telle identification ne serait correcte que dans l'hypothèse où nous serions nous-mêmes identiques à notre cerveau ou à une partie appropriée de notre cerveau.

[15] Je remercie Jaegwon Kim et Ernest Sosa.

Le problème de l'action

Harry G. FRANKFURT

I

Le problème de l'action consiste à expliquer la différence entre ce que fait un agent et ce qu'il subit, entre les mouvements corporels qu'il accomplit et ceux auxquels il ne concourt pas. Selon les théories causales de l'action qui, à l'heure actuelle, représentent l'approche la plus suivie de ce problème, la différence essentielle entre ces deux types d'événements réside dans leurs antécédents causaux : un mouvement corporel est une action si et seulement s'il est le résultat d'antécédents d'un certain type. S'il peut y avoir divergence d'opinions entre les différentes versions de l'approche causale quant à la spécification des types d'états ou d'événements jouant un rôle causal dans la production des actions, elles s'accordent néanmoins sur le principe qu'il est nécessaire et suffisant, pour déterminer si un événement donné est une action ou non, de se référer à la façon dont il a été produit.

H.G. FRANKFURT, «The Problem of Action», *American Philosophical Quarterly* 15 (1978), pp. 157-162. Avec l'aimable autorisation de l'auteur et du *American Philosophical Quarterly*.
Traduction revue par l'auteur.

J'estime, pour ma part, que l'approche causale, en dépit de sa popularité, est fondamentalement erronée et qu'elle est incapable de donner une analyse satisfaisante de la nature de l'action. Je ne veux pas dire par là que les actions n'ont pas de causes (elles sont autant susceptibles d'êtres causées que les autres événements), mais je pense que le fait d'avoir des antécédents causaux (de quelque type que ce soit) ne fait pas partie de la nature de l'action et que le fait qu'un événement soit une action n'implique nullement qu'il ait été causé et encore moins qu'il ait des antécédents causaux d'un type spécifique.

En affirmant que la différence essentielle entre actions et simples événements tient à leurs antécédents causaux, les théories causales impliquent que les actions et les simples événements ne diffèrent pas en eux-mêmes. Ces théories prétendent que les chaînes causales qui débouchent sur l'action sont nécessairement d'un type différent de celles qui débouchent sur de simples événements, tandis que leurs effets, considérés en eux-mêmes, ne sauraient être différenciés. En conséquence, elles doivent supposer qu'une personne sait qu'elle est en train d'accomplir une action, non pas parce qu'elle a conscience de ce qui est en train de se passer, mais parce qu'elle est au courant des conditions antécédentes causant son comportement actuel. L'approche causale, et c'est là un de ses éléments constitutifs, considère que la distinction entre actions et simples événements ne saurait se faire au moyen de ce qui existe ou se passe au moment où ces événements se produisent, estimant qu'il faut se référer à quelque chose de tout à fait extérieur, à savoir la différence, à un moment antérieur, entre un autre couple d'événements.

C'est cette thèse qui rend les théories causales peu crédibles. Détournant l'attention des événements dont il s'agit de déterminer la nature, ainsi que de la durée pendant laquelle ils se produisent, elles ne sauraient envisager, à titre de critère de l'action, que la personne se trouve dans une relation spécifique aux mouvements de son corps *pendant* la période où l'on présume qu'elle agit. Dans l'approche causale, il est possible que les conditions définissant l'action ne soient plus données quand l'agent commence à agir; dès que les antécédents causaux pertinents de l'action se sont produits, il suffit que le corps de l'agent subisse les mouvements qui sont les effets de ces antécédents.

Il n'est guère étonnant et il est significatif que ces théories se heurtent à des contre-exemples d'un genre bien connu. Prenons le cas d'un individu qui a l'intention de renverser son verre au cours d'une réception pour donner à ses complices le signal d'attaquer les convives, et qui croit, vu ce qu'ils avaient convenu, que le fait de renverser le verre aura cette conséquence. Or, tout ceci le rend fort nerveux, sa main tremble et son verre se renverse. Quels que soient les types d'antécédents causaux désignés comme conditions nécessaires et suffisantes d'une action, on peut montrer facilement qu'ils peuvent avoir pour effet un événement qui n'est manifestement pas une action mais un simple mouvement corporel. Dans notre exemple, il y a bien, parmi les causes du mouvement corporel, un désir et une croyance rationalisant le fait de renverser son verre, mais il n'empêche que ce mouvement, de la façon dont il s'est produit, n'est pas une action. Des cas de ce genre posent particulièrement problème à la version de la théorie causale qui présente les actions comme étant essentiellement des mouvements ayant pour causes les désirs et les croyances qui les rationalisent. Mais on peut facilement trouver des contre-exemples analogues pour les autres versions de l'approche causale.

Je ne vais pas m'étendre sur les différentes stratégies mises en œuvre par les causalistes pour venir à bout de cette difficulté[1]. Je pense en effet que les théories causales ne sauraient échapper à ce genre de contre-exemples, étant donné qu'elles définissent l'action uniquement par des traits qui appartiennent à des états de choses qui peuvent ne plus être donnés au moment où l'action est supposée se produire. C'est ce qui empêche ces théories de prendre en compte le trait distinctif le plus évident de l'action, à savoir que la personne se trouve nécessairement dans une certaine relation avec ses mouvements corporels lorsqu'elle agit et que tel n'est pas le cas lorsque les mouvements corporels se produisent indépendamment de son concours. Une théorie qui se borne à décrire des causes précédant les actions et les simples mouvements corporels, ne peut englober une analyse de ces deux types de relations; elle est obligée d'accepter la possibilité qu'une personne ait été étroitement impliquée dans les événements auxquels son action est due et que, malgré cela, elle soit totalement coupée de ses mouvements corporels au moment où l'action débute.

II

Examinons, afin de développer une approche plus prometteuse de l'action, la thèse qui dit qu'actions et simples événements ne comportent pas de traits distinctifs intrinsèques. Cette idée est un présupposé fondamental des théories causales. En effet, si l'on pensait qu'actions et simples événements comportent de tels traits, la façon naturelle d'expliquer leur différence consisterait à identifier ces derniers. Or, si les causalistes se réfèrent aux événements antécédents pour expliquer cette différence, c'est bien parce qu'ils estiment qu'il n'y a pas d'autre moyen de l'établir.

David Pears, pour qui les désirs jouent un rôle causal essentiel dans la production des actions, le dit explicitement :

> On ne saurait distinguer les mouvements corporels correspondant à des actions de ceux qui sont de simples mouvements corporels, sans se référer au critère de la présence ou de l'absence du désir pertinent... Il est vrai que les mouvements corporels possèdent certains traits propres qui indiquent la façon de les classer. Un mouvement très compliqué, par exemple, est probablement dû à un désir. Cependant... qu'un mouvement soit simple ne signifie pas qu'il est probable qu'il n'ait pas été causé par un désir.

C'est parce qu'on ne parvient pas à trouver des traits intrinsèques permettant de distinguer de manière fiable l'action du simple mouvement corporel, qu'on est obligé, d'après Pears, de «classer certains mouvements corporels comme actions uniquement sur base de leur origine»[2].

Pears a raison de noter que les mouvements corporels à eux seuls ne révèlent pas s'il y a action ou non. En effet, un même mouvement corporel peut correspondre à une action ou à un simple événement. Mais il ne s'ensuit pas que le seul moyen de découvrir si une personne agit ou non consiste à se rapporter à ce qui s'est passé *avant* que ses mouvements se produisent, c'est-à-dire à leurs causes. C'est l'état de choses apparaissant *pendant* que les mouvements se produisent qui est beaucoup plus pertinent. Ce qui est non seulement pertinent mais décisif, c'est de savoir si ces mouvements sont *dirigés par* la personne et *sont sous son contrôle*. C'est cet élément qui détermine si elle agit ou non. Qui plus est, le problème de savoir si un mouvement est dirigé et contrôlé par la personne n'a rien à voir avec les antécédents de ce mouvement. Les événements sont causés par des états de choses antérieurs, mais on ne peut pas diriger et contrôler un événement à partir du passé.

Il est intéressant de noter que Pears se trompe lorsqu'il admet qu'il est probable que des mouvements très compliqués soient des actions, alors qu'en principe il pourrait s'agir de simples événements. Il est vrai que les mouvements compliqués des mains et des doigts d'un pianiste suggèrent fortement une action, mais parfois la même complexité suggère avec autant de force la présence probable de simples mouvements corporels. Les mouvements convulsifs d'une personne en proie à une crise d'épilepsie sont fort compliqués mais leur complexité est d'un genre tel que l'action paraît improbable.

Quand la complexité des mouvements indique-t-elle qu'il y a action et quand indique-t-elle le contraire ? Cela dépend, en gros, de ce que ces mouvements forment ou non une structure d'ensemble pourvue de sens.

Quand c'est le cas, comme dans l'exemple du pianiste, on peut difficilement imaginer que ces mouvements complexes et correspondant à un ensemble pourvu de sens aient pu se produire si le pianiste n'avait ni dirigé, ni contrôlé ses mains et ses doigts. Par contre, dans le cas de l'épileptique, on estime peu probable qu'une personne dirigeant et contrôlant son corps crée un ensemble à la fois aussi complexe et incohérent. La raison pour laquelle les mouvements simples d'une personne n'indiquent généralement pas la présence d'une action ou le contraire (comme l'a noté Pears), est que leur structure ne paraît pas, en elle-même, pourvue de sens ou bien incohérente. Ils n'exhibent pas, dans leur apparence, des indices permettant de dire s'ils sont dirigés ou non par la personne.

La complexité des mouvements corporels est un indice de l'action quand elle nous amène à supposer que l'agent contrôle et dirige les mouvements de son corps. L'accomplissement d'une action est donc un événement composé, d'une part, d'un mouvement corporel et, d'autre part, d'un état de choses ou d'une activité correspondant au contrôle de ce mouvement par l'agent. Lorsqu'on est en présence d'un mouvement dirigé et contrôlé par la personne, il s'agit d'une action, quels que soient les antécédents causaux expliquant ce mouvement. Il est possible que la personne agisse bien que son mouvement corporel soit dû au hasard. Inversement, lorsqu'elle ne dirige et ne contrôle pas ses mouvements, elle n'agit pas, même si elle est à l'origine des causes antécédentes — les désirs, croyances, intentions, décisions, volitions et tout ce que vous voudrez — dont ces mouvements sont les effets.

III

Lorsqu'on agit, les mouvements corporels sont finalisés, ce qui signifie sans plus qu'ils sont dirigés. Il existe, bien entendu, beaucoup de mouvements finalisés qui ne sont pas des actions, par exemple la dilatation des pupilles lors d'une diminution de la luminosité. Ce mouvement est dirigé indépendamment de la personne par des mécanismes physiologiques. Les pupilles se dilatent, mais ce n'est pas *elle* qui fait qu'elles se dilatent, car ce n'est pas elle qui dirige et contrôle ce mouvement : ce contrôle est dû à un mécanisme qui n'est pas identique à la personne.

Appelons «intentionnels» les mouvements finalisés qui sont dirigés par l'agent. On dira alors que l'action est un mouvement intentionnel, notion à ne pas confondre avec celle d'action intentionnelle. L'expression «action intentionnelle», lorsqu'elle est utilisée pour dire qu'une action est nécessairement un mouvement dirigé par l'agent, n'est qu'un pléonasme et est employée à mauvais escient. On l'utilise correctement lorsqu'on l'applique à des actions entreprises de manière plus ou moins délibérée ou réfléchie, c'est-à-dire à des actions que l'agent a l'intention d'accomplir. Dans ce sens, une action n'est pas nécessairement intentionnelle.

Lorsqu'une personne a l'intention d'accomplir une action, elle veut que certains mouvements corporels intentionnels se produisent, et quand ces mouvements se produisent, elle agit intentionnellement : elle dirige ces mouvements de telle et telle manière (et donc, elle agit) en s'orientant d'après et en réalisant son intention de faire telle et telle chose (et donc, elle agit intentionnellement). La notion de mouvement intentionnel n'implique pas l'existence d'une intention formée par l'agent ou ayant reçu son assentiment. Si l'analyse qui précède est correcte, une action (c'est-à-dire un mouvement intentionnel) peut être accomplie intentionnellement ou non.

Etant donné que l'action est un mouvement intentionnel, un comportement dirigé et contrôlé par l'agent, l'explication de la nature de l'action doit résoudre deux problèmes distincts : d'une part, il faut expliquer la notion de comportement dirigé, et, d'autre part, il faut distinguer le contrôle du comportement dû à l'agent de celui résultant d'un processus physiologique particulier, comme dans notre exemple de la dilatation des pupilles. Le premier problème revient à définir les conditions du comportement finalisé et le second consiste à établir sous quelles conditions un comportement finalisé est intentionnel.

A la différence d'un automobiliste qui dirige les mouvements de son véhicule en agissant (en tournant le volant, en débrayant, en freinant, etc.), le contrôle qu'on exerce sur ses mouvements lorsqu'on agit ne se fait pas au moyen d'autres actions. L'agent n'est pas aux commandes de son corps comme l'automobiliste est aux commandes de son véhicule; sans quoi, on risque une régression à l'infini en essayant de concevoir l'action comme réalisation de mouvements contrôlés et dirigés par l'agent. Le fait que les mouvements corporels sont finalisés lorsqu'on agit, n'est pas le résultat d'une action; il s'agit d'un trait essentiel du fonctionnement, à ce moment-là, des systèmes que nous sommes.

Un comportement est finalisé lorsqu'il est susceptible de recevoir des ajustements neutralisant les effets de forces qui autrement interféreraient avec lui et lorsque ces ajustements ne peuvent être expliqués par cela même qui explique l'état de choses qui les provoque : le comportement est dirigé et contrôlé par un mécanisme causal indépendant qui, en opérant des ajustements compensatoires, garantit sa réalisation[3]. Dans le cas normal, ce n'est évidemment pas l'agent qui dirige des mécanismes de ce genre; leur fonctionnement *n'est rien d'autre* que le contrôle, par l'agent, de son comportement, et l'appréhension de notre agir n'est rien d'autre que la façon dont nous ressentons le fonctionnement de ces mécanismes qui dirigent nos mouvements et assurent leur réalisation.

L'explication du comportement finalisé en termes de mécanismes causaux n'équivaut pas à une théorie causale de l'action. En effet, d'une part, le fonctionnement pertinent de ces mécanismes n'est pas antérieur aux mouvements qu'ils dirigent mais concomitant, et, d'autre part, il n'est de toute façon pas nécessaire qu'un mouvement soit causalement déterminé par des mécanismes de contrôle pour être finalisé. Supposons qu'un automobiliste, dont le véhicule descend une pente au point mort en obéissant aux seules forces de la gravitation, soit satisfait de sa vitesse et de sa direction et n'intervienne donc pas pour ajuster ce mouvement. Cela ne signifie pas qu'il ne contrôle pas ou ne dirige pas son véhicule; ce qui compte, c'est qu'il est prêt à intervenir en cas de besoin et qu'il est en mesure de le faire plus ou moins efficacement. De façon analogue, les mécanismes causaux susceptibles de déterminer un mouvement corporel peuvent ne pas se déclencher en l'absence de boucle de rétroaction négative exigeant leur intervention compensatrice. Un comportement n'est pas finalisé parce qu'il est l'effet de causes d'un certain type, mais parce il est susceptible d'être déterminé par certaines causes au cas où sa réalisation serait compromise.

IV

Puisque le fait que certaines causes sont à l'origine d'une action n'a rien à voir avec les éléments qui la définissent comme action, rien n'empêche, en principe, qu'une personne puisse être déterminée de plusieurs façons à accomplir la même action. Ce point a son importance dans le cadre de l'analyse de la liberté. Généralement, on considère qu'une personne n'a agi librement que si elle avait pu agir autrement. On peut cependant opposer à ce «principe des alternatives» des contre-exemples évidents, à savoir des cas où on a un certain type de surdétermination. Dans ces cas, la personne agit en se basant entièrement sur ses raisons d'agir, et c'est ce qui nous incite à dire qu'elle a agi librement; mais en même temps, il est vrai qu'elle aurait de toute façon accompli cette action sous l'effet de forces extérieures à sa volonté, qu'elle n'aurait donc pas pu s'empêcher d'agir[4].

Prenons le cas d'un homme qui se drogue à l'héroïne parce qu'il en apprécie les effets et les considère comme bénéfiques. Supposons qu'il dépende de la drogue sans s'en rendre compte et qu'il se droguerait même s'il n'y était pas amené par ses croyances et ses attitudes. Apparemment, il est à la fois vrai que cet individu agit librement et qu'il ne pourrait pas agir autrement, ce qui signifie que le principe des alternatives est faux.

Pour Donald Davidson, cette conclusion n'est pas acceptable. Selon cet auteur, on agit intentionnellement quand on est mû par ses raisons d'agir, et lorsqu'on est mû par des forces extérieures, on n'agit pas intentionnellement. Il est vrai que les mouvements corporels peuvent être les mêmes dans les deux cas, mais, d'après Davidson, on n'accomplit pas une action quand ces mouvements corporels se produisent indépendamment d'attitudes et de croyances pertinentes. On peut dire d'une personne ayant agi librement qu'elle aurait fait la même chose sans y avoir été mue par elle-même, mais cela uniquement dans le sens où son corps aurait subi les mêmes mouvements : «elle n'aurait pas agi intentionnellement si les conditions concernant ses attitudes avaient été absentes». Même dans les cas «surdéterminés», quelque chose dépend donc de l'agent : «non pas... ce qu'il fait (lorsqu'on le décrit de manière à laisser ouverte la question de savoir si cela a été intentionnel ou non), mais s'il le fait intentionnellement ou non»[5].

Le point important n'est pas de savoir, comme Davidson le suggère à un certain moment, si *l'action* d'une personne peut être intentionnelle lorsqu'elle est déterminée par des forces extérieures et non par ses propres attitudes, mais de savoir si son *comportement* peut être intentionnel dans ces circonstances. Or, le comportement du toxicomane qui ignore sa dépendance est de toute évidence aussi intentionnel quand il est mû par la force contraignante de sa dépendance que lorsqu'il se drogue par libre choix. Dans le premier cas, les mouvements qu'il accomplit en se droguant ne deviennent pas de simples événements parce qu'il ne peut s'empêcher de se droguer. En réalité, il accomplit la même action qu'il accomplirait en se droguant librement et en croyant (faussement) qu'il pourrait faire autrement.

Le but de cet exemple n'est pas de montrer que Davidson a tort d'affirmer qu'il ne saurait y avoir d'action sans intentionnalité, en l'absence d'attitudes pertinentes du sujet; après tout, il est probable, même dans l'hypothèse où le toxicomane est poussé à agir, que son comportement soit affecté par son désir de la drogue et par sa croyance que la procédure qu'il suit pour l'injecter lui permettra d'assouvir ce désir; ses mouvements en enfonçant l'aiguille dans une veine et en s'injectant le contenu de la seringue sont certainement intentionnels. Le problème n'est pas de savoir si une action peut se produire indépendamment des attitudes du sujet mais si une action peut être causée par des forces extérieures seules.

Si on est convaincu qu'une action doit avoir parmi ses causes des attitudes du sujet, cela semble effectivement impossible. Mais il n'est pas essentiel à l'action qu'elle ait des antécédents causaux, quels qu'ils soient. Par conséquent, même s'il ne pouvait y avoir d'action en l'absence de certaines attitudes du sujet, il resterait vrai que ces attitudes ne sont pas essentielles en tant que conditions antérieures. Notre exemple prouve qu'il est possible qu'une action (ainsi que, bien entendu, les attitudes pertinentes) n'ait que des causes externes, différentes des attitudes du sujet, et il confirme que le principe des alternatives est erroné, en prouvant que des forces extérieures seules peuvent amener une personne à accomplir une action qu'elle aurait également pu accomplir d'elle-même.

Notons en passant que notre exemple montre également que les attitudes elles-mêmes sur base desquelles une personne agit peuvent lui être étrangères. Rien ne nous oblige à supposer qu'un toxicomane ayant succombé malgré lui à son envie, ait adopté le désir auquel il a d'abord tenté de résister : peut-être s'y soumet-il à la fin, comme quelqu'un qui se sait vaincu et qui subit avec résignation les conséquences de sa défaite. Ce n'est pas comparable au cas d'un homme qui décide de s'associer à ou d'intégrer à sa personne des forces auxquelles il s'était précédemment opposé. Pensons également aux idées fixes ou aux croyances d'ordre obsessionnel, du genre «Araignée du matin chagrin, araignée du soir espoir», qu'on sait fausses tout en restant sous leur emprise. Ainsi, même s'il était vrai (et cela ne l'est pas) que les causes de l'action comportent nécessairement des attitudes, il se peut néanmoins que ce soient des forces extérieures seules qui font agir la personne.

L'assertion qu'une personne a accompli une action implique qu'elle dirigeait ses mouvements mais n'implique pas qu'elle était en mesure de s'empêcher de diriger ses mouvements de cette façon-là. Parfois on agit contre sa volonté ou indépendamment d'elle. En d'autres occasions, le principe directeur des mouvements est un principe auquel on ne s'est pas seulement résigné mais que l'on a adopté comme sien ; normalement, dans cette dernière hypothèse, on l'a adopté pour une raison. Il est possible, comme le disent certains philosophes, que le fait d'avoir une raison d'agir nous amène parfois à diriger nos mouvements corporels d'une façon qui reflète cette raison. Il est incontestable que les croyances et les désirs d'une personne sont importants pour comprendre et interpréter ce qu'elle fait et que parfois ils figurent aussi dans les explications causales de ses actions. Le fait que nous sommes des êtres rationnels et conscients influence fortement la nature de notre comportement et la façon dont nos actions sont intégrées dans notre vie.

V

L'importance, pour *nos* actions, d'états et d'événements dépendant de l'exercice de nos facultés supérieures, ne doit pas nous inciter à exagérer la particularité de l'action humaine. Nous ne sommes pas seuls à faire preuve d'un comportement finalisé, voire d'un comportement intentionnel. Les philosophes ont tendance à étudier le problème de la nature de l'action comme si cette dernière présupposait des traits qu'on ne saurait attribuer de manière plausible aux membres d'espèces différentes de la nôtre. Mais en réalité, on peut facilement constater le contraste entre actions et simples événements ailleurs que chez les êtres humains. Il existe de nombreux agents non-humains qui peuvent être actifs ou passifs par rapport à leurs mouvements corporels.

Considérons la différence entre le mouvement des pattes d'une araignée courant le long d'un mur et ce qui se passe quand ses pattes sont mues, selon le même modèle et avec des effets similaires, par un gamin qui est parvenu à y attacher des fils. Dans le premier cas, les mouvements sont non seulement finalisés à l'instar des processus digestifs de l'araignée mais ils peuvent être attribués à l'animal : elle les accomplit. Dans le second cas, les mêmes mouvements se produisent mais l'araignée ne les accomplit pas : elle les subit.

La différence entre ces deux types d'événements, que l'on peut observer même chez des créatures plus primitives, est parallèle à la différence plus familière entre le type d'événements représenté par le fait qu'une personne lève le bras et celui représenté par le fait que son bras s'élève. Il s'agit en réalité des mêmes différences ; elles mettent en évidence des traits distinctifs semblables et concernent le même problème : on y oppose un cas où un comportement finalisé peut être attribué à une créature en tant qu'agent à un cas où cela n'est pas possible.

Cette différence générale ne peut être expliquée par les facultés supérieures mises en jeu par un agent humain. Les conditions régissant l'attribution du contrôle des mouvements corporels à la créature elle-même et non à un mécanisme physiologique particulier, peuvent être données à l'extérieur de la sphère de l'activité humaine. Elles ne peuvent donc pas être comprises de manière satisfaisante au moyen de concepts ne s'appliquant pas à des araignées et à leurs semblables. Cela ne signifie pas qu'il est illégitime d'utiliser, dans l'analyse de l'action humaine, des concepts d'une portée plus restreinte. Les conditions générales de l'agir ne sont pas claires, mais il est probable que la satisfaction de ces conditions par des êtres humains dépende d'événements ou d'états qui n'apparaissent pas chez les autres créatures. Il faut cependant faire attention à ce que notre façon de représenter l'action et de définir sa nature ne soit pas tributaire d'un préjugé borné qui nous cacherait que le concept de l'action humaine n'est, en grande partie, qu'un cas spécial d'un autre concept dont la portée est beaucoup plus vaste.

NOTES

[1] Pour la discussion de ce problème par les partisans de l'approche causale, voir Alvin GOLDMAN, *A Theory of Human Action*, Princeton, 1970, pp. 61-63; Donald DAVIDSON, «Freedom to Act», in T. HONDERICH (éd.), *Essays on Freedom of Action*, Londres, 1973, pp. 153-154 [article reproduit dans DAVIDSON, *Essays on Actions and Events*, Oxford University Press, 1980, pp. 63-81]; Richard FOLEY, «Deliberate Action», *Philosophical Review* 86 (1977), pp. 58-69. Goldman et Davidson pensent de toute évidence que le problème d'éviter les contre-exemples est d'ordre empirique et doit être confié aux scientifiques. Foley propose une autre «solution» pour se soustraire à l'obligation de fournir une analyse adéquate : il spécifie les conditions que doit satisfaire l'action et, lorsqu'il s'aperçoit que ces conditions s'appliquent également à des convulsions et à des spasmes, il déclare que ces mouvements sont des actions pour autant qu'ils satisfassent ses conditions.
[2] David PEARS, «Two Problems about Reasons for Actions», in R. BINKLEY, R. BRONAUGH, A. MARRAS (éds.), *Agent, Action and Reason*, Oxford, 1971, pp. 136-137 et 139.
[3] Ernest Nagel donne une analyse instructive de cette façon de comprendre le comportement finalisé dans «Goal-directed Processes in Biology», *Journal of Philosophy* 74 (1977), 217 ff. La mise en évidence des détails du mécanisme qui fait qu'un comportement donné est finalisé est évidemment du ressort de la recherche empirique. Mais la spécification des conditions que doivent satisfaire de tels mécanismes est un problème philosophique qui appartient à l'analyse de la notion de comportement finalisé.
[4] Voir mon article «Alternate Possibilities and Moral Responsibilities», *Journal of Philosophy* 66 (1969), 829-839; et «Freedom of the Will and the Concept of a Person» [cf. *infra*, pp. 253-269].
[5] *Op. cit.*, pp. 149-150.

La liberté de la volonté et la notion de personne

Harry G. FRANKFURT

L'analyse de la notion de personne qui s'est imposée récemment en philosophie n'est en réalité pas du tout une analyse de *ce* concept. Strawson, par exemple, définit la notion de personne comme suit : «le concept d'un type d'entité telle que *à la fois* des prédicats attribuant des états de conscience, *et* des prédicats attribuant des caractéristiques corporelles... sont, et sont également applicables à un seul individu de ce type unique»[1]. Cette définition est tout à fait représentative de l'utilisation actuelle de cette notion. Or, il n'y a pas que les personnes qui possèdent à la fois des attributs mentaux et des attributs physiques. Il est vrai — même si cela paraît surprenant — qu'il n'y a pas de terme courant anglais pour désigner le type d'entités auquel pense Strawson, qui désignerait donc non seulement les êtres humains mais également les animaux d'espèces moins évoluées ; cela ne justifie pas pour autant le détournement d'un terme philosophique précieux.

Pour savoir si les membres de certaines espèces animales sont des personnes, il ne suffit certainement pas de déterminer si on peut leur

---

H.G. FRANKFURT, «Freedom of the Will and the Concept of a Person», *The Journal of Philosophy* 68 (1971), pp. 5-20. Avec l'aimable autorisation de l'auteur et du *Journal of Philosophy*.
Traduction revue par l'auteur.

appliquer, en plus des prédicats attribuant des traits corporels, des prédicats attribuant des états de conscience. Ce serait faire violence à notre langage que d'élargir le domaine d'application du terme «personne» aux nombreuses créatures qui possèdent des propriétés psychologiques et des propriétés physiques, tout en n'étant manifestement pas des personnes au sens normal de ce terme. Ce mauvais usage du langage n'est sans doute pas dû à une erreur de raisonnement. Cependant, bien qu'il ne s'agisse en l'occurrence que d'un délit verbal, il cause un tort considérable en appauvrissant sans nécessité notre vocabulaire philosophique et en augmentant le risque de négliger le domaine d'investigation important auquel se rapporte naturellement le terme «personne». On s'attendrait normalement à ce que, de tous les problèmes philosophiques, ce soit celui de notre nature essentielle qui passionne avant tout les penseurs. Mais en réalité, le désintérêt à l'égard de ce problème est tel qu'on a pu aller jusqu'à tronquer son intitulé, sans que cela ait été remarqué, ou à peine, et en tout cas sans que cela ait suscité un sentiment général de perte.

Dans une de ses significations, le terme «personne» n'est que le singulier de «gens» et, à l'instar de ce dernier terme, ne traduit rien de plus que l'appartenance à une espèce biologique particulière. Mais pour ce qui est des autres significations ayant un intérêt philosophique plus grand, les critères qui déterminent ce qu'est une personne ne servent pas avant tout à distinguer les membres de notre espèce de ceux des autres; ils servent en premier lieu à appréhender les attributs qui sont l'objet de l'intérêt que l'être humain porte à soi-même et qui sont à l'origine des aspects de sa condition qu'il considère comme les plus importants et les plus problématiques. Même s'ils n'étaient pas communs et particuliers aux membres de notre espèce, ces attributs auraient la même importance pour nous. Les éléments de notre condition qui nous concernent le plus ne nous concerneraient pas moins s'ils faisaient également partie de la condition d'autres créatures.

Les attributs auxquels se réfère notre concept de nous-mêmes en tant que personnes ne sont donc pas nécessairement spécifiques à notre espèce. Il est logiquement possible que les membres d'une nouvelle espèce ou même ceux d'une espèce non-humaine déjà connue soient des personnes, de même qu'il est logiquement possible que certains membres de l'espèce humaine ne soient pas des personnes. D'un autre côté, c'est un fait que nous présumons que les membres des autres espèces ne sont pas des personnes, et donc que ce qui est essentiel aux personnes est un ensemble de caractéristiques considérées généralement — à tort ou à raison — comme spécifiquement humaines.

Je pense qu'une des différences essentielles entre les personnes et les autres créatures réside dans la structure de la volonté des premières. Les êtres humains ne sont pas les seuls à avoir des désirs et des motifs ou à faire des choix ; ils partagent ces facultés avec les membres d'autres espèces, dont certains sont, semble-t-il, capables de délibérer et de prendre des décisions sur base d'une réflexion. Cependant, un trait particulièrement caractéristique des êtres humains est qu'ils forment ce que j'appellerai des «désirs de second niveau».

Outre qu'ils ont des désirs, font des choix et sont motivés pour *accomplir* ceci ou cela, les êtres humains peuvent également désirer avoir (ou ne pas avoir) certains désirs et motifs. Ils peuvent désirer être différents de ce qu'ils sont quant à leurs préférences et à leurs desseins. Beaucoup d'animaux possèdent apparemment la capacité de former ce que j'appellerai des «désirs de premier niveau», qui sont des désirs d'accomplir ou non ceci ou cela, mais seul l'homme paraît disposer de la capacité d'auto-évaluation réflexive qui se manifeste dans la formation de désirs de second niveau [2].

I

Il est très difficile de saisir le concept désigné par le verbe «désirer». Un énoncé de la forme «*A* désire faire *X*», lorsqu'on le prend en lui-même et en dehors du contexte qui élargit ou restreint sa signification, contient remarquablement peu d'informations. Il peut être compatible, par exemple, avec chacun des énoncés suivants : (a) la perspective de faire *X* ne provoque chez *A* ni sentiment ni réaction émotive susceptible d'être appréhendée par introspection ; (b) *A* n'est pas conscient de ce qu'il désire faire *X* ; (c) *A* croit qu'il ne désire pas faire *X* ; (d) *A* désire s'abstenir de faire *X* ; (e) *A* désire faire *Y* et croit qu'il lui est impossible d'accomplir à la fois *Y* et *X* ; (f) *A* ne désire pas «vraiment» faire *X* ; (g) *A* se laisserait plutôt couper en morceaux que de faire *X* ; etc. Pour formuler la différence entre désirs de premier niveau et désirs de second niveau, on ne peut donc pas se contenter de dire, comme je l'ai fait plus haut, qu'un individu a un désir de premier niveau lorsqu'il désire accomplir ou non telle et telle chose, et qu'il a un désir de second niveau lorsqu'il désire avoir ou non un certain désir de premier niveau.

J'interpréterai les énoncés de la forme «*A* désire faire *X*» comme couvrant un éventail assez large de situations [3]. Ils peuvent être vrais même lorsque les énoncés (a) à (g) sont vrais, c'est-à-dire lorsque *A* n'a pas conscience d'un quelconque sentiment se rapportant à l'accomplissement de *X*, lorsqu'il ne se rend pas compte qu'il désire faire *X*, lorsqu'il se trompe à propos de ce qu'il désire et croit qu'il ne désire pas faire *X*, lorsque d'autres désirs entrent en conflit avec son désir de faire *X*, ou lorsque son désir est ambivalent. Les désirs en question peuvent donc être conscients ou inconscients, ils ne doivent pas nécessairement être univoques et *A* peut se tromper à leur propos. Il existe cependant une autre source d'ambiguïtés pouvant affecter les énoncés identifiant les désirs d'un individu, et sur ce point il est important, pour les buts que je poursuis ici, d'être moins tolérant.

Prenons d'abord le cas où «*A* désire faire *X*» identifie un désir de premier niveau, c'est-à-dire où l'expression «faire *X*» renvoie à une action. Un énoncé de ce genre ne dit rien quant à l'intensité du désir de *A*, s'il est susceptible ou non de jouer un rôle décisif dans ce que fait ou essaie de faire *A*. En effet, on peut dire que *A* désire faire *X* alors que ce désir n'est qu'un désir parmi d'autres et est loin d'avoir un rôle dominant : il est possible que *A* désire faire *X* tout en ayant une forte préférence pour une autre action, de même qu'il est possible qu'il désire faire *X* tout en agissant pour un autre motif. Dans certains contextes cependant, lorsqu'on dit que *A* désire faire *X*, on veut signifier que le motif ou le ressort de l'action est bien ce désir ou que *A* (à moins de changer d'avis) sera effectivement mû par ce désir quand il passera à l'acte.

C'est seulement lorsqu'il est employé de cette dernière façon que l'énoncé «*A* désire faire *X*» décrit la volonté de *A*. Le sens spécial que je donne à la notion de volonté est donc le suivant : on identifie la volonté d'un agent en identifiant le ou les désirs qui sont soit les motifs de son action présente, soit les motifs de son action à venir, soit ses motifs au cas où il agirait. La volonté d'un agent est donc identique à un ou plusieurs de ses désirs de premier niveau. Mais cette notion de volonté n'a pas la même extension que la notion de désirs de premier niveau; en effet, elle ne comprend pas toutes les propensions, plus ou moins fortes, à agir, mais seulement les désirs *efficients*, ceux qui amènent (ou amèneront ou amèneraient) la personne à passer à l'acte. Cette notion de volonté ne se recoupe donc pas avec la notion de ce qu'un agent a l'intention de faire. En effet, un individu peut avoir la ferme intention de faire *X* et faire autre chose si, en dépit de son intention, son désir de faire *X* s'est révélé plus faible ou moins efficace qu'un désir concurrent.

Considérons à présent le cas où «*A* désire faire *X*» identifie des désirs de second niveau, c'est-à-dire où l'expression «faire *X*» renvoie à un désir du premier niveau. Là aussi, on a deux types de situations où il peut être vrai que *A* désire désirer faire *X*. En premier lieu, il est possible que

A, bien que désirant sans équivoque, sans hésitation et sans ambiguïté s'abstenir de faire *X*, désire aussi désirer faire *X*. En d'autres mots, on peut désirer avoir un certain désir tout en désirant sans équivoque que ce désir ne soit pas satisfait.

Imaginons qu'un psychothérapeute soignant des toxicomanes croit qu'il pourrait les aider plus efficacement s'il comprenait mieux ce que c'est pour eux le désir de la drogue. Supposons qu'il soit amené ainsi à désirer un désir de la drogue. S'il désire avoir un désir authentique, cela veut dire non seulement qu'il désire ressentir les sensations ressenties généralement par les toxicomanes en manque, mais aussi qu'il désire être disposé ou mû, jusqu'à un certain point, à se droguer.

Mais il se peut fort bien que ce médecin, désirant être mû par un désir de se droguer, ne désire pas que son désir soit efficient (qu'il l'amène à passer à l'acte); il n'est pas forcément intéressé à faire l'expérience de la drogue. Dans la mesure où il désire seulement *désirer se droguer*, et non pas *se droguer*, son désir ne serait pas satisfait par la drogue. Il est possible qu'il désire sans équivoque ne *pas* se droguer et qu'il ait pris des dispositions pour s'empêcher, au cas où son désir du désir de se droguer serait satisfait, de réaliser le désir qui l'animerait à ce moment-là.

Du fait que le médecin désire, à un moment donné, désirer se droguer, il ne s'ensuit donc pas qu'il désire se droguer; son désir de second niveau (de désirer se droguer) n'implique pas un désir de premier niveau (de se droguer). Son désir de désirer se droguer ne contient pas nécessairement un désir implicite pouvant être satisfait par la prise d'une drogue; tout en désirant désirer se droguer, il peut ne *pas* désirer se droguer et désirer *uniquement* faire l'expérience du désir de se droguer. Autrement dit, le désir d'un certain désir n'est pas forcément le désir d'une volonté différente.

Un individu désirant seulement de cette façon tronquée désirer faire *X* est à la limite de l'affectation, et le fait qu'il désire désirer faire *X* n'intervient pas dans la détermination de sa volonté. Il existe cependant un deuxième type de situations où l'énoncé «*A* désire désirer faire *X*» se rapporte effectivement à un désir de *A* concernant le contenu de sa volonté. Il s'agit des cas où *A* désire que le désir de faire *X* l'amène à passer à l'acte. Il ne désire pas seulement que ce désir fasse partie des désirs qui le meuvent ou l'inclinent plus ou moins fortement, mais il désire qu'il soit efficient, qu'il soit le motif de son action. Dans ce contexte, l'énoncé que *A* désire désirer faire *X*, implique que *A* désire déjà faire *X*. Il ne peut pas être vrai à la fois que *A* désire que le désir de faire *X* le pousse à agir et qu'il ne désire pas faire *X*. Ce n'est que s'il désire faire

X qu'il peut désirer de façon cohérente que le désir de faire X ne soit pas un désir parmi d'autres, mais constitue sa volonté[4].

Supposons qu'un individu désire être motivé par le désir de se concentrer sur son travail. Dans ce cas, il est nécessairement vrai qu'il désire déjà se concentrer sur son travail. Cependant, la question de savoir si son désir de second niveau est satisfait ne dépend pas seulement de ce que le désir qu'il désire lui appartienne, mais de ce que ce désir soit, comme il désire qu'il le soit, son désir efficient ou sa volonté. Si, en fin de compte, son désir de se concentrer sur son travail le pousse à agir, son désir à ce moment-là correspond effectivement (dans le sens pertinent) à ce qu'il désire désirer, ce qui ne serait pas le cas si un autre désir l'avait poussé à agir (malgré le fait qu'il désirait aussi se concentrer sur son travail).

II

Un individu possède un désir du second niveau, soit quand il désire simplement avoir un certain désir, soit lorsqu'il désire qu'un certain désir constitue sa volonté. Dans le dernier cas, je parlerai de «volitions de second niveau». J'estime que c'est la possession de volitions de second niveau et non pas la possession de désirs de second niveau en général, qui est essentielle à la nature de la personne. Il est logiquement possible, bien que peu probable, que des agents aient des désirs de second niveau tout en étant privés de volitions de second niveau. Je pense que de telles créatures ne seraient pas des personnes. J'emploierai le terme «irréflexif»* pour désigner des agents qui ont des désirs de premier niveau mais qui ne sont pas des personnes parce qu'ils n'ont pas de volitions de second niveau, qu'ils possèdent ou non des désirs de second niveau[5].

Le trait essentiel de l'individu irréflexif est que sa volonté lui indiffère. Ses désirs le poussent à faire certaines choses sans qu'il désire être mû par ces désirs et sans qu'il préfère être mû par des désirs différents. La classe des irréflexifs comporte les animaux autres que l'homme et qui

---

* Nous traduisons, par ce néologisme, le terme *wanton*, utilisé par l'auteur. La traduction par *irréfléchi, impulsif* ou *incontinent* aurait donné lieu à des associations non souhaitables. En effet, comme le précisera l'auteur, l'irréflexif est tout à fait capable d'une préparation réfléchie et rationnelle de son action. Par ailleurs, ce n'est pas un incontinent : étant indifférent à la nature de ses désirs, il ne saurait agir à l'encontre de son meilleur jugement et faire preuve ainsi de faiblesse de volonté. C'est *cette* indifférence que veut exprimer le terme *irréflexif* (N.d.T.).

ont des désirs, les enfants en bas âge et peut-être certains êtres humains adultes. De toute façon, les êtres humains adultes peuvent être plus ou moins irréflexifs ; ils peuvent agir plus ou moins souvent de façon irréflexive, réagissant à des désirs de premier niveau à propos desquels ils n'ont pas de volitions de second niveau.

Que l'irréflexif n'ait pas de volitions de second niveau ne signifie pas qu'il réalise immédiatement et sans réfléchir chacun de ses désirs de premier niveau. Il se peut qu'il n'en ait pas l'occasion ou bien que leur réalisation soit retardée ou empêchée par des désirs concurrents du premier niveau ou par l'intervention de la délibération. En effet, il se peut fort bien que l'irréflexif dispose de capacités rationnelles d'un niveau élevé et les mette en œuvre. La notion d'irréflexif n'implique nullement une incapacité de raisonner ou de délibérer sur la manière de réaliser ses désirs. Ce qui distingue l'irréflexif rationnel des autres agents rationnels, c'est qu'il se désintéresse de la question de savoir si ses désirs sont désirables ou non ; il ne se demande pas quelle devrait être sa volonté. Il fait ce vers quoi il penche le plus, tout en restant indifférent à la nature de ses inclinations.

Une créature rationnelle peut donc être un irréflexif malgré sa capacité de réfléchir sur la meilleure façon de réaliser ses désirs. Cependant, lorsque je soutiens que l'essence de la personne réside, non pas dans la raison, mais dans la volonté, je ne veux pas dire par là qu'une créature privée de raison puisse être une personne ; en effet, ce n'est que grâce à ses pouvoirs rationnels qu'une personne est en mesure d'acquérir une conscience critique de sa propre volonté et de former des volitions de second niveau. La structure de la volonté de la personne présuppose donc qu'elle soit un être rationnel.

Nous allons illustrer la différence entre la personne et l'irréflexif par le cas de deux toxicomanes. Nous supposons que les conditions physiologiques à la base de leur dépendance sont identiques et que tous les deux succombent inévitablement à leur envie périodique de la drogue. L'un d'eux hait sa dépendance et cherche désespérément à se soustraire à son emprise en essayant tous les moyens qu'il croit efficaces. Mais son envie est trop forte et à chaque fois il finit par s'y soumettre. Il s'agit d'un toxicomane malgré soi, d'une victime impuissante de ses propres désirs.

Le toxicomane malgré soi est habité par des désirs opposés de premier niveau : il désire se droguer et il désire aussi s'abstenir. Il possède cependant, en plus de ces désirs de premier niveau, une volition de second niveau. Il n'est pas neutre dans le conflit opposant son désir de se droguer et son désir de s'abstenir : il désire que ce soit ce dernier qui constitue sa volonté, soit efficient et détermine la fin de son action.

L'autre toxicomane est un irréflexif. Son action reflète la structure de ses désirs de premier niveau et il ne cherche pas à savoir s'il désire être amené à agir par ces désirs. Quand il rencontre des problèmes pour obtenir de la drogue ou pour la consommer, il fera éventuellement appel à la délibération pour satisfaire son envie, mais il ne se pose jamais la question de savoir s'il désire que les rapports entre ses désirs donnent lieu à la volonté qui est la sienne. S'il s'agissait d'un animal, il serait incapable de s'intéresser à sa volonté ; de toute façon, il n'est pas différent d'un animal quant à ce défaut d'intérêt.

Il est possible que le second toxicomane vive une conflit de premier niveau analogue à celui du premier. L'irréflexif, qu'il s'agisse d'un être humain ou non, peut (éventuellement à la suite d'un conditionnement) à la fois désirer se droguer et désirer s'abstenir. Cependant, à la différence du toxicomane malgré soi, il n'a pas de préférence quant aux désirs en conflit ; il ne préfère pas que ce soit l'un de ses désirs de premier niveau plutôt qu'un autre qui constitue sa volonté. Il serait trompeur de dire qu'il est impartial dans le conflit opposant ses désirs. Cela laisserait entendre qu'il les considère comme également acceptables alors qu'en réalité, n'ayant pas d'identité autre que celle de ses désirs de premier niveau, il ne préfère aucun de ces désirs et il ne préfère pas non plus ne pas prendre parti.

Le toxicomane malgré soi, qui est une personne, accorde de l'importance à la question de savoir lequel de ses désirs de premier niveau en conflit va prendre le dessus. Les deux désirs sont siens et, qu'il se drogue finalement ou qu'il réussisse à s'abstenir, il agit pour satisfaire ce qui est, au sens littéral, son propre désir. Dans les deux hypothèses, il accomplit ce que lui-même désire faire : il l'accomplit suite à son désir et non sous une influence externe aboutissant par hasard au même résultat. Cependant, en formant une volition de second niveau, le toxicomane malgré soi s'identifie à l'un plutôt qu'à l'autre des désirs de premier niveau en conflit. Il s'approprie l'un des deux plus intimement et, ce faisant, prend ses distances par rapport à l'autre. C'est suite à cette identification et à cette prise de distance, dues à la formation d'une volition de second niveau, que le toxicomane malgré soi peut dire de la force qui le pousse à se droguer qu'elle lui est étrangère et que ce n'est pas de plein gré mais malgré soi qu'il est amené à se droguer. Il s'agit là d'un énoncé parfaitement pourvu de sens mais surprenant du point de vue de l'analyse conceptuelle.

Le toxicomane irréflexif, soit se désintéresse du conflit entre ses désirs de premier niveau et de sa solution, soit n'est pas capable d'y prendre intérêt. Ce manque d'intérêt n'est pas dû à l'incapacité de trouver une base convaincante pour former une préférence, mais est dû, soit à l'inexistence d'un pouvoir de réflexion, soit à l'indifférence insouciante à l'égard de la tâche d'évaluer ses propres désirs et motifs[6]. Dans son cas, il n'y a qu'une solution possible au conflit de premier niveau : c'est l'un ou l'autre des désirs en conflit qui s'avérera le plus fort. Puisqu'il est habité par les deux désirs, il ne sera pas entièrement satisfait de son action, quel que soit le désir qui sera le plus fort. Mais peu *lui* importe que sa dépendance ou son aversion de la drogue prenne le dessus. Il n'a pas de préférences à ce propos et il ne saurait donc, à la différence du toxicomane malgré soi, ni gagner ni perdre une lutte dans laquelle il serait engagé. Lorsqu'une *personne* agit, le désir qui la motive correspond soit à la volonté qu'elle désire, soit à une volonté qu'elle ne désire pas ; quand un *irréflexif* agit, ce n'est ni l'un ni l'autre.

III

La capacité de former des volitions de second niveau est étroitement liée à un autre pouvoir essentiel de la personne, qu'on a souvent considéré comme trait distinctif de la condition humaine : ce n'est que par ses volitions de second niveau que la personne jouit ou, au contraire, est privée de la liberté de la volonté. La notion de personne n'est donc pas seulement la notion d'un type d'entités qui possèdent des désirs de premier niveau et des volitions de second niveau ; elle peut aussi être conçue comme la notion d'un type d'entités pour qui la liberté de la volonté peut poser problème. Ce concept exclut les irréflexifs (infrahumains ou humains), puisqu'ils ne satisfont pas une condition essentielle de la liberté de la volonté. Il exclut également les êtres supra-humains, s'il en existe, dont la volonté est nécessairement libre.

Quelle est au juste la nature de la liberté de la volonté ? La réponse à cette question exige que l'on identifie le domaine spécifique de l'expérience humaine auquel la notion de liberté de la volonté, en tant que distincte des concepts d'autres formes de liberté, est particulièrement liée. Mon but sera avant tout de localiser le problème qui touche le plus immédiatement une personne concernée par la liberté de la volonté.

D'après une tradition philosophique familière, être libre consiste fondamentalement à agir selon ses désirs. La notion d'un agent qui fait ce qu'il désire n'est certainement pas évidente : la nature de l'action, celle du désir ainsi que la relation appropriée entre les deux, demandent à être élucidées. Je crois que cette notion parvient à saisir au moins partiellement ce qui est implicite dans l'idée d'un agent qui *agit* librement, même s'il faut la préciser et affiner sa formulation. Cependant, elle passe complètement à côté du contenu spécifique de l'idée très différente d'un agent dont la *volonté* est libre.

Nous ne pensons pas que les animaux possèdent la liberté de la volonté alors que nous admettons qu'un animal puisse être libre de courir où il le désire. Etre libre d'agir selon ses désirs n'est donc pas une condition suffisante de la volonté libre. Il ne s'agit pas non plus d'une condition nécessaire. En effet, en privant quelqu'un de sa liberté d'action, on ne limite pas nécessairement la liberté de sa volonté. Il est vrai que lorsqu'un agent prend conscience de ce qu'il n'est pas libre de faire certaines choses, ses désirs s'en trouveront affectés et ses possibilités de choix seront limitées. Mais supposons qu'un individu ait perdu sa liberté d'action ou en ait été privé sans qu'il s'en soit rendu compte. Même s'il n'est plus libre de faire ce qu'il désire, sa volonté reste aussi libre qu'avant; il n'est plus libre de réaliser ses désirs ou d'agir conformément aux déterminations de sa volonté, mais cela ne l'empêche pas de former ces désirs et de produire ces déterminations aussi librement que si sa liberté d'action n'était pas restreinte.

Quand on veut savoir si la volonté d'une personne est libre, on ne se demande pas si cette dernière est en mesure de réaliser ses désirs de premier niveau. Cette question se rapporte à la liberté de l'action, alors que le problème de la liberté de la volonté concerne les désirs eux-mêmes et non pas la relation entre ce que l'agent fait et ce qu'il désire faire. De quel problème s'agit-il au juste ?

Il me paraît naturel et utile de poser le problème de la liberté de la volonté en analogie étroite avec celui de la liberté de l'action. La liberté de l'action est (en gros du moins) la liberté d'agir selon ses désirs. De façon analogue, l'énoncé qu'une personne jouit de la liberté de la volonté signifie (en gros également) qu'elle est libre de désirer ce qu'elle désire désirer. Plus précisément, cela signifie qu'elle est libre de vouloir ce qu'elle désire vouloir, qu'elle est libre d'avoir la volonté qu'elle désire. De même que le problème de la liberté de l'action d'un agent est lié à la question de savoir si cette action est l'action qu'il désire accomplir, de même le problème de la liberté de la volonté est lié à la question de savoir si cette volonté est celle qu'il désire avoir.

La personne dispose d'une volonté libre lorsqu'elle a mis sa volonté en conformité avec ses volitions de second niveau. C'est en prenant conscience de l'écart entre sa volonté et ses volitions de second niveau, ou en se rendant compte que leur concordance n'est pas son œuvre mais l'effet d'un pur hasard, que la personne ressent son manque de liberté. La volonté du toxicomane malgré soi n'est pas libre et cela se manifeste dans le fait que sa volonté n'est pas celle qu'il désire avoir. Il est également vrai, bien qu'en un sens différent, que la volonté du toxicomane irréflexif n'est pas libre : il n'a ni la volonté qu'il désire ni une volonté différente de celle qu'il désire. Etant donné qu'il n'a pas de volitions de second niveau, la liberté de sa volonté ne pose pas problème pour lui : elle lui manque pour ainsi dire par défaut.

Les êtres humains sont généralement beaucoup plus complexes que ne le suggère mon esquisse de la structure de la volonté de la personne. Les désirs de second niveau, par exemple, peuvent receler autant d'ambivalences, de conflits et d'illusions sur soi-même que les désirs de premier niveau. Lorsqu'il y a un conflit non résolu entre les désirs de second niveau d'un individu, il risque de ne pas disposer de volitions de second niveau; en effet, aussi longtemps que perdure ce conflit, il n'a pas de préférence quant au désir de premier niveau qui devrait constituer sa volonté. Quand cette situation devient suffisamment grave pour empêcher l'individu de s'identifier d'une manière assez nette avec *un quelconque* de ses désirs de premier niveau en conflit, il est détruit en tant que personne : ou bien sa volonté tend à être paralysée et il sera dans l'incapacité d'agir, ou bien il tend à se désengager vis-à-vis de sa volonté, qui va opérer sans sa participation. Dans les deux hypothèses, il devient, comme le toxicomane malgré soi, quoique d'une façon différente, un spectateur impuissant des forces qui le meuvent.

Une autre source de complications est qu'une personne peut avoir, surtout dans le cas où ses désirs de second niveau sont en conflit, des désirs et des volitions d'un niveau supérieur au second. Théoriquement, il n'y a pas de limite aux niveaux de désirs. Ce n'est que le bon sens et éventuellement une fatigue salvatrice qui peuvent empêcher un individu de refuser obstinément de s'identifier à un de ses désirs aussi longtemps qu'il n'a pas formé un désir d'un niveau immédiatement supérieur. La tendance à produire une telle série d'actes de création de désirs (qui correspondrait en quelque sorte à une humanisation devenue chaotique), aboutirait également à la destruction de la personne.

Il est cependant possible de mettre un terme à une telle série d'actes sans pour autant l'interrompre arbitrairement. Lorsqu'une personne s'identifie de manière *définitive* à un de ses désirs de premier niveau, cet engagement «résonne» à travers l'ensemble potentiellement infini des niveaux supérieurs. Reprenons le cas de la personne qui, sans réserve et sans hésitation, désire être motivée par le désir de se concentrer sur son travail. Le fait que cette volition de second niveau soit une volition définitive signifie qu'il n'y a plus de place pour des questions portant sur la pertinence de désirs et de volitions de niveaux supérieurs. Supposons qu'on demande à cette personne si elle désire désirer désirer se concentrer sur son travail. Elle répondra, et elle aura raison, que cette question à propos d'un désir de troisième niveau ne se pose pas. On aurait tort d'affirmer, puisque la personne n'a pas réfléchi sur la question de savoir si elle désire la volition de second niveau qu'elle a formée, qu'elle est indifférente à la question de savoir si elle désire que sa volonté soit en accord avec cette volition ou avec une autre. Le caractère définitif de son engagement signifie qu'elle a décidé qu'il n'y a plus, à quelque niveau que ce soit, de questions à poser quant à sa volition de second niveau. Il importe peu qu'on explique cela en disant que son engagement génère implicitement une série infinie de désirs de confirmation aux niveaux supérieurs, ou en disant que cet engagement enlève le sens précis des questions concernant des désirs de niveaux supérieurs.

Des cas comme celui du toxicomane malgré soi incitent à penser que les volitions du second niveau ou de niveaux supérieurs doivent être formées de manière délibérée et que la personne doit toujours lutter pour assurer leur réalisation. Cependant, la conformité de la volonté de la personne à ses volitions de niveaux supérieurs peut être le résultat d'une activité plus spontanée que réfléchie. Certaines personnes sont naturellement mues par la gentillesse quand elles désirent être gentilles ou par la méchanceté quand elles désirent être méchantes, sans pour autant y penser et s'imposer une autodiscipline sévère. D'autres par contre sont mues par la méchanceté quand elles désirent être gentilles et par la gentillesse quand elles ont l'intention d'être méchantes, également sans y penser et sans résister activement à ces violations de leurs désirs de niveaux supérieurs. Certains conquièrent facilement la liberté, alors que d'autres doivent lutter pour la réaliser.

IV

Ma conception de la liberté de la volonté explique aisément pourquoi on ne reconnaît pas cette liberté aux membres d'espèces inférieures à la nôtre. Elle satisfait également une autre condition que toute théorie de ce genre doit remplir, celle d'expliquer pourquoi la liberté de la volonté est considérée comme désirable. Celui qui jouit d'une volonté libre voit certains de ses désirs — les désirs de second niveau ou de niveaux supérieurs — satisfaits, alors que celui qui en est privé les voit frustrés. Les satisfactions en question reviennent à l'individu dont la volonté est sienne et les frustrations correspondantes sont vécues par celui qui est étranger à lui-même, qui est le spectateur impuissant ou passif des forces qui le meuvent.

La personne peut être libre d'agir selon ses désirs sans être en mesure d'avoir la volonté qu'elle désire. Mais supposons qu'elle jouisse de la liberté d'action et de la liberté de la volonté. Dans ce cas, elle est non seulement libre d'agir selon ses désirs, mais également de désirer ce qu'elle désire désirer. Elle possède alors, me semble-t-il, toute la liberté qu'on peut souhaiter ou concevoir. Certes, il y a d'autres biens souhaitables et il se peut qu'elle en soit privée, mais sous l'aspect de la liberté, il ne lui manque rien.

Il n'est pas du tout sûr que certaines autres théories de la liberté de la volonté satisfassent ces conditions élémentaires mais essentielles, à savoir : expliquer pourquoi on désire cette liberté et pourquoi on ne l'attribue pas aux animaux. Prenons par exemple l'interprétation étrange qu'a donnée Roderick Chisholm de la thèse que la liberté humaine implique l'absence de détermination causale[7]. S'il faut suivre Chisholm, toute action libre équivaut à un miracle. En effet, lorsqu'une personne bouge la main, ce mouvement est le résultat d'une série de causes physiques, mais, selon Chisholm, il y a un événement de cette série «et probablement un de ceux qui se passaient dans le cerveau, [qui] était causé par l'agent et non pas par quelque autre événement» (p. 18). C'est pourquoi l'agent libre possède «un privilège que certains attribuent seulement à Dieu : chacun de nous, lorsqu'il agit, est un premier moteur qui n'est pas mû» (p. 23).

Rien dans cette conception de la liberté n'interdit de l'appliquer aux animaux d'espèces inférieures. Il n'est pas moins probable qu'un lapin accomplisse un miracle quand il bouge la patte, qu'un être humain en accomplisse un quand il bouge la main. D'un autre côté, pourquoi se *soucierait*-on de ce qu'on peut interrompre l'ordre naturel des causes? Chisholm ne donne aucune raison permettant de penser qu'il puisse y avoir une différence discernable entre l'expérience d'un individu qui déclenche de façon miraculeuse une série de causes en bougeant la main et un autre individu qui bouge la main sans qu'interviene une telle rupture de la séquence causale normale. Il n'existe apparemment pas de faits concrets sur base desquels on pourrait préférer être impliqué dans l'un de ces états de choses plutôt que dans l'autre[8].

On suppose généralement qu'une théorie satisfaisante de la liberté de la volonté, outre qu'elle doive remplir les deux conditions mentionnées, doit aussi fournir une analyse d'une des conditions de la responsabilité morale. De fait, l'approche récente la plus commune du problème de la liberté de la volonté a consisté à déterminer ce qu'implique la supposition qu'un individu est moralement responsable de son action. J'estime, pour ma part, que la relation entre la responsabilité morale et la liberté de la volonté a été largement mal comprise. C'est faux qu'une personne n'est moralement responsable de son action que si sa volonté était libre au moment d'agir. Il est tout à fait possible qu'elle soit moralement responsable de son action alors que sa volonté n'était pas libre.

La volonté d'une personne est libre à condition que cette personne soit libre d'avoir la volonté qu'elle désire, c'est-à-dire lorsqu'elle est libre de faire de n'importe lequel de ses désirs de premier niveau le contenu de sa volonté. Quelle que soit sa volonté, la personne dont la volonté est libre aurait donc pu avoir une volonté différente; elle aurait pu constituer sa volonté autrement. La question de savoir comment l'expression «il aurait pu agir autrement» doit être interprétée dans des contextes comme celui-ci, est intrigante. Elle a son importance pour la théorie de la liberté, mais son incidence sur la théorie de la responsabilité morale est nulle. En effet, la supposition qu'une personne est moralement responsable de son action n'implique pas qu'elle était en mesure d'avoir la volonté qu'elle désirait.

Cette supposition implique *uniquement* que la personne agissait librement ou de plein gré. Cependant, on aurait tort de penser qu'on n'agit librement que lorsqu'on est libre d'agir selon ses désirs ou qu'on n'agit de plein gré que si on a une volonté libre. Supposons qu'une personne ait agi comme et parce qu'elle le désirait et que la volonté qui l'a fait passer à l'acte était la sienne étant donné qu'elle la désirait. Cette personne a agi librement et de plein gré. Supposé même qu'en ayant pu agir autrement, elle ne l'aurait pas fait et supposé même qu'en ayant pu avoir une autre volonté, elle ne l'aurait pas désirée. De plus, puisque la volonté qui l'a fait passer à l'acte était celle qu'elle désirait, on ne peut pas dire qu'elle lui a été imposée ou qu'elle n'a pas participé à sa formation. Dans ces conditions, il serait tout à fait inutile de chercher à savoir, en vue d'évaluer la responsabilité morale de l'agent, si les alternatives qu'il n'a pas choisies lui étaient accessibles ou non[9].

Illustrons ce point par le cas d'un troisième toxicomane. Supposons que sa dépendance ait la même base physiologique et la même force irrésistible que celles du toxicomane malgré soi et du toxicomane irréflexif, mais qu'il soit parfaitement satisfait de sa condition. Il s'agit en l'occurrence d'un toxicomane consentant qui n'aimerait pas que les choses soient autres. Si l'emprise de sa dépendance se relâchait, il ferait tout pour la raffermir et si son envie de la drogue faiblissait, il chercherait à renouveler son intensité.

La volonté du toxicomane consentant n'est pas libre, car son désir de se droguer sera efficace, qu'il désire ou non que ce désir constitue sa volonté. Cependant, il se drogue librement et de plein gré. Son cas peut être interprété comme impliquant une surdétermination de son désir de premier niveau de se droguer. Ce désir est efficient parce que l'agent se trouve dans une dépendance physiologique, mais c'est aussi un désir dont il désire qu'il soit efficient. L'agent ne contrôle pas sa volonté, mais en désirant (par un désir de second niveau) que son désir de se droguer soit efficient, il fait sienne cette volonté. Etant donné que ce n'est pas uniquement à cause de sa dépendance que son désir de se droguer est efficace, on peut tenir l'agent pour moralement responsable de ce qu'il se drogue.

Ma conception de la liberté de la volonté est neutre par rapport au problème du déterminisme. Il paraît concevable qu'une personne soit libre de désirer ce qu'elle désire désirer grâce à une détermination causale, et si cela est concevable, il est possible que ce soit suite à une détermination causale qu'une personne jouisse d'une volonté libre. La thèse que c'est de façon nécessaire, inéluctable et grâce à des forces échappant à leur contrôle, que certaines personnes ont une volonté libre et d'autres non, n'est paradoxale qu'en apparence et la proposition que c'est un pouvoir autre que celui de la personne elle-même qui est responsable (et même *moralement* responsable) du fait qu'elle jouisse ou soit privée de la liberté de la volonté n'est pas du tout incohérente. Il est possible qu'une personne soit moralement responsable de ce qu'elle fait de plein gré et qu'une autre personne soit également moralement responsable de ce qu'elle l'ait accompli[10].

D'un autre côté, il paraît concevable que c'est grâce au hasard qu'une personne est libre d'avoir la volonté qu'elle désire, et si cela est concevable, ce peut être par hasard que certaines personnes jouissent de la liberté de la volonté et d'autres non. Et si l'on croit, à l'instar de certains philosophes, que des états de choses peuvent se produire autrement encore que par hasard ou comme résultat d'une séquence de causes naturelles, on peut aussi concevoir qu'une personne arrive à jouir de la liberté de la volonté de cette troisième manière.

NOTES

[1] P.F. STRAWSON, *Individuals*, London, Methuen, 1959, pp. 101-102 [trad. fr. de A. SHALOM et P. DRONG, *Les individus*, Paris, Seuil, 1973, p. 114]. Ayer utilise la notion de personne dans un sens similaire : «il est caractéristique des personnes (en ce sens) qu'elles possèdent différentes propriétés physiques... et qu'on peut aussi leur attribuer différentes formes de conscience» (A.J. AYER, *The Concept of a Person*, New York, St. Martin's, 1963, p. 82). Ce qui intéresse Strawson et Ayer, c'est le problème de la relation entre l'esprit et le corps, et non pas la question fort différente de savoir ce qu'est une créature qui a non seulement un esprit et un corps, mais qui est aussi une personne.

[2] Pour des raisons de simplicité, je me bornerai à ce que quelqu'un désire (*want*) ou a envie de faire (*desire*), et je négligerai des phénomènes apparentés comme les choix et les décisions. Je propose d'employer les verbes *want* et *desire* de façon interchangeable, bien qu'il ne s'agisse certainement pas de synonymes parfaits. Je laisse de côté les nuances établies de ces mots, parce que le verbe *want*, dont la signification correspond mieux à mes intentions, ne se prête pas aussi facilement à la formation de noms que le verbe *desire*. On peut éventuellement accepter, bien que cela soit disgracieux, de parler au pluriel des *wants* de quelqu'un, mais parler au singulier du *want* serait une abomination.

[3] Ce que je vais dire dans ce paragraphe ne s'applique pas uniquement aux cas où «faire X»se réfère à une action ou à une abstention, mais aussi à ceux où «faire X» se réfère à des désirs de premier niveau et où l'énoncé «*A* désire faire *X*» est donc une version abrégée d'un énoncé qui désigne un désir du second niveau («*A* désire désirer faire *X*»).

[4] Il n'est pas certain que la relation d'implication qui vient d'être décrite reste valable dans certains types de cas qu'on peut considérer, me semble-t-il, comme non standards. La différence essentielle entre les cas standards et non standards réside dans le type de description par lequel on identifie le désir de premier niveau en question. Supposons que *A* admire *B* au point qu'il désire être mû de façon efficiente par tout désir efficient de *B*, et cela tout en ignorant ce que *B* désire faire. En d'autres mots, *A* désire que sa propre volonté soit identique à celle de *B*, sans savoir ce qu'est la volonté de *B*. Il ne s'ensuit certainement pas que *A* possède déjà, parmi ses désirs, un désir analogue à celui qui constitue la volonté de *B*. Je n'étudierai pas ici la question de savoir s'il existe d'authentiques contre-exemples à opposer à la thèse avancée et, s'il en existe, comment modifier ma thèse.

[5] Les créatures qui ont des désirs de second niveau sans avoir des volitions de second niveau diffèrent de façon significative des animaux (des brutes), et dans certains contextes il serait souhaitable de les considérer comme des personnes. C'est donc quelque peu arbitrairement que je ne les désigne pas comme personnes. J'ai adopté cet usage principalement pour faciliter la formulation de certaines de mes thèses. Par la suite, à chaque fois que je considère des énoncés de la forme «*A* désire désirer faire *X*», j'ai à l'esprit des énoncés qui identifient des volitions de second niveau et non pas des désirs de second niveau qui ne seraient pas des volitions de second niveau.

[6] Le fait qu'il est caractéristique de la personne qu'elle évalue ses désirs et motifs ne signifie pas que ses volitions de second niveau expriment nécessairement sa position morale à l'égard de ses désirs de premier niveau; elle peut très bien évaluer ces derniers d'un point de vue non moral. De plus, elle peut former ses volitions de second niveau de manière irresponsable et capricieuse et ne pas accorder une attention sérieuse à ce qui est en jeu. Les volitions de second niveau n'expriment des évaluations que dans la mesure où il s'agit de préférences; la base sur laquelle elles sont formées, s'il y en a une, n'est pas sujette à des restrictions significatives.

[7] «Freedom and Action», in K. LEHRER (éd.), *Freedom and Determinism*, New York, Random House, 1966, pp. 11-44.

⁸ Ceci ne signifie pas que la soi-disant différence entre ces deux états de choses ne puisse être soumise à une vérification. Au contraire, il est probable que les physiologues sachent montrer que les conditions de l'action libre telles qu'elles sont établies par Chisholm ne sont pas satisfaites, parce qu'il n'existe pas d'événement cérébral pertinent dont on ne puisse pas identifier une cause physique suffisante.

⁹ Pour une autre analyse des considérations mettant en doute le principe qu'une personne n'est moralement responsable de son action qu'à condition d'avoir pu agir différemment, voir mon article «Alternate Possibilities and Moral Responsibility», *Journal of Philosophy* LXVI (1969), 829-839.

¹⁰ Il y a une différence entre être *pleinement* responsable et être *seul* responsable. Supposons que le toxicomane consentant soit devenu dépendant suite à l'action délibérée et calculée d'une autre personne. Dans ce cas, il est possible que ces deux individus soient pleinement responsables de ce que le premier se drogue, bien qu'aucun d'eux n'en soit le seul responsable. Prenons un autre exemple pour bien faire ressortir cette distinction entre être pleinement responsable et être seul responsable d'un point de vue moral. Supposons qu'une lampe puisse être allumée ou éteinte en actionnant l'un ou l'autre de deux interrupteurs. Deux personnes, dont chacune ignore ce que fait l'autre, tournent simultanément ces interrupteurs pour allumer la lampe. Ni l'une ni l'autre n'est seule responsable de ce que la lampe s'allume et elles ne partagent pas non plus la responsabilité au sens où chacune d'elles serait partiellement responsable ; mais chacune d'elles est pleinement responsable de ce qu'elle a fait.

La contrainte

Robert NOZICK

Cette étude de la contrainte [1] prépare une étude plus conséquente sur la liberté et plus particulièrement sur les raisons justifiant de priver quelqu'un de sa liberté d'action, ainsi que sur la raison pour laquelle cela doit être justifié. La contrainte et la liberté sont étroitement liées (pour certains auteurs, la liberté se résume à l'absence de contrainte), mais la contrainte n'est pas le seul aspect de la non-liberté. En particulier, être contraint de s'abstenir d'une action n'est ni une condition nécessaire ni une condition suffisante pour n'être pas libre de l'accomplir. Que ce n'est pas une condition nécessaire est illustré par les exemples suivants :

a) Un individu qui a attaqué une banque est arrêté et condamné. S'il avait eu la certitude d'être arrêté et condamné, il n'aurait pas commis son forfait. Dans cette hypothèse, il n'aurait pas été libre d'attaquer la banque, bien que personne ne l'eût contraint de s'en abstenir.

b) Je ne fus pas contraint de ne pas assassiner un membre de l'audience à l'Université Columbia pendant que j'y exposais cet article, bien que je ne fusse pas libre de le faire.

R. Nozick, «Coercion», in S. Morgenbesser, P. Suppes et M. White (éds), *Philosophy, Science and Method, Essays in Honor of Ernest Nagel,* New York, St. Martin's Press, 1969, pp. 440-472. Avec l'aimable autorisation de l'auteur.

c) Si je vous attire dans un local à New York et vous y enferme à double tour, je ne vous contrains pas à ne pas vous rendre à Chicago, bien que, suite à mon intervention, vous ne soyez pas libre d'y aller.

L'exemple suivant illustre qu'être contraint de s'abstenir de faire A n'est pas une condition suffisante pour n'être pas libre de faire A. Vous m'avez menacé de licenciement au cas où je ferais A, et, m'en étant abstenu suite à cette menace, j'ai été contraint de ne pas faire A. Cependant, je ne me suis pas rendu compte que vous bluffiez : vous n'étiez pas en mesure de réaliser votre menace et vous le saviez, et même si vous aviez pu la réaliser, vous ne l'auriez pas fait. Il n'est donc pas vrai que je n'étais pas libre de faire A (même si je le croyais), et cela bien que j'aie été contraint de ne pas faire A. La notion de non-liberté ne se réduit donc pas celle de contrainte, mais il est évident que cette dernière lui est étroitement liée[2].

Cet article cherche à clarifier la notion de contrainte et certaines notions connexes. C'est une tâche intéressante et passionnante, mais je ne la poursuis pas pour elle-même. Ce qui m'intéresse avant tout, ce sont les utilisations possibles d'un tel concept clarifié et les questions qu'on sera à même de résoudre grâce à cette clarification (je veux dire, des questions *autres* que celles concernant, par exemple, les conditions nécessaires et suffisantes de la contrainte et de la menace). Je ne pourrai pas aborder ces questions dans cet article. Ici, je m'attacherai avant tout à forger les outils et non à les utiliser.

Je voudrais ajouter une dernière remarque préliminaire ou, si l'on veut, un avertissement ou une excuse. Cette étude de la contrainte est une étude *exploratoire* qui doit poser des questions et soulever des problèmes. Je proposerai des réponses et des solutions provisoires à beaucoup d'entre eux, mais certains ne trouveront ni réponse ni solution. J'aurais aimé répondre à toutes les questions et résoudre tous les problèmes, mais en philosophie les questions et problèmes survivent souvent aux réponses et aux solutions spécifiques proposées. C'est ce qui a été, hélas, le cas au cours de la rédaction de cet article.

CONDITIONS DE LA CONTRAINTE

Commençons par examiner une conception de la contrainte qui combine certaines idées exprimées à ce sujet par Hart et Honoré dans *Causation in the Law*, et certaines remarques de Hart dans *The Concept* *of Law*³. Selon cette conception, une personne P contraint une personne Q de ne pas faire une action A, si et seulement si

(1) P menace de faire une certaine chose au cas où Q ferait A (et P sait qu'il profère cette menace).

(2) Du fait de cette menace, accomplir A devient sensiblement moins désirable pour Q que ne pas l'accomplir.

(3) P profère cette menace pour amener Q à ne pas accomplir A et avec l'intention que Q se rende compte de cette menace.

(4) Q ne fait pas A.

*(5) Les paroles ou les actes de P font partie des raisons pour lesquelles Q ne fait pas A*⁴.

Les conditions (1)-(5) ne sont pas suffisantes pour définir la contrainte. Prenons le cas où P menace Q en disant que si Q accomplit une certaine action, il sera écrasé par un rocher. P est convaincu que Q est au courant de son procédé ignoble d'assassiner les gens, mais Q croit que P lui explique une loi naturelle étrange, indépendante de toute intervention humaine, qui fait qu'à chaque fois qu'un individu accomplit cette action, il est écrasé par un rocher. Autrement dit, Q interprète les propos de P, non pas comme une *menace* mais comme un *avertissement*. Si Q s'abstient d'accomplir l'action, P ne l'y aura pas contraint, bien que les cinq conditions soient satisfaites. Il faut donc ajouter une condition supplémentaire :

*(6) Q sait que P a menacé de faire la chose mentionnée dans la condition (1), au cas où il accomplirait A*⁵.

Il n'est pas certain que les conditions énumérées jusqu'ici soient suffisantes. Supposons que vous me menaciez de faire une certaine chose si j'accomplis A, et que vous croyiez que je ne désire pas que cette chose soit réalisée. Or, en fait, cela m'est égal et il se peut même que je désire un peu cette chose. Cependant, je me rends compte que vous accordez beaucoup d'importance à ce que je m'abstienne de faire A, puisque vous m'avez menacé, et que vous seriez effectivement fort contrarié si j'accomplissais A (vous ne *décideriez* pas uniquement d'être contrarié pour me punir d'avoir fait A). Puisque je ne veux pas vous contrarier, je m'abstiens de faire A. Vous ne m'y avez pas contraint, bien qu'apparemment les conditions énumérées, et plus particulièrement les conditions pertinentes (5) et (2), soient satisfaites. Si on objecte que ces conditions peuvent être interprétées comme n'étant pas satisfaites dans ce cas, il est préférable d'expliciter cette interprétation, en remplaçant (5), (1) et (2) par :

(5') Une des raisons de Q pour s'abstenir de faire A est qu'il veut éviter (ou rendre moins probable) que P réalise ou fasse réaliser la conséquence[6] dont il le menace[7].

(1') P menace de réaliser ou de faire réaliser une certaine conséquence au cas où Q ferait A (et P sait qu'il profère cette menace).

(2') L'action A, plus cette conséquence, est sensiblement moins désirable pour Q qu'elle ne l'était sans cette conséquence.

Faut-il que P profère une menace *afin* d'amener Q à s'abstenir de faire A? La condition (3) doit-elle être satisfaite? Elle l'est normalement, par exemple lorsqu'un voleur de grand chemin me lance «La bourse ou la vie!», et qu'il le dit pour que je lui donne mon argent. Cependant, imaginons que, dans le cadre d'une expérience menée par un organisme de recherches en sciences sociales, on fasse une enquête pour étudier la réaction des gens lorsqu'ils sont attaqués. La façon dont le passant réagit à la menace importe peu aux chercheurs (s'il donne son argent, ils doivent le transmettre à l'organisme, et s'il résiste, ils ont l'autorisation de le tuer, n'ayant d'ailleurs aucun scrupule de le faire). Lorsqu'ils lancent à un passant «La bourse ou la vie!», ce n'est pas pour l'amener à leur donner son argent, mais pour rassembler des informations. On peut même imaginer la situation suivante. Un des chercheurs croit qu'un tel passant est fort courageux et parie avec un collègue qu'il opposera de la résistance et sera tué. Ayant fait ce pari et souhaitant donc que le passant ne donne pas l'argent, le chercheur ne profère pas la menace avec l'intention de l'y amener. Mais le passant, terrorisé, donne l'argent. Il est certain que le chercheur l'y a contraint. Ceci montre que la condition (3) doit être remplacée par une condition plus complexe :

La raison (ou une des raisons) pour laquelle P a décidé de réaliser ou de faire réaliser une certaine conséquence au cas où Q accomplirait l'action A, est qu'il croit que cette conséquence rend A moins désirable pour Q (plus précisément, P croit que cette conséquence rend l'action A moins désirable pour Q ou que Q croit cela)[8].

L'exemple des chercheurs en sociologie satisfait cette condition, puisque la raison (ou une des raisons) des chercheurs pour tuer Q en cas de résistance, est qu'ils croient que cette conséquence diminue la désirabilité, pour Q, d'un refus de leur donner l'argent.

Mais cette condition n'est pas assez large, car nous voulons tenir compte des cas où P bluffe et n'a pas décidé de réaliser la conséquence si Q fait A, ou bien où il n'a ni l'intention de la réaliser ni l'intention contraire. Il faut donc ajouter une autre condition à la précédente :

Dans l'hypothèse où P n'a pas décidé de réaliser ou de faire réaliser la conséquence au cas où Q ferait A, la raison (ou une des raisons) pour laquelle il dit qu'il réalisera ou fera réaliser cette conséquence, est que (selon lui) cette conséquence rend l'action A moins désirable pour Q[9].

On objectera peut-être que cette condition supplémentaire est superflue, parce qu'elle est partie intégrante de la notion de menace et découle donc de la condition (1'). Autrement dit, si cette condition n'est pas satisfaite, si les raisons et les motifs de P ne sont pas ceux décrits, P n'a pas *menacé* Q. Je reviendrai plus tard sur ce problème.

Les conditions établies jusqu'à présent ne sont apparemment pas encore suffisantes. Considérons le cas où Q veut accomplir A pour réaliser x et où P lui dit que dans ce cas, lui, P, fera une chose qui l'empêchera de réaliser x. Ceci rend l'action A sensiblement moins désirable pour Q (supposons que, dans cette hypothèse, Q n'ait plus de raison valable d'accomplir A); de plus, les autres conditions peuvent très bien elles aussi être satisfaites. Néanmoins, les cas de ce genre, ou du moins certains («Si vous dites un mot de plus, je débrancherai mon appareil auditif»), ne sont pas des exemples de contrainte[10].

Ces cas appellent la condition suivante :

(7) Q croit, et P croit que Q croit, que s'il fait A et que P réalise alors la conséquence dont il le menace[11], *il se retrouvera dans une situation pire que celle où il ne fait pas A et où P ne réalise pas cette conséquence*[12].

Lorsqu'on applique cette condition et qu'on évalue la situation, bonne ou mauvaise, de Q ayant fait A et se voyant empêché d'atteindre son but, on doit négliger l'effort inutile de Q, son humiliation de n'avoir pas pu réaliser x ainsi que (dans certains cas) les occasions qu'il a ratées. De façon analogue, lorsqu'on évalue la situation, bonne ou mauvaise, qui serait celle de Q dans l'hypothèse où il n'aurait pas fait A et où P ne serait pas passé à l'acte, on doit négliger les regrets éventuels de Q de ne pas avoir fait A[13].

Dans notre interprétation de l'énoncé «P contraint Q à faire A», les cas suivants ne sont *pas* des cas de contrainte.

(1) Q croit que P lui a dit «La bourse ou la vie», et il lui donne son argent. Mais P n'a pas dit cela, ou il l'a dit mais en questionnant Q sur des propos qu'il a cru lui avoir entendu dire.

(2) P, qui ne parle pas français, a retenu d'un film la phrase «La bourse ou la vie!», sans en connaître la signification. Pour être aimable, il dit

cette phrase à Q, assis près de lui dans un café (tout en lui montrant son couteau original pour qu'il l'admire). Q lui donne son argent.

(3) Q entre dans une pièce en ignorant que dans la pièce d'à côté se trouve un magnétophone jouant une partie de la bande sonore d'un film. Q entend qu'on dit : «Mettez tout votre argent sur la table et quittez la pièce, ou je vous tuerai». Q met son argent sur la table et quitte la pièce.

Je pense que dans ces cas, bien que Q se sente contraint et croie qu'il l'est, P ne contraint pas Q (dans le troisième exemple, on ne peut même pas identifier de façon plausible un auteur de la contrainte). Certains refuseront cette interprétation, mettant en avant le fait que, si P ne contraint pas Q de lui donner l'argent, il reste vrai que Q est contraint de le lui donner. Cette position implique le rejet de la thèse que l'énoncé «Q est contraint de faire A» équivaut à «Il y a une personne P qui contraint Q à faire A». On dira alors que Q est contraint d'accomplir A si et seulement si

(1) Il existe une personne P qui contraint Q à accomplir A;

ou bien

(2) Q a des raisons valables de croire qu'une personne P a menacé de réaliser une conséquence qui rend ne pas faire A sensiblement moins désirable pour lui (et que P a les raisons et intentions appropriées), et la raison (ou une des raisons) pour laquelle Q fait A est d'éviter ou de rendre moins probable cette conséquence.

Précisons qu'une menace ne doit pas nécessairement être verbale ; face à certaines actions, il se peut qu'on comprenne clairement qu'on est en présence d'une menace, ou du moins que quelque chose de désagréable se passera si on n'accomplit pas une action appropriée. Par exemple, les membres d'une bande de rue ont capturé un membre d'une bande adverse et veulent savoir où sont cachées les armes de sa bande. Le captif refuse de le dire et est tabassé jusqu'au moment où il trahit le secret. C'est un cas de contrainte : ceux qui l'ont capturé n'ont pas besoin de *dire* «Si tu ne nous donnes pas l'endroit du dépôt d'armes, nous continuerons à te battre, sans savoir quand nous nous arrêterons», car c'est une évidence pour tous ceux qui sont impliqués dans cette situation ; dans beaucoup de situations, l'usage de la violence est fort bien perçu par toutes les parties concernées comme une menace de continuer les violences en cas de non-soumission ; il n'est pas nécessaire de *dire* quelque chose [14]. Peut-être est-ce pour des raisons de ce genre que certains auteurs (Bay par exemple) affirment que tout usage de la violence est une contrainte. Je pense que c'est faux : un groupe de soûlards n'exercent pas forcément une contrainte en attaquant un passant, en le tabassant ou même en le tuant. En effet, cette situation ne contient pas nécessairement une menace implicite de continuer la violence si le passant ne se soumet pas à la volonté de ceux qui l'attaquent, et on voit mal comment cela pourrait être le cas s'ils l'attaquent simplement et le tuent[15].

Il y a un autre type de situation qui ressemble beaucoup à celui que nous avons envisagé jusqu'à présent, et pour lequel on peut établir des conditions similaires. Je pense à des cas où on ne menace pas Q de lui causer du tort au cas où il ferait A, mais où on fait en sorte qu'un tort lui sera automatiquement infligé s'il le fait : je ne réaliserai pas une conséquence que vous croyez néfaste, au cas où vous feriez A, mais je fais à présent une chose (et que je la fasse ne dépend pas de ce que vous fassiez A ou non) qui produira une conséquence que vous croyez néfaste, au cas où vous feriez A[16]. Dans ces situations, il y a dissuasion, mais je ne suis pas sûr que la personne soit contrainte de ne pas agir. S'il y a effectivement contrainte, on doit dire que P contraint Q de ne pas faire A si et seulement si l'un ou l'autre des ensembles de conditions est satisfait[17].

Je propose d'interpréter ce qui suit comme un cas de ce dernier genre de situation, plutôt que comme un cas du genre discuté précédemment. La mère d'une personne adulte lui dit : «Si tu fais A, j'aurai une attaque cardiaque ou la probabilité que j'en aurai une est p». Je suppose que la mère ne décide pas d'avoir une attaque cardiaque (ou ne décide pas de faire une chose qui provoquera une attaque cardiaque ou en augmentera la probabilité) au cas où son fils ferait A. Elle sait tout simplement qu'elle aura une attaque (ou que la probabilité qu'elle en aura une est p). Il n'est pas plausible d'interpréter les propos de la mère comme une menace. Pour utiliser une distinction qui sera analysée par la suite, la mère exprime non pas une menace mais un avertissement dépourvu de menace. Si l'on s'en tient uniquement au premier genre de situation, on conclura que la mère n'a pas contraint son fils. Mais il est plausible d'interpréter cet exemple comme un cas du second type de situation où P fait une chose avant que Q fasse A et le lui fait savoir, et où cette intervention rend l'action A moins désirable pour Q. Si ces situations correspondent à des contraintes, la mère contraint effectivement son fils. Il faut alors examiner l'acte de la mère qui précède l'action de son fils, à savoir sa déclaration qu'elle aura ou qu'elle aura probablement une attaque cardiaque au cas où il ferait A. On peut supposer que, sans cette déclaration, la conséquence de l'action A de son fils corresponde à une certaine probabilité qu'elle ait une attaque cardiaque, à une certaine probabilité qu'il se sente coupable (qui est une fonction de la probabilité qu'il se rende compte des causes du décès de sa mère et de la probabilité qu'il se sente coupable de toute façon parce qu'il a fait, avant son décès, une chose qu'elle n'aimait pas), ainsi qu'à une certaine probabilité que A entraîne certaines conséquences fort agréables. On peut encore supposer que suite à la déclaration de la mère, les conséquences de l'action A se trouvent significativement modifiées. En effet, dans cette hypothèse, il y a une certaine probabilité que la mère meure et que le fils se sente *énormément* coupable (d'avoir ignoré son avertissement). Et même si elle ne mourait pas, le fils s'inquiétera et se sentira coupable d'accomplir A en sachant que cela contrarie sa mère, et ainsi de suite. La déclaration de la mère a rendu les conséquences de son acte moins désirables. Si l'on suppose en outre que la mère a fait cette déclaration (en partie) pour rendre moins désirables ces conséquences, et que le fils s'est abstenu de faire A (en partie) parce que ces conséquences étaient moins désirables, on a une situation du second genre. Si ces situations correspondent à des contraintes, le fils a été contraint de s'abstenir de faire A [18].

CAS NON CENTRAUX DE CONTRAINTE

Jusqu'à présent, j'ai concentré mon attention sur la partie centrale ou le noyau de la notion de contrainte, et j'ai parlé, afin d'éviter trop de complications à la fois, de conditions nécessaires et suffisantes de la contrainte tout court. Je pense cependant qu'il y a d'autres cas qui, tout en ne satisfaisant pas les conditions examinées, sont néanmoins des cas de contrainte en vertu de certaines relations, susceptibles d'être spécifiées, qu'ils entretiennent avec les cas centraux de contrainte [19]. La formulation adéquate de ces relations est une tâche assez compliquée. Les énoncés qui vont suivre veulent *indiquer* les domaines où ces principes doivent être formulés. Je ne prétends *pas* que ce sont des formulations définitives, et je ne prétends pas non plus que les domaines auxquels ils se rapportent sont les seuls pour lesquels on devrait formuler des principes. Je le répète : les énoncés ci-dessous veulent indiquer des domaines pour lesquels des principes doivent être formulés et ne sont pas avancés comme formulations correctes de principes s'appliquant à ces domaines. J'espère qu'après avoir formulé de façon adéquate de tels principes, il sera possible de donner une définition récursive de «P contraint Q à accomplir A», en commençant par les conditions pour les cas centraux, examinées précédemment.

(1) Si P contraint Q à accomplir A et si «A» contient comme partie propre l'expression «r_1», et si «B» est obtenu en remplaçant «r_1» par l'expression «r_2» dans «A», et si «r_2» et «r_1» ont la même référence, et

si l'occurrence de «r_1» dans «Q fait A» est référentiellement transparente, alors P contraint Q à accomplir B [20].

(2) Si P contraint Q à faire A et s'il est nécessairement vrai qu'en faisant A on fait B, sans qu'il soit nécessairement vrai qu'en faisant quelque chose on fasse B, alors P contraint Q à accomplir B.

(3) Si P contraint Q à faire A et si c'est une vérité nomologique qu'en faisant A on fait B, sans que ce soit une vérité nomologique qu'en faisant quelque chose on fasse B, alors P contraint Q à accomplir B.

(4) Si P contraint Q à faire A et si la seule façon de faire A est de faire B_1, ou B_2, ou... , ou B_n, alors P contraint Q à accomplir B_1, ou B_2, ou... , B_n [21].

(5) Si P contraint Q à faire A et si la seule façon, pour Q, de faire A est de faire B_1, ou B_2, ou... , ou B_n, alors P contraint Q à accomplir B_1, ou B_2, ou... , B_n [22].

(6) Si Q ne peut faire A qu'en faisant B_1, ou B_2, ou... , B_n, et si Q se met à faire A (et a l'intention de le faire) parce que P le menace d'une conséquence néfaste en cas de refus, et si Q fait une des actions B_i afin d'accomplir A, alors Q est contraint de faire B_1, ou B_2, ou... , B_n, même s'il n'accomplit pas A (qu'il en ait été empêché ou qu'il ait changé d'avis).

(7) Si P a contraint Q à faire B_1, ou B_2, ou... , B_n, et si l'action B_1 est la meilleure de la série des B_i (la seule qu'il est raisonnable de faire, etc.), et si Q a fait B_1 pour cette raison, alors P a contraint Q à accomplir B_1.

(8) Si P a contraint Q à faire A, et si x est une conséquence de A, et ─────────, alors P a contraint Q à réaliser x (par quelles conditions supplémentaires faut-il compléter l'espace laissé vide?) [23].

Pour éviter la conclusion que Q a été contraint d'accomplir B, lorsqu'il fait A (en partie) à cause de la menace mais fait B (qui est lié à A par l'une des relations décrites) pour une *autre* raison, on doit ajouter à l'antécédent de chacun de ces énoncés la précision que la raison (ou une des raisons) pour laquelle Q fait B (ou B_1, ou B_2, ou... , ou B_n) est d'éviter que P ne réalise sa menace (au cas où Q ferait A) ou d'en diminuer la probabilité.

OFFRES ET MENACES

La notion de menace joue un rôle central dans ce qui a été dit jusqu'à présent. Nous allons maintenant étudier les différences entre menaces et offres, et dans la partie suivante, nous analyserons les différences entre menaces et avertissements.

Si P propose à Q beaucoup plus d'argent que Q n'en gagne pour l'inciter à travailler pour lui et si Q accepte parce qu'il désire augmenter ses revenus, P a-t-il contraint Q? Certains auteurs (Hale, Bay) diraient que c'est effectivement le cas, la menace étant : «Venez travailler pour moi ou je ne vous donnerai pas l'argent»[24]. Dans cette conception, tout employeur contraint ses salariés et tout salarié son employeur («Donnez-moi l'argent ou je ne travaillerai plus pour vous»), tout vendeur contraint ses clients («Donnez-moi l'argent ou je ne vous donnerai pas la marchandise»), et tout client contraint le vendeur. Il est évident que cela ne correspond pas à la réalité. Des offres, des incitations, des primes, des récompenses, des pots-de-vin, des preuves de considération, des rémunérations, des récompenses, des paiements ne représentent pas, dans le cas normal, des menaces, et la personne qui les accepte n'est pas contrainte.

En guise de première approche, disons que la question de savoir si quelqu'un profère une menace pour que Q s'abstienne d'accomplir une action, ou s'il fait au contraire une offre à Q pour l'inciter à accomplir cette action, dépend de la façon dont les conséquences qu'il déclare vouloir réaliser modifient les conséquences de l'action de Q par rapport à ce qu'elles seraient dans le cours normal ou naturel ou attendu des événements. Si l'intervention de P diminue la désirabilité des conséquences de l'action de Q par rapport à ce qu'elle serait dans le cours normal et attendu des événements, on est en présence d'une menace; si elle l'améliore, on a une offre[25]. La signification du terme «attendu» se situe quelque part entre «prédit» et «moralement requis»[26]. Cette formulation convient assez bien à des cas simples de contrainte et d'offre. Voyons comment cela se passe dans des cas plus compliqués.

(a) P, qui est le fournisseur habituel de drogue de Q, lui dit qu'aujourd'hui, il ne lui vendra pas comme d'habitude sa dose pour vingt dollars, mais lui en fera cadeau à condition qu'il tabasse une certaine personne.

(b) P, sans connaître Q, l'a observé et a remarqué qu'il se drogue. P et Q savent tous les deux que le fournisseur habituel de drogue de Q vient d'être arrêté ce matin et que P n'y est pour rien. P aborde Q en lui disant qu'il lui donnera de la drogue à condition qu'il tabasse une certaine personne.

Dans le premier cas, où P fournit habituellement de la drogue à Q, il *menace* de ne pas lui en donner. Le cours normal des événements est qu'il lui fournisse sa dose contre paiement. P menace de *garder* la drogue, d'en priver Q s'il ne tabasse pas la personne. Dans le second cas, P ne *menace* pas de garder la drogue : dans le cours normal des événements, P ne fournit pas de la drogue à Q et ce dernier ne s'attend donc pas à ce qu'il lui en fournisse. S'il ne donne pas de la drogue à Q, ce n'est pas qu'il la *retienne* ou qu'il l'en *prive*. Il lui *offre* de la drogue pour l'inciter à tabasser la personne ; il ne contraint pas Q à tabasser la personne, puisqu'il ne le menace pas (cela n'exclut pas que Q pourrait, en un sens, avoir raison de dire qu'il n'avait pas le choix).

Dans le premier exemple, il y a un autre élément à prendre en considération. P n'a-t-il pas, en plus de sa menace, formulé une offre ? En effet, dans le cours normal et attendu des événements, Q n'obtient pas sa dose après avoir tabassé une personne ; n'est-il donc pas vrai que P offre de la drogue à Q pour l'inciter à tabasser une personne ? S'il est vrai que c'est une *offre*, pourquoi considérer alors la situation globale comme une situation de menace ? On a ici une situation où P détache une conséquence désirée par Q (recevoir de la drogue) d'une première action (payer vingt dollars) et l'attache à une autre action (tabasser une personne). Puisque (P croit que) Q préfère payer la drogue plutôt que de tabasser la personne et recevoir la drogue gratuitement, et puisque Q préfère ne pas tabasser la personne, P menace de retenir la drogue si Q refuse de tabasser la personne, et cette menace prend le pas sur l'offre subsidiaire que fait P à Q (tabasser la personne), faisant de la situation globale une situation de contrainte.

Au lieu de soustraire une conséquence désirable d'une action de Q et de la lier à une autre de ses actions, P peut aussi soustraire une conséquence désirable C d'une action A_1 de Q et attacher une conséquence plus désirable C' à une autre action A_2 que Q est en mesure d'accomplir. Par exemple, le marchand de drogue dit à Q : «Je ne te vends pas de la drogue, mais je te ferai cadeau d'une meilleure qualité si tu tabasses cette personne». Il est probable qu'en augmentant au fur et à mesure le degré de désirabilité de C' pour Q, viendra un moment où la situation basculera : au lieu d'une situation impliquant avant tout une menace de priver Q de C au cas où il ferait A_1 (ne ferait pas A_2), on aura une situation impliquant avant tout une offre, à savoir une situation où Q se voit offrir C' pour accomplir A_2. Il paraît plausible de situer ce moment là où Q commence à préférer A_2 et C' à A_1 et C (où il cesse de préférer la dernière chose à la première)[27].

Le principe suivant tient compte de cette thèse et couvre également le cas où une même conséquence est transposée d'une action à une autre comme dans l'exemple précédent ; il s'applique également à des situations mixtes de menaces et d'offres, comme dans :«Si tu vas au cinéma, je te donnerai dix mille dollars et si tu n'y vas pas, je te tuerai».

Quand P modifie intentionnellement les conséquences de deux actions A_1 et A_2 que Q est en mesure de faire, en vue de rendre moins désirables les conséquences de A_1 et plus désirables les conséquences de A_2, alors,

(a) le changement qui en résulte implique de façon prédominante une menace, si Q préfère accomplir l'ancienne action A_1 (sans les conséquences dégradées) plutôt que la nouvelle action A_2 (avec les conséquences améliorées),

(b) le changement qui en résulte implique de façon prédominante une offre, si Q préfère accomplir la nouvelle action A_2 (avec les conséquences améliorées) plutôt que l'ancienne action A_1 (sans les conséquences dégradées).

Ce principe s'accorde fort bien avec une observation que nous ferons par la suite : si le changement implique de façon prédominante une menace, Q ne sera normalement pas d'accord avec ce changement (puisqu'il ferait l'ancienne action A_1 plutôt que l'une ou l'autre des deux options après le changement), tandis que si le changement implique de façon prédominante une offre, Q sera normalement d'accord avec le changement (puisqu'il ferait la nouvelle action A_2 plutôt que l'ancienne A_1, et s'il préférait accomplir une des anciennes options (A_1), il en a toujours la possibilité). Je développerai par après la thèse que cette disposition de consentir ou non au changement marque une différence importante entre l'offre et la menace[28].

Si la nature d'offre ou de menace d'une déclaration dépend de la façon dont sa mise en œuvre affecte le cours normal ou attendu des événements, on doit s'attendre à ce qu'il y ait des situations où on ne voit pas clairement si une personne profère une menace ou formule une offre, parce qu'on n'est pas certain du cours normal et attendu des événements. On peut s'attendre à ce que les gens soient en désaccord sur la question de savoir s'il y a menace ou offre, parce qu'ils sont en désaccord sur la question de savoir quel est le cours normal et attendu des événements à partir duquel on doit déterminer si on est en présence d'une menace ou d'une offre. Tel est effectivement le cas.

Considérons l'exemple suivant. Q nage en haute mer et est à bout de forces quand P passe près de lui en bateau. Tous deux savent que l'aide de P représente le seul espoir de Q. P, sachant que Q est l'honnêteté même et qu'il tient toutes ses promesses, lui dit : «Je vous prendrai dans mon bateau et je vous ramènerai à la côte à condition que vous promettez de me payer dix mille dollars au plus tard trois jours après avoir débarqué». P propose-t-il à Q de l'aider en échange de la promesse, ou bien menace-t-il de l'abandonner à son sort? Si le cours normal et attendu des événements est que Q se noie sans que P intervienne, P *propose* à Q de le sauver. Si le cours normal ou attendu des événements est qu'un individu passant en bateau près d'une personne en train de se noyer, la sauve, P *menace* de ne pas sauver Q. La nature d'*offre* ou de *menace* de la déclaration de P dépend de ce qu'il faut comprendre par cours normal ou attendu des événements.

Puisqu'il y a ici probablement unanimité sur la question de savoir quel est le cours normal et attendu des événements (en l'occurrence, celui qui présente les propos de P comme une menace), rendons l'exemple plus incisif. Supposons que P sache que Q lui a fait beaucoup de tort (ou a fait du tort à autrui), sans qu'il puisse être légalement poursuivi (la loi ne sanctionnant pas sa façon d'agir, le délai de prescription étant dépassé, etc.). P sait que Q, une fois sauvé, continuera à commettre des actes ignobles. Dans certaines situations de ce genre, ce que P est censé faire d'un point de vue moral n'est pas évident et en conséquence, on ne voit pas clairement si la déclaration de P correspond à une offre ou à une menace. Dans d'autres situations encore, il est évident que P, d'un point de vue moral, est censé laisser Q se noyer et, dans ce cas, il fait une offre[29].

Jusqu'à présent, nous avons envisagé les menaces comme introduisant certaines déviations par rapport au cours normal ou attendu des événements. N'est-il pas possible que le cours normal et attendu des événements lui-même soit contraignant? Supposons qu'un propriétaire d'esclaves batte son esclave tous les matins, pour des raisons indépendantes du comportement de celui-ci, mais qu'un jour il lui dise : «Je ne te battrai pas demain, à condition que tu fasses A maintenant». On aimerait qualifier cette situation à la fois de menace et d'offre, et je pense que l'hésitation est due à la divergence entre le cours normal des événements (où l'esclave est battu chaque matin) et le cours (moralement) attendu des événements (où il n'est pas battu). Je propose d'interpréter cette situation comme un cas de contrainte, le cours moralement attendu des événements prenant le pas sur le cours normal des événements lorsqu'il s'agit de déterminer si on a affaire à une menace ou à une offre[30].

Le cours (moralement) attendu des événements l'emporte-t-il toujours, en cas de divergence, sur le cours normal ou habituel des événements? Il n'est pas certain que ce soit le cas. Je pense notamment à l'exemple analysé précédemment, où le fournisseur habituel de drogue dit à son client qu'il ne continuera à le fournir qu'à la condition de tabasser une certaine personne. On peut supposer que le cours moralement attendu des événements est qu'il ne vende pas de drogue. Cependant, le cours des événements auquel on se rapporte pour déterminer s'il y a eu menace ou offre, est le cours normal des événements (où il vend de la drogue); c'est par rapport à cet arrière-plan qu'on conclut qu'il a proféré une menace.

Dans le cas de l'esclave aussi bien que dans celui du toxicomane, le cours normal et le cours moralement attendu des événements divergent. Pourquoi sélectionne-t-on le premier dans l'un des cas et le second dans l'autre, pour déterminer s'il y a eu offre ou menace? La différence pertinente semble être que l'esclave lui-même préfère le cours moralement attendu au cours normal des événements, tandis que le toxicomane préfère le contraire[31]. Apparemment, en cas de divergence entre le cours normal et le cours moralement attendu des événements, on se réfère à celui que préfère le destinataire de l'action, pour décider si l'annonce conditionnelle d'une action est une menace ou une offre[32].

J'ai posé la question de savoir si le cours normal et attendu des événements lui-même peut être contraignant, et j'ai été amené à considérer des cas où le cours normal et le cours (moralement) attendu des événements divergent. Je voudrais maintenant envisager la même question pour les cas où il n'y a pas divergence. Est-ce que P contraint Q à s'abstenir de faire A lorsqu'il dit qu'il réalisera une certaine conséquence au cas où Q ferait A (et que la réalisation de cette conséquence par P fait partie du cours normal et [moralement] attendu des événements si Q fait A)? Supposons que dans le cas normal *et* moralement attendu des événements, on soit sanctionné quand on a commis un vol. Mais n'est-il pas vrai que certaines personnes sont contraintes par la loi de s'abstenir de voler?

Une première solution consiste à dire que si une action ou une conséquence d'un certain *type* fait elle-même partie du cours normal et attendu des événements quand Q fait A, on doit se référer au cours normal et attendu des événements, moins ce type d'action ou de conséquence, pour décider si une certaine déclaration est une menace ou non. Si les conséquences d'une action étaient pires, dans le cas où cette déclaration serait mise en œuvre, qu'elles ne le seraient dans ce *nouveau* cours des événements (c'est-à-dire dans le cours normal et attendu des événements moins ce type d'action ou de conséquence), on aurait affaire à une menace. Mais qui peut dire ce que serait le monde si les crimes n'étaient pas sanctionnés? Il est fort possible que les choses seraient à tel point désastreuses que l'institution de sanctionner des crimes améliorerait les conséquences de presque toutes les actions, et devrait donc, dans cette approche, être interprétée comme une offre.

Une autre approche me paraît plus raisonnable. On considère le cours normal et attendu des événements au cas où Q ferait A, sans tenir compte de l'acte particulier de P ou de la conséquence particulière que P réaliserait, puis on décide par rapport à cet arrière-plan si la déclaration de P constitue une menace ou non (c'est-à-dire, si cette déclaration, une fois mis en œuvre, rendrait les conséquences de A pires qu'elles ne le seraient dans *ce* nouveau cours des événements).

Il reste quelques problèmes concernant la question de savoir quel serait le cours des événements sans l'acte de P, mais je pense qu'ils peuvent être résolus. Dans cette conception, même si dans le cours normal et attendu des événements Q est sanctionné pour avoir volé, l'affirmation qu'il le sera, est une menace puisque l'acte de sanctionner le voleur affecte défavorablement les conséquences d'une action de Q (voler) par rapport à l'arrière-plan formé du cours normal et attendu des événements moins l'acte de sanctionner[33].

Dans l'explication que nous avons donnée (du premier type) de la contrainte, la contrainte présuppose une menace. Si on veut élargir cette conception pour y inclure certaines offres, on doit indiquer des situations claires où Q est contraint de faire A, alors qu'il accomplit A parce que P lui a proposé de faire B en échange. Pour ma part, je suis porté à penser qu'on ne peut pas être contraint par une offre (à moins de croire, par exemple, que le propriétaire d'esclaves ne fasse une offre à l'esclave). Cependant, j'éprouve des difficultés à me prononcer dans une type de cas où l'offre est étroitement liée à la contrainte ou à la tentative de contrainte. Supposons que P sache que Q a commis un assassinat sur lequel la police enquête, et qu'il dispose d'informations suffisantes pour le faire condamner. P dit à Q :«Si vous me donnez dix mille dollars, je ne transmettrai pas mes informations à la police». Admettons que P transmettrait ses informations à la police au cas où il serait dans l'incapacité de contacter Q et de lui faire sa proposition. De plus, dans cette situation, P est censé (d'un point de vue moral) transmettre ces informations à la police. Donc, le cours normal et attendu des événements est que P transmet l'information à la police (que Q lui donne ou non l'argent). Il semble donc que P fasse une *proposition* à Q. Cependant, on est fortement tenté de dire qu'en acceptant l'offre et en payant, Q a été contraint[34].

Il s'agirait effectivement d'un cas de contrainte si le principe suivant était correct :

Si (1) autrui menace Q d'une conséquence coercitive[35] *pour avoir fait A;*

(2) P propose à Q de s'abstenir d'aider autrui à réaliser cette conséquence à condition que Q fasse B;

(3) la menace crédible de cette conséquence[36] *contraint Q à faire B,*

alors, si Q fait B à cause de la proposition de P, il agit sous la contrainte.

Un cas similaire est celui où des enquêteurs, suspectant Q d'un crime et estimant disposer de preuves suffisantes pour le confondre, l'arrêtent. Au cours de l'interrogatoire, les policiers viennent à penser que Q connait l'auteur d'un autre crime. Ils disent à Q qu'il ne sera pas inculpé si et seulement s'il leur donne le nom de l'autre criminel. Puisque les policiers auraient fait inculper Q au cas où ils n'auraient pas pensé qu'il connait l'auteur de l'autre crime, et puisqu'ils sont moralement censés le faire, ils ont proposé à Q de ne pas le faire inculper et ils ne l'en ont pas menacé. Si Q livre le nom de l'autre criminel pour éviter l'inculpation, on est peut-être fortement tenté de dire qu'il a été contraint de donner cette information. Le principe ci-dessus aboutit à cette conséquence. Bien que je ne conteste pas qu'on puisse dire qu'en un certain sens, Q a été forcé d'agir ou qu'il «n'avait pas le choix», je suis incapable de décider si, dans ce cas, Q a été contraint et je laisse cette question sans réponse.

Dans les deux exemples qui précèdent, P est moralement censé faire l'action et normalement il l'accomplirait (dénoncer l'assassin à la police, faire inculper Q). Il est intéressant de mentionner des cas où P a le droit moral et légal d'accomplir une action, et où normalement il ne l'accomplirait pas (même si Q ne faisait pas A) sinon pour amener Q à accomplir A. Par exemple, P a le droit de construire sur son terrain en prenant la vue à Q, ou bien de déclarer périmée l'hypothèque de Q, ou bien d'engager une procédure judiciaire contre Q (sur base d'une prétention valide et ayant des chances d'aboutir), mais normalement ne le ferait pas (parce que cela n'en vaut pas la peine, parce qu'il n'a pas urgemment besoin d'argent, etc.) sinon pour amener Q à accomplir A. P dit à Q qu'il construira sur son terrain, annulera l'hypothèque de Q, introduira une action en justice contre Q, etc., à moins que Q ne fasse A. Puisque l'action de P ne fait pas partie du cours moralement attendu des événements (même si P n'est pas moralement censé ne *pas* la faire) et puisque P ne la ferait pas dans le cours normal des événements, notre conception aboutit à la conséquence attendue, à savoir que P menace d'accomplir ces actions (et non pas qu'il propose de s'en abstenir).

MENACES ET AVERTISSEMENTS

Dans la partie consacrée aux conditions de la contrainte et à la suite de l'exemple des chercheurs en sociologie, nous avons laissé tomber la condition que P parle ou agit *afin* d'amener Q à s'abstenir d'une action particulière A. Nous l'avons remplacée par une condition disant que la raison (ou une des raisons) pour laquelle P décide (ou, s'il ne l'a pas décidé, de dire qu'il l'a décidé) de réaliser la conséquence en cas de refus de la part de Q, doit être que (P croit que) cela rend l'action A moins désirable pour Q (ou que Q croit cela). Nous avons mentionné la conception selon laquelle cette condition fait partie de la notion de menace. Cette conception permet de comprendre que certaines déclarations sur ce qu'on ferait au cas où Q ferait A, ne sont pas des menaces, même si les actes dont on affirme qu'on les fera si Q fait A, rendent l'action A moins désirable pour Q.

J'appelerai «avertissements dépourvus de menace» (ou, plus brièvement, «avertissements») de tels déclarations à propos de nos actions futures. La distinction entre menaces et avertissements dépourvus de menace est cruciale pour certains problèmes de jurisprudence[37]. Considérons l'exemple suivant. Un vote doit avoir lieu dans une usine pour décider de l'installation d'une représentation syndicale. Le patron annonce à ses salariés qu'il fermera l'usine et se retirera des affaires si le syndicat gagne l'élection. A-t-il *menacé* les salariés de leur faire perdre leur emploi ou bien les a-t-il seulement avertis de ce qui se passera en cas de victoire du syndicat ? A supposer que sans cette déclaration, les salariés eussent voté en majorité pour le syndicat et qu'à cause d'elle le syndicat ait perdu, est-il vrai que les salariés ont été *contraints* de rejeter le syndicat ?

On peut représenter cette situation sous forme de jeu, à l'aide du schéma suivant :

	Salariés	
	I. Syndicat gagne	II. Syndicat perd
Employeur — A. Reste dans les affaires	(b)	(a)
Employeur — B. Quitte les affaires	(c)	(d)

Les salariés commencent à jouer (ils sélectionnent une colonne); puis c'est au tour du patron (il sélectionne une ligne tout en connaissant le coup des salariés). Autrement dit, les salariés choisissent d'abord d'être représentés ou non par le syndicat, et le patron, connaissant leur choix, décide ensuite de rester ou non dans les affaires. Je présuppose que chacun des membres d'une majorité déterminée des salariés range les résultats selon l'ordre des préférences suivant (que j'appelerai l'échelle des préférences des salariés)[38] :

(b)

(a)

(c)

(d)

Je pense qu'il y a au moins quatre cas intéressants[39], correspondant à quatre évaluations préférentielles différentes de ces options par l'employeur :

(1) (a)   (2) (a)   (3) (a)   (4) (c) – (a)
     (b)   (c) – (b)   (c)   (b)
     (c)   (d)   (b)
     (d)

Je présuppose pour tous les cas que l'employeur connait l'échelle des préférences des salariés.

Cas 1 : S'il était certain de la victoire du syndicat, le patron ne ferait pas sa déclaration, étant donné qu'il préfère rester dans les affaires même avec une section syndicale à l'usine. Autrement dit, il préfère (b) à (c). Cependant, il s'engage envers lui-même à fermer l'usine si le syndicat gagne, et annonce cette décision aux employés (c'est-à-dire il exclut (b)) dans l'espoir de les amener à voter contre le syndicat. Il leur laisse donc le choix entre (a), (c) et (d). Puisque, de *ces* possibilités, les employés préfèrent (a), ils vont probablement faire en sorte qu'elle se réalise, et c'est cette possibilité-là que le *patron* préfère à toutes. Ce dernier s'engage donc au départ, pour des raisons stratégiques, à accomplir, dans une situation (I), une chose (B), qui est telle que, s'il ne s'était pas engagé à la faire, il aurait avantage à accomplir une autre chose (A) dans cette même situation. Il est évident que le patron menace ses employés[40]. En effet, dans le cours normal des événements, vu ses préférences, il ne quitterait pas les affaires en cas de victoire du syndicat. Sa déclaration revient à dire qu'il se départira du cours normal des événements, et cela au détriment des salariés[41]. De plus, la raison ou une des raisons pour laquelle il décide de fermer l'usine en cas de victoire du syndicat, est qu'il croit que cela diminue la désirabilité, pour les salariés, d'un vote en faveur du syndicat (et il espère que cela les incitera à voter contre). Sa déclaration est donc une menace : il menace de fermer l'usine si le syndicat gagne les élections.

Cas 2 : Le patron déclare qu'il fermera l'usine si le syndicat gagne les élections, excluant par là (b) et laissant aux salariés le choix entre (a) et (c). Il fait cette déclaration pour inciter les salariés à voter contre le syndicat. Notons que dans ce cas, à la différence du premier, le patron ne préfère pas autre chose à fermer l'usine (en effet, il ne préfère ni (c) ni (b), alors que dans le premier cas, il préférait (b) à (c)). Dans ce cas, des considérations stratégiques sont également impliquées, bien qu'elles ne soient pas exactement les mêmes que dans le premier cas. Le patron menace les salariés, car dans le cours normal et attendu des événements, il n'aurait pas fait sa déclaration et, ne préférant ni (c) ni (b), il aurait attendu la victoire du syndicat pour prendre sa décision de fermer l'usine ou non (nous supposons qu'avant qu'il ne prenne sa décision, il y a une probabilité supérieure à zéro qu'il décide de fermer l'usine et une probabilité supérieure à zéro qu'il décide le contraire). Puisque c'est cela qu'on attend dans le cours normal des événements, sa déclaration et son engagement de fermer certainement l'usine en cas de victoire du syndicat, change le cours normal ou attendu des événements de la façon caractéristique d'une menace. Car le fait qu'il soit pratiquement sûr que la patron fermera l'usine est, du point de vue des salariés, pire que le fait qu'il y ait une certaine probabilité qu'il la ferme et une certaine probabilité qu'il ne la ferme pas. Etant donné qu'une raison du patron pour décider de quitter les affaires en cas de victoire du syndicat est (qu'il croit) que cela diminue la désirabilité, pour les salariés, d'un vote en faveur du syndicat, on a affaire à une menace.

Cependant, si le patron déclare, non pas qu'il fermera l'usine en cas de victoire du syndicat (ce qui serait une menace), mais déclare de façon véridique qu'il est indifférent à la fermeture ou non de l'usine en cas de victoire du syndicat et qu'il prendra sa décision par après (et que le vote des salariés en faveur du syndicat, malgré sa déclaration, ne le met pas en colère et n'augmente pas la probabilité qu'il fermera l'usine), la situation change significativement. Le même problème se pose dans le cas (3), et nous l'examinerons lors de l'analyse de ce dernier.

Cas 4 : Le patron fait part de ses préférences aux salariés, disant qu'il fermera l'usine en cas de victoire du syndicat. S'il prend cette décision et en informe les salariés, ce n'est pas pour les amener à voter contre le syndicat car peu lui importe qu'ils votent pour ou contre. En effet, même en cas de victoire du syndicat, il reste libre de fermer l'usine et il n'y a pas une autre chose qu'il *préfère* à cela. Le patron n'obéit pas à des considérations stratégiques mais fait sa déclaration uniquement pour informer les salariés des conséquences possibles de leur action. Il ne prend pas sa décision afin de rendre l'élection du syndicat moins désirable, ou pour amener les salariés à voter contre. Il est évident qu'il ne s'agit pas d'un cas de contrainte et que le patron n'a pas proféré de menace (même si les salariés informeront le représentant syndical que, malheureusement, ils n'avaient pas le choix); il a prononcé un avertissement dépourvu de menace.

Cas 3 : J'ai réservé ce cas pour la fin parce que c'est le plus difficile. Le patron annonce son échelle des préférences et dit qu'il quittera les affaires en cas de victoire du syndicat. A la différence des cas (1) et (2) et à l'instar du cas (4), il préfère effectivement fermer l'usine en cas de victoire du syndicat; dans le cours normal des événements, il fermera donc l'usine (si le syndicat gagne), qu'il l'ait annoncé ou non. Cependant, à la différence du cas (4) et à l'instar des cas (1) et (2), il préfère continuer à diriger l'usine (non syndicalisée) et il le fait savoir afin d'amener les salariés à voter contre le syndicat. S'agit-il d'une menace ou d'un simple avertissement? Je pense qu'il a averti les salariés et qu'il ne les a pas menacés (notons qu'un enseignant disant à un étudiant qu'il échouera s'il ne travaille pas plus, l'*avertit*, même s'il le fait pour l'amener à travailler plus). En effet, il ne prend pas sa décision de fermer l'usine (en cas de victoire du syndicat) pour rendre moins désirable cette victoire, et il ne fait pas sa déclaration dans ce but-là, mais pour avertir les salariés des conséquences de la victoire du syndicat. Il ne semble d'ailleurs pas y avoir présomption à l'égard du fait que l'employeur dise à ses salariés qu'il fermera l'usine en cas de victoire du syndicat, alors qu'il y a (normalement) présomption à l'égard du fait de proférer des menaces [42].

Ces cas soulèvent un problème intéressant concernant la tâche plus large de déterminer quelles sont les actions que les gens devraient être libres d'accomplir et quelles sont celles qu'ils ne devraient pas être libres d'accomplir. Il est possible que le modèle optimal de liberté et de non-liberté soit irréalisable, faute de moyens institutionnels, ou encore parce que certains moyens comme la répartition des individus en catégories, ne sont pas socialement acceptables. Les modèles réalisables de la liberté et de la non-liberté parmi lesquels il faut faire un choix peuvent donc être des modèles sous-optimaux prenant les formes suivantes :

(a) Certaines personnes ne sont pas libres d'accomplir des actes qu'elles devraient (selon le modèle optimal) être libres d'accomplir.

(b) Certaines personnes sont libres d'accomplir des actes qu'elles ne devraient pas être libres d'accomplir.

(c) Certaines personnes sont libres d'accomplir des actes qu'elles ne devraient pas être libres d'accomplir, et certaines personnes ne sont pas libres d'accomplir des actes qu'elles devraient être libres d'accomplir.

Une théorie complète de la liberté devrait non seulement spécifier les modèles optimaux de la liberté et de la non-liberté, mais traiter également du choix entre de tels modèles sous-optimaux.

On est peut-être confronté ici à un tel choix. En effet, on peut souhaiter que dans les cas (1) et (2), le patron ne soit pas libre de faire sa déclaration (de proférer sa menace), tout en le laissant libre de faire sa déclaration (son avertissement) dans les cas (3) et (4). Mais un arrangement institutionnel en ce sens paraît difficile à mettre sur pied, car il n'est pas facile de distinguer l'attitude du patron des cas (1) et (2) de celle des cas (3) et (4) (notons que si on essaie de faire la distinction, le patron des cas (1) et (2) aura un motif de mentir au cas où on l'interrogerait sur ses préférences). Les choix institutionnels effectifs auxquels on est confronté peuvent être, soit d'interdire toute déclaration de ce genre, soit de permettre ces déclarations, soit d'établir une condition presque coextensive avec les préférences convenables et d'interdire ou d'autoriser les déclarations selon que cette condition est satisfaite ou non, tout en regrettant de ne pouvoir traiter *tous* les cas comme on le souhaiterait[43].

Des problèmes de choix concernant des modèles sous-optimaux se posent également de manière aiguë dans le cas des législations paternalistes, c'est-à-dire des législations qui, afin d'empêcher les individus de se léser (ou d'en diminuer le risque), ou afin de les mettre en mesure de réaliser un certain bien, leur enlèvent la liberté d'accomplir un certain acte[44]. Les modèles réalisables exigeront souvent de priver certaines personnes, qui n'ont pas besoin de la protection paternaliste et se trouveraient mieux sans, de la liberté d'accomplir certaines actions, ou bien de laisser certaines personnes libres d'accomplir des actes qu'elles ne devraient pas (pour leur propre bien) être libres d'accomplir (je fais grâce au lecteur d'exemples). On doit souvent choisir parmi de tels modèles parce qu'il n'y a pas d'arrangement institutionnel réalisable et acceptable permettant de classer correctement les gens (en fonction du modèle optimal) par rapport à des actes particuliers. Une leçon importante se dégage de cette analyse : le fait qu'une législation particulière enlève à certaines personnes la liberté d'accomplir certaines actions qu'elles devraient être libres d'accomplir (d'après le modèle optimal de la liberté et de la non-liberté), n'est pas en lui-même une objection *concluante* à l'encontre de cette législation. En effet, il se peut qu'il n'y ait pas de modèle réalisable et acceptable de la liberté et de la non-liberté qui soit plus optimal (ou que tous les autres modèles réalisables soient moins optimaux) que celui résultant de cette législation.

Je voudrais, pour clore cette partie, mentionner une déclaration (qu'on pourrait appeler un «tuyau») qui est à l'offre ce que l'avertissement dépourvu de menace est à la menace : il s'agit du cas où P déclare qu'il réalisera une certaine conséquence au cas où Q ferait A, conséquence qui rend l'action A plus désirable pour Q, bien que le fait que P croie (que Q croit) qu'elle la rend plus désirable ne soit pas une de ses raisons pour décider de réaliser cette conséquence au cas où Q ferait A.

C'est en intégrant dans la notion de P faisant une offre à Q pour qu'il fasse A, l'exigence que la raison (ou une des raisons) de P pour réaliser la conséquence (au cas où Q ferait A) est de rendre A plus désirable pour Q, qu'on éclaire l'exemple suivant : P lance à Q «La bourse ou la vie!», mais ce dernier se défend et tabasse P. Si P n'avait pas proféré de menace et n'avait pas pointé un fusil sur Q et que Q l'aurait tabassé, Q serait une brute et se serait déconsidéré aux yeux d'autrui. Mais à présent, les conséquences de l'action de tabasser P sont beaucoup plus attractives pour Q : il a une chance de devenir un héros. Cependant, P n'a pas proposé à Q de le tabasser; même si sa façon d'agir a rendu plus désirables, pour Q, les conséquences d'un certain acte, ce n'est pas en vue de cela que P a agi[45]. Est-ce que P a donné un tuyau à Q? En général, les bandits n'ajoutent pas : «Et si tu te défends en me tabassant, tu seras un héros», mais si l'un d'eux le faisait, il donnerait un tuyau, aussi peu apprécié soit-il, à sa victime présomptive. Notons en passant que lorsque Q tabasse P après que celui-ci l'a menacé, il n'est pas vrai qu'il a été contraint de le faire, même s'il a agi pour éviter la conséquence dont on l'a menacé. En effet, les autres conditions nécessaires de la contrainte ne sont pas toutes satisfaites.

MENACES, OFFRES ET CHOIX

J'ai affirmé que normalement, on n'est pas contraint lorsqu'on agit suite à une offre, alors qu'on l'est en cédant à une menace. Je pense que la raison pour laquelle certains auteurs interprètent les offres comme étant également coercitives, est qu'ils acceptent quelque chose de similaire à l'énoncé suivant :

Si Q est en mesure d'accomplir les actions d'un ensemble A, et s'il s'ensuit de ce que P a fait ou fera

(a) que l'acte A_1 a pour Q un degré d'utilité significativement plus élevé que les autres actions faisant partie de A

(b) que l'acte A_2 a pour Q un degré d'utilité significativement moindre que les autres actions faisant partie de A,

tandis que tel n'était pas le cas auparavant, et si Q

(a) fait A_1 pour cette raison

(b) s'abstient d'accomplir A_2 pour cette raison,

alors Q a été contraint

(a) d'accomplir A_1

(b) de s'abstenir de faire A_2.

    Dans cette conception, toute action de P qui a pour résultat d'augmenter significativement le degré d'utilité de A_1 ou de diminuer le degré d'utilité de A_2 par rapport aux autres actions faisant partie de A, contraint Q. La façon dont ces différences dans le degré d'utilité sont produites, que ce soit comme en (a), parce que le degré d'utilité de A_1 augmente de façon absolue ou parce que le degré d'utilité de tous les autres éléments de A diminue de façon absolue, ou que ce soit comme en (b), parce que le degré d'utilité de A_2 diminue de façon absolue ou parce que le degré d'utilité des tous les autres éléments de A augmente de façon absolue, importe peu. Ce ne sont que les positions *relatives* résultantes, quel que soit leur mode de production, qui entrent en ligne de compte. Cette conception est erronée et je crois que tout le monde est à même d'imaginer des contre-exemples. Je voudrais maintenant examiner *pourquoi* la notion de contrainte n'est pas assez large pour englober tous les cas d'actions dues à l'introduction de différences dans la position relative. La question peut sembler creuse. Après tout, certains termes s'appliquent à la fois aux cas où on amène quelqu'un à agir en le menaçant et aux cas où on l'amène à agir en lui faisant une offre (par exemple, l'expression «amener quelqu'un à agir»), et d'autres termes s'appliquent au premier cas et non au second. La question que je me pose ne revient-elle donc pas simplement à se demander pourquoi le mot «contrainte» est un de ceux qui s'appliquent uniquement à l'un des cas et pas à l'autre, et pourquoi s'attendre alors à ce que la réponse, qui exige probablement qu'on retourne jusqu'aux racines latines du mot, ait un intérêt philosophique? Je vais donc formuler la tâche différemment.

Je voudrais donner un sens aux assertions suivantes : lorsqu'on agit suite à une menace, la volonté d'autrui opère ou prédomine, alors que ce n'est pas le cas quand on agit suite à une offre ; la personne cédant à une menace est sujette à la volonté d'autrui, tandis que celle qui accepte une offre ne l'est pas ; la première, à la différence de la seconde, n'accomplit pas une action pleinement volontaire ; lorsqu'on accepte une offre, on agit selon son propre choix, alors que celui qui cède à une menace se soumet au choix d'autrui (ou n'agit pas intégralement selon son propre choix, ou quelqu'un d'autre fait le choix pour lui) ; une personne qui cède à une menace agit malgré elle, ce qui n'est normalement pas le cas de quelqu'un qui accepte une offre (il y a d'autre façons d'aborder ces problèmes : on peut se demander, par exemple, pourquoi on dit qu'on *accepte* des offres, alors qu'on dit que l'on prend son parti des contraintes, sans les accepter).

J'aimerais donner un sens à ces affirmations face aux trois énoncés suivants, qui sont vrais en gros et qui semblent indiquer que les situations de menace et d'offre sont sur le même pied en ce qui concerne la question de savoir si c'est la volonté de l'agent ou celle d'autrui qui opère, si l'acte est pleinement volontaire ou non, si c'est l'agent ou autrui qui a fait les choix, et ainsi de suite.

(1) On peut amener une personne à accomplir une chose qu'elle ne ferait pas d'elle-même, tant par des offres que par des menaces.

(2) De la même façon qu'une personne décide d'accomplir une chose dont on veut l'inciter à s'abstenir par une offre, elle décide de faire une chose dont on veut l'empêcher par la menace («de la même façon»?)

(3) Parfois, une menace est à ce point grave qu'on ne peut raisonnablement attendre d'une personne qu'elle y résiste, et parfois une offre est tellement avantageuse qu'on ne peut raisonnablement attendre d'une personne qu'elle la refuse.

Je vais raisonner par rapport à une personne que je ne décrirai que partiellement et que j'appelle l'Homme Rationnel (je n'arriverai malheureusement pas jusqu'aux êtres humains réels). L'Homme Rationnel est capable de résister aux tentations auxquelles il croit devoir résister et, normalement, il accueille favorablement des offres crédibles[46], ou du moins ne s'oppose pas à ce qu'elles lui soient faites. En effet, il peut toujours décliner l'offre et, dans ce cas, il ne se retrouvera pas plus mal qu'avant (je néglige le «coût» de la prise de décision, comportant par exemple le temps consacré à l'examen d'une offre). Il n'a donc pas de raison pour refuser d'être le destinataire d'une offre. D'un autre côté, l'Homme Rationnel n'accueille pas favorablement, dans le cas normal, des menaces crédibles ; il ne veut pas être exposé à des menaces, même s'il est capable d'y résister. Il est intéressant de considérer certains cas qui sont, ou qui semblent être, des exceptions. On peut être indifférent à une menace si on comptait de toute façon accomplir l'action. Puisque, dans cette hypothèse, on n'a (probablement) pas été contraint, ce cas ne nous concerne pas. Une personne peut encore accueillir favorablement des menaces qui imposent des restrictions aux actes qu'on peut raisonnablement attendre d'elle et qui améliorent ainsi sa position dans des négociations avec un tiers. Ainsi, un chef d'entreprise qui est en train de négocier avec un syndicat accueillera favorablement des menaces gouvernementales à l'égard d'une augmentation salariale de plus de n pour cent. Mais ce qu'il salue en fait, ce n'est pas d'être contraint de ne pas augmenter les salaires de plus de n pour cent (il ne l'est pas), mais c'est l'impression donnée à autrui qu'il l'est. Ce cas ne nous concerne pas non plus.

Mais il y a d'autres cas plus difficiles. Par exemple, P dit à Q qu'il lui donnera dix mille dollars si, au cours de la semaine qui vient, quelqu'un menace Q (à condition que ce quelqu'un n'y ait pas été incité par Q). Dans cette hypothèse, Q accueillerait favorablement d'être menacé. Ou bien, P est jaloux de ce que Q reçoit certaines offres et il lui dit que s'il reçoit une autre offre avant lui, il le tuera ; Q vit dans la terreur de la prochaine offre. Ou bien, Q croit que recevoir au moins cinq menaces (ou cinq offres) au cours d'une semaine porte bonheur (malheur) et il est heureux (malheureux) quand arrive la cinquième menace (offre) de la semaine. Ou bien, pour des raisons fiscales, Q accueille favorablement une menace de saisie illégale d'une partie de son argent ; et ainsi de suite. Je pense que lorsqu'on accueille favorablement des menaces ou qu'on évite des offres, on le fait pour des raisons externes, en raison d'un contexte spécial (on a tendance à dire, dans ces contextes, que ce qui normalement est une menace (une offre) n'en est pas vraiment une). J'éprouve des difficultés à séparer ces contextes spéciaux des autres. Mais la thèse que les menaces ne sont normalement pas favorablement accueillies tandis que les offres le sont, n'est pas destinée à s'appliquer à des contextes où l'on pense qu'une condition spéciale est présente, où l'on croit que du fait qu'une menace (une offre) est faite ou que la personne y résiste (l'accepte), quelque chose de bon (de néfaste) arrivera au destinataire de la menace (de l'offre) (cette conséquence bonne [néfaste] n'étant pas « interne » à la menace [à l'offre]), et où cette croyance de la part du destinataire de la menace (de l'offre) prend le pas sur d'autres considérations. C'est aussi de cette façon que je propose d'interpréter le cas des personnes qui accueillent favorablement une menace parce qu'elle leur donne l'occasion de prouver leur courage à autrui ou à eux-mêmes. Je voudrais enfin mentionner le cas d'un individu se trouvant dans une situation de dilemme du prisonnier à n participants. Dans ce cas, ce qu'il préfère éventuellement parmi tout, c'est que tous les *autres* soient contraints d'accomplir une action dominée, tandis que lui-même reste libre d'accomplir l'action dominante*. Mais il peut aussi préférer que tout le monde soit contraint d'accomplir une certaine action dominée (par exemple payer des impôts) plutôt que personne n'y soit contraint. En effet, s'il se rend compte que la solution qu'il préfère entre toutes, celle lui réservant un traitement à part, n'est pas réalisable, il se peut qu'il accueille favorablement que tout le monde soit soumis à une menace, y compris lui-même[47]. Même dans ce cas, il reste vrai qu'il est contraint d'accomplir cette action particulière (par exemple payer ses impôts). Ceci non plus ne me paraît pas être un contre-exemple à la thèse que les menaces ne sont pas accueillies favorablement; il s'agit plutôt d'un des contextes spéciaux comportant des conditions spéciales liées à la menace, contextes extérieurs à notre thèse.

J'ai dit que l'Homme Rationnel est normalement d'accord qu'on lui fasse des offres crédibles, mais qu'il n'est pas d'accord d'être exposé à des menaces crédibles. Imaginons qu'on lui propose de choisir si on doit lui faire une offre ou non (si on doit le menacer ou non). On lui demande : «Voulez-vous que je vous menace (que je vous fasse une offre)?», et s'il répond par l'affirmative, on fait ce qu'il désire. Je suppose qu'autrui ne lui ait pas fait une offre pour qu'il réponde «oui» à cette question et ne l'ait pas menacé pour qu'il dise «non»; autrement dit, *ce choix n'est lié ni à une menace ni à une offre*. Appelons pré-situations les situations précédant une offre ou une menace (en anticipant sur ce qui va suivre, je parlerai des situations de pré-menace et de pré-offre), et appelons situations de menace et situations d'offre, les situations qui suivent la menace ou l'offre.

Prenons d'abord les offres :

(a) Normalement, l'Homme Rationnel consent à passer et consentirait à choisir de passer de la situation de pré-offre à la situation d'offre.

(b) Dans la situation de pré-offre, l'Homme Rationnel consent normalement à accomplir A au cas où il serait placé dans la situation d'offre.

---

* Dans la théorie des jeux, l'action dominante est celle choisie par un joueur, indépendamment des choix des autres joueurs (*N.d.T.*).

(c) Dans la situation de pré-offre, l'Homme Rationnel ne consent pas à accomplir A (nous n'envisageons que les cas où il fait A [en partie] à cause de l'offre).

(d) L'Homme Rationnel, placé dans la situation d'offre, ne préfère normalement pas revenir à la situation de pré-offre.

Prenons maintenant les menaces :

(a) L'Homme Rationnel ne consent normalement pas et ne consentirait pas à choisir de passer de la situation de pré-menace à la situation de menace.

(b) Dans la situation de pré-menace, l'Homme Rationnel consent normalement à accomplir A au cas où il serait placé dans la situation de menace.

(c) Dans la situation de pré-menace, l'Homme rationnel ne consent pas à accomplir A et ne choisirait pas de l'accomplir (nous n'envisageons que les cas où il fait A [en partie] à cause de la menace).

(d) L'Homme Rationnel, placé dans la situation de menace, préfère normalement revenir à la situation de pré-menace et choisit d'y revenir.

Les deux différences significatives entre ces listes d'énoncés sont :

(1) L'Homme Rationnel consent à passer et à choisir de passer de la situation de pré-offre à la situation d'offre, tandis qu'il ne consent normalement pas à passer ou à choisir de passer de la situation de pré-menace à la situation de menace.

(2) L'Homme Rationnel, une fois qu'il se trouve dans la situation d'offre, ne préfère pas revenir à la situation de pré-offre, tandis que s'il se trouve dans la situation de menace, il préfère normalement revenir à la situation de pré-menace.

Si on limite son attention aux choix accomplis dans les situations d'offre ou de menace, on voit difficilement les différences permettant de donner des réponses différentes à la question de savoir si c'est la volonté d'autrui ou celle de l'agent qui opère, si c'est lui ou autrui qui choisit, si l'acte est pleinement volontaire, s'il est accompli de bon gré ou malgré soi, etc. Mais dès que l'on prend *également* en compte le choix concernant le passage de la pré-situation à la post-situation, les choses paraissent plus prometteuses. Dans ce cas, on n'a pas seulement deux choix, mais deux couples de choix :

(1) Passer de la situation de pré-offre à la situation d'offre, et accomplir A dans la situation d'offre.

(2) Passer de la situation de pré-menace à la situation de menace, et accomplir A dans la situation de menace.

L'Homme Rationnel ferait (serait prêt à faire) les deux choix de (1), mais pas ceux de (2). Je crois que c'est cette différence dans les choix qui sont ou seraient faits (les autres éléments restant constants), qui rend compte des différences quant à la question de savoir, dans les situations où autrui vous amène intentionnellement de la pré-situation à la post-situation, si c'est autrui ou l'agent qui agit, si c'est le premier ou ce dernier qui choisit, si l'acte est accompli de plein gré ou malgré soi, s'il est pleinement volontaire ou non.

Il faudrait établir un principe basé sur les considérations précédentes, mais j'éprouve des difficultés à en formuler un dont je pourrais être sûr qu'il ne pas soit pas exposé à des contre-exemples très simples. A titre provisoire et avec beaucoup de prudence, je propose le principe suivant, qui me paraît plausible :

Si les possibilités entre lesquelles Q doit choisir sont intentionnellement modifiées par P en vue d'amener Q à accomplir A, et si Q n'a pas choisi (et n'a pas consenti à choisir) ce changement (et si Q préfère qu'il n'ait pas eu lieu), et si Q n'a pas choisi d'accomplir A avant ce changement, et si, après ce changement, Q fait A, alors sa décision d'accomplir A n'est pas entièrement la sienne.

Je précise que je ne dis *pas* que le trait caractéristique que je viens de mettre en évidence et qui est mentionné par le principe, à savoir consentir à choisir de passer d'une situation à l'autre, est par lui-même suffisant pour qu'un choix fait dans la dernière situation ne soit pas pleinement le choix du sujet. Je dis que cette caractéristique, *jointe* aux autres caractéristiques énumérées dans l'antécédent, est suffisante.

Puisque ce principe est une condition suffisante pour que le choix de Q ne soit pas pleinement le sien, il n'aboutit pas à la conséquence que dans la situation d'offre, le choix de Q est normalement et entièrement le sien. Une analyse détaillée, aboutissant à cette conséquence, de la question de savoir quand des choix *sont* pleinement les nôtres ou pleinement volontaires, nous mènerait trop loin. Pour le moment, je suggère uniquement que la différence cruciale entre accepter une offre et céder à une menace, en ce qui concerne la question de savoir qui, de l'agent ou d'autrui, choisit, etc., est que dans l'un des cas (le cas de l'offre), l'Homme Rationnel est normalement prêt à passer ou à être amené de la pré-situation à la situation elle-même, tandis que dans l'autre cas (le cas de la menace), ce n'est pas vrai. Pour le dire de façon abrupte et quelque peu simpliste, l'Homme Rationnel choisit (est prêt à choisir) normalement de faire un choix parmi les possibilités présentes dans la situation de l'offre, tandis qu'il ne choisit pas (n'est pas prêt à choisir) de faire un choix parmi les possibilités présentes dans la situation de contrainte.

Ce principe me paraît être sur la bonne voie, dans la mesure où il ne tient pas *seulement* compte du choix de faire ou de ne pas faire A, mais également du choix de passer à la situation de contrainte ou d'offre. Néanmoins, il est difficile d'établir un principe tenant compte de tous les détails et n'étant pas trivial ou peu instructif (comme celui qui dirait : si P fait passer Q de S_1 à S_2 au moyen d'une menace, alors...). Au lieu de parler (seulement) de l'action A comme pleinement due à notre propre choix, on devrait dire que c'est entièrement selon notre propre choix que l'on a fait A au lieu de B. Je songe au genre de cas suivant. P casse intentionnellement la jambe de Q (et fait donc intentionnellement passer Q de S_1 [jambe intacte] à S_2 [jambe cassée]). Q préfère que ce changement ne se fasse pas et, par après, il préfère qu'il ne se soit pas produit. Mais une fois sa jambe cassée, il choisit d'avoir un plâtre décoré au lieu d'un plâtre tout blanc. Si l'on considère uniquement l'acte de porter un plâtre décoré, on aura des problèmes, car d'un côté ce n'est pas un choix appartenant pleinement à Q (il a été mis de force dans une situation où il doit porter un plâtre, etc.), mais d'un autre côté ce l'est, en un certain sens. Je pense qu'il est plus clair de dire que porter un plâtre plutôt que ne pas en porter n'était pas pleinement le choix de Q, mais que porter un plâtre décoré plutôt qu'un tout blanc *était* son propre choix, et enfin de dire que porter un plâtre décoré plutôt que de ne pas en porter n'était pas pleinement son propre choix. Je ne vois pas très bien comment établir un principe rendant compte de ces complications et d'autres du même genre et qui ne soit pas sujet à des difficultés évidentes. Je voudrais cependant souligner qu'on ne sera pas en mesure de comprendre pourquoi des actes accomplis à cause de menaces ne sont normalement pas pleinement volontaires, pas entièrement dus au choix propre de l'agent, etc. (alors que cela n'est normalement pas le cas lorsqu'on répond à une offre), si on tient uniquement compte du choix de la personne dans une situation d'offre ou de menace. On doit tenir compte en plus du choix (hypothétique) de passer (et d'être prêt à passer) à ces situations de menace ou d'offre.

Nous avons dit que lorsque P contraint Q à s'abstenir de faire A, la raison (une des raisons) de Q de ne pas accomplir A est d'éviter ou de rendre moins probable la conséquence dont P le menace. En supposant que toutes les conditions énoncées dans la première partie de cet article soient satisfaites, il s'ensuit :

(a) Si la seule raison pour laquelle Q s'abstient de faire A est d'éviter ou de rendre moins probable la conséquence dont P le menace, P

contraint Q à s'abstenir de faire A (on néglige ici les raisons de Q de vouloir éviter cette conséquence)[48].

(b) Si la conséquence dont P menace Q ne fait pas partie des raisons pour lesquelles Q s'abstient de faire A (même si Q possède cette raison), P ne contraint pas Q à s'abstenir de faire A.

Mais le cas est plus compliqué quand la conséquence dont P menace Q est une des raisons pour laquelle Q s'abstient de faire A et quand d'autres raisons de Q pour s'abstenir de faire A (qui ne sont pas liées à des menaces) sont aussi des raisons pour lesquelles il s'en abstient. En effet, dans ce cas, Q apporte des raisons propres et ne s'abstient pas seulement de faire A à cause de la menace. S'il fallait absolument qualifier cette situation, soit de situation de contrainte, soit de situation n'impliquant pas de contrainte, on dirait, je pense, qu'il s'agit d'une situation de contrainte[49]. Mais je crois que dans des cas pareils, on est tenté de passer d'une notion classificatrice à une notion quantitative de la contrainte[50].

Entrons un peu dans la science-fiction. Supposons qu'on puisse assigner aux différentes raisons pour lesquelles Q s'abstient de faire A, des poids indiquant, pour chaque raison, à quelle fraction de la raison totale pour laquelle Q s'abstient de faire A elle correspond[51]. Lorsque la menace de P correspond à la n/m-ième fraction de la raison totale de Q pour s'abstenir de faire A, on dira que Q a été n/m-contraint de s'abstenir de faire A. Lorsque la menace de P est la raison totale pour laquelle Q s'abstient de faire A (ou, au contraire, ne fait pas partie de la raison totale de Q pour s'abstenir de faire A), Q est 1-contraint (ou 0-contraint), ou plus simplement, est contraint (n'est pas contraint). En l'absence d'évaluations précises, on pourrait commencer par parler d'un individu partiellement contraint, légèrement contraint, presque intégralement contraint à accomplir une chose, et ainsi de suite[52]. De plus, et sans vouloir prétendre qu'une personne ne puisse *jamais* être tenue pour responsable d'un acte accompli sous la menace, on pourrait parler d'elle comme étant (tenue pour) partiellement responsable de son action, dans certains cas où des raisons différentes de la menace ne feraient pas à elles-seules que la personne décide d'accomplir l'action. Elle n'est pas entièrement responsable, parce qu'elle a agi partiellement sous la menace, mais on ne peut pas non plus la dégager de toute responsabilité, parce qu'elle n'a pas uniquement agi à cause de la menace, mais a apporté certaines raisons propres. La mise sur pied d'une telle conception de la responsabilité, et l'introduction, dans notre théorie de la contrainte, des modifications exigées par un emploi cohérent de la notion de n/m-contraint, demanderaient un article supplémentaire — mais je crains fort que cela ne soit perçu comme une menace par certains lecteurs.

Bibliographie

BAY Ch., *The Structure of Freedom*, Stanford University Press, 1958.
BUCHANAN J.M. et TULLOCK G., *The Calculus of Consent*, University of Michigan Press, 1962.
DAHL R., *Modern Political Analysis*, Englewood Cliffs, Prentice-Hall, 1954.
HALE R.L., *Freedom Through Law*, Columbia University Press, 1952.
HART H.L.A., *The Concept of Law*, Oxford, Clarendon Press, 1961 [trad. fr. de M. VAN DE KERCHOVE, *Le Concept de Droit*, Bruxelles, Publications des Facultés Universitaires Saint-Louis, 1976].
HART H.L.A. et HONORÉ A.M., *Causation in the Law*, Oxford, Clarendon Press, 1959.
HEMPEL Carl G., *Fundamentals of Concept Formation in Empirical Science*, University of Chicago Press, 1951.
LASWELL H. et KAPLAN A., *Power and Society*, Yale University Press, 1950.
LUCE R.D. et RAIFFA H., *Games and Decisions*, New York, John Wiley and Sons, 1957.
NAGEL E., *The Structure of Science*, New York, Harcourt, Brace, and World, 1961.
OLSON M., *The Logic of Collective Action*, Harvard University Press, 1965.
OPPENHEIM F., *Dimensions of Freedom*, New York, St. Martin's Press, 1961.
SCHELLING Th., *The Strategy of Conflict*, Harvard University Press, 1960.
SUPPES Patrick et ZINNES J.L., «Basic Measurement Theory», in R.D. LUCE, R. BUSH et E. GALENTER (éds), *Handbook of Mathematical Psychology*, vol. I, New York, John Wiley and Sons, 1963.

NOTES

[1] Une version antérieure et abrégée de cet article a fait l'objet de conférences à Columbia University et à Brown University, et j'ai tiré profit des discussions qui ont suivi. J'ai également profité des entretiens avec le Professeur Gerald Dworkin sur certains des problèmes abordés.

[2] Le livre de Felix OPPENHEIM, *Dimensions of Freedom*, est un bon point de départ pour réfléchir sur la non-liberté. Oppenheim pense lui aussi que les trois premiers exemples sont des cas de non-liberté et le quatrième non. J'ai trouvé son livre fort instructif, mais je pense qu'une explication correcte de la non-liberté serait significativement différente de celle qui y est exposée.

[3] Hart n'aborde la contrainte qu'en passant et Hart et Honoré ne l'étudient pas en détail, mais analysent plutôt la notion plus générale d'amener quelqu'un à accomplir une chose. Si ces auteurs s'étaient concentrés spécifiquement sur la contrainte, ils auraient certainement présenté les choses de façon légèrement différente.
Je formule leurs conditions comme les conditions pour contraindre quelqu'un de ne pas accomplir une action. On voit évidemment comment modifier les conditions pour qu'elles correspondent à l'action de contraindre quelqu'un à accomplir une chose. Je donnerai parfois, à titre d'objection à une condition de l'action de contraindre quelqu'un à s'abstenir d'une action, un exemple qu'il serait plus naturel d'interpréter comme objection à la condition correspondante de l'action de contraindre quelqu'un à accomplir une action. Mais puisqu'il est facile, une fois qu'on a compris le sens d'un exemple, d'en imaginer un autre pour la condition correspondante, je présente les exemples sans me soucier s'ils s'appliquent à la condition que je suis en train d'examiner ou bien à la condition correspondante.

⁴ Hart et Honoré ajoutent une condition supplémentaire : Q ne forme l'intention de ne pas accomplir A qu'après avoir pris connaissance de la menace de P. Le fait que Q n'ait formé cette intention qu'après avoir appris la menace peut, certes, être un indice de ce qu'il a fait A à cause de la menace. Mais il se peut fort bien que Q s'abstienne de faire A à cause de la menace, même s'il avait formé l'intention de ne pas faire A avant d'avoir appris la menace. Par exemple (cet exemple s'applique à la condition correspondante), Q a l'intention de rendre visite demain à un ami et voilà que P le menace de mort s'il n'y va pas ; de plus, Q apprend que son ami souffre d'une maladie contagieuse. En l'absence de la menace, il ne lui aurait pas rendu visite ; mais il y va parce que P le menace, bien qu'il avait formé l'intention d'y aller avant d'avoir appris la menace et bien que son intention n'ait jamais changé. La condition supplémentaire de Hart et Honoré n'est donc pas satisfaite, mais il est pourtant vrai que P a contraint Q.
⁵ Ou bien, pour tenir compte du cas des menaces anonymes : Q sait que quelqu'un a menacé de faire la chose mentionnée par la condition (1) au cas où lui, Q, ferait A.
⁶ N'accordons pas trop d'importance au terme *conséquence*. Parfois, il serait plus correct de parler de «résultat», d'«effet», d'«état de choses», d'«événement», etc. La meilleure manière de formuler la condition est peut-être de dire : «la chose dont il menace Q».
⁷ Il faudrait préciser cette condition en tenant compte des cas où P ignore que Q veut éviter qu'il ne réalise la conséquence dont il le menace, et cela pour empêcher (dans le seul intérêt de P) une autre conséquence qui s'ensuivrait et qui serait nuisible à ce dernier. Par exemple, Q s'abstient de faire A parce qu'il sait que P regretterait d'avoir mis à exécution sa menace, et il veut lui éviter cela ; ou bien Q s'abstient de faire A (alors que P a menacé de le licencier s'il fait A) parce que P ferait faillite si Q ne travaillait plus pour lui et Q ne veut pas que cela lui arrive. Dans cet article, je ne chercherai pas à détailler un principe qui exclurait ces cas comme cas de contrainte.
⁸ J'ai introduit cette dernière disjonction puisqu'on peut menacer une personne de réaliser une certaine conséquence sans penser qu'elle rend réellement moins désirable l'action A pour cette personne et tout en sachant que cette personne le croit. Des problèmes délicats se posent dans les cas où le seul fait de proférer une menace amène une personne à croire qu'une conséquence est pire qu'une autre. Par exemple, un agent de la Gestapo interrogeant un prisonnier, croit que deux camps de concentration sont également durs et le prisonnier croit la même chose au départ. L'agent de la Gestapo dit d'un ton menaçant au prisonnier qu'il l'enverra de toute façon dans un camp de concentration, mais qu'il l'enverra dans le premier s'il consent à coopérer, et dans le second s'il refuse. Dans ce contexte, le seul fait de proférer une menace amène le prisonnier à penser que le second camp est pire que le premier.
Notons qu'on peut préciser cette condition pour traiter les cas où la raison (ou une des raisons) pour laquelle P prend sa décision est initialement identique à celle décrite dans la condition, mais où cette raison tombe par après et où P maintient sa décision pour une raison tout à fait différente et annonce ensuite sa décision. Il serait peut-être plus adéquat de dire quelque chose du genre : la raison (ou une des raisons) pour laquelle P croit..., au moment où il informe Q qu'il réalisera une conséquence ou la fera réaliser au cas où Q ferait A, projette de réaliser cette conséquence ou de la faire réaliser si Q fait A, est que P croit...
La condition énoncée dans le texte doit être interprétée ou élargie pour tenir compte des cas où une des raisons de P pour décider de réaliser les conséquences au cas où Q ferait A, n'est pas qu'il veut rendre l'action A moins désirable pour Q, mais où
(a) P décide de réaliser les conséquences (au cas où Q ferait A), parce qu'il croit que c'est son devoir ou qu'il y est obligé ;
(b) P sait que cette conséquence rend l'action A moins désirable pour Q ;
(c) Une des raisons de P pour croire au départ ou pour continuer à croire que réaliser une

telle conséquence (au cas où Q ferait A) est de son devoir ou qu'il y est obligé, est qu'une telle conséquence rend A moins désirable pour Q.

[9] Cette condition et la précédente forment la condition (3'), qui s'énonce donc intégralement comme suit : la raison (ou une des raisons) pour laquelle P a décidé... , est... , *ou bien*, si P n'a rien décidé, la raison (ou une des raisons) pour laquelle P dit... , est... Une condition alternative serait simplement : la raison (ou une des raisons) pour laquelle P dit... , est d'amener Q à ne pas accomplir A, ou bien de rendre moins désirable... Cette condition alternative diffère de celle que nous venons de considérer, dans les cas où P a décidé de réaliser la conséquence au cas où Q ferait A, et où ses raisons ou motifs ne sont pas ceux décrits, mais où une de ses raisons pour *dire* à Q qu'il réalisera la conséquence au cas où Q ferait A, *est* d'amener Q à ne pas faire A. Il est difficile de se prononcer en faveur de l'une ou l'autre de ces conditions, même si je préfère celle énoncée dans le texte. Dans le chapitre sur les menaces et les avertissements, j'analyserai un exemple où la condition présentée dans le texte et la condition alternative divergent (le cas 3).

[10] Il faut noter la différence qu'il y a, du point de vue de la contrainte, entre dire à un individu qui a l'intention d'accomplir A pour réaliser x :
(1) Si vous faites A, je prendrai des mesures pour que A ne puisse donner lieu à x.
et :
(2) Si vous faites B, je prendrai des mesures pour que, au cas où vous accompliriez A, A ne puisse donner lieu à x.

[11] Comme je l'ai dit précédemment, il ne faut pas accorder trop d'importance au terme *conséquence*. On a ici des cas où on dirait plutôt que P ne réalise pas du tout une conséquence, mais empêche Q d'en réaliser une.

[12] On remarquera évidemment que, dans beaucoup de cas de ce genre, si Q n'accomplit pas A et si P accomplit l'action qui, si Q avait accompli A, aurait fait que A ne puisse donner lieu à x (dans certains cas, P ne saurait accomplir cette action si Q n'a pas fait A, par exemple : «Si vous postez cette lettre, je l'intercepterai avant qu'elle lui arrive»), Q ne subit pas de conséquences néfaste. Cependant, une condition basée sur cette observation serait doublement erronée :
(1) Elle présenterait Q comme contraint, lorsqu'il s'abstient de faire A parce que P l'a menacé d'accomplir B au cas où il ferait A, et où B aurait seulement pour conséquence que A ne donne pas lieu à x, dans l'hypothèse où Q ferait A, mais où B infligerait beaucoup de mal à Q dans l'hypothèse où il ne ferait pas A.
(2) Elle présenterait Q comme n'étant pas contraint, lorsqu'il s'abstient de faire A parce P l'a menacé de réaliser une conséquence au cas où il ferait A et où la conséquence n'est néfaste pour Q que dans l'hypothèse où il ferait A.

[13] Dans cet article, je n'examinerai pas les deux conditions suivantes (on trouvera quelques indications concernant la première chez Hart) :
(1) Q *devrait* accorder plus de poids (d'un point de vue moral) au fait de s'abstenir de faire A, qu'il n'en *accorde* aux conséquences que P menace de réaliser.
Lorsque Q, qui n'est pas dans une situation financière délicate, et qui préfère légèrement ne pas tuer des gens à les tuer (il a la même attitude quant à tuer des gens que la plupart des gens ont quant à écraser une mouche), tue R parce P l'a menacé de ne pas lui rendre les cent dollars qu'il lui a empruntés au cas où il ne le ferait pas, a-t-il été contraint par P?
(2) Le poids que Q *accorde* au fait de s'abstenir de faire A n'est que légèrement inférieur au poids qu'il *devrait* (moralement) y accorder.
Si Q détruit la maison de R parce que P a menacé de réaliser une certaine conséquence, et si Q évalue cette conséquence comme pire que détruire la maison de R, *et* si tout un chacun devrait (moralement) faire de même, et si Q préfère *légèrement* ne pas détruire la maison de R, a-t-il été contraint par P?

[14] Si on hésite à dire que les membres de la bande l'ont menacé, il faut présenter une version légèrement plus complexe de la contrainte en termes de menaces *et* de menaces implicites, de quasi-menaces et de substituts de menaces.

[15] Voici une version plus compliquée de cet exemple. Supposons que le passant dise qu'il signera un chèque de mille dollars s'ils arrêtent de le tabasser et promettent de le laisser partir. Ils s'arrêtent, il signe le chèque et ils le laissent partir. A-t-il été contraint de signer le chèque?

[16] En modifiant légèrement les conditions établies précédemment, on obtient, pour ces situations :
(1) P accomplit une action dont s'ensuivra une certaine conséquence au cas où Q ferait A.
(2) A, plus cette conséquence, est substantiellement moins désirable pour Q que A sans cette conséquence.
(3) P sait que l'action qu'il a accomplie satisfait les conditions (1) et (2) et il veut que Q sache et sache qu'il veut qu'il sache qu'une telle action a été accomplie.
(4) La raison (ou une des raisons) pour laquelle P accomplit cette action est (qu'il croit) qu'elle a pour conséquence de rendre l'action A moins désirable pour Q.
(5) Q s'abstient de faire A et sa raison (ou une de ses raisons) pour s'en abstenir est qu'il veut éviter cette conséquence ou diminuer la probabilité qu'elle se produise.
(6) Q croit que P (ou que quelqu'un d'autre) a fait une chose pour que cette conséquence (dont il croit que Q la croit néfaste) s'ensuive au cas où Q ferait A, et Q croit qu'il est supposé le savoir (et qu'il est supposé savoir qu'on veut qu'il le sache).
(7) Q croit, et P croit que Q croit, que l'action de P, au cas où Q ferait A, aurait pour conséquence de créer une situation moins avantageuse pour Q, que la situation où il n'accomplirait pas A et où P ne passerait pas à l'acte.

[17] S'il s'agit d'une contrainte, plusieurs questions intéressantes se posent. Je n'en mentionnerai qu'une seule qui, à première vue, n'a pas d'équivalent dans le premier type de contrainte que nous avons analysé. Lorsque les conditions (1) - (7) s'appliquent à P et à Q et lorsque la personne R, dont P ignore l'existence (il n'est pas vrai qu'une raison de P pour accomplir son action est de rendre l'action A moins désirable pour *R*), s'abstient de faire A pour éviter la conséquence (l'acte de P, bien que la conséquence sera infligée à tout un chacun qui fera A), peut-on dire que R a été contraint de ne pas faire A?
Un grand nombre de problèmes liés à cette deuxième notion de contrainte correspondent à des problèmes liés à la première notion, mais il n'est pas certain qu'ils puissent être résolus de la même manière. On admettra notamment plus facilement d'un cas du second type qu'il est un cas de contrainte (en supposant qu'au moins quelques cas de ce genre soient des cas de contrainte), alors que P n'a pas certaines des intentions et raisons spécifiées.

[18] Par égard pour ma mère, je tiens à préciser que cet exemple a été évoqué, au cours de la discussion à l'Université Columbia, par une personne dont je tairai le nom par égard pour sa mère à elle.
C'est en tant que cas spécial de ce genre de situation qu'on peut interpréter la manière de procéder de certaines organisations charitables qui accompagnent leurs appels de fonds d'un «cadeau», cherchant peut-être par là à mettre le destinataire devant le choix suivant :
(a) renvoyer le cadeau, ne pas faire de don et se sentir légèrement embarrassé;
(b) garder le cadeau, ne pas faire de don et se sentir légèrement coupable;
(c) faire un don.

[19] Un problème intéressant se pose à propos des explications qui, à l'instar de celle que je développe, établissent (ou essaient d'établir) les conditions nécessaires et suffisantes pour la partie centrale ou le noyau d'une notion, et traitent ensuite les autres cas en

spécifiant leurs relations aux cas centraux. Lorsqu'on a un certain ensemble de conditions, supposées nécessaires et suffisantes pour le cas central, et qu'on a un exemple auquel la notion s'applique sans qu'il satisfasse ces conditions, comment savoir si on a affaire à un contre-exemple (exigeant une modification des conditions), ou bien si ces dernières doivent être maintenues et l'exemple interprété comme un cas non central, dont on devra spécifier le lien avec les cas satisfaisant les conditions ? J'espère que le lecteur ne contestera pas ma façon de traiter certains exemples comme des cas satisfaisant les conditions centrales (comme je l'ai fait dans la partie précédente) et de traiter d'autres exemples comme n'étant pas des cas centraux (comme je le ferai ci-dessous), même si je n'indique pas les critères que j'applique.
Une approche différente serait d'accepter l'explication précédente comme l'explication complète de la contrainte et d'élargir la classe des actions sur lesquelles peut porter une menace (la raison pour laquelle il s'agit d'une autre approche apparaîtra lorsque le lecteur arrivera à la liste d'énoncés qui suit dans le texte : cette approche impliquerait que la menace ne porte pas seulement sur l'action A mais aussi sur l'action B). Il semble y avoir quelques faibles raisons de s'en tenir à l'approche suivie dans le texte, mais il n'est pas certain que des choses fort importantes dépendent de la façon dont on procède.

[20] Les lecteurs qui auront remarqué ma négligence dans l'usage des guillemets sauront comment y remédier ici. Il serait souhaitable de restreindre la formulation définitive d'un tel principe de façon à ce que certains cas où P ne sait pas que r_1 et r_2 ont la même référence, ne soient pas des cas où P contraint Q à accomplir B.

[21] Notez que le conséquent de (4) n'équivaut pas à : P contraint Q à accomplir B_1 ou P contraint Q à accomplir B_2, ou... , ou P contraint Q à accomplir B_n.

[22] On hésite à appliquer tel quel ce principe à des situations où P ne sait pas que Q souffre d'un handicap qui l'empêche d'accomplir A sans faire une chose d'ignoble, B_1. Il faut également faire attention de ne pas interpréter de travers certains résultats obtenus en appliquant cette condition, comme dans le cas (où n = 1) où R conseille à Q d'aller au cinéma et où P le menace de mort s'il n'y va pas. Puisque Q, en cédant à la menace de P, fait ce que R lui a conseillé, on arrive, en appliquant la condition, au résultat que P contraint Q à accomplir l'action que R lui a conseillée, résultat qui peut être facilement compris de travers.

[23] Il est utile de se poser la question de savoir pourquoi les énoncés obtenus en remplaçant «contraint Q à accomplir A» par «persuade Q d'accomplir A» dans les énoncés (1) - (8) (et en faisant les autres changements qui s'imposent) ne sont pas satisfaisants, alors que tel n'est pas le cas de (1) - (8), du moins pas dans le même sens.

[24] D'autres auteurs (Laswell et Kaplan, Dahl) ne parlent pas de menaces, mais affirment que des incitations ou des récompenses sont coercitives.

[25] Il faudrait un énoncé plus complexe pour tenir compte de la condition (7) de la section sur les conditions de la contrainte (cette condition était suggérée par l'exemple où P dit qu'il débranchera son appareil acoustique au cas où Q dirait un mot de plus). Puisque nous n'allons pas considérer, dans cette partie, des exemples violant la condition (7), nous pouvons nous passer de cette complication.

[26] Il est vrai que P menace Q, même si la conséquence ne rend pas les conséquences de l'action de Q moins désirables; il suffit que P croie que ce soit le cas. Une chose analogue vaut pour l'offre. Nous n'allons pas tenir compte de cette complication, puisque de telles menaces et offres ne donneront normalement pas lieu à une action de Q.

[27] Je ne tiens pas compte des problèmes concernant une échelle continue de conséquences, où il n'y a peut-être pas de *premier* moment où la préférence change ou fait place à l'indifférence.

[28] La notion examinée ici doit être distinguée d'une autre où le fait de menacer Q de x s'il fait A, et le fait de lui proposer y s'il ne fait pas A, impliquent de façon prédominante

une offre (une menace), s'il est vrai pour pratiquement toute action B que Q préférera l'accomplir (ne pas l'accomplir) s'il est à la fois menacé de x s'il fait B et si on lui offre y s'il fait B.

[29] Je ne vais pas étudier les problèmes posés par le cas où il y a divergence entre le cours moralement attendu des événements et ce que P croit être le cours moralement attendu des événements, par exemple quand P croit qu'il est moralement censé laisser se noyer Q alors qu'il est censé le sauver.

Considérons un autre cas (d'après Braithwaite). P et Q sont voisins et P s'exerce chaque nuit au violon, que Q soit chez lui ou non. Q déteste entendre jouer P et lui demande d'arrêter, ce que celui-ci refuse. Il lui propose alors des compensations financières s'il consent à arrêter. Supposons que les droits de propriétaire de Q ne soient pas violés par les exercices de P, que la somme minimale qui inciterait P à s'arrêter pendant un an soit de cinq-cent dollars, et que deux mille dollars soit la somme maximale que Q est prêt à payer si P arrête pendant un an (les deux sommes indiquant leurs préférences réelles). Supposons que P dise qu'il arrêtera de jouer pendant un an si et seulement si Q lui paie n dollars. Intuitivement, on aimerait dire que pour certains montants n, P propose d'arrêter en échange de n dollars, et que pour certains montants (plus élevés), il menace de ne pas arrêter si Q ne lui paie pas cette somme. Il n'est pas nécessaire de développer ici les difficultés liées à l'élaboration d'une théorie du prix raisonnable, ou juste, ou équitable. Des désaccords concernant l'échelle à l'intérieur de laquelle doit se situer un prix équitable, ou concernant la question de savoir s'il y a une conception cohérente du prix équitable pouvant s'appliquer à cette situation, peuvent mener à des désaccords sur la question de savoir si on a affaire à une menace ou à une offre.

[30] Une autre approche serait de dire qu'il s'agit d'une *offre*, mais qu'en agissant suite à une *telle* offre, on est contraint. Cela demanderait une modification de notre conception première de la contrainte, afin d'y inclure les cas où on agit suite à de telles offres (ces offres étant des propositions de ne pas poursuivre le cours habituel [mais moralement proscrit] des événements, et de passer [du moins temporairement] au cours moralement attendu des événements [que le destinataire de l'offre préfère au cours normal]). Les lecteurs qui ne sont pas d'accord de qualifier de menace la déclaration du propriétaire d'esclaves, peuvent parler d'une offre et considérer le terme «menace», tel qu'utilisé dans le chapitre sur les conditions de la contrainte, comme un terme technique comprenant de telles offres.

[31] Qu'en est-il du cas où il préfère ne pas avoir de la drogue mais ne peut s'empêcher d'en acheter?

[32] Un domaine fertile pour tester des intuitions et des théories est celui où les cours normaux et moralement attendus des événements divergent parfois, et où on ne voit pas toujours clairement quel est le cours moralement attendu des événements. Supposons qu'une nation N déclare qu'à l'avenir, elle n'accordera une aide économique qu'à des pays satisfaisant certaines conditions (par exemple, ne pas voter contre N lors de débats importants aux Nations unies ou ne pas entretenir de relations commerciales ou diplomatiques avec certaines autres nations). Cette déclaration est-elle une proposition d'aider ces nations ou une menace de ne pas les aider? Parmi les éléments pertinents pour résoudre cette question, nous n'en citons que deux : il faut savoir si N a une obligation envers ces nations ou est moralement censée leur fournir de l'aide économique (qu'elles satisfassent ou non les conditions), et il faut savoir si N leur a antérieurement accordé de l'aide économique sans poser de telles conditions.

[33] Bien que ceci me semble correct, il reste un problème que je n'ai pas encore pu résoudre.

Si P = vous êtes sanctionné

et C = vous avez commis un crime,

les représentants de l'autorité diront :
P si et seulement si C
ce qui équivaut à :
non-P si et seulement si non-C.
Interprétée vérifonctionnellement, chacune de ces propositions est équivalente à (P et C) ou à (non-P et non-C). Les deux autres possibilités sont (P et non-C), et (C et non-P). L'arrière-plan auquel on se réfère pour déterminer s'il y a une menace ou non, est (C et non-P). Si on utilisait l'autre possibilité, (P et non-C), comme arrière-plan, il s'ensuivrait qu'on est en présence d'une offre. Le problème consiste à formuler des critères pour les cas où le biconditionnel fait lui-même partie du cours normal et attendu des événements, critères qui sélectionneraient (C et non-P), et non pas (P et non-C), dans les cas de menace, tout en sélectionnant également l'arrière-plan approprié pour les cas d'offres.

[34] Il s'agit en l'occurrence d'un cas de chantage que la loi devrait prohiber, vu qu'il augmente la probabilité que les crimes ne soient pas élucidés. D'autres raisons s'appliquent à d'autres cas, mais notons qu'il n'est pas nécessairement souhaitable de sanctionner légalement tous les cas où on dit qu'on rendra publiques certaines informations si Q ne paie pas. Par exemple,
(a) P dit qu'il rendra publique l'information que Q ne lui a pas payé ses dettes, si Q refuse de le payer.
(b) P est en train d'écrire un livre et au cours de ses recherches, il tombe sur des informations concernant Q qui assureraient le succès de son livre. P dit à Q qu'il s'abstiendra d'utiliser ces informations si et seulement si Q lui paie une somme d'argent compensant son manque à gagner prévisible.

[35] Une conséquence coercitive de l'accomplissement de A par Q est une conséquence dont on a menacé Q au cas où il ferait A.

[36] Plus précisément : la menace crédible d'augmenter le degré de probabilité de cette conséquence par rapport à ce qu'il est sans l'intervention de P.

[37] Les théoriciens du droit parlent de cette distinction comme étant celle entre menaces et prédictions. Puisque les philosophes opposent parfois les prédictions et les déclarations d'intention, et que celles-ci peuvent être des «prédictions» au sens des théoriciens du droit, je parlerai, afin d'éviter des confusions, de menaces et d'avertissements dépourvus de menace.

[38] En stipulant que chacun des membres d'une majorité déterminée partage cet ordre des préférences, nous évitons les problèmes qui se posent à propos des majorités intransitives.

[39] Je présuppose que le patron *peut* rester dans les affaires (sans courir à la faillite) même en cas de victoire du syndicat; s'il ne peut rester dans les affaires sans faire de pertes, il est clair que sa déclaration est un avertissement et non une menace (dans le cours normal des événements, il fermera l'usine en cas de victoire du syndicat et cela le plus rapidement possible, afin de réduire ses pertes). Je présuppose, pour les cas analysés dans le texte, que le patron, en faisant sa déclaration, a l'intention de fermer l'usine en cas de victoire du syndicat. S'il n'a pas cette intention ou n'a pas d'intention précise, il profère une menace.
Je présuppose également pour certains des cas où le patron pourrait rester dans les affaires sans faire de pertes (en cas de victoire du syndicat), qu'il n'y est pas obligé et qu'il n'est pas moralement censé le faire. Il est possible que certains désaccords concernant la question de savoir si le patron profère une menace ou lance au contraire un avertissement, soient dus à des divergences sur la question de savoir si, d'un point de vue moral, il est censé rester dans les affaires (s'il lui est moralement permis de fermer l'usine à cause de ses réticences à diriger une usine syndicalisée, etc.)

[40] Cf. SCHELLING, *The Strategy of Conflict*. Notons que, selon la théorie contemporaine de l'utilité, il est raisonnable pour le patron d'exclure (b) pour des raisons stratégiques, même

s'il ne connaît pas l'échelle des préférences de ses salariés, et cela aussi longtemps que
p u(a) + (1 - p) u(c) u(b),
où p est la probabilité que le syndicat perdra les élections après la déclaration du patron qu'il quittera les affaires en cas de victoire du syndicat, et où u(x) représente l'utilité de x pour le patron.

[41] Il faudrait peut-être insister sur le fait qu'agir sur base de telles considérations stratégiques ne fait pas partie du cours normal ou attendu des événements auquel on se rapporte pour analyser des problèmes de contrainte. S'abstenir de faire une chose, après avoir annoncé cette abstention dans ce genre de situation stratégique et pour des raisons stratégiques, est différent de s'abstenir de faire une chose sans l'avoir d'abord déclaré et pour des raisons d'un autre genre; voir le problème des lois *ex post facto*.

[42] J'exclus ici les menaces à propos de certains actes lésant autrui, etc. Il est difficile de déterminer s'il y a ou non présomption à l'égard du fait de menacer un individu afin de l'empêcher, par exemple, d'assassiner quelqu'un (à l'égard du fait de le contraindre de ne pas le faire), présomption qui, si elle existait, pourrait, de toute façon, être presque toujours aisément détruite. Déterminer exactement la différence entre ces deux possibilités, n'est pas chose facile. Pour une tentative de décrire cette différence, voir mon article «Moral Complication and Moral Structures», *Natural Law Forum*, vol. 13, 1968, partie 7.
Je ne considère pas la possibilité que dans le cas (3), le patron exerce une contrainte du second type (que nous avons analysée dans le chapitre sur les conditions de la contrainte), dans la mesure où sa déclaration rend la victoire du syndicat moins désirable pour les salariés du fait qu'ils se sentiraient plus mal une fois l'usine fermée et après avoir été avertis de cette possibilité, que dans l'hypothèse où il n'y aurait pas eu d'avertissement, où ils auraient voté pour le syndicat et où l'usine aurait été fermée.

[43] La Cour Suprême des Etats-Unis a soutenu, dans *Textile Workers Union contre Darlington Manufacturing Co.* (380 U.S. 263 [1965]), qu'un employeur ne se rend pas coupable d'une pratique inéquitable en fermant *toutes* ses entreprises, même si la fermeture est motivée par une animosité anti-syndicale, mais que fermer uniquement une *partie* des usines, si *le but* est de décourager le syndicalisme dans n'importe laquelle des usines restantes, et si l'employeur peut raisonnablement prévoir cet effet, est un procédé inéquitable. Vu la difficulté de déterminer l'intention d'un employeur, l'effet probable de cette décision sera d'interdire à tous les employeurs de fermer certaines de leurs entreprises pour cause de syndicalisation, si certaines autres entreprises ne sont pas syndicalisées.

[44] Cette brève description indique le domaine d'investigation plutôt qu'elle n'explique la législation paternaliste. Une explication devrait distinguer ce type de législation d'un autre type, appelé souvent aussi paternaliste, qui procure aux adultes ce que les parents sont censés procurer aux enfants, par exemple de la nourriture, un abri, de l'argent (je n'exclus pas qu'on puisse donner une explication commune à ces deux types de législations). Les gens qui qualifient de paternaliste une telle législation, soutiennent que les adultes sont censés obtenir ces choses par eux-mêmes ou au moyen d'accords avec d'autres citoyens, en tant que personnes privées. Cependant, quand la législation et les arrangements institutionnels de l'Etat garantissent des choses que les parents ne fournissent pas aux enfants et que les adultes ne sont pas censés obtenir (uniquement) par eux-mêmes, la protection contre la violence d'autrui par exemple, on ne parle plus de paternalisme.
En ce qui concerne le domaine d'investigation abordé dans le texte, il faudrait parler de raisons paternalistes en faveur d'une loi plutôt que de lois paternalistes, étant donné qu'on peut donner plusieurs sortes de raisons en faveur de la même loi. Il est souhaitable qu'une explication des raisons paternalistes fasse apparaître certaines raisons avancées en faveur d'une loi enlevant aux gens la liberté de fabriquer et de vendre des cigarettes, comme des raisons paternalistes, même si elles n'impliquent pas la protection des individus (peut-être non-fumeurs) auxquels on enlève cette liberté. Je n'entrerai pas ici dans les détails. Il faut

noter qu'une action paternaliste peut impliquer une grande part de sacrifices, par exemple lorsqu'on interdit les drogues pour protéger ceux qui se drogueraient dans un système où les drogues seraient légales. Le prix que *nous* payons pour les protéger est le risque accru d'être volé ou attaqué par des toxicomanes cherchant à se procurer l'argent nécessaire pour payer les prix élevés du marché illégal, ainsi que l'affectation de ressources pour essayer de faire respecter la loi. Il est peut-être juste que nous pâtissions tous de notre intervention paternaliste originelle injustifiée.

Le lecteur pourra tirer profit, en étudiant le paternalisme, d'une réflexion sur la question de savoir s'il y a des limites à la sévérité des sanctions à inclure dans une loi paternaliste, et sur la façon de fixer ces limites. Pourrait-on par exemple sanctionner de la peine de mort le fait d'aller nager à la plage en l'absence d'un maître-nageur ? Certains principes apparemment plausibles le permettraient puisque, une fois installé le système comportant cette peine, ce serait une des options dont on peut attendre qu'elle fonctionne le mieux pour le bien de la personne. Mais ici, quelque chose a certainement déraillé.

[45] Si on distingue deux types d'offres, de même qu'on a distingué précédemment deux types de contraintes, on doit dire que cet exemple n'entre pas dans le premier type de cas. En effet, il n'est pas vrai qu'après que Q l'a tabassé, P fait une chose qui améliore les conséquences de l'action de Q (et même si P fait une chose de ce genre, s'il répand par exemple la nouvelle qu'il ne faut pas menacer Q, il ne s'agit pas pour autant d'une offre, pour la raison indiquée dans le texte). Et même s'il est vrai que cet exemple entre dans le second type de cas, c'est-à-dire que P fait maintenant une chose (menace Q) qui améliore les conséquences de ce que Q le tabasse, P n'offre pas une chose à Q pour qu'il le tabasse, puisque P n'a pas les raisons présupposées par une offre.

[46] Je ne tiens pas compte des propositions d'accomplir des actions qui, une fois la proposition faite, ne peuvent être accomplies sans accepter l'offre ; par exemple, on ne peut pas accepter certains postes de gouvernement sans recevoir un salaire d'au moins un dollar par an. Il est possible que l'Homme Rationnel préférerait parfois accomplir l'action sans qu'une l'offre lui ait été faite, afin qu'autrui, et peut-être aussi lui-même, voie clairement *pourquoi* il agit (par exemple, pas pour l'argent). Je ne considérerai pas non plus le cas d'une personne qui n'accueille pas favorablement une proposition d'accomplir un acte malveillant à cause de ce que cette offre révèle à propos du caractère de la personne qui l'a faite. Il est important de retenir que notre attention se limite au cas de l'Homme Rationnel. Une autre personne pourrait, par exemple, ne pas accueillir favorablement une proposition de cinquante mille dollars pour tuer Dupont, parce qu'elle craint d'être tentée d'accepter l'offre (et d'être incapable de résister à cette tentation). En me limitant au cas de l'Homme Rationnel, je laisse inachevée une partie de ma tâche, car je n'arriverai pas à établir, comme j'aurais aimé le faire, que, même pour quelqu'un qui succombe parfois à des tentations tout en estimant qu'il aurait dû y résister, il y a une différence significative entre offres et menaces.

[47] Pour une analyse du dilemme du prisonnier, voir LUCE et RAIFFA, pp. 94-102. Cet argument est souvent appliqué à des problèmes concernant la production de biens publics. Par exemple, chaque habitant d'une île préfère que les autres participent à la construction de digues sans que lui-même y participe, mais préfère que tout le monde y soit contraint plutôt que l'on s'en remette à des contributions purement volontaires, car dans ce dernier cas, on suppose que les digues ne seraient jamais construites (pour une analyse des conditions de la production de biens publics, voir OLSON. Buchanan et Tullock argumentent que les biens publics sont réalisés plus souvent qu'on ne le pense).

On doit faire attention de ne pas conclure trop rapidement de cette argumentation que tout le monde est d'accord de produire les biens publics en mettant à contribution tout un chacun. En effet, il y a généralement différentes possibilités pour les réaliser, et les individus, même s'ils sont tous d'accord que chacun de ces moyens est préférable à la situation purement volontaire, peuvent être d'avis différents quant aux moyens à mettre en œuvre. Les biens devraient-ils être payés par des fonds rassemblés au moyen d'un système d'impôts proportionnels ou d'impôts progressifs, etc.? Arriver à un consensus sur un moyen *particulier* de réaliser les biens, n'est pas évident.

[48] Et cela même si Q a d'autres raisons pour s'abstenir de faire A. Nous faisons une distinction entre «Q a une raison r pour s'abstenir de faire A», et «r est la raison (ou une des raisons) pour laquelle Q s'abstient de faire A».

[49] Cela est l'indice d'une asymétrie entre accomplir une chose (en partie) à cause d'une menace et accomplir une chose (en partie) à cause d'une offre. En effet, supposons que les autres raisons de Q pour s'abstenir de faire A et qui font partie des raisons pour lesquelles il s'en abstient, comportent une offre qui lui a été faite par R pour accomplir A. Dans le cadre d'une notion classificatrice de la contrainte, accomplir A en partie à cause d'une menace signifie que la personne était contrainte, tandis que faire une chose en partie suite à une offre, ne signifie pas qu'elle n'ait pas été contrainte.

[50] Pour une discussion de concepts classificateurs, comparatifs et quantitatifs, voir HEMPEL, Partie III. Le travail de Suppes et Zinnes contient une étude instructive de différentes échelles de mesure.

[51] La discussion par Ernest Nagel (*The Structure of Science*, pp. 582-588) des poids des différentes causes est une excellente introduction à la réflexion sur le poids des raisons d'agir.

[52] Il y a d'autres facteurs qu'on peut souhaiter intégrer dans une notion quantitative ou une mesure de la contrainte, même s'il n'y a peut-être pas de manière naturelle de combiner tous ces facteurs pour en faire une seule mesure. Pour une discussion de quelques questions similaires à propos d'une mesure de la liberté, voir OPPENHEIM, ch. 8.

Bibliographie

Cette bibliographie comporte, outre les textes cités dans notre introduction, un choix de publications, pour la plupart récentes, dans le domaine de la théorie de l'action.

ABEL Th (1953), «The Operation called 'Verstehen'», dans FEIGL H. et BRODBECK M. (éds), *Readings in the Philosophy of Science*, New York, Appleton-Century, 677-688.
ADORNO Th. (e.a.) (1979), *De Vienne à Francfort. La querelle allemande des sciences sociales*, trad. fr. de C. Bastyns (e.a.), Bruxelles, Editions Complexe.
ANSCOMBE G.E.M. (1957), *Intention*, Oxford, Blackwell.
— (1979), «Under a Description», *Noûs* 13, 219-233.
APEL K.-O.(1965), «Die Entfaltung der 'sprachanalytischen' Philosophie und das Problem der 'Geisteswissenschaften'», *Philosophisches Jahrbuch* 72, 239-389. Reproduit dans APEL (1976a), 28-95.
— (1968), «Szientistik, Hermeneutik, Ideologiekritik», *Wiener Jahrbücher für Philosophie, Band 1*. Reproduit dans APEL (1976a), 96-127.
— (1976a), *Transformationen der Philosophie. Band 2 : Das Apriori der Kommunikationsgemeinschaft*, Francfort sur Main, Suhrkamp.
— (1976b), «Causal Explanation, Motivational Explanation and Hermeneutical Understanding (Remarks on the Recent Stage of the Explanation-Understanding Controversy», in RYLE G. (éd.), *Contemporary Aspects of Philosophy*, Stocksfield, Oriel Press, 161-176.
— (1979), *Die Erklären-Verstehen Kontroverse in tranzendental-pragmatischer Hinsicht*, Francfort sur Main, Suhrkamp.
— (1984), «The Question of the Rationality of Social Interaction», in CHO K.K. (éd), *Philosophy and Science in Phenomenological Perspective*, Dordrecht, Reidel, 9-29.
AUDI R. (1986a), «Action Theory as a Resource for Decision Theory», *Theory and Decision* 20, 207-221.
— (1986b), «Acting for Reason», *Philosophical Review* 95, 511-546.
AUSTIN J.L. (1970), *Philosophical Papers. Second Edition*, Oxford University Press.

— (1975), *How to Do Things With Words. Second Edition*, Cambridge (Mass.), Harvard University Press (trad. fr. *Quand dire, c'est faire*, Paris, Seuil, 1977).
BINKLEY R., BRONAUGH R. et MARRAS A. (éds) (1971), *Agent, Action and Reason*, Toronto University Press.
BORGER R. et CIOFFI F. (éds) (1970), *Explanation in the Behavioural Sciences*, Cambridge University Press.
BRAND M. et WALTON D. (éds) (1976), *Action Theory. Proceedings of the Winnipeg Conference on Human Action*, Dordrecht, Reidel.
BRAND R. et KIM J. (1963), «Wants as Explanations of Actions», *Journal of Philosophy* 60, 425-435.
BRATMAN M.E. (1987), *Intention, Plans, and Practical Reason*, Cambridge (Mass.), Harvard University Press.
BRODBECK M. (éd.) (1968), *Readings in the Philosophy of the Social Sciences*, New York, Macmillan.
CASTANEDA H.-N. (1960), «Outline of a Theory on the General Logical Structure of the Language of Action», *Theoria* 26, 151-182.
— (1975), *Thinking and Doing*, Dordrecht, Reidel.
— (1979), «Intensionality and Identity in Human Action and Philosophical Method», *Noûs* 13, 235-260.
CHARLTON W. (1988), *Weakness of Will : A Philosophical Introduction*, New York.
CHISHOLM R. (1966), «Freedom and Action», in LEHRER (1966), 11-44.
— (1967), «He Could Have Done Otherwise», *Journal of Philosophy* 64, 409-417.
— (1971), «On the Logic of Intentional Action», in BINKLEY R., BRONAUGH R. et MARRAS A. (éds), 38-69.
— (1981), *The First Person. An Essay on Reference and Intentionality*, Brighton, The Harvester Press.
COLLINGWOOD R.G. (1946), *The Idea of History*, Oxford University Press.
CRANACH M. von et HARRE R. (éds), *The Analysis of Action*, Cambridge University Press.
DANTO A.C. (1965), «Basic Actions», *American Philosophical Quarterly* 2, 141-148.
— (1973), *Analytical Philosophy of Action*, Cambridge University Press.
DAVIDSON D (1980), *Essays on Actions and Events*, Oxford University Press.
— (1982), «Paradoxes of Irrationality», in WOLLHEIM et HOPKINS (éds), 289-305.
— (1982), «Rational Animals», *Dialectica* 36, 317-327.
— (1984a), «First Person Authority», *Dialectica* 38, 101-111.
— (1984b), «Comment la faiblesse de la volonté est-elle possible?», trad. fr. P. Engel, *Philosophie* 3.
— (1987) «Problems in the Explanation of Action», in PETTIT Ph. et SYLVAN R. (éds), *Metaphysics and Morality : Essays in Honour of J.J.C. Smart*, New York.
DAVIS D. (1979), *Theory of Action*, Englewood Cliffs, Prentice-Hall.
DENNETT D. (1985), *Brainstorms. Philosophical Essays on Mind and Psychology*, Brighton, The Harvester Press.
— (1986), *Content and Consciousness*, Londres, Routledge & Kegan Paul.
— (1987), *The Intentional Stance*, Cambridge (Mass.), MIT Press.
DILTHEY W. (1883), *Einleitung in die Geisteswissenschaften*.
DONAGAN A. (1981), «Philosophical Progress and the Theory of Action», *Proceedings of the American Philosophical Association* 55, 25-52.
— (1987), *Choice : The Essential Element in Human Action*, Londres, Routledge & Kegan Paul.
DRAY W. (1957), *Laws and Explanation in History*, Oxford, Clarendon Press.
— (éd.) (1966), *Philosophical Analysis and History*, New York, Harper and Row.
— (1974), «The Historical Explanation of Action Reconsidered», in GARDINER, (éd.), 66-89.
— (1989), «Von Wright on Explanation in History», in SCHILPP P.A. et HAHN L.E. (éds), 471-487.
ELSTER J. (1979), *Ulysses and the Sirens. Studies in Rationality and Irrationality*, Cambridge University Press.
— (1983), *Sour Grapes*, Cambridge University Press.
— (1985), «Weakness of the Will and the Free-Rider Problem», *Economics and Philosophy* 1, 231-265.

— (1986), *Le laboureur et ses enfants*, trad. fr. de A. Gerschenfeld, Paris, Minuit.
— (1989), *Solomonic Judgements. Studies in the Limitations of Rationality*, Cambridge University Press.
ENGEL P. (1982), «Davidson en perspective», *Critique* 409-410, 578-594.
— et NEF F. (1982), «Quelques remarques sur la logique des phrases d'action», *Logique et Analyse* 99, 291-319.
— (1984), «Aristote, Davidson et l'*akrasia*», *Philosophie* 3, 11-20.
— (1986), «L'anomalie du mental», *Critique* 474, 1125-1140.
FLØISTAD G. (éd.) (1982), *Contemporary Philosophy. A New Survey. Volume III : Philosophy of Action*, La Haye, Martinus Nijhoff.
FODOR J.A. (1976), *The Language of Thought*, Brighton, The Harvester Press.
— (1981) *Representation. Philosophical Essays on the Foundation of Cognitive Science*, Brighton, The Harvester Press.
FØLLESDAL D. (1979a), «Hermeneutics and the Hypothetico-Deductive Method», *Dialectica* 33, 319-336.
— (1979b), «Handlungen, ihre Gründe und Ursachen», in LENK H. (éd), *Handlungstheorien - interdisziplinär. Band II, Zweiter Halbband*, Munich, Fink.
— (1981), «Understanding and Rationality», dans PARRET H. et BOUVERESSE J. (éds.), *Meaning and Understanding*, Berlin, de Gruyter, 154-168.
— (1985), «Causation and Explanation : a Problem in Davidson's View on Action and Mind», in LEPORE et MCLAUGHLIN (éds), 310-323.
FORGUSON L.W. (1967), «La philosophie de l'action de J.L. Austin», *Archives de Philosophie* 30, 36-60.
FRANKFURT H. (1973), «Coercion and Moral Responsibility», in T. HONDERICH (éd.), 65-86.
— (1984) «Necessity and Desire», *Philosophy and Phenomenological Research* XLV, 1-13.
GARDINER P. (éd.) (1974), *The Philosophy of History*, Oxford University Press.
GEACH P.T. (1960) «Ascriptivism», *Philosophical Review* 69, 221-225.
GOLDMAN A. (1970), *A Theory of Human Action*, Princeton.
— (1971), «The Individuation of Action», *Journal of Philosophy* 68, 761-774.
— (1979), «Action, Causation, and Unity», *Noûs* 13, 261-270.
GORR M. (1986), «Toward a Theory of Coercion», *Canadian Journal of Philosophy* 16, 383-406.
— (1989), *Coercion, Freedom and Exploitation*, New York.
GUSTAFSON D.F. (1986), *Intention and Agency*, Dordrecht, Reidel.
HABERMAS J. (1987a), *Logique des sciences sociales et autres essais*, trad. fr. de R. Rochlitz, Paris, P.U.F.
— (1987b), *Théorie de l'agir communicationnel. Tome 1 : Rationalité de l'agir et rationalisation de la société*, trad. fr. de J.-M. Ferry, Paris, Fayard.
HANSSON S. (1986), «Individuals and Collective Actions», *Theoria* 52, 87-97.
HART H.L.A. (1948/1949) «The Ascription of Responsibility and Rights», *Proceedings of the Aristotelian Society* 49, 171-194.
— et HONORE (1959), *Causation in the Law*, Oxford, Clarendon Press.
— (1968), *Punishment and Responsibility*, Oxford, Clarendon Press.
HEMPEL C.G. (1965), «The Function of General Laws in History», in HEMPEL C.G., *Aspects of Scientific Explanation and Other Essays in the Philosophy of Science*, New York, The Free Press.
— (1974), «Reasons and Covering Laws in Historical Explanation», in GARDINER (éd.), 90-105.
HONDERICH T. (éd.) (1973), *Essays on Freedom of Action*, Londres, Routledge & Kegan Paul.
— (1982), «The Argument for Anomalous Monism», *Analysis* 42, 59-64.
HOOK S. (éd.) (1963), *Philosophy and History*, New York University Press.
HULL C.L. (1943), *Principles of Behavior*, New York, Appleton-Century.
KAUFMANN J.N. (1984), «Philosophie analytique de l'action et fondement normatif des sciences de l'homme», *Dialogue* 23, 3-35.
KENNY A. (1963), *Action, Emotion and Will*, Londres, Routledge & Kegan Paul.
KIM J. (1984), «Concepts of Supervenience», *Philosophy and Phenomenological Research* XLV, 153-176.

LANDESMAN Ch. (1965), «The New Dualism in Philosophy of Mind», *Review of Metaphysics* 19, 329-345.
LEHRER K. (éd.) (1966), *Freedom and Determinism*, New York, Random House.
LEPORE E. et MCLAUGHLIN B. (éds) (1985), *Actions and Events. Perspectives on the Philosophy of Donald Davidson*, Oxford, Blackwell.
LEWIS D.K. (1966), «An Argument for the Identity Theory», *Journal of Philosophy* 63, 17-25.
MALCOLM N. (1968), «The Conceivability of Mechanism», *Philosophical Review* 77, 45-72.
MANNINEN J. et TUOMELA R. (éds) (1976), *Essays on Explananation and Understanding*, Dordrecht, Reidel.
MARGOLIS J., KRAUSZ M. et BURIAN R.M. (éds), *Rationality, Relativism and the Human Sciences*, Dordrecht, Nijhoff.
MARKS J. (éd.), *The Ways of Desire : New Essays in Philosophical Psychology on the Concept of Wanting*, Chicago.
MELE A. (1987), *An Essay on Akrasia, Self-Deception, and Self-Control*, Oxford University Press.
MORTIMORE G. (éd.) (1971), *Weakness of Will*, Londres, Macmillan.
NEUBERG M. (1985), «La thèse des descriptions multiples : lieu commun ou paradoxe de la philosophie de l'action?», *Dialogue* 24, 617-638.
— (1990) «Expliquer et comprendre. La théorie de l'action de G.H. von Wright», *Revue Philosophique de Louvain* 88, 48-78.
— (à paraître) «La contrainte», *Dialogue*.
NOZICK R. (1988), *Anarchie, Etat et utopie*, Paris, P.U.F.
PEARS D. (1984), *Motivated Irrationality*, Oxford, Clarendon Press.
PETIT J.-L. (1984), «La sémantique de l'action de D. Davidson», *Archives de Philosophie* 47, 449-479.
PFEIFER K. (1989), *Actions and Other Events : The Unifier-Multiplier Controversy*, New York.
PITCHER G. (1960), «Hart on Action and Responsibility», *Philosophical Review* 69, 226-235.
PUTNAM H. (1975), *Mind, Language and Reality. Philosophical Papers. Volume 2*, Cambridge University Press.
— (1990), *Représentation et réalité*, trad. fr. de Cl. Engel-Tiercelin, Paris, Gallimard.
RAZ J. (éd.) (1978), *Practical Reasoning*, Oxford University Press.
RORTY A. (éd.) (1976), *The Identities of Persons*, Berkeley, University of California Press.
RICŒUR P. (1971a) «The Model of the Text : Meaningful Action Considered as a Text», *Social Research* 38, 529-555. Reproduit dans RICŒUR (1986), 183-210.
— (1971b), *Sémantique de l'action. (Université Catholique de Louvain. Chaire Francqui 1970-1971)*, Louvain-la-Neuve, Cercle de Philosophie, Service d'impression des cours.
— (1977) «Expliquer et comprendre. Sur quelques connexions remarquables entre la théorie du texte, la théorie de l'action et la théorie de l'histoire», *Revue Philosophique de Louvain* 75, 126-146. Reproduit dans RICŒUR (1986), 161-182.
— (1986), *Du texte à l'action. Essais d'herméneutique II*, Paris, Seuil.
— (1990), *Soi-même comme un autre*, Paris, Seuil.
RYLE G. (1978), *La notion d'esprit*, trad. fr. de S. Stern-Gillet, Paris, Payot.
SCHILPP P.A. et HAHN L.E. (éds.) (1989), *The Philosophy of Georg Henrik von Wright (The Library of Living Philosophers. Volume XIX)*, La Salle, Open Court.
SEARLE J.R. (1972), *Les actes de langage*, trad. fr. de H. Pauchard, Paris, Hermann.
— (1980), «L'intentionnalité de l'intention et de l'action». Trad. fr. de J. Proust. *Critique* 401, 990-1010.
— (1983), *Intentionality. An Essay in the Philosophy of Mind*, Cambridge University Press.
— (1987), «Indeterminacy, Empiricism, and the First Person», *Journal of Philosophy* 84, 123-146.
STEGMÜLLER W.(1969), *Probleme und Resultate der Wissenschaftstheorie und Analytischen Philosophie. Band I : Wissenschaftliche Erklärung und Begründung*, Berlin, Springer.

— (1979), «Walther von der Vogelweides Lied von der Traumliebe und Quasar 3 C 273. Betrachtungen zum sogenannten Zirkel des Verstehens und zur sogenannten Theoriebeladenheit der Beobachtungen», in STEGMÜLLLER, *Rationale Rekonstruktion von Wissenschaft und ihrem Wandel*, Stuttgart, Reclam, 27-86.
STOUTLAND F. (1976), «The Causal Theory of Action», in MANNINEN et TUOMELA (éds), 271-304.
— (1982), «Philosophy of Action : Davidson, von Wright and the Debate over Causation», in FLØISTAD (éd), 45-72.
— (1985), «Davidson on Intentional Behavior», in LEPORE et MCLAUGHLIN (éds.), 44-59.
— (1989), «Von Wright's Theory of Action», in SCHILPP P.A. et HAHN L.E. (éds), 305-332.
TAYLOR Ch. (1964), *The Explanation of Behavior*, Londres, Routledge & Kegan Paul.
— (1979), «Explaining Action», *Inquiry* 13, 54-89.
— (1985), *Human Agency and Language. Philosophical Papers, Volume I*, Cambridge University Press.
TAYLOR R. (1966), *Action and Purpose*, Englewood Cliffs, Prentice-Hall.
THALBERG I. (1972), *Enigmas of Agency*, Londres, Allen and Unwin.
— (1977), *Perception, Emotion and Action : A Component Approach*, Oxford, Blackwell.
— (1984), «Do Our Intentions Cause Our Intentional Actions ?», *American Philosophical Quarterly* 21, 249-260.
TIFFENEAU D. (éd.) (1977), *La sémantique de l'action*, Paris, CNRS.
TUOMELA R. (1977), *Human Action and Its Explanation*, Dordrecht, Reidel.
— (1982a), «Explanation of Action», in FLØISTAD (1982), 15-43.
— (1982b), *A Theory of Social Action*, Dordrecht, Reidel.
VERMAZEN B. et HINTIKKA M.B. (éds.) (1985), *Essays on Davidson. Actions and Events*, Oxford, Clarendon Press.
WAISMANN F. (1961), «Language Strata», in FLEW A. (éd.), *Logic and Language. Second Series*, Oxford, Blackwell, 11-31.
WEBER M. (1976), *Wirtschaft und Gesellschaft. Fünfte revidierte Auflage. Erster Halbband*, Tübingen, Mohr.
WINCH P. (1958), *The Idea of a Social Science*, London, Routledge & Kegan Paul.
WITTGENSTEIN L. (1953), *Philosophische Untersuchungen*, Oxford, Blackwell.
— (1958), *The Blue and Brown Books*, Oxford, Blackwell.
WOLLHEIM R. et HOPKINS J. (éds.) (1982), *Philosophical Essays on Freud*, Cambridge University Press.
WRIGHT G.H. von (1967), «The Logic of Action - A Sketch», dans RESCHER N. (éd.), *The Logic of Decision and Action*, Pittsburgh, University of Pittsburgh Press, 121-136.
— (1971), *Explanation and Understanding*, London, Routledge & Kegan Paul.
— (1972) «On So-Called Practical Inference», *Acta Sociologica* 15, 39-35. Réimpression dans von WRIGHT (1983), 18-34.
— (1976a), «Replies», dans MANNINEN et TUOMELA (éds), 371-413.
— (1976b), «Determinism and the Study of Man», dans MANNINEN et TUOMELA (éds), 415-435. Réimpression dans von WRIGHT (1983), 35-52.
— (1981), «Explanation and Understanding of Action», *Revue Internationale de Philosophie* 35, 127-142. Réimpression dans von WRIGHT (1983), 53-66.
— (1983), *Practical Reason. Philosophical Papers, Volume I*, Oxford, Blackwell.

Table des matières

INTRODUCTION

La théorie de l'action
Marc NEUBERG 7

L'EXPLICATION DE L'ACTION ET LA QUESTION DE LA RÉDUCTIBILITE DES EXPLICATIONS PSYCHOLOGIQUES A DES EXPLICATIONS NEUROPHYSIOLOGIQUES

L'action libre
Abraham I. MELDEN 35

Actions, raisons d'agir et causes
Donald DAVIDSON 61

La structure logique des explications d'actions
Paul M. CHURCHLAND 79

Problèmes de l'explication et de la compréhension de l'action
Georg H. von WRIGHT 101

Les événements mentaux
Donald DAVIDSON 121

Causalité oblique et raisons d'agir
Frederick STOUTLAND 141

Le statut des présupposés de rationalité dans l'interprétation et dans l'explication de l'action
Dagfinn FØLLESDAL 159

Comment concevoir le mécanisme?
Charles TAYLOR 177

LA STRUCTURE DE L'AGIR ET LE PROBLEME DE LA LIBERTE

L'agir
Donald DAVIDSON 205

L'agent en tant que cause
Roderick M. CHISHOLM 225

Le problème de l'action
Harry G. FRANKFURT 241

La liberté de la volonté et la notion de personne
Harry G. FRANKFURT 253

La contrainte
Robert NOZICK 271

BIBLIOGRAPHIE 311

PHILOSOPHIE ET LANGAGE
Collection publiée sous la direction de MICHEL MEYER

Ouvrages déjà parus dans la même collection :

ADAM : Eléments de linguistique textuelle.
ANSCOMBRE / DUCROT : L'argumentation dans la langue.
AUROUX : Histoire des idées linguistiques. T. 1.
BESSIERE : Dire le littéraire.
BORILLO : Information pour les sciences de l'homme.
CASEBEER : Hermann Hesse.
COMETTI : Musil.
DOMINICY : La naissance de la grammaire moderne.
EVERAERT-DESMEDT : Le Processus interprétatif - Introduction à la sémiotique de Ch. S. Peirce.
GELVEN : Etre et temps de Heidegger.
HAARSCHER : La raison du plus fort.
HEYNDELS : La pensée fragmentée.
ISER : L'acte de lecture.
JACOB : Anthropologie du langage.
KIBEDI-VARGA : Discours, récit, image.
KREMER-MARIETTI : Les racines philosophiques de la science moderne.
LARUELLE : Philosophie et non-philosophie.
LATRAVERSE : La pragmatique.
LAUDAN : Dynamique de la science.
MAINGUENEAU : Genèse du discours.
MARTIN : Langage et croyance.
MEYER : De la problématologie.
MOUREY : Borges, vérité et univers fictionnels.
PARRET : Les passions.
PARRET : La communauté en paroles.
SHERIDAN : Discours, sexualité et pouvoir (Michel Foucault).
STUART MILL : Système de logique.
VANDERVEKEN : Les actes de discours.
VERNANT : Introduction à la philosophie de la logique.

A paraître :

CARRILHO : Pour une nouvelle rationalité.
HINTIKKA : Penser Wittgenstein.
MAYALI : Norme et consensus.
MEYER : Langage et littérature.
MEYER/PLANTIN : Argumentation et signification.
PLANTIN : Argumentation et communication.
ROSEN : Philosophie et crise des valeurs contemporaines.
STOCKINGER : Le contrat.
TAHA : Logique naturelle et argumentation.
VIDIK / BAUER-BERNET : Intelligence artificielle.